Matthias von Hellfeld

AKTE EUROPA

Geschichte eines Kontinents

Mit zwei Karten

Deutscher Taschenbuch Verlag

Für Rebecca und die Kinder Europas

FSC

Mix
Produktgruppe aus vorbildlich
bewirtschafteten Wäldern und
anderen kontrollierten Herkünften

Zert.-Nr. GFA-COC-1298
www.fsc.org
© 1996 Forest Stewardship Council

Der Inhalt dieses Buches wurde auf einem nach den
Richtlinien des Forest Stewardship Council zertifizierten
Papier der Papierfabrik Munkedal gedruckt.

Originalausgabe
September 2006
© 2006 Deutscher Taschenbuch Verlag GmbH & Co. KG,
München
www.dtv.de
Umschlagkonzept: Balk & Brumshagen
Umschlagbilder: akg-images
Satz: Greiner & Reichel, Köln
Gesetzt aus der Concorde 9/11,75˙ und der TradeGothic
Druck und Bindung: Kösel, Krugzell
Gedruckt auf säurefreiem, chlorfrei gebleichtem Papier
Printed in Germany
ISBN-13: 978-3-423-24554-9
ISBN-10: 3-423-24554-8

Inhalt

Prolog

Die Menschen Europas stehen an der Schwelle zu einer neuen Epoche, von der noch niemand weiß, was sie bringen wird. Es gibt mehr Fragen als Antworten: Wo liegen die Grenzen Europas? Welche Länder gehören zu der oft beschworenen »Völkerfamilie« Europas? Ist es besser die Türkei in die Europäische Union aufzunehmen oder ihr eine besonders enge Partnerschaft anzubieten? Welches politische Gewicht wird Europa haben und wie wird es sein Verhältnis zu den anderen Ländern der Erde definieren? Wenn die Menschen aus dieser momentanen Unsicherheit keine Angst, sondern Zuversicht ableiten wollen, sollten sie die Entwicklung ihres Kontinents kennen. Denn ohne das Wissen um die Vergangenheit lassen sich die Probleme der komplizierter gewordenen Gegenwart nicht verstehen. Geschichte ist die Tagespolitik der Vergangenheit, also ist die Politik der Gegenwart die Geschichte der Zukunft! Dabei ist die Erinnerung an die europäische Geschichte kein Selbstzweck, denn jeder Europäer hat europäische Vorfahren – sonst könnte er sich nicht seines heutigen Lebens erfreuen. Da jeder Mensch in der Tradition seiner Ahnen steht, ist jeder Europäer auch Teil der Geschichte seines Kontinents, die er zu seinen Lebzeiten auf diesen Erfahrungen beruhend weitertreibt.

Die Geschichte der vergangenen Jahrhunderte lässt sich – mehr oder weniger – als eine Abfolge von Kriegen betrachten, bei denen es fast immer um die Beherrschung der Mitte des Kontinents gegangen ist. Seit jeher sind die Europäer davon abhängig, wie die geopolitische Mitte des Kontinents organisiert ist. Das ist nicht verwunderlich, denn wer von Nord nach Süd oder Ost nach West will, muss diesen Raum durchqueren. Dessen Beherrschung scheint deshalb seit jeher ein lohnenswertes Ziel gewesen zu sein. Eine Vielzahl von Kriegen ist die Folge gewesen, in deren Verlauf Europas Erde an beinahe jeder Stelle mit dem Blut von Soldaten und Zivilisten getränkt und von Bomben und Granaten zerpflügt worden ist. Nicht selten sind die Kriege in Europa mit dem Vorsatz »begründet« gewesen, den Kontinent zu vereinigen. Aber bis 1945 haben diese Versuche unter kriegerischen Vorzeichen gestanden, mit denen der Aggressor die anderen Völker des Kontinents unter seine Vorherrschaft zwingen wollte.

Heute erleben wir den ersten Versuch, die Einheit Europas auf friedlichem Wege zu bewerkstelligen. Die »Glasnost und Perestroika«-Politik des ehemaligen sowjetischen Staatschefs Michail Gorbatschow hat dem Kontinent das größte denkbare Geschenk beschert: die Chance auf eine friedliche Vereinigung. Aber dieses Geschenk birgt auch Herausforderungen, denn die bisher durch Mauer und Stacheldraht abgetrennten Osteuropäer sind nun unmittelbare Nachbarn geworden. Neben der Freude über die neu gewonnene Freiheit ruft dies Sorgen vor der Bewältigung der daraus resultierenden Probleme hervor. Aber die »neuen« Mitglieder der Europäischen Union sind keine Fremden, sondern haben über viele Jahrhunderte wie selbstverständlich zu Europa gehört.

Die Reise durch die Geschichte Europas beginnt – ohne wissenschaftlichen Anspruch und mit Mut zur Lücke – bei jenem fränkischen König, den man gerne als »Vater Europas« bezeichnet. Er ist auf dem Höhepunkt seiner Macht, in seinem fränkischen Reich bereiten sich die Menschen gerade auf das 800. Wiegenfest ihres christlichen Herrn Jesus von Nazareth vor ...

Aufstieg und Fall der Karolinger
800–1002

Ein Überfall mit Folgen – das Reich Karls des Großen

… und ahnen natürlich nicht, was sich im fernen Petersdom zu Rom zur gleichen Zeit ereignet. Ihr König, der etwa 50-jährige Karl, ist Gast des Papstes in der Basilika des Apostels Petrus. Die beiden wollen aber nicht nur das Weihnachtsfest gemeinsam feiern. Vielmehr gibt es handfeste politische Gründe, die den Frankenkönig veranlasst haben, den beschwerlichen Weg über die Alpen zum Heiligen Vater in Rom anzutreten. Das Treffen der beiden Männer wird nicht nur historische Bedeutung erlangen, es hat auch eine Vorgeschichte.

Leo III. wird am 26. Dezember 795 zum Papst gewählt. Als erste Amtshandlung übergibt der frisch gebackene apostolische Oberhirte dem fränkischen König Karl den Schlüssel zum Grab des heiligen Petrus als Zeichen seiner Treue und das Banner der Stadt Rom, auf dass der Besitzer des Banners »Herr der römischen Miliz« werde. Das ruft den Zorn einiger römischer Familien hervor, die fortan dem armen Mann das Leben schwer machen. Am Markustag, dem 25. April 799, wird Leo III. während einer feierlichen Bittprozession von Häschern seiner Feinde in vollem Ornat vom Pferd gerissen und in den Staub vor St. Peter gestürzt. Die Angelegenheit wird lebensbedrohlich, als die Täter damit beginnen, die päpstliche Zunge herauszuschneiden und ihn zu blenden. Sie lassen den Gequälten zunächst in seinem Blut liegen, bevor sie ihn in ein nahe gelegenes Kloster verschleppen. Aber die Angreifer sind nicht brutal genug vorgegangen, denn dem apostolischen Oberhirten bleiben sowohl die Sprechfähigkeit als auch das Augenlicht erhalten, was Zeitgenossen und Historikern als Wunder erscheint. Nach dem fehlgeschlagenen Attentat flieht Leo III. im April 799 nach Paderborn, wo er sich mit dem Frankenkönig trifft. Die Annalen berichten von intensiven Gesprächen zwischen dem weltlichen und dem geistlichen Herrscher, über deren Inhalt aber – offensichtlich erfolgreich – Stillschweigen bewahrt wird, denn bis heute wissen wir nicht genau, worüber die beiden tatsächlich gesprochen haben. Vermutlich diskutieren sie über die politische Lage in Rom und die Vorwürfe, denen sich Leo III. ausgesetzt sieht: Meineid und Ehebruch! Zudem geht es unter vier Augen wohl um die Beziehungen zwischen den beiden, denn Karl, der König der Franken, strebt nach mehr Macht und Einfluss und dabei kann ihm ein wohl gesinnter Papst nur recht sein. Zurück in Rom holt der Ärger seiner Widersacher den Papst wieder ein. Jene finsteren Zeitgenossen lauern ihm eines Tages wieder auf, reißen den Mann von seinem Pferd, verprügeln ihn, schlagen ihm die Zähne ein, versuchen ihn erneut zu blenden und bringen den so geschundenen Körper in ein nahe gelegenes Kloster. Ein Überfall mit weltpolitischen Folgen. Die Urheber dieses Frevels spekulieren nämlich darauf, den missliebigen Papst auf diese Weise loszuwerden und einen anderen auf den Stuhl Petri zu hieven. Sie haben aber nicht mit der Courage eines Kämmerers des Papstes gerechnet, der unter höchster Gefahr für Leib und Leben einen Boten mit einer entsprechenden Botschaft zum König der Franken schickt. Als Karl von dieser Tat erfährt, beschließt er dem in Not geratenen obersten Christen zu helfen und holt ihn zu sich in ein Heerlager. Dort garantiert Karl dem verängstigten Papst Hilfe und komplimentiert ihn wieder nach Rom zurück – mit dem Versprechen, alsbald vor den Toren des Kirchenstaates zu erscheinen, um die aus dem Lot geratenen politischen Verhältnisse rund um den Petersdom wieder zu ordnen.

Kaiserkrönung

Zur Einlösung dieses Versprechens kommt es im Herbst 800. Leo III. sendet erneut ein Hilfeersuchen an den fränkischen König Karl, der sich – wie versprochen – Ende November 800 nach Italien aufmacht. Der Papst eilt ihm entgegen und begrüßt ihn eine knappe Tagesreise von Rom entfernt mit »höchster Verehrung«, wie überliefert ist. Nach einem guten Essen reist Leo III. wieder zurück in die »ewige« Stadt, wo er am nächsten Tag seinen Retter mit den Bischöfen und dem gesamten Klerus auf den Stufen der

Basilika des Apostels Petrus empfängt. Nach Beendigung der Formalitäten macht sich Karl daran, die Vorwürfe gegen den Papst zu prüfen. Seine Gegner halten dem Papst Meineid und – wie es noch häufiger auch bei anderen Päpsten geschehen wird – sexuelle Ausschweifungen vor. Diese Vorwürfe werden durch einen selbstreinigenden Eidesschwur des Beklagten aus der Welt geschafft und dem großen Ereignis am nächsten Tag steht nichts mehr im Wege. In den ›Reichsannalen‹ des fränkischen Herrschers ist festgehalten, was sich an jenem denkwürdigen und für die Geschichte Europas folgenschweren Weihnachtstag des Jahres 800 vor dem Altar der Peterskirche in Rom abgespielt hat:

»Als er (Karl) am hochheiligen Weihnachtstag die Basilika des heiligen Apostels Petrus zur Messefeier betreten hatte und vor dem Altar geneigt stand, setzte ihm Papst Leo unter Beifallsrufen des gesamten römischen Volkes eine Krone aufs Haupt.«

Nachdem Leo III. dem betenden Karl, wie zur Überraschung, von hinten die Krone des römischen Kaisers aufs Haupt gesetzt hat, wirft er sich auf die Knie und huldigt dem neuen Kaiser. Während Karl mit scheinbar erstauntem Gesichtsausdruck Mittelpunkt dieses Spektakels ist, beginnen im gleichen Moment die Geistlichen mit der Krönungslitanei, die anwesenden Bürger Roms mit heftigem Applaus und der Papst mit der rituellen Fußsalbung. Mit dieser Zeremonie ist aus dem König der Franken ein römischer Kaiser geworden, dessen Machtbereich sich über ganz Europa ausbreitet. Dieser wahrhaft historische Moment wird von Karls Hofschreiber Einhard für die Nachwelt festgehalten. Einhart ist eine schillernde Figur, dessen Texte in den nachfolgenden Jahrhunderten mehrfach gefälscht werden. Zu Lebzeiten des Frankenkönigs bastelt der Hofschreiber jedenfalls an einem Image seines Herrn, das aus Karl einen mittelalterlichen Superstar macht. In seiner Biographie über den großen Franken liest sich der Vorgang im Petersdom so:

»Zuerst war er (Karl) sehr dagegen, er versicherte, hätte er die Absicht des Papstes gekannt, so hätte er an diesem Tage die Kirche überhaupt nicht betreten.«

Vorgeblich ist Karl von dem Plan des Papstes überrascht. An dieser Darstellung sind aber Zweifel angebracht, auch wenn Kaiser Karl nicht müde wird, über Einhard verbreiten zu lassen, der Papst habe ihn überrumpelt und er sei – quasi gegen seinen Willen – mit diesem hohen Amt betraut worden.

Zutreffender ist wohl, dass Karl sehr wohl mit der Kaiserkrone spekuliert und bei seinen diversen Treffen mit dem Papst darüber gesprochen hat, wie der Coup erst eingefädelt und dann durchgezogen werden könnte. Zudem werden in den Tagen zuvor kunstvolle Lobgesänge eingeübt, die einen erheblichen Lärm verursachen. Es ist kaum vorstellbar, dass nicht irgendein Franke von den musikalischen Bemühungen etwas mitbekommt und seinem König davon berichtet. Nutznießer dieser Aktion sind jedenfalls beide: Der römische Kaiser an seiner Seite, so hofft Leo III., würde seine eigene Position – und die seiner Nachfolger – in Rom stärken. Mit dem Krönungscoup hat der Papst die weltliche und militärische Gewalt an die geistliche Macht zum Schutz des Kirchenstaats gebunden. Und für Karl beginnt am Heiligen Abend 800 ein neuer Abschnitt seiner Herrschaft: Als fränkischer König hat er die Basilika betreten, als römischer Kaiser, der nicht mehr »patricius«, sondern »augustus« genannt wird, verlässt er sie wieder. In dem Moment, in dem der Papst dem König der Franken die Kaiserkrone aufs Haupt setzt, tritt der europäische Kontinent aus dem Schlagschatten des Römischen Reichs heraus. Das vom antiken Rom hinterlassene Machtvakuum ist beendet und es beginnt eine historische Epoche, die eine wechselvolle Geschichte für die Deutschen mit sich bringen wird. Für das neue Jahrhundert scheint sich die Krönung in Rom zunächst einmal segensreich auszuwirken: Geistliche und weltliche Macht sind vereint und für einige Jahre kehrt Ruhe ein – sowohl im Frankenland als auch in Oberitalien. Karl der Große ist mit der Kaiserkrone auf dem Haupt Herrscher über einen Flächenstaat von bis dahin ungekannten Ausmaßen.

Die Karolinger

Über das Geburtsjahr Karls sind sich die Historiker nicht ganz einig; fest steht, dass er zwischen 740 und 750 geboren wird. Seinen jüngeren Bruder Karlmann kann er nicht ausstehen, und als beide Brüder nach dem Tod ihres Vaters Pippin III. Könige werden, halten sie möglichst großen Abstand. Der frühe Tod Karlmanns nährt seit jeher die Spekulation, Karl habe ihn ermorden lassen. Wie auch immer: Karl sichert sich nach dem Tod seines Bruders die Alleinherrschaft und schiebt – eine damals gern gewählte Methode – dessen Familie in ein möglichst weit entfernt gelegenes Kloster ab. Karl spricht den althochdeutschen, fränkischen Dialekt, der schon zu seiner Zeit als »lingua theodisca« (»Sprache des Volkes«) oder »deutsch« bezeichnet wird. Zudem spricht er fließend Latein und etwas weniger flüssig auch Griechisch. Lesen und Schreiben gehören nicht zu seinen Stärken, dafür hat er seine Leute – zum Schreiben und zum Vorlesen.

Der Frankenkönig ist um die Jahrhundertwende zweifellos der mächtigste Mann in Europa. Kaum ein Stammesherzogtum kann seinem Ansturm widerstehen. In vielen Schlachten unterwirft er alles, was um sein eigenes Stammland versammelt ist: Die Langobarden, die Bayern, die Awaren, auch Friesland werden nach brutalen Kämpfen in das fränkische Herrschaftsgebiet eingegliedert. Einzig die Sachsen, die ihm erbittert Widerstand leisten, machen ihm Schwierigkeiten: Die Kriege mit ihnen dauern bis 804. Die Sachsen werden von ihrem Herzog Widukind angeführt, der dem Frankenkönig an der Ostgrenze seines Reiches schwere Verluste zufügt. Der blutige Höhepunkt der fränkisch-sächsischen Kriege findet im Jahr 782 statt, nachdem sächsische Heere im fränkischen Grenzgebiet schwere Verwüstungen angerichtet haben. Als Revanche lässt Karl in Verden an der Aller nahezu 5000 sächsische Krieger hinrichten. Diese Bluttat bringt ihm später den Namen »Sachsenschlächter« ein. Nachdem ihr Widerstand 804 endgültig gebrochen ist, werden auch die Sachsen Teil des fränkischen Reiches von Karl dem Großen.

Karl ist der Enkel von Karl Martell, der später mit dem schmückenden Beinamen »der Hammer« versehen wird, weil jener Karl Martell in einer opferreichen Schlacht bei Tours und Poitiers im Jahr 732 arabische Heerscharen geschlagen und so das Frankenreich vor einer muslimischen Eroberung bewahrt hat. Zum ersten Mal verwendet 732 ein unbekannter Chronist dieser Schlacht den Begriff Europäer für die Streitmacht Karl Martells. Die »europenses«, so berichtet er, hätten die muslimischen Invasoren, die sich von Spanien nach Aquitanien und in die Provence vorgekämpft hatten, in die Flucht geschlagen und seien anschließend wieder in ihre verschiedenen »patriae«, also Heimatländer, zurückgegangen. Auch wenn Franken, Sachsen und Bayern oder Alemannen, Burgunder und Aquitanier sonst nicht viele Gemeinsamkeiten haben und sich kaum kennen, identifizieren sich die Bedrohten als Angehörige einer Gruppe – als Europäer.

Wahrscheinlich gehört die Schlacht bei Tours und Poitiers im Jahr 732 zu den bedeutendsten des Jahrhunderts, weil sie das weitere Vordringen der Erben Mohammeds ins Frankenreich verhindert hat. Muslimische Heere haben sich im 7. und 8. Jahrhundert im Mittelmeerraum, in Syrien, in Ägypten, in Spanien und Teilen Afrikas festgesetzt. Ihr Einbruch in die christliche Welt Europas und in den von der mächtigen Stadt Konstantinopel beherrschten asiatischen Raum hat zu einer neuen, nicht wirklich einschätzbaren Mächtekonstellation geführt, in der die Kalifate von Bagdad und Kairo zu einer Bedrohung für die christliche Welt geworden sind. 732 jedenfalls gilt Karl Martell als »Retter des Abendlandes«, offensichtlich in der festen Annahme, dass ein muslimisches Europa die schlechtere Alternative ist. Er ist nicht der letzte europäische Feldherr, der gegen die »Ungläubigen« – wie es die christliche Lehre verkündet – zu Felde zieht. Seine Heldentaten machen ihn zum unumstrittenen Anführer der Franken. Karl der Hammer verleibt seinem Reich anschließend noch diverse rechtsrheinische Stammesgebiete ein, sodass er seinem Sohn Pippin III. ein ziemlich machtvolles, aber noch nicht so großes Reich vererben kann. Groß wird das Reich erst, als jener Pippin III. einen in seinen Augen unfähigen Merowinger vom Königsthron stürzt und so das Frankenreich erweitert.

In der mittelalterlichen Gedankenwelt ist es für die weltliche Herrschaft unabdingbar, den geistlichen Segen zu erlangen – und dafür ist der Papst in Rom zuständig. So trifft es sich für Papst Stefan II. prächtig, dass Pippin III. die apostolische Legitimation durch das Oberhaupt der römischen Kirche wünscht und er sich deshalb an den fränkischen König mit einem Kuhhandel wenden kann. Er, der Papst, würde Pippin III. (und in diesem Zuge seine Söhne gleich mit) salben und ihm den Titel »patricius romanorum« verleihen, wenn wiederum er, Pippin III., ihm Schutz gegen den Langobardenfürsten Aistulf gewährt. Angesichts der wilden Entschlossenheit der Langobarden, sich des Nordens der italienischen Halbinsel zu bemächtigen, sind die Sorgen des Papstes zu Recht groß, schließlich ist er verantwortlich für den Fortbestand einer angemessenen Repräsentanz seines Herrn auf Erden. Würde die Stadt Rom eingenommen und vielleicht noch einmal – wie bereits von den Vandalen im Jahr 455 – geplündert werden, könnte das Ende der religiösen Oberhoheit über das christliche Abendland eingeläutet sein.

Die apostolische Angst ist berechtigt, denn die Langobarden, die 741 Ravenna schon eingenommen haben, liegen nun – im Jahr 754 – mit ihren Truppen in bedrohlicher Nähe vor den Toren Roms. Der Verlockung des geistlichen Segens kann Pippin III. nicht widerstehen, sodass er dem besorgten Papst einen Feldzug gegen den langobardischen Fiesling Aistulf garantiert, den er in den folgenden Jahren auch erfolgreich durchführt. Bestandteil dieser Schutzvereinbarung, die 754 zwischen Pippin III. und Papst Stefan II. geschlossen wird, ist die »Pippin'sche Schenkung«. Nach erfolgreichen Schlachten gegen die Langobarden übereignet der fränkische König nämlich dem Papst die Städte Rom und Ravenna sowie die so genannte Pentapolis, ein Gebiet in Mittelitalien zwischen Rimini und Ancona. Dieses bildet fortan den Kirchenstaat, der – immer wieder umkämpft – in seinen Restbeständen noch heute besteht. Ab 754 ist der fränkische König also de facto der Schutzherr des Papstes und erhält als Gegenleistung die Unterstützung des obersten Christen. Auf den ersten Blick ist das ein gelungener Coup für beide Seiten: Der Papst kann sich in Sicherheit wiegen und der König hat die Macht der Kirche für sich gewonnen.

■ **Karl der Große – Gotteskrieger und Lebemann**
Karl ist ein religiöser Mensch und akzeptiert die Vorstellung einer Einheit zwischen geistlicher und weltlicher Macht. Das entspricht der Denktradition seiner Zeit, die die Welt von Gott geleitet sieht. Karls Kriege dienen dementsprechend einerseits seiner Machterweiterung, andererseits

aber auch der Ausbreitung des Christentums. Zu diesem Zweck lässt er seine Gegner nach jeder gewonnenen Schlacht zwangsweise taufen. Karl ist ein regelrechter Gotteskrieger und strahlt auf die schlichten Gemüter seiner Zeitgenossen den Nimbus des Unbesiegbaren aus. Während er einerseits den religiösen Geboten gehorcht, lebt er privat durchaus weltlich. Karl ist verheiratet mit Hilmitrud und ehelicht gleichzeitig auf Betreiben seiner Mutter die langobardische Prinzessin Desiderata. Darüber hinaus erfreut er sich der Aufmerksamkeit vieler anderer so genannter »Friedelfrauen«. Solche Konkubinen sind in dieser Zeit des Mittelalters nicht ungewöhnlich. Derartige Verbindungen lassen sich unproblematisch auflösen, wobei die Partner wieder in den Schoß ihrer Familien zurückkehren. Der Mann hat lediglich für die Kinder einer solchen Nebenehe zu sorgen. Offensichtlich macht Karl von dieser Möglichkeit ausgiebig Gebrauch, denn nachdem er sowohl Hilmitrud als auch Desiderata verstoßen hat, werden noch drei weitere Ehen überliefert, die bedauerlicherweise alle mit dem Ableben der Frauen enden. Karl ist kein Kind von Traurigkeit und Politik ist nicht alles in seinem Leben.

Wenn man davon absieht, dass der Papst sich als oberster Christ und Stellvertreter des Herrn auf Erden fühlen darf, lebt Karls Gastgeber am ersten Weihnachtstag 800 eher spartanisch. Er sitzt in seinem Kirchenstaat wie ein Gefangener, ist abhängig von den jeweils herrschenden politischen Gegebenheiten in Oberitalien und sieht seinen Einfluss auf den europäischen Kontinent auf Grund dieser misslichen Lage zunehmend schwinden. Diesen Zustand haben auch schon seine Vorgänger beklagt, die nach dem Untergang des Römischen Reiches – rund 350 Jahre zuvor – zwar die geistliche Vorherrschaft über den Kontinent beansprucht haben, aber niemanden um sich hatten, der diesem Anspruch auch die entsprechende weltliche Durchsetzungskraft zur Seite stellte. Als die Römer in der nachchristlichen Antike noch weite Teile des europäischen Kontinents beherrschen, ist der Sitz des Apostolischen Stuhls in Rom im Zentrum der weltlichen Macht angesiedelt und somit sicher. Seit sich aber der politische Schwerpunkt der Welt über die Alpen in nördliche Richtung verlagert hat, sitzen die Päpste abseits und beklagen dies lautstark. Mit dem Krönungscoup des Weihnachtsabends 800 hat sich diese missliche Lage schlagartig verbessert: Papst und Kaiser sitzen in einem Boot und stellen eine in der mittelalterlichen Welt unangreifbare Einheit dar. Der Papst wiegt sich in Sicherheit und der Kaiser herrscht über ein riesiges Reich, das zu regieren ihn aber vor große Probleme stellt.

Das Karolingerreich

Nach der Krönung zum römischen Kaiser umfasst das Reich Karls des Großen das heutige Deutschland, Frankreich, die nördlichen Teile Spaniens, mehr als die Hälfte Italiens, Holland, Belgien und Luxemburg, weite Teile Österreichs, Kroatiens und der tschechischen Republik. Der politische und militärische Einfluss dürfte besonders im Nordosten sogar noch etwas weiter gegangen sein. Karl besitzt in diesem Riesenreich keine feste Residenz, eine Hauptstadt hat in der Gedankenwelt des mittelalterlichen Kaisertums keinen Platz. Mit seinem Gefolge zieht er von Ort zu Ort und regiert von verschiedenen Stellen. Grundlage seiner Macht sind die Pfalzen – große bäuerliche Güter, die den Kaiser mit seinem gesamten Gefolge während eines Aufenthaltes mit allem versorgen, was das kaiserliche Herz begehrt. Diese Anwesen sind groß genug, um von hier aus angemessen regieren zu können. Festlichkeiten und Versammlungen mit weltlichen und kirchlichen Würdenträgern finden hier ebenso statt wie Gerichtstage. Hier stellt der Kaiser Urkunden aus und empfängt Gesandte fremder Mächte. Die wichtigsten Pfalzen stehen in Ingelheim, Nimwegen und Aachen, wo er sich wegen der warmen Wasserquellen am liebsten aufhält. Aachen wird mit prachtvollen Bauten ausgestattet und zur Kaiserpfalz erklärt. Nach dem Vorbild byzantinischer Großbauten entsteht die achteckige Pfalzkapelle mit einem aus Marmor geschlagenen Kaiserthron, der heute noch den Mittelpunkt des altehrwürdigen Aachener Münsters bildet. Das in unmittelbarer Nachbarschaft liegende Rathaus steht auf dem Fundament der alten fränkischen Königshalle.

Das Frankenreich ist kein Willkürstaat; es gibt eine klare und gesetzlich verbriefte Ordnung, die in so genannten »Kapitularien« festgehalten ist. Mit dieser Gesetzessammlung ist das Reich Karls des Großen in sämtlichen administrativen, rechtlichen, politischen, kirchlichen und wirtschaftlichen Fragen einheitlich geregelt. Zumindest auf dem Papier besteht also ein einheitlicher Staat mit gültigen Regeln für alle seine Mitglieder. Karl, der wie die meisten seiner Untertanen nicht schreiben kann, setzt dennoch auf ein hohes Maß an Schriftlichkeit bei der Organisation des Reiches und baut einen Verwaltungsapparat auf, um in einer Welt, in der Lesen und Schreiben kaum verbreitet ist, die Wirksamkeit der »Kapitularien« durchzusetzen. Ein anderes Problem ist der Umgang mit den Stämmen, die er in vielen Kriegen unterworfen und dem Reich einverleibt hat. De facto hat Karl der Große in Zentraleuropa einen Vielvölkerstaat geschaffen, der auf die Belange seiner Mitglieder eingehen muss, wenn die staatliche Einheit nicht unentwegt durch innere Konflikte gefährdet werden soll. Karl lässt die Stammesrechte aufschreiben, macht sie dadurch überprüfbar und schützt sie vor missbräuchlicher oder willkürlicher Auslegung. So respektiert er die alten Rechtsordnungen und Eigenarten der Salier, der Alemannen, der Bayern, der Sachsen, der Thüringer und der Friesen und kann sie dennoch als Teil des Frankenreiches halten, das durch allgemein gültige Gesetze geordnet ist, die den Stammesrechten durchaus widersprechen konnten. Besonders im östlichen Teil des fränkischen Reiches – der Bundesrepublik von heute – haben sich solche Eigenarten erhalten. Bald kann man darin eine der frühen Wurzeln des deutschen Föderalismus erkennen, den es in dieser Form in Europa kein zweites Mal gibt.

■ **Das Reich Karls des Großen**

Das Reich Karls erstreckt sich von Zaragossa und Pamplona im Norden des heutigen Spaniens über Korsika und eine Linie rund 100 Kilometer südlich von Rom, nach Kärnten und weiter in Teile des heutigen Ungarn, über Gebiete der Slowaken, von Böhmen und Mähren im nord-östlichen Teil des Reiches, weiter bis Magdeburg und ganz im Norden zu dem kleinen jütländischen Handelsplatz namens Haithabu. Im Jahr 800 leben Franzosen, Italiener, Holländer, Belgier, Luxemburger, Böhmen, Österreicher und Deutsche in einem Reich vereinigt. Das Frankenreich unter Karl dem Großen dominiert den europäischen Kontinent und sorgt für die Ausbreitung des Christentums in allen seinen Landesteilen. Damit wird eine der wesentlichen Charaktereigenschaften Europas festgeschrieben: Europa ist ein christlicher Kontinent. Das Frankenreich hat zudem eine politische und militärische Bedeutung, die den Kaiser auf eine Stufe mit dem damals mächtigen Kaiser von Konstantinopel und den Kalifen von Bagdad und Kairo stellt.

Das Reich ist für damalige Verhältnisse gut organisiert. Hätte es damals schon Urlaubsorte an der französischen Atlantikküste gegeben, die Urlauber aus fast ganz Europa hätten dort mit dem gleichen Geld bezahlen können wie in ihrer Heimat. Sie hätten sich in vielen Fällen auf die gleichen Gesetze berufen können, die sie zu Hause ebenfalls anwandten. Es gibt Pfalzgerichte, die überall im Lande Recht sprechen. Sie sorgen für eine Gleichbehandlung aller Bewohner des fränkischen Reiches vor dem Gesetz. Dennoch bleiben kulturelle Eigenheiten und die Gesetze der unterworfenen Stämme erhalten.

Dieses fränkische Reich ist nahezu identisch mit dem Kerngebiet der Europäischen Gemeinschaft. Die EG wird durch die Römischen Verträge am 25. März 1957 aus der Taufe gehoben. Frankreich, Italien, Niederlande, Belgien, Luxemburg und Deutschland sind die Teilnehmer dieses Vorläufers der heutigen Europäischen Union. Ist das Zufall oder spielen hier uralte, durch Kriege und gegenseitige Zerstörungen verschüttete Gemeinsamkeiten eine Rolle? Zeigt sich am Reich Karls des Großen, dass europäische Einigungsbemühungen auf eine lange Tradition zurückblicken können?

Und noch etwas prägt das Reich Karls des Großen: Seit geraumer Zeit sind die zu Fuß kämpfenden Heere von Ritterkontingenten abgelöst worden. Durch diese militärtaktische Neuerung werden die traditionellen, nur für eine begrenzte Zeit benötigten Fußtruppen in den Hintergrund gedrängt. An ihre Stelle treten die Ritter und mit ihnen ein neuer Typ des Berufskriegers. Der aber braucht im Gegensatz zum einfachen Soldaten eine angemessene Ausstattung und vor allem ein gesichertes Dienstverhältnis, das ihn und seine Familie auch in Friedenszeiten ernährt. Die Antwort auf diese Neuerung heißt Lehnswesen und begründet für viele Jahrhunderte den Feudalismus in Europa.

Das Lehnswesen kommt sowohl dem Interesse des Kaisers nach langfristig verfügbaren Gefolgsleuten entgegen als auch dem Streben der Ritter nach entsprechender materieller Ausstattung für ihren aufwändigen ritterlichen Lebensstil, der für ihren Berufsstand nach und nach ebenso obligatorisch wie legendär wird. Das Lehnsverhältnis wird mit einem feierlichen Symbolakt geschlossen und begründet fortan zwischen den Partnern ein Gefüge wechselseitiger Rechte und Pflichten. Der Lehnsmann – oder auch »Vasall« – verpflichtet sich zu Gehorsam und Dienst, insbesondere zur Leistung von Ritterdiensten, während im Gegenzug der Lehnsherr seinem Vasallen ein Stück Land oder ein Amt als Lehen zur dauernden Nutzung überlässt. Dieses Rechtsverhältnis steht unter einer gegenseitigen Treuepflicht, die den Vasallen genauso wie den Herrn bindet. Es endet erst mit dem Tod oder der Untreue eines der Partner.

■ Alltag im Frankenreich

Die Menschen des frühen Mittelalters leben in Familienverbänden, die ausschließlich das Überleben ihrer Mitglieder sichern sollen. Eine Heirat hat nichts mit einer Liebesbeziehung zwischen Mann und Frau zu tun – sie wird vom Grundherrn arrangiert. Diese Zweckgemeinschaften umfassen mehrere Generationen, die in einem Raum in Pfahlbauten leben. Das sind kleine strohgedeckte Holzhütten, die teilweise auf Pfosten stehen, um gegen Hochwasser und wilde Tiere Schutz zu bieten. Als Stühle dienen Holzblöcke, der Boden ist gestampfter Lehm, auf pritschenähnlichen Gestellen wird geschlafen. Meist stehen bis zu zehn solcher Pfahlbauten zusammen – sie bilden die ersten kleinen Siedlungen, in denen bis zu 150 Personen leben. Trotz aller Anstrengungen und trotz der Einführung der Dreifelderbewirtschaftung gibt es nie genug zu essen. Sind die Winter zu streng, erfrieren die Menschen, sind sie zu mild, nimmt das Ungeziefer überhand und sie müssen deshalb hungern. Die durchschnittliche Lebenserwartung von Frauen liegt bei 44, die von Männern bei 47 Jahren. 40 Prozent der Kinder sterben bei der Geburt. Die Bevölkerungsdichte beträgt 8 Menschen pro Quadratkilometer, in Deutschland sind es heute 231 Menschen pro Quadratkilometer. Die Bauern sind »Freie«, leben aber in einem Abhängigkeitsverhältnis von ihrem Herren, der ihnen das zu bewirtschaftende Land gibt. Als Gegenleistung müssen sie einen bestimmten Anteil ihrer Ernte abgeben. Falls ihr Land überschwemmt wird oder sich als unfruchtbar herausstellt, weist ihnen der Landesherr eine neue Stelle zu, an der sie sich niederlassen dürfen. Kleine Siedlungen finden sich entlang der Handelsstra ßen ebenso wie an Flussläufen oder in der Nähe von ersten größeren Dörfern, die durch eine Befestigungsanlage gesichert sind. Der Genuss, Fleisch zu essen, ist ein Privileg der Wohlhabenden. 80 Prozent der freien Bevölkerung des Frankenreichs sind Bauern, die von dem leben, was sie anbauen: Getreide (vor allem Hirse und Gerste) und Gemüse (vor allem Kohl, Mohrrüben, Erbsen, Linsen und Mohn). Im Wald finden sie verschiedene Sorten wild wachsender Beeren, Hagebutten, Eicheln und Haselnüsse. Wer in der Nähe eines Flusses wohnt, kann mit einer Tuchkonstruktion nach Fischen angeln. Dabei wird das an Stöcken befestigte Tuch entweder durch das Wasser gezogen oder auf den Grund gelegt und dann hochgezogen. Was vom Fischen und von der Ernte übrig bleibt, tragen die Bauern auf den Markt, um es gegen andere Lebensmittel oder landwirtschaftliche Geräte zu tauschen. Märkte sind im 9. Jahrhundert nicht nur Tauschbörsen, sondern auch der Platz, an dem Nachrichten und Legenden verbreitet werden. An Markttagen, die ein- oder zweimal im Jahr stattfinden, kommen auch Prediger und Pilger oder Händler aus fernen Ecken des Frankenreichs, die Lebensmittel zum Tausch oder Kauf anbieten. Verboten ist der Handel mit Waffen, dennoch gibt es illegale Waffenhändler. Obwohl der Sklavenhandel offiziell abgeschafft worden ist, werden auch Sklaven zum Kauf angeboten. Der Handel auf den Märkten ist durch die gemeinsame Währung transparent. Es gelten feste Preise und mit dem Franken-Denar existiert eine feste Tauscheinheit.

Karl packt auch das Problem einer gemeinsamen Währung für seinen Vielvölkerstaat an und legt fest, in welchem Münzfuß die Währungseinheiten zueinander stehen. Fortan gilt überall im Reich, dass aus einem Pfund Silber 240 Franken-Denare geschlagen werden müssen, ein Denar also ein Gewicht von 1,6 Gramm hat. Auf der Vorderseite ist ein Königsportrait zu sehen, auf der Rückseite prangt ein Kreuz. Diese erste europäische Währungsunion fördert den Handel, macht Preise transparent, schafft einen großen Raum, in dem man mit einer einzigen Währung wirtschaften kann, und bringt den Bewohnern Europas ähnliche Vorteile wie der Euro heute.

Die Menschen im Reich Karls des Großen können sich frei bewegen, Handel treiben und sich – mit gewissen Einschränkungen – dort niederlassen, wo es ihnen gefällt. Die persönliche Niederlassungsfreiheit ist lediglich an die uneingeschränkte Zustimmung der dort wohnenden Zeitgenossen gebunden. Die Gesetze der Salier bieten die Rechtsgrundlage dieses Prinzips:

>»Will jemand in ein fremdes Dorf zuziehen, so darf er dies nicht, wenn nur einer dagegen Einspruch erhebt, mögen ihn auch mehrere andere von jenem Dorf bei sich aufnehmen wollen.«

Wie man sieht, sind Migration und Niederlassungsfreiheit schon damals Probleme, mit denen sich die Europäer herumschlagen müssen. Eine Reise zu unternehmen nimmt viel Zeit in Anspruch und stößt nicht selten auf Widrigkeiten, die bis zur Bedrohung von Leib und Leben reichen können. Wer beispielsweise von Aachen nach Rom pilgern will, muss nicht nur mehrere Monate einkalkulieren und viele Entbehrungen auf sich nehmen, sondern auch die Alpen überqueren – zu Fuß, allenfalls auf dem Rücken eines Pferdes, und das bei jedem Wetter. Die Reisenden können sich aber schon auf kleinen Wegen, Pfaden und Straßen fortbewegen, denn das Land der Franken ist durchzogen von Handelsrouten und Pilgerwegen. Manche Wanderer lassen sich nieder, gründen bäuerliche Gemeinden oder kleine Handelsplätze. Von Ost nach West, von Nord nach Süd schlängelt sich ein erstes Verkehrsnetz über den Kontinent, das nicht nur einen regen Warenaustausch ermöglicht. Da nur wenige Menschen lesen und schreiben können, ist das gesprochene Wort der – wie wir heute sagen würden – »Transmissionsriemen« zwischen den Volksgruppen des fränkischen Reiches. Mit den Händlern kommen auch Informationen vom anderen Ende des Kontinents unter die Leute. Kulturelle Traditionen, Sitten und Bräuche, Lieder und Geschichten, politische Informationen und christliche Erbauungen werden in der mittelalterlichen Welt der Franken ausgetauscht und weitergegeben.

Die Mitte Europas

Mit der Gründung des großen Frankenreiches rückt die Mitte des Kontinents zum ersten Mal ins Zentrum der Macht. In dieser geographischen Mitte leben Stämme und Völker, aus denen später die »Deutschen« hervorgehen. Ein »deutsches« Bewusstsein gibt es am Beginn des 9. Jahrhunderts noch nicht, dafür sind die unterworfenen Stämme und Völker noch zu sehr ihren eigenen Traditionen verhaftet. Das Frankenreich ist für sie allenfalls ein entferntes, abstraktes Gebilde, über dessen Sinn oder Unsinn sie nicht nachdenken. Die Mühen des Alltags, der eigene überschaubare Lebensraum und – immer wieder – kriegerische Auseinandersetzungen bestimmen den Rhythmus ihres Lebens. Ihr Siedlungsgebiet grenzt an allen seinen Seiten an fremde Völker und deren Kulturen. Die »Deutschen« werden – zwangsläufig – auf Grund der geographischen Lage ihres Landes zu einem Mittler zwischen der slawischen und der romanischen Welt. Ihr Land liegt im Schnittpunkt aller Verbindungslinien zwischen den Polen des Kontinents und wird – ob seine Bewohner es wollen oder nicht – zum wichtigsten Durchgangsland für Handel, Wirtschaft und Verkehr. Die Beherrschung dieses Raums sichert eine bedeutende Position in Europa – ein Umstand, der in den kommenden Jahrhunderten prägend für die Entwicklung Deutschlands ist.

Christliches Weltbild

Das christliche Weltbild spielt – in Ermangelung einer Alternative – die entscheidende Rolle. Dieses Weltbild sieht nicht nur die Erde als unbewegliche Scheibe in der Mitte eines ansonsten beweglichen Universums, sondern hält den Papst ausschließlich dazu auserkoren, die Regeln des menschlichen Zusammenlebens im Abendland zu bestimmen. Die Sonne geht am Abend im Westen unter, um am Morgen vom Osten kommend wieder aufzugehen. Aus dieser Betrachtung entsteht für Europa der Begriff »Abendland«. Der Orient im Osten heißt folglich »Morgenland«. Das apostolische Definitionsmonopol drückt dem Abendland, das aus ebendiesem Grund das »christliche Abendland« genannt wird, seinen bis heute spürbaren Stempel auf. Dabei entwickeln der christliche Glaube und sein Weltbild soziale Bindekräfte. Die Menschen bekommen eine überirdische Erklärung des Sinns ihres manchmal leidvollen Lebens angeboten, die aus damaliger Sicht logisch und nachvollziehbar ist. Solange dies niemand in Frage stellt, ist die christliche Glaubenslehre der rote Faden, an dem sich alles andere ausrichtet. Das geht einige Jahrhunderte gut, bis die ersten Zweifel aufkommen und die Kirche mit ganz und gar unchristlicher Härte auf jene einschlägt, die es wagen, ihre Zweifel in Worte zu fassen. Zunächst aber gilt, dass der Mensch den Platz, den er durch göttliche Bestimmung zugewiesen bekommt, nicht verlassen darf. Erst im Himmel könne man auf Erlösung von irdischen Einschränkungen hoffen. Freiheit im Jenseits heißt das apostolische Credo, und dafür soll der Mensch leben.

Karl der Große ist für seine Zeit ein außergewöhnlicher Herrscher. Er krempelt die innere Struktur seines Riesenreiches um und schafft die Grundlage des abendländischen Europas. Die Poeten am Hofe Karls preisen den Herrscher als »pater europae« – und daran hat sich bis heute wenig geändert. An das erste unter Karl dem Großen »Vereinigte Europa« erinnert die Stadt Aachen mit dem alljährlich verliehenen Karlspreis. Diese Würdigung bezieht sich nicht nur auf den Politiker und Feldherrn Karl, sondern auch auf den »Vater Europas«, der dafür gesorgt hat, dass antikes Erbe, christliche Religion und germanische Gedankenwelt miteinander in Verbindung kamen und der Nachwelt erhalten blieben.

Karls Erben und der Streit um die Nachfolge

Nach dem Tod zweier seiner Kinder krönt Karl am 11. September 813 – wie es das karolingische Erbfolgegesetz vorsieht – den noch verbliebenen Sohn Ludwig zum kaiserlichen Mitregenten. Jener Ludwig wird mit dem trefflichen Beinamen »der Fromme« in die Geschichte eingehen. Am 28. Januar 814 vertauscht Karl der Große seinen kaiserlichen Marmorthron mit himmlischen Gefilden. Möglicherweise hat er zu seinen Lebzeiten die Schwierigkeiten schon kommen sehen, an denen Ludwig der Fromme schließlich scheitern wird. Eine Alternative zur Regelung seiner Nachfolge besitzt er aber nicht, denn das fränkische Erbfolgerecht sieht vor, dass der Sohn dem Vater folgt und niemand anders. Er hat nur noch einen Sohn und so muss dieser sein Nachfolger werden. Mit der Übertragung der alleinigen Regentschaft an seinen Sohn Ludwig den Frommen ist zwar die Einheit des Frankenreiches gesichert, aber die Existenz seiner drei mehr oder weniger missratenen Enkel dürften Karls Erwartungen an die Zukunft der karolingischen Dynastie ziemlich reduziert haben. Das Reich, so hat er es vorgemacht, muss mit starker Hand auf der Grundlage des Lehnswesens und einer gut organisierten Verwaltung regiert werden. Seinem Sohn Ludwig aber wird nachgesagt, sich eher um geistliche Belange und den Bestand der zahlreichen Klöster zu kümmern, als sich um den Erhalt des fränkischen Reiches zu sorgen. So gesehen beginnt mit dem Tod Karls des Großen der Zerfall des Frankenreichs. Um den inneren Frieden des Frankenreichs ist es von nun an schlecht bestellt. Ludwig der Fromme ist zwar zunächst einmal unangefochten Kaiser. 817 krönt er nach väterlichem Vorbild seinen Sohn Lothar I. zum Mitkaiser und macht seine beiden anderen Nachkömmlinge, Ludwig »den Deutschen« und Pippin I., in Bayern und Aquitanien, der Südhälfte des westfränkischen Reichs, zu Königen. Dieses Thronfolgegesetz von 817 – die so genannte »ordinatio imperii« – soll die Einheit des Frankenreichs gewährleisten: Einer der Erben wird Kaiser mit einer »außenpolitischen« Hoheit über das Gesamtreich, die anderen üben untergeordnete Funktionen aus. Aber der 817 geschaffene Frieden in der Familie hält nicht lange. 15 Jahre nach dem Tod Karls des Großen bricht der Streit unter den Karolingern aus. Im Jahr 829 beginnt der Kampf um die Macht. Innerfamiliäre Konflikte um die Kaiserkrone führen Heere gegeneinander ins Feld. Zerfall und Niedergang sind die unvermeidlichen Folgen …

Zerfall und Aufteilung des Frankenreiches

… die Ludwig der Fromme im Jahr 829 wohl nicht im Auge hat, als er einen vierten Sohn namens Karl, aus seiner zweiten Ehe mit Judith ins Spiel bringt und das Thronfolgegesetz des Jahres 817 zu Gunsten des damals Sechsjährigen ändert. Mit dieser folgenschweren Entscheidung bekommt sein vierter Sohn Karl, der zur besseren Unterscheidung schlicht »der Kahle« heißt, das schweizerisch-italienische Alamannien und Rätien sowie das Elsass und einen Teil Burgunds. Diese Neuordnung der Machtverhältnisse geht natürlich zu Lasten der wenig erfreuten Stiefbrüder Karls des Kahlen. Außerdem entzieht Ludwig der Fromme seinem mitregierenden Sohn Lothar I. am gleichen Tag den Anspruch auf den Kaiserthron nach seinem eigenen Ableben. Vieles spricht dafür, dass hinter dieser Entscheidung der Machthunger Judiths, der Tochter des schwäbischen Grafen Welf, steht. Überhaupt sorgt Judith, der besondere Schönheit nachgesagt wird, in ihrer 25-jährigen Ehe mit Ludwig dem Frommen für jede Menge Ärger und Zwistigkeiten, die zeitweise sogar zu ihrer Verbannung vom kaiserlichen Hofe führen. Wegen der unerwünschten Konkurrenz durch Karl den Kahlen erheben nun die Kinder aus erster Ehe die frevelnde Hand gegen den eigenen Vater. Sie inszenieren für die nächsten Jahre ein europaweites Macht- und Intrigenspektakel in unterschiedlichsten Konstellationen. Mal agieren sie gemeinsam gegen den Kaiser, ein anderes Mal bekämpfen sie sich gegenseitig.

Streit ums Erbe

Anfang des Jahres 830 beschließt Ludwig der Fromme eine kriegerische Eroberungs-Expedition in die Bretagne, dem einzigen Zipfel Kontinentaleuropas, der nicht zum Frankenreich gehört – trotz eines heftigen Anfalls von Gicht im kaiserlichen Fuße, wie die fränkischen ›Reichsannalen‹ dieses Jahres mitteilen. Aber die Feldzugsidee des Kaisers trifft auf wenig Verständnis bei seinen Vasallen. Diese Verstimmung nutzen einige Abtrünnige dazu, Lothar I. und Pippin I. zu einem Aufruhr gegen den Vater anzustiften. Das geschieht dann auch mit dem Ergebnis, dass Judith ins Kloster geschickt und Ludwig der Fromme von seinen Söhnen entmachtet wird. Aber so leicht ist der fromme Ludwig nicht vom Thron zu stürzen. Er gewinnt die Hoheit über das kaiserliche Zepter zurück und hält einige Reichstage ab, auf denen der Aufstand zwar aufgeklärt, aber nicht bestraft wird. Ludwig ist eben ein frommer und offensichtlich auch nachsichtiger Vater. Das nützt ihm in der Folgezeit aber wenig, denn schon drei Jahre später – 833 – empören sich die Söhne ein weiteres Mal.

Eine nicht unerhebliche Rolle bei dieser Auseinandersetzung um die Macht im Reich spielt Papst Gregor IV., der von Lothar I. zum Schiedsrichter im Familienstreit berufen worden ist. Der Heilige Vater macht sich auf den Weg, um auf die Einhaltung des fränkischen Thronfolgerechts von 817 zu drängen, nach der sein Auftraggeber Lothar I. zum Nachfolger seines Vaters bestimmt werden muss. Gregor IV. lässt sich vom lebhaften Protest einiger Bischöfe nicht abhalten und beginnt mit Ludwig dem Frommen zu verhandeln. Während es dem Papst allmählich gelingt, das Vertrauen des Kaisers zu gewinnen, ergreifen die kaiserlichen Söhne auf dem »Lügenfeld« bei Colmar die Initiative. Es beginnt eine Schlacht zwischen den Heerscharen des Kaisers und denen seiner Kinder, in deren Verlauf aber weniger das Schwert die entscheidende Rolle spielt, sondern vielmehr die angeblich »lügnerischen« Überredungskünste der Kinder.

So dauert es nicht lange, bis das kaiserliche Heer sich überzeugen lässt und zu den aufständischen Söhnen überläuft. Der Kaiser gerät daraufhin in Gefangenschaft seiner Kinder und die Mission des Papstes endet in einem grandiosen Fehlschlag. Ludwig der Fromme wird obendrein durch ein erzwungenes Sündenbekenntnis öffentlich gedemütigt. Judith tritt unmittelbar nach den Ereignissen den Gang ins italienische Exil an, während Lothar I. die Entsorgung seines Vaters übernimmt. Er steckt ihn dorthin, wo er nach Meinung vieler ohnehin hingehört: ins Kloster, und zwar des heiligen Medard bei Soissons in der Nähe von Reims, wo der fromme Ludwig bald darauf trübsinnig wird. Der Familienzwist, den die Enkel Karls des Großen um die Herrschaft im Frankenreich angezettelt haben, nimmt ein Jahr darauf, 834, eine neuerliche Wendung. Die beiden jüngeren Söhne aus der ersten Ehe erheben sich nun gegen ihren Bruder Lothar I. und setzten den gemeinsamen Vater wieder auf den Thron, den der eigentlich schon entmachtete Ludwig der Fromme bis zu seinem Tod Ende Juni 840 auch behält.

Unter dem Einfluss seiner Frau Judith wird Ludwig der Fromme vom Verfechter der Reichseinheit zum Vorkämpfer der Reichsteilung. Judith ist die Urahnin des fränkischen Adelsgeschlechts der Welfen, aus deren heute lebender Generation uns Prinz Ernst-August von Hannover, Ehemann der Prinzessin Caroline von Monaco, eindrücklich bekannt ist. Seine Ahnin Judith jedenfalls muss sich den Vorwurf gefallen lassen, die Reichseinheit ihres Schwiegervaters Karl aufs Spiel gesetzt zu haben, um ihrem gleichnamigen, aber kahlen Sohn ein lohnenswertes Stück vom Kuchen abzuschneiden. In letzter Konsequenz führt das zur Spaltung des Frankenreiches in einen östlichen, einen mittleren und einen westlichen Teil und somit zur Begründung eines »französischen« und eines »deutschen« Staatswesens. Ein Jahr nach dem Ableben des Kaisers tobt unter den Karolingern noch immer heftiger Streit um die Macht im Reich. Lothar I. akzeptiert die von seinem Vater verfügte Dreiteilung des Reiches nicht und gibt sich mit dem ihm zugewiesenen Mittelreich »Lotharingen« nicht zufrieden. Er beansprucht die Oberhoheit über das gesamte Frankenreich und ruft damit den Zorn seiner Brüder hervor.

Die Aufteilung des Frankenreichs

Den Bürgern Straßburgs ist es an diesem eisigen 14. Februar 842 bange ums Herz, als sie aus zwei Richtungen schwer bewaffnete Heere auf ihre schöne Stadt zukommen sehen. Das eine Heer wird angeführt von dem 37-jährigen König Ludwig. Jener Ludwig, der im Nachhinein »der Deutsche« genannt wird, herrscht über den östlichen Teil des Frankenreichs. Das andere Heer steht unter dem Kommando seines erst 18-jährigen Stiefbruders Karl II., der »der Kahle« genannt wird. Karl der Kahle ist Judiths Sohn und König von Westfranken. Die beiden Heere treffen sich auf einem Platz im Zentrum der Stadt. Zur Überraschung der Straßburger Bürger aber beginnt keine Schlacht, sondern eine erstaunliche Zeremonie. Etwas langatmig und umständlich erklärt erst Ludwig den anwesenden Heerscharen, dass sein Bruder Lothar I. für das hohe Amt des Kaisers gänzlich ungeeignet sei. Seine angeblich unbezähmbare

Streitsucht treibe die Teile des großen Frankenreiches auseinander und dieser Zustand sei nicht hinnehmbar. Deshalb wolle er hier und jetzt mit seinem Stiefbruder einen Eid ablegen, der beide untrennbar miteinander gegen das gemeinsame Bruderherz Lothar I. verbindet. Ludwig der Deutsche verwendet dabei die »romana lingua«, aus der sich später die französische Sprache entwickelt. Karl II. schließt sich in der »teudisca lingua«, der Grundlage der deutschen Sprache, an. Beide leisten also in dem Dialekt des jeweils anderen den so genannten Straßburger Eid. Diesem Eid schließen sich die beiden Heere an, ohne den jeweils anderen Dialekt zu verstehen. Ein anwesender Geschichtsschreiber notiert, dass dies »der Eid der Völker« gewesen sei. Und tatsächlich: Dieser 14. Februar 842 kann als die Geburtsstunde Deutschlands und Frankreichs gelten. Aus den beiden Teilen eines Reiches (von Karl dem Großen) werden im Laufe der nächsten Jahrhunderte die beiden Bruderstaaten Deutschland und Frankreich. Die heute so oft beschworene deutsch-französische Partnerschaft, die als Motor für die europäische Entwicklung unverzichtbar sei, hat ihre Wurzeln also im frühen 9. Jahrhundert, als aus einem Reich zwei Teilreiche werden, die sich im Laufe der kommenden Jahrhunderte eigenständig entwickeln.

Die Straßburger Eide sind logische Konsequenz der politischen Umstände jener Jahre. Keiner der Nachfolger Karls des Großen hat das Format, ein derart großes Reich zu regieren. Die Erhaltung des Frankenreiches als eine politische und ökonomische Einheit, wie zur Zeit des großen Karl, stellt für seinen Sohn und vor allem für seine Enkel keinen erstrebenswerten Zustand dar. Sie sind eher an der eigenen Macht interessiert und sind – so betrachtet – Kinder ihrer Zeit. Die Erhaltung der fränkischen Einheit hätte vermutlich alsbald gezeigt, dass die bei Karl dem Großen noch integrierten Einzelinteressen der unterworfenen Stämme sehr schnell wieder an die Oberfläche gekommen und nach Eigenständigkeit gestrebt hätten. Die rasche Herausbildung unterschiedlicher Sprachen und der stabile Fortbestand der östlichen Herzogtümer (Sachsen, Thüringen, Kärnten, Bayern, Schwaben und Franken), die sich zum Teil in ihren damaligen Stammesgrenzen bis heute erhalten haben, sprechen ebenfalls gegen ein Gesamtreich.

In den folgenden Jahren jedenfalls werden Verträge geschlossen, die die Aufteilung Mitteleuropas besiegeln und dem Kontinent ein bis heute erkennbares Gesicht geben. Im Vertrag von Verdun 843 erhält Ludwig der Deutsche das ostfränkische Reich, das an seiner westlichen Seite ungefähr durch den Lauf des Rheins, im Süden entlang einer Linie von Genf nach Chur und im Osten bei Regensburg, Magdeburg und Hamburg begrenzt ist. Die Mitte Europas wird Lothar I. zugeschlagen und reicht von Friesland über Lothringen, Burgund und die Lombardei bis nach Italien. Der Westen schließlich unter Karl dem Kahlen wird das westfränkische Reich, das in seinen Grenzen im Wesentlichen dem heutigen Frankreich entspricht. Aber dabei bleibt es nicht allzu lange. 870 im Vertrag von Meersen wird der mittlere Teil aufgelöst und in fast gleichen Teilen dem ost- bzw. westfränkischen Reich zugeschlagen.

Für einen kurzen Moment wird das Reich Karls des Großen unter der Regentschaft eines weiteren Karls, der wegen seiner Leibesfülle mit dem Beinamen »der Dicke« prämiert wird, noch einmal auferstehen. Als sein Vater Ludwig der Deutsche 876 stirbt, folgt er ihm als König im Ostteil des Frankenreiches. Er beteiligt sich an der Unterwerfung mittelitalienischer Provinzfürsten, die mit Unterstützung der Sarazenen Papst Johannes VIII. an den Kragen wollen. Dieser revanchiert sich prompt mit der Kaiserkrone für den Verteidiger des »patrimonium petri«. Über Erbschaften und andere glückliche Umstände bekommt Karl III., der Dicke, ein paar Jahre später auch noch die Königswürde des westfränkischen Teils. Weil der dicke Karl an der Bekämpfung der Normannen scheitert, die unbarmherzig den Flussläufen folgend ins Landesinnere vorstoßen, brandschatzen und plündern, muss er 887 abdanken. Er wird seines Lebens nicht mehr froh und stirbt bald darauf. Die Todesursache ist allerdings umstritten. Während die einen auf Grund seiner Epilepsie von einem natürlichen Tod sprechen, halten es andere für einen glatten Mord. Einig ist man sich allein im Datum: 13. Januar 888.

Unterschiedliche Wege

Aus der Feder des Geschichtsschreibers Regino von Prüm, der die Zeit Karls des Dicken als Zeitgenosse und Schriftgelehrter miterlebt, stammt die rund zehn Jahre nach dem Tod des korpulenten

Kaisers verfasste ›Chronica‹, eine Schriftensammlung, die sich
vor allem mit der Chronologie und der Geschichte der fränkischen
Herrscher beschäftigt. Sein Urteil:

»Nach dem Tod des Kaisers löste sich der feste Verband der
Reiche, die ihm untertan waren; sie warteten nicht auf den ihnen von der Natur bestimmten Herrn, sondern jedes erkor
sich aus sich selbst heraus einen König. Das führte zu schweren Kriegswirren (...) weil eben ihre gleiche edle Abstammung, Würde und Macht die Zwietracht mehrte und keiner
so über alle anderen hervorragte, dass diese sich ihm freiwillig unterworfen hätten. Denn zahlreiche zur Herrschaft geeignete Fürsten hätte das Frankenreich geboren, wenn ihnen
nicht das Schicksal zu gegenseitigem Wettstreit und Verderben die Waffe in die Hand gedrückt hätte.«

Reginos Analyse ist nicht viel hinzuzufügen, er hat das Problem
und den Weg erkannt, den die Ostfranken am Beginn des 10. Jahrhunderts einschlagen werden. Das Ende der Herrschaft des dicken
Karls, der das Reich seines großen Namensvetters auf Grund dy-
nastischer Zufälle noch einmal zusammenbringt, stellt eine Zäsur
dar. Denn von nun an entwickeln sich die Reichsteile zu selbstän-
digen Gebilden, aus denen später jene Nationen hervorgehen, die
heute noch den europäischen Kontinent besiedeln. Der westfränkische Teil – heute Frankreich – hat kaum noch geographische Veränderungen erfahren, die Grenzen verschieben sich im Nordosten
und Südosten des Landes nur noch um einige Kilometer. Die Mitte des Kontinents, wo wir heute Luxemburg, Belgien und Holland
finden, gehört noch für lange Zeit zu den beiden anderen fränkischen Ländern im Westen und Osten Europas. Das ostfränkische
Reich wird in der Folgezeit von Kaisern aus unterschiedlichen
Herzogtümern regiert und nimmt – im Gegensatz zum westfränkischen – alsbald die Gestalt eines geopolitischen Flickenteppichs
an. Im Osten des alten Karlsreiches sind die Bestrebungen der
Stämme und Herzogtümer nach Eigenständigkeit viel deutlicher zu
verspüren als im Westen. Der »deutsche« Kaiser, wie der ostfränkische Kaiser später heißt, herrscht nicht nur über unterschiedliche
deutsche Stämme und Völker, sondern eben auch über Österreicher, Italiener, Niederländer, Belgier, Luxemburger, Böhmen und

Tschechen. Und das wird in den folgenden Jahrhunderten den Weg der »Deutschen« bestimmen. In Frankreich und Italien werden nach dem Tod Karls III. erstmals nicht-karolingische Könige gewählt, in Burgund entstehen zwei weitgehend eigenständige Teilreiche mit jeweils anderen Dynastien. Unter Odo, einem Grafen aus Paris, der bis 898 auf dem westfränkischen Königsstuhl sitzt, gibt es auch im Westen des alten Frankenreiches mächtige Provinzfürsten, die einer zentralen Macht entgegenstehen: in Aquitanien, in Katalonien, in der Bretagne oder in Flandern. Die politische Ordnung nach den Karolingern ist in »Frankreich« nicht einfacher als in »Deutschland«. Hier wie dort streitet die zentrale Macht mit den nach Autonomie und eigener Herrschaft strebenden Provinzmächten. Einzig bei äußeren Gefahren, wie sie etwa die Einfälle der Normannen oder Ungarn darstellen, stehen sie zusammen – darin unterscheiden sich die beiden Nachbarn nicht.

Im Westen des alten Karlsreiches kommt es genau wie im Osten zu Auseinandersetzungen zwischen streitlustigen Familienmitgliedern, die in jeweils wechselnden Koalitionen gegeneinander kämpfen. 987 stirbt mit Ludwig V. der letzte karolingische König. Das Ende der Kämpfe zwischen dem König und den Herzögen wird durch die anschließende Wahl von Hugo Capet eingeläutet. Hugo Capet ist der Erste in einer langen Reihe von Kapetingern auf dem französischen Thron. Bis 1328 wird diese Familie den jeweiligen König stellen und so verhindern, dass ständige Dynastiewechsel und von Intrigen begleitete Königswahlen die zentrale Macht schwächen. Der Weg, den Frankreich von nun an gehen wird, ist vorgezeichnet.

Der wohl unabwendbare Zerfall des fränkischen Großreiches ist eine Wegmarke der europäischen Geschichte. Aber was wäre geschehen, wenn die fränkische Einheit gehalten und den Wirren, die da noch kommen sollten, standgehalten hätte? Würden die Europäer dann eine gemeinsame Sprache sprechen? Wären die Kriege, die zwischen dem 10. und 21. Jahrhundert die Mitte des Kontinents mehrfach verwüstet haben, den Menschen erspart geblieben? Gäbe es dann schon lange eine »Europäische Union«, wie sie jetzt entstanden ist? Unabhängig von derartigen Spekulationen beginnt für die Deutschen mit der Teilung des fränkischen Reiches eine wechselvolle und selten glückliche Geschichte. Die deutschen

Stämme und Herzöge machen es den jeweiligen Kaisern nahezu unmöglich, eine »Einheit der Deutschen« herzustellen und zu bewahren. Ganz im Gegenteil: Die partikularen Interessen der Territorialherren stehen den Belangen des »deutschen Reiches« fast immer diametral entgegen. Mitunter sind die Kaiser Sklaven ihrer Untertanen, weil sie von deren Stimmen bei der Wahl zum Kaiser abhängig sind. Nicht selten wird die Teilnahme an einem Feldzug mit Zugeständnissen an die Großmachtsphantasien irgendwelcher Provinzfürsten erkauft. Das deutsche Reich wird von keiner zentralen Stelle regiert, ein Gemeinschaftsgefühl durch die Zugehörigkeit zum Reich entwickelt sich unter den Bewohnern nicht.

Im Gegenteil: Bei den Deutschen herrschen Uneinigkeit und Missgunst, ihre innere Entwicklung ist überlagert von Kämpfen um den Machterhalt. Die Menschen sind eng verbunden mit ihren lokalen oder regionalen Fürsten und Herzögen, deren Land es zu bewahren gilt. Der staatliche »Überbau« – das »deutsche Reich« – kommt erst an zweiter Stelle. Die äußere Bedrohung schweißt die Menschen im deutschen Reich zusammen, zu deren Abwehr wird alles Trennende für kurze Zeit vergessen. Am Beginn des 10. Jahrhunderts stellen die ungarischen Reiterheere eine solche Bedrohung dar, die Gegenwehr organisiert der Erste von vielen deutschen Königen mit dem Vornamen Heinrich …

Die deutsche Nation und das Römische Reich

... der im Jahr 919 die sächsische Dynastie auf dem Königsstuhl etabliert. Heinrich I. hat es nicht einfach, denn wie keiner vor ihm muss er sich gegen die Ungarn zur Wehr setzen. Die Ungarn werden Anfang des neuen Jahrhunderts von den Petschenegen aus ihrer ursprünglichen Heimat an den nordwestlichen Ufern des Schwarzen Meeres vertrieben und sind fortan auf der Suche nach neuen Siedlungsräumen. Dabei gehen sie nicht gerade zimperlich vor, die Beschreibungen ihrer Überfälle lassen jedenfalls an Grausamkeit und Brutalität nichts zu wünschen übrig. Raub- und Plünderungszüge führen die ungarischen Heere nach Mähren, Kärnten, Sachsen, Thüringen und schließlich nach Bayern bis zum Lech.

Mit Heinrich I. tritt den Ungarn aber ein Kriegsherr entgegen, der ihnen in nichts nachsteht und mit gleicher Brutalität gegen seine Gegner vorgeht. Die Kriege, die dieser Heinrich in seinem Leben geführt hat, sind kaum zu zählen. Die Regentschaft des Sachsen Heinrich I. ist aber nicht nur wegen seiner harten Abwehrhaltung gegen die ungarischen Heere von Bedeutung. Mit seiner Krönung sitzt zum ersten Mal ein Herzog auf dem Königsstuhl, der weder Karolinger noch Franke – also Angehöriger der »Gründungsfamilien« des fränkischen Reichs – ist. Heinrich I. ist vielmehr Führer des Stammes der Sachsen, um deren Unterwerfung Karl der Große hart hatte kämpfen müssen. Nur etwas mehr als 100 Jahre nach dieser Unterwerfung gelingt es ihm, die Zustimmung zu seiner Wahl von jenen Stämmen zu erhalten, die bis weit ins Mittelalter hinein das Kernland des deutschen Reiches bilden: Sachsen, Franken, Bayern und Schwaben. Aus dem alten Reich Karls des Großen entsteht im Osten ein Reich, in dem der König zwar »König der Franken« genannt wird, das sich in seiner politischen Tradition aber vom fränkischen Reich entfernt hat.

Otto I.

Als Heinrich I. stirbt, folgt ihm 936 sein Sohn Otto I., den er schon vorher zum Mitregenten erhoben hatte. Otto I. wird ohne großen Widerspruch der Stammesherzöge gewählt. Der neue König überragt seine Mitmenschen um Haupteslänge, ein gesunder Menschenverstand und vor allem seine praktische Schläue sind überliefert. Von Anfang an steht er aber vor nicht unerheblichen innenpolitischen Schwierigkeiten, die ihm die liebe Verwandtschaft beschert. Denn frisch gekürt besteht er auf der Unterwerfung der Herzöge unter seine Königsmacht. Die aber denken gar nicht daran, sich diesem Ansinnen zu beugen, denn in ihren Augen ist die Bindung an den König ein Treueverhältnis, das immer dann aufgekündigt werden kann, wenn eine der beteiligten Seiten diese Treue missbraucht. Daraus ergeben sich in der Folgezeit immer wieder Missverständnisse, die Otto I. ohne Umschweife mit militärischen Mitteln ausräumt: An der Spitze eines starken Heeres erzwingt er vom dänischen König und von den Slawenstämmen zwischen Elbe und Oder die Anerkennung seiner Oberhoheit. Diese Anerkennung lässt er sich noch dadurch versüßen, dass die Unterworfenen zukünftig nicht unerhebliche Tribute an ihn zu zahlen haben.

Seine Brüder, Thankmar und Heinrich, erheben sich gegen ihn und werden ebenso unterworfen wie die Herzöge Giselher von Lothringen und Eberhard von Franken und später auch Rudolf von Schwaben. Die übrigen Herzöge verstehen das als Kampfansage und planen ein Mordkomplott gegen den König. Pfingsten 941 soll er aus dem Leben befördert werden. Doch der Plan fliegt vorzeitig auf und der Anschlag wird verhindert. Den Streit um die Macht im Lande kann Otto I. allerdings nicht aus der Welt schaffen. Der Konflikt zwischen der Zentralmacht und den partikularen Fürsten wird ihn ebenso beschäftigen wie fast alle seine Nachfolger. Während westlich des Rheins die Macht der Fürsten gebrochen und damit alsbald der Weg frei sein wird für eine »vornationale« Staatlichkeit, steht im Osten des alten Karlsreiches die »deutsche Einheit« oder die Einheit deutscher Stämme und Länder auf dem Spiel. Würde sich die Macht der Herzöge gegen die des Königs durchsetzen, könnte der östliche Teil des alten fränkischen Großreichs in viele kleine, kaum überlebensfähige Territorien auseinander brechen.

Auf Grund der Erfahrungen mit seiner aufmüpfigen Familie zieht Otto I. die Mitglieder des hohen Klerus auch für weltliche Aufgaben heran, indem er ihnen bedeutende Staatsämter überträgt und seine Macht auf ihre Loyalität aufbaut. Meist stammen die Kirchenmänner aus wichtigen Familien, sind gut ausgebildet und können deshalb Verwaltungsaufgaben besser erledigen als die Kriegsherren des hohen Adels. Otto I. gewährt den Kirchen Königsschutz und Immunität und nimmt sie als »Reichskirchen« in den Schoß der weltlichen Macht. Da geistliche Würdenträger – normalerweise – nicht heiraten dürfen, fällt das Amt nach ihrem Tod an den König zurück und der kann es immer wieder an vertrauenswürdige Männer weitergeben. Diese Verfahrensweise greift aber in die Vollmacht des obersten aller Christen ein, denn eigentlich kann nur der Papst Bischöfe oder Äbte in ein Amt einsetzen. Bei Otto I. ist das kein Problem, da er ein ausgezeichnetes Verhältnis zum Primas der christlich-römischen Kirche hat. Später entzündet sich über dieses Recht der »Investitur« eine heftige Auseinandersetzung – der »Investiturstreit«. Zunächst aber hilft dieses »Reichskirchensystem« das Reich zu stabilisieren.

Stabilisierend wirkt auch das Grenzsicherungssystem der so genannten »Marken«. Vor allem im Süden des Reiches ist die »Ostmark« als Abwehr-Bollwerk gegen die Ungarn von großer Bedeutung. 996 wird sie »Ostarrichi« genannt werden und sich entlang der Donau immer weiter nach Süden verschieben. Aus dieser Mark entstehen bald Österreich, Steiermark und Krain. Rund 1000 Jahre später wird Adolf Hitler beim so genannten »Anschluss Österreichs« am 14. März 1938 verkünden, »die Ostmark heim ins Reich« geholt zu haben. Dabei wird er sich auf die politischen Verhältnisse des Mittelalters der Jahrtausendwende beziehen, als die Bewohner »Ostarrichis« zweifellos Mitglieder des ottonischen Reiches waren. Ein makabres Beispiel, wie Geschichte willkürlichen Interpretationen anheim fallen kann.

Ottos I. Regentschaft ist von unzähligen Schlachten gekennzeichnet, die er mit großem Kampfesmut und einigem Geschick für sich entscheiden kann. Das ist für den Bestand des Reiches auch von überragender Bedeutung, denn mittlerweile sind die brandschatzenden ungarischen Truppen zu einer echten Plage geworden. Kein Dorf, kein Hof und kein Kloster ist mehr sicher vor den im wahren Sinne des Wortes »über Leichen gehenden« Plünderern. Die Gefahr für Land und Leute durch die marodierenden Banden hat inzwischen Ausmaße angenommen, die den König zum Handeln veranlassen, will er nicht innere Unruhen und Aufstände riskieren. Also zieht Otto der Große, wie er schon zu Lebzeiten genannt wird, in die Schlacht und schlägt die Ungarn 955 auf dem Lechfeld in der Nähe von Augsburg vernichtend. Bei dieser legendären Schlacht, nach der die Ungarn endgültig aus dem ostfränkischen Reich vertrieben sein werden, führt Otto I. ein Heer an, dessen Soldaten aus fünf Herzogtümern stammen. Er ist zwar der König des gesamten ostfränkischen Reichs, er befehligt aber nur »seine« sächsischen Ritter. Die anderen kommen aus Thüringen, Böhmen, Franken oder Schwaben – und als Angehörige dieser Stämme fühlen sie sich auch.

Italienische Verhältnisse

Anders als im Osten und Westen kristallisiert sich im Süden des alten Frankenreiches kein halbwegs einheitliches Gebilde heraus. Ganz im Gegenteil: Sizilien wird von den Arabern erobert, spaltet sich vom restlichen Teil der Halbinsel nahezu ab und stellt bis weit ins 10. Jahrhundert hinein eine latente Gefahr für den italienischen Norden dar. Der Kirchenstaat gerät immer mehr in die Gewalt des oberitalienischen Adels. Zwischen 904 und 951 beherrscht die Familie des Herzogs Alberich II. von Spoleto den Kirchenstaat und damit auch die Papstwahlen, die nun zur Farce werden. In der später verfassten Geschichte der Päpste wird diese Zeit verächtlich als »Pornokratie« bezeichnet. Wie korrekt diese erstaunliche Bezeichnung ist, verrät ein Blick in die Annalen der römischen Kurie. In den Augen der Chronisten wird der Vatikan in dieser Zeit von einem Hurengespann geleitet. Es handelt sich um ein Mutter-Tochter-Tandem, Theodora und Marozia, die beide Mätressen diverser Päpste sind. Die Geschichte des Papsttums verkommt in diesen Jahren zur Räuberpistole. Besonders hemmungslos wird der christliche Kodex unter Sergius III. mit Füßen getreten, der 904 mit Unterstützung des Herzogs Alberich II. von Spoleto einen Marsch auf Rom inszeniert und sich anschließend unter dem militärischen Schutz des Herzogs zum Papst weihen lässt. Diesem abstoßenden Machtgebaren folgt ein Blutrausch, dem seine beiden

Vorgänger zum Opfer fallen. Sergius III. lässt in einem Anfall von wahnsinniger Verfolgungswut zwei seiner Brüder im Herrn umbringen. Kommentatoren dieser Zeit bezichtigen den Stellvertreter Christi auf Erden,»ständig grenzenlose Abscheulichkeiten mit leichten Frauen« zu begehen.

Man hätte über diese nur kurze Phase des Papsttums leicht hinwegsehen können, wenn nicht die Gefahr bestanden hätte, dass das italienische Königreich in diesen Sog von Auflösungserscheinungen und Rechtlosigkeit hineingezogen worden wäre. Die politische Lage in Italien ist jedenfalls zur Mitte des 10. Jahrhunderts – vorsichtig formuliert – unübersichtlich. Im Mai 946 wird mit Johannes XII. ein Sohn Alberichs II. auf dem Heiligen Stuhl platziert, der den Beinamen »der Schlechte« trägt. Johannes XII. ist Atheist und sein Benehmen dient nicht gerade als Vorbild für sittenstrenges Verhalten. Jede Menge Geliebte beiderlei Geschlechts begleiten ihn im Vatikan. Der für seine papstkritischen Bemerkungen bekannte zeitgenössische Chronist Liutprand von Cremona berichtet nicht nur von einem Bordell im Vatikan, sondern auch noch von Mordanschlägen, Inzest, Simonie und einer Jagd- und Spielleidenschaft des Papstes, sodass der Vorwurf der permanenten Gotteslästerung nicht weiter ins Gewicht fällt. Jedenfalls endet sein ganz und gar unchristliches Leben 964 recht unsanft mit einem Hammerschlag – ausgeführt von einem gehörnten Ehemann, der den Papst beim Geschlechtsverkehr mit seiner Frau erwischt hat.

Zu Lebzeiten sieht sich jener Johannes XII. dauerhaften Attacken Berengars II. von Ivrea ausgesetzt, der sich nicht nur des Kirchenstaats, sondern der Macht in ganz Italien bemächtigen will. Der italienische König Hugo fühlt sich von der Familie aus Ivrea, die über weite Teile der Lombardei, über das Aostatal, bis nach Piemont und im weiter südlich gelegenen Spoleto herrscht, ernsthaft bedroht.

Deswegen forciert König Hugo den Sturz seines mächtigen Widersachers aus Ivrea. Im Verlaufe der daraufhin einsetzenden Kämpfe muss Berengar II. von Ivrea fliehen. Es gelingt ihm 941 bei König Otto I. für einige Zeit Unterschlupf zu finden. Mit schwäbischer Hilfe und der Duldung Ottos I. erobert Berengar vier Jahre später weite Teile Norditaliens zurück und übt fortan in diesem Teil des Landes die Macht aus. Anfang 945 geht die Regierungsgewalt von König Hugo auf den immer mächtiger gewordenen Berengar II. von Ivrea über. Der mitregierende Sohn Hugos – König Lothar – bleibt im Amt, ist aber in Berengars Augen nur noch geduldete Randfigur. Lothar heiratet 947 eine gewisse Adelheid von Burgund, die Tochter des burgundischen Königs Rudolf II. Drei Jahre später strebt Berengar II. schließlich nach der ganzen Macht in Italien und vergiftet – so die kolportierte Vermutung – Lothar. Die Witwe Adelheid soll seinen Sohn heiraten. Als sie sich aber weigert, macht Berengar II. einen folgenschweren Fehler: Er beraubt und misshandelt sie, um sie anschließend in Garda gefangen zu setzen. Die Überlieferung berichtet dann von einem Priester namens Martin, der Adelheid und ihre Tochter erst befreit und dann versteckt. Berengar II. wird derweil in Pavia zum König von Italien gekrönt. Die schöne Adelheid aber hat noch gute Verbindungen im Lande und lanciert einen Hilferuf an Otto I., der sie daraufhin befreit. Ein Jahr später heiratet er Adelheid – mit der nicht unmaßgeblichen Folge, dass er damit wegen der Herkunft seiner zweiten Frau auch noch rechtmäßiger König in Oberitalien wird. Berengar II., nach wie vor auch italienischer König, leistet am 7. August 952 Otto I. einen Treueeid und damit ist das Verhältnis der beiden zumindest vorerst geklärt.

Es wäre vermutlich nie zum Streit und damit auch nicht zur Kaiserkrone für Otto I. gekommen, hätte nicht ein anderer Sohn Berengars II. – namens Wido – auch Gefallen an der Macht gefunden und 959 das Herzogtum Spoleto erobert. Dieses Herzogtum grenzt im Süden an den Kirchenstaat und eignet sich bestens zum Angriff auf das »patrimonium petri«. Angesichts des kriegslüsternen Wido und des nicht minder entschlossenen Berengar II. fühlt sich Johannes XII. in Rom in seiner Haut nicht mehr sicher. Es kommt zu einem Hilferuf des Papstes, dem Otto I. – wie 160 Jahre vor ihm Karl der Große – Folge leistet. Er besiegt die Aufständischen und sichert damit dem ostfränkischen Reich die Hoheit über Italien, obwohl Berengar II. und Wido nach Kräften Widerstand leisten. Die apostolische Dankbarkeit von Papst Johannes XII. findet am 2. Februar 962 in Form der in Ottos Hände gelegten Würde eines römischen Kaisers ihren weltlichen Ausdruck. Berengar II. hingegen wandert in kaiserlichen Gewahrsam, dem er lebend nicht mehr entkommt.

■ **Das deutsche Kaisertum**

Mit der Kaiserkrönung Ottos I. sind zwei Entscheidungen mit langfristigen Folgen gefallen. Zum einen bekommt das Oberhaupt der weltlichen Macht – der Kaiser – die Aufgabe übertragen, die römische Kirche und das Papsttum gegen innere und äußere Feinde zu verteidigen und die Christianisierung Europas voranzutreiben. Otto I. widmet sich zeitlebens mit großem Engagement dem Aufbau einer christlichen Kirche in Südosteuropa. Zum anderen ist mit Ottos I. Kaiserkrönung der Bruderkampf zwischen den West- und den Ostfranken um das italienische Erbe beendet. Der östliche, der »deutsche«, Teil des alten Frankenreichs bekommt mit der römischen Kaiserkrone die Hoheit über Norditalien und die Verantwortung für den Kirchenstaat. Fortan herrscht der deutsche König in Personalunion auch über den nördlichen Teil Italiens. An diesem Tag ist eine politische Entscheidung von großer Tragweite gefallen. Denn die ostfränkischen Herrscher sind von nun an immer auch römische Kaiser, sie stehen an der Spitze des »Römischen Reiches«, dem seit dem 13. Jahrhundert der Zusatz »heilig« und ab dem 15. Jahrhundert der Zusatz »deutscher Nation« angehängt wird. Der Letzte, der diesen ehrenvollen Titel trägt, ist der Habsburger Franz II. – von 1792 bis 1806. Was mit der Kaiserkrönung Karls des Großen in Rom am ersten Weihnachtstag 800 beginnt und mit der erneuten Übertragung der Kaiserwürde an Otto den Großen im Jahr 962 fortgesetzt wird, endet erst zur Zeit der napoleonischen Kriege am Beginn des 19. Jahrhunderts.

Die Erneuerung des Römischen Reichs

Die in der Zeit Ottos des Großen wichtigste politische Theorie geht von der Vorstellung aus, dass die Herrschaft über die zivilisierte Welt von dem vor rund 450 Jahren untergegangenen Römischen Imperium erst auf die Franken und in deren Nachfolge auf die Sachsen, zu denen Otto der Große gehört, übergegangen ist. Mit der Krönung Karls des Großen durch Papst Leo III. im Jahr 800 sei auch die Kaiserwürde des alten römischen Reiches auf den fränkischen König übergegangen. Das ist die so genannte »translatio«, also die »Übertragung«. Die Kaiserkrönung des Jahres 962 wiederholt und erneuert diesen Vorgang. Das ist die so genannte »reno-

vatio«, also die »Erneuerung«. »Übertragung« und »Erneuerung«
sind die beiden ideologischen Begriffe, mit denen Otto I. sein hohes Amt antritt. Seine Kaiserwürde liegt in der direkten Tradition
des römischen Kaisertums und als römischer Kaiser steht Otto I.
an der weltlichen Spitze der »christianitas« – der Christenheit. Er
ist der Beschützer des Abendlandes vor den Angriffen der »Heiden« und der Motor der Christianisierung des europäischen Kontinents. Ausgestattet mit der Machtfülle eines Kaisers will Otto I.
ein ge-
eintes Europa unter dem Zeichen des Kreuzes schaffen – Koloni-
sation und Mission gehen fortan Hand in Hand. Dazu gehört auch
der Versuch, den Süden Italiens – die Fürstentümer Benevent,
Capua und Salerno – zu erobern. Nachdem dies misslingt, kehrt
der mittlerweile 60-jährige ins Reich zurück und betreibt die Errichtung eines Bistums in Prag, um die Ostexpansion des christlichen Europas voranzutreiben. Das ist seine letzte Tat, denn Otto
der Große stirbt am Abend des 7. Mai 973 an den Folgen einer fieb-
rigen Erkältung. Er stirbt mit der Vorstellung, dass die Verbindung
der deutschen mit der römischen Kaiserwürde segensreich für alle
Beteiligten ist. Doch schon die spätere Regentschaft seines Enkels
Ottos III. zeigt, dass der Spagat zwischen einer deutschen und einer römischen Kaiserschaft nicht beiden Seiten gerecht werden
kann.

996 wird jener Otto III. in Rom von Papst Gregor V. zum Kaiser
gekrönt. Doch keine zwölf Monate später fällt Gregor V. einer Intrige zum Opfer und wird von einem Gegenpapst gestürzt. Otto III.
muss in Rom einmarschieren, um dem legitimen Papst wieder auf
den Heiligen Stuhl zu helfen. Offenbar ist er so angetan von Rom
und seiner prunkvollen Schönheit, dass er der Idee verfällt, dort
eine Kaiserpfalz zu errichten. Rom ist der Mittelpunkt seines Welt-
bildes. Von Rom aus will er das Reich regieren. Hier soll das künftige Zentrum der von ihm vereinigten geistlichen und der weltlichen Macht errichtet werden. Die »renovatio imperii Romani«
(»Wiederherstellung des Römischen Reiches«) soll durch ihn ins
Werk gesetzt werden, so jedenfalls plant es der Kaiser. Otto III.
möchte – ebenso wie der Papst – als irdischer Vertreter des Apostelfürsten gelten und lässt sich als »servus apostolorum« (»Diener
der Apostel«) ansprechen. Damit beansprucht er das oberste Ver-
fügungsrecht über den Kirchenstaat und macht deutlich, dass er

sich als Nachfolger eines römischen Kaisers aus der Blütezeit des untergegangenen Römischen Reiches sieht. Otto III. will seine weltanschaulichen Ideen verwirklichen, aber sein Tod im Jahr 1002 beendet das Vorhaben, bevor er richtig damit angefangen hat. Die »deutsch-italienischen« Kaiser stehen vor einem Problem: Die Italienpolitik wird nicht nur viel Energie und Zeit, sondern auch immense finanzielle Aufwendungen erfordern. Bis ins hohe Mittelalter werden sie immer wieder gezwungen sein, mit Streitkräften nach Italien zu ziehen und die politischen Ränkespiele ihrer Tage zu ordnen. Das wird ihr Interesse von dem Teil des Reiches ablenken, dem sie eigentlich ihre ungeteilte Aufmerksamkeit zukommen lassen sollten: dem Deutschen Reich.

Das gefestigte Verhältnis zwischen Papst und Kaiser fügt sich harmonisch in das Weltbild des 11. Jahrhunderts. Der Papst ist der alleinige Interpret der göttlichen Vorstellungen, der Kaiser herrscht von Gottes Gnaden und mit päpstlichem Segen, um in einer gewalttätigen Welt für Ordnung zu sorgen. Der Papst, als Vertreter der geistlichen Welt, und sein weltliches Pendant, der Kaiser, stellen eine Symbiose dar. Beide sind im Verständnis der Zeitgenossen Figuren einer von Gott gewollten Weltordnung, der sich niemand widersetzen kann. Für beide stehen das jeweilige Amt und das damit verbundene Ansehen auf dem Spiel, beide verlieren an Bedeutung und Einfluss, wenn sie den Pakt zwischen weltlicher und geistlicher Macht brechen. Und schließlich müssen in dieser mittelalterlichen Zeit auch die Vorstellungswelten der Menschen befriedigt werden. Ein europäisches – was entsprechend der Kenntnis über die Größe der Welt gleichbedeutend ist mit einem »universalen« – Kaisertum hat für die Zeitgenossen große Anziehungskraft. Diese überirdische Ordnungsmacht liefert ihnen das Koordinatensystem, an dem sie ihr eigenes »kleines« Leben ausrichten können.

Aus dem einen Teil des Vielvölkerstaats von Karl dem Großen ist in der östlichen Hälfte ein eigener Vielvölkerstaat geworden, der sich in der Zukunft als schwer regierbar erweist. Das Reich wird durch Zugewinne zwar immer größer und der deutsche Kaiser ist der mächtigste Herrscher in Europa. Aber die politischen Möglichkeiten, das Reich zusammenzuhalten, wachsen nicht in gleichem Maße. Die militärische Herrschaft über Italien ist schwer zu halten und die kaiserliche Macht muss weite Teile ihres Einflusses an die immer stärker werdenden Fürsten und Herzöge abtreten.

Bis zur Mitte des 11. Jahrhunderts ist noch eine Entscheidung gefallen: Europa wird christlich geprägt sein. Einzig in Süditalien, in Spanien und in einem kleinen Teil Frankreichs verhindern muslimische Herrschaftsgebiete das weitere Vordringen des Christentums. Spanien wird in den kommenden Jahrhunderten – ausgehend von der Grenzmark Karls des Großen – Stück für Stück »zurückerobert«. In Sizilien ist die nicht-christliche Herrschaft ebenfalls zeitlich begrenzt und die »heidnischen« Normannenherzöge, die den Nordwesten Frankreichs okkupiert haben, nehmen den christlichen Glauben an. Der Vatikan als das ideologische Zentrum der Christenheit spielt in der europäischen Geschichte eine bedeutende Rolle. Auch wenn es in Europa oft genug ganz und gar unchristlich zugeht, sind christliche Moralvorstellungen und Traditionen das gemeinsame Bindeglied aller Mitglieder der europäischen Völker.

Wenn die christliche Kirche am Beginn des 11. Jahrhunderts das nach ihr benannte Abendland prägt, was ist dann mit dem Rest der damals bekannten Welt? Soll auch dort der lange Arm des Vatikans hinreichen oder findet man ein Auskommen mit den Anhängern Mohammeds, die herablassend als »Heiden« abqualifiziert werden? Kann die geistliche Macht Könige und Kaiser veranlassen, gegen die Muslime in einen Krieg zu ziehen, um die frohe Botschaft der Bibel auch bei denen zu verkünden, die offensichtlich nichts davon wissen wollen? Fragen, die das Schicksal Europas für mehrere Jahrhunderte bestimmen und Millionen Menschen das Leben kosten wird. Denn die Antworten werden nicht in einem akademischen Disput gefunden, sondern in blutigen Schlachten.

Immer wieder versuchen die Päpste politische, also weltliche Macht an sich zu reißen und auszuüben. Das führt zwangsläufig zu einigen Fragen, die nun ebenfalls beantwortet werden müssen: Wer hat wirklich das Sagen in Europa? Ist es der Papst oder ist es der Kaiser? Welchen Einfluss kann die weltliche Macht der geistlichen zubilligen, ohne sich überflüssig zu machen? Und umgekehrt: Wie viel weltlicher Einfluss auf die Entscheidungen der Kirche ist dem Ansehen des Papstes noch zuträglich? Die Suche nach den Antworten beginnt in Goslar am 11. November des Jahres 1050 …

Im Namen des Kreuzes
1050–1270

Die Macht der Päpste

… als ein weiterer Heinrich das Licht der Welt erblickt. Schon als Vierjähriger wird er auf Wunsch seines Vaters Kaiser Heinrich III. zum König gekrönt. 1055 verlobt sich das Kind – ebenfalls einem väterlichen Gebot gehorchend – mit Bertha von Turin, die sogar noch ein Jahr jünger als Heinrich IV. ist. Diese Verbindung mündet zwar 10 Jahre später in eine Ehe, bleibt aber zeitlebens eher von Abneigung als von Liebe erfüllt. Doch dem sechsjährigen Heinrich stehen nach dem frühen Tod seines Vaters im Oktober 1056 weitere Komplikationen bevor. Seine Mutter – Agnes von Poitou – führt als Vormund die Amtsgeschäfte für ihn, erweist sich aber als hoffnungslos überfordert. Das provoziert Begehrlichkeiten vor allem bei den sächsischen Fürsten, die das Machtvakuum für sich nutzen wollen. Die Fürsten verschwören sich gegen die Kaiserin – an ihrer Spitze der Kölner Erzbischof Anno II.

Jener Anno II. sorgt im Frühjahr 1062 für das bis dahin einschneidendste Erlebnis im Leben des inzwischen 12-jährigen Königs Heinrich IV. Kurz nach Ostern bricht Heinrich IV. mit seiner Mutter nach St. Switbertswerth – dem heutigen Kaiserswerth bei Düsseldorf – auf, um an einem großen Fest teilzunehmen. Zur Überraschung der versammelten Gäste taucht auch der prunkvoll gekleidete Kölner Erzbischof mit seinem Gefolge auf. Kaum sind die offiziellen Feierlichkeiten vorbei, lädt der Erzbischof den königlichen Knaben auf eines seiner prächtigen Schiffe ein, das am Ufer des Rheins vor Anker liegt. Aber diese Einladung entpuppt sich rasch als Entführung, denn kaum hat Heinrich IV. das Boot betreten, legt es ab und steuert auf die Strommitte zu. Der verängstigte junge König hechtet über Bord und versucht schwimmend das Ufer zu erreichen. Seine Entführer ziehen ihn aber aus dem Wasser und verschleppen ihn ins nahe gelegene Köln. Kaiserin

Agnes von Poitou muss die Szene hilflos vom Ufer verfolgen. Den Staatsstreich, den der Gottesmann vor ihren Augen inszeniert, kann sie nicht verhindern: Sie ist entmachtet und Anno II. Erzbischof von Köln führt die politischen Geschäfte im Reich. Anno II. von Köln kann sich jedoch nicht lange an der so erworbenen Macht erfreuen, er gerät in ein Gemisch aus Intrigen und Denunziationen und wird schließlich von Erzbischof Adalbert von Hamburg-Bremen abgelöst. Mit diesem Erzbischof kommt Heinrich IV. besser klar, denn als er im März 1065 endlich selbst regieren darf, bleibt Adalbert von Hamburg-Bremen als Berater an seiner Seite. Auf dem Reichstag zu Tribur im Januar 1066 wird er aber eines Besseren belehrt und von einigen Fürsten gezwungen, jenen Adalbert von Hamburg-Bremen aus dem Amt zu jagen, weil er andernfalls seiner Entmachtung entgegensehen müsse. Die reale Macht des Königs der Deutschen existiert zwar – aber nur wenn die Fürsten einverstanden sind.

Die Regentschaft Heinrichs IV. steht unter einem ungünstigen Stern. Er hat kein eigenes Herzogtum mehr, da seine Mutter Agnes von Poitou bei ihrer Absetzung durch die Fürsten alle Besitztümer hatte abgeben müssen. Also lässt er neue Burgen bauen und versucht an Ländereien zu kommen, die ihm als Machtbasis dienen können. Derartige Schwierigkeiten sind auf der anderen Seite des Rheins im westfränkischen Teil des alten Karlsreiches weitgehend gebannt. Dort regiert mit Philipp I. ebenfalls ein Minderjähriger. Philipp I. wird als Siebenjähriger zu Pfingsten 1059 gekrönt, auch sein Vater stirbt früh, auch für ihn gibt es einen Vormund – den Grafen Balduin von Flandern. Sobald Philipp I. selbst regieren kann, beginnt er den königlichen Einfluss gegenüber den mächtigen Fürsten, die es auch westlich des Rheins gibt, auszubauen. Im Gegensatz zu Heinrich IV. gelingt es ihm, die Krondomäne, also das Gebiet, in dem er – der König – das Sagen hat, zu erweitern. Seine Nachfolger werden diesen Prozess fortführen und so den Grundstein für das zentralistisch organisierte Frankreich von heute legen. Außenpolitisch steht für Philipp I. die militärische Auseinandersetzung mit dem englischen Königreich ganz oben auf der Tagesordnung. Das wird die Politik der französischen Monarchie für viele Jahre prägen und verlustreiche Kriege für das Land nach sich ziehen. Philipps I. schwerste politische Bedrohung kommt also von außen und nicht von einer inneren Opposition, die ihm den königlichen Stuhl streitig machen will. Das ist ein wichtiger Unterschied zu Heinrich IV. und dem Deutschen Reich mit wesentlichen Folgen für die Entwicklung der beiden Staaten.

Gregor VII.

Während beiderseits des Rheins die beiden jugendlichen Könige um Macht und Einfluss mit den Territorialfürsten ringen, wird in Rom am 30. Juni 1073 mit dem Mönch Hildebrand ein Mann als Papst Gregor VII. in sein heiliges Amt eingeführt, der im Vatikan schon seit langem eine zentrale Figur, sozusagen die graue Eminenz im Hintergrund, ist. Noch während der Begräbnisfeierlichkeiten für seinen verblichenen Vorgänger kommt es im Vatikan zu tumultartigen Auseinandersetzungen, weil Hildebrand seine Wahl gegen ein Papstwahldekret und mit Hilfe eines demagogischen Kardinals durchsetzt, der ihn vor der Kirche S. Pietro in Vincoli durch das Volk ausrufen lässt. Ihm sei keine Zeit zum »Sprechen und Überlegen« geblieben, rechtfertigt sich Papst Gregor VII. später, weil die Menschen »wie die Wahnsinnigen auf ihn zugestürmt« seien. Egal wie: Der zeitlebens unbeliebte Mönch ist seit 1059 als Vermögensverwalter der römischen Kirche und Mitglied des Kardinalskollegiums der wichtigste Mann im Vatikan, die Archive des Vatikans stehen ihm ebenso offen, wie ihm die Berichte über die erschreckenden Zustände der so genannten »Pornokratie« bekannt sind. All das bestärkt ihn darin, den Kampf gegen die Verweltlichung der römischen Kurie aufzunehmen. Seine Aufgabe sieht der neue Papst in der geistigen und geistlichen Erneuerung des Klerus, den er vor allem im Deutschen Reich aus der Umarmung durch die weltliche Macht befreien will. Ihm selbst wird in den zeitgenössischen Berichten übrigens ein moralisch einwandfreier Lebenswandel attestiert, gleichwohl sich auch bei Gregor VII. hartnäckige Gerüchte über ein sexuelles Verhältnis mit seiner treuen Begleiterin Mathilde von Tuszien nicht gänzlich unterdrücken lassen.

■ Das Kirchenschisma

Als der Mönch Hildebrand zu Beginn seiner Kirchenkarriere im Dezember 1048 von Papst Leo IX. aus dem Kloster Cluny nach Rom geholt wird, durchlebt der Vatikan eine harte Bewährungsprobe. Leo IX., der bedeutendste deutsche Papst des Mittelalters, hatte sich als Reformer einen Namen gemacht. Er hatte Priesterehe, Ämterhäufung und das Recht weltlicher Herrscher, geistliche Würdenträger in ihre Ämter zu berufen – die so genannte Laieninvestitur –, bekämpft. Leo IX. verordnet der päpstlichen Verwaltung grundlegende Veränderungen und holt zahlreiche Reformer nach Rom. Die gregorianischen Reformen werden unter seinem Pontifikat weitergeführt und das bis heute bestehende Kardinalskollegium begründet, das fortan als höchstes päpstliches Beratergremium fungiert.

Aber Leos IX. Amtszeit ist überschattet von einem Dogmenstreit zwischen der Westkirche, deren Oberhaupt er ist, und der Ostkirche, die der Patriarch von Konstantinopel, Michael Kerullarios, führt. Die beiden seit Jahrhunderten nebeneinander existierenden Kirchen unterscheiden sich vor allem in den Auffassungen über die richtige Liturgie und die kirchlichen Dogmen. Anfang 1054 wird klar, dass sowohl Papst Leo IX. als auch das Oberhaupt der oströmischen Kirche den Führungsanspruch über die Christenheit erheben. Kurz nach dem Tod Leos IX. kommt es im Juli 1054 schließlich zum endgültigen Zerwürfnis zwischen der römischen und der byzantinischen Kirche, als der päpstliche Abgesandte Kardinal Humbert nach Konstantinopel reist, um den in seinen Augen abtrünnigen Patriarchen zu bekehren. Als dies misslingt, knallt er am 16. Juli 1054 eine päpstliche Bannbulle gegen Michael Kerullarios auf den Altar der Hagia Sophia und provoziert damit seinen eigenen Bann. Dieser ursprünglich nur auf zwei – ebenso unnachgiebige wie arrogante – Personen bezogene Bannfluch spaltet die christliche Kirche endgültig. Von nun an gehen die römische und die byzantinische Christenheit getrennte Wege. Dieses »Schisma« (»Kirchenspaltung«) bedeutet für den Papst in Rom eine Verkleinerung seines Einflussgebietes und einen Ansehensverlust für die römische Kirche. Trotz vielfacher Versuche, die Spaltung zu überwinden, hat das Schisma bis heute Bestand.

Anlässlich einer Fastensynode im Februar 1075 sagt Gregor VII. der weltlichen Macht im christlichen Abendland den Kampf an. Er will die Unterordnung der weltlichen unter die geistliche Macht. Damit soll die römische Kurie wieder zu dem werden, was sie eigentlich ist: Zentrum eines christlichen Glaubens, der den Kontinent eint, und nicht willfähriger Steigbügelhalter der weltlichen Macht. Das Sagen über die Welt – und das ist in der mittelalterlichen Vorstellungswelt Europa – soll der mit göttlicher Mission ausgestattete Papst haben. Deswegen muss auch die Funktion der Bischöfe und Priester neu definiert werden. Wenn er, der Papst, der Stellvertreter Christi auf Erden ist, so sollen fortan die Bischöfe und Priester die Stellvertreter des Papstes sein. Nur er, der Papst, soll künftig das Recht haben, seine Stellvertreter in Amt und Würden zu bringen. Diesem Prinzip widerspricht die so genannte »Laieninvestitur«, die das Recht eines Königs oder Kaisers bezeichnet, Bischofsämter zu vergeben. Dem König oder Kaiser ist es auch erlaubt, den Bischofsstab und den dazugehörigen Ring, den die Untertanen gehorsamst zu küssen haben, zu verleihen. Auf dieser Basis sind weltliche und geistliche Macht eine Art Bündnis eingegangen – zum Wohle beider Seiten. Die so durch den König eingesetzten Bischöfe und Äbte haben sich in der Vergangenheit zum stabilen Machtfaktor entwickelt und, ausgestattet mit weltlichen Machtbefugnissen, den deutschen Königen seit Otto dem Großen einen effizienten Herrschafts- und Verwaltungsapparat geschaffen, der jetzt vor dem Zusammenbruch steht.

Dem Papst ist all das zuwider, er will die Macht des weltlichen Herrschers brechen. Der nun beginnende Streit um die »Laieninvestitur« wird mit harten Bandagen geführt, Papst und Kaiser schrecken nicht davor zurück, Ansehen und Macht in die Waagschale zu werfen. Gregor VII. verbietet also auf besagter Fastensynode in Rom die seit Jahrzehnten gängige Ernennungspraxis und degradiert damit Kaiser und Könige zu ganz gewöhnlichen Laien, die in Zukunft weder Bischöfe noch Priester noch Äbte in ihre Ämter einsetzen dürfen. Die Abschaffung dieses Privilegs ist in den Augen Heinrichs IV. ein Angriff auf einen der wichtigsten Stützpfeiler seiner Regentschaft. Der so genannte »Investiturstreit« beginnt.

Der Investiturstreit

Wie wichtig dem Papst diese Veränderungsabsichten sind, kann man einem Papier entnehmen, das den beunruhigenden Titel ›Dictatus papae‹, also ›Diktat des Papstes‹, trägt. Der Text findet sich im päpstlichen Briefregister, ist aber nicht veröffentlicht worden. Es könnte also sein, dass es sich lediglich um das Gedächtnisprotokoll einer Sitzung im März 1075 handelt, bei der im Vatikan die weitere Vorgehensweise Gregors VII. besprochen worden ist:

»3. Er (der Papst) allein kann Bischöfe absetzen und wieder einsetzen.

7. Er allein darf nach Maßgabe der Zeitumstände neue Gesetze erlassen, neue Völker vereinen, aus einer Kanonie eine Abtei machen und umgekehrt, ein reiches Bistum teilen und arme zusammenlegen.

8. Ihm allein steht die Verfügung über die kaiserlichen Insignien zu.

9. Einzig des Papstes Füße müssen alle Fürsten küssen.

12. Er kann den Kaiser absetzen.

18. Sein Urteilsspruch kann von niemandem aufgehoben werden, während er allein alle anderen Urteile aufheben kann.

27. Er kann die Untertanen von der Treue gegen Böse entbinden.«

Dieses »päpstliche Diktat« ist ein Frontalangriff auf Heinrichs IV. weltliche Herrschaft. Als geradezu ungeheuerlich muss er den universalen Anspruch des Papstes aufnehmen, den »Kaiser absetzen und die Untertanen von ihrem Treueschwur entbinden« zu können. Das kann er sich auf keinen Fall gefallen lassen, weil damit die Grundfeste seiner Herrschaft erschüttert werden. Wer ihn absetzen und seine Untertanen vom Treueschwur befreien kann, ist mächtiger als er selbst und legt obendrein Hand an die Grundlagen der Reichsordnung. Damit ist für Heinrich IV. klar, wohin die Reise gehen soll – nämlich in die Unterordnung des Kaiser- oder Königtums unter die Macht des Vatikans, und deshalb spitzt sich der Konflikt unaufhaltsam zu.

Heinrich IV. bekommt die praktischen Auswirkungen dieses

päpstlichen Griffs nach der Macht unmittelbar zu spüren. Als er in Mailand und im Kirchenstaat Bischöfe einsetzt, provoziert er den Papst, und der Konflikt eskaliert innerhalb kurzer Zeit. Im Dezember 1075 bedroht Gregor VII. den König mit dem Kirchenbann. Damit fordert er Heinrich IV. heraus und wirft zudem jenen Glaubensbrüdern im deutschen Episkopat den Fehdehandschuh auf den Tisch, die sich mit dem geistlich-weltlichen System von Geben und Nehmen bestens arrangiert haben. Nicht weniger besorgt sind die deutschen Kirchenmänner über die strikte (Wieder-)Einführung des Zölibats, da sie sich auch auf diesem Sektor den weltlichen Genüssen durchaus zugewandt zeigen. Auf einer von zahlreichen Bischöfen besuchten Synode in Worms beschließen die Versammelten am 10. Januar 1076, dem Papst den Gehorsam aufzukündigen. Sie richten ein Schreiben an den »falschen Mönch Hildebrand« und fordern diesen auf, den Stuhl Petri unverzüglich zu verlassen. Jener nahezu vergnüglich zu lesende Brief ist uns überliefert in der ›Weltchronik‹ des Abtes Ekkehard von Aura:

> »Als du dich in die Leitung der Kirche eindrängtest, waren wir uns zwar darüber klar, welches verbotenen und frevelhaften Unterfangens gegen Recht und Gerechtigkeit du dich mit der dir eigenen Anmaßung erfrechtest, doch glaubten wir stillschweigend über deinen schlimmen Amtsantritt in der Hoffnung hinweggehen zu sollen, dass der so verbrecherische Anfang im Lauf einer tüchtigen und eifervollen Regierung ausgeglichen werden könnte. (…) Du hast durch bittere Spaltungen die Brandfackel der Zwietracht in die römische Kirche hineingeworfen und hast diesen Brand mit deinem rasenden Wahnsinn durch alle Kirchen Italiens, Deutschlands, Frankreichs und Spaniens auflohen lassen, indem du ruchlose Neuerungen einzuführen bestrebt bist und dich in unerhörter Überhebung aufbläshst. (…) und so ging durch deine berühmten Erlasse – nur unter Tränen kann man davon sprechen – Christi Namen fast zugrunde. (…) Weil wir dies schlimmste der Übel nicht mehr länger dulden wollen, so fassten wir in gemeinsamer Berufung den einmütigen Beschluss, dir kundzutun, was wir bislang verschwiegen haben. Du kannst darum weder jetzt dem Apostolischen Stuhl vorstehen, noch wirst du dies je können. (…) Nachdem du deinen Lebenswandel durch

so vielerlei Schmach und Schande entehrt hast, werden wir
(...) künftig nicht gehorchen, und weil, wie du öffentlich erklärt hast, keiner von uns für dich Bischof war, so wirst auch
du für keinen von uns von nun ab Papst sein.«

Das ist starker Tobak. Der Zorn des deutschen Episkopats über die
vielen Neuerungen, die der Papst gegen ihren Willen durchsetzen
will, spricht Bände. So lassen die Folgen dieses Briefes nicht lange
auf sich warten. Denn nach der Lektüre des Schreibens ergreift der
Papst die nächste Stufe der Eskalation und erklärt den König gemäß seines ›Dictatus papae‹ für abgesetzt und exkommuniziert.
Damit ist etwas für die mittelalterliche Welt Unerhörtes geschehen.
Noch nie hatte sich ein Papst so unmissverständlich in die Belange
der weltlichen Herrschaft eingemischt, noch nie hatte ein Papst öffentlich einen weltlichen Herrscher so degradiert und gedemütigt
und ihn auch noch aus der Kirche geworfen. Mehr noch: Noch nie
hatte ein Papst so unüberhörbar zum Ausdruck gebracht, dass die
geistliche über der weltlichen Macht zu stehen habe – und nicht
umgekehrt.

Der Streit mit dem Papst zeigt Wirkung: Einige Fürsten in Sachsen und Süddeutschland sowie ein Teil der Bischöfe nutzen die
Gunst der Stunde und fallen vom König ab, dessen Position nun
höchst unerfreulich zu werden beginnt. Die Fürstenopposition –
unter ihnen Welf von Bayern, Rudolf von Rheinfelden und Berthold
von Kärnten – wittert eine Möglichkeit, sich selbst ins Spiel zu
bringen, und fordert Heinrich IV. auf, binnen »Jahr und Tag«, also
in den nächsten zwölf Monaten, die Aufhebung des päpstlichen
Bannes zu erreichen. Andernfalls müsse ein neuer König gewählt
werden. Nun bleibt Heinrich IV. keine andere Wahl mehr, als zum
Bußgang anzutreten.

Doch er hat die Rechnung ohne die grimmige Entschlossenheit
der Fürsten gemacht, die ihn unter allen Umständen abzusetzen
trachten. Ohne den König zu informieren, laden sie Gregor VII.
nach Augsburg ein, wo er über das Schicksal Heinrichs IV. letztin-
stanzlich entscheiden soll. Ein durchsichtiger Plan, denn welche
Entscheidung würde der Papst wohl treffen? Das Datum der Veranstaltung, auf der nichts anderes als die Absetzung Heinrichs IV.
beschlossen werden soll, ist der 2. Februar 1077. Gregor VII. macht
sich sofort auf den Weg von Rom nach Süddeutschland, denn die-

sen Termin will er sich keinesfalls entgehen lassen. Zur gleichen Zeit – aber in umgekehrter Richtung – bricht auch Heinrich IV. auf. Mit kleinem Gefolge überquert er die Alpen, um zum Papst zu gelangen. Diesen höchst beschwerlichen Gang hat der Mönch Lampert von Hersfeld festgehalten:

»Als er (Heinrich IV.) unter den größten Fährlichkeiten den Gipfel des Mont Cesius erstiegen hatte, konnte man zunächst nicht weiterkommen, weil sich der Berg jäh senkte und der Abstieg infolge des glatten Eises völlig unmöglich schien. Mit allen Mitteln suchten die Männer die Gefahr zu überwinden. Bald kroch man auf Händen und Füßen, bald stützte man sich auf die Schultern der Führer, bald verlor man auf dem glatten Boden jeden Halt, fiel und rutschte ein Stück ab, bis man endlich unter schwerer Lebensgefahr zur Ebene hinabkam. Die Königin und die Frauen ihres Gefolges zog man auf Ochsenhäuten den Berg hinunter. Die Pferde ließ man teils auf Schlitten herab, teils band man ihre Beine zusammen und zog sie herunter, wobei viele umkamen, andere schwere Schäden erlitten, nur ein kleiner Rest entkam heil der Gefahr.«

In der Emilia Romagna in der Nähe von Modena kommt es zum Show-down im Schnee. Gregor VII. erfährt von der kaiserlichen Gewalttour und lässt sich von seiner Reisebegleiterin Mathilde von Tuszien überreden, Heinrich IV. zu empfangen. Ort des Geschehens am 28. Januar 1077 ist die Burg Canossa, die der wohl zu Unrecht als päpstliche Konkubine denunzierten Mathilde gehört. Dort legt Heinrich IV. seinen Eid ab, nachdem er im Büßergewand ohne königlichen Schmuck drei Tage barfuß im Schnee seine offensichtliche Reue dargeboten haben soll. Der Papst befreit ihn vom Bann und nimmt den König wieder in die Kirchengemeinde auf. Das ist zweifellos ein demütigender Augenblick für den König, der durch seinen Bußgang der Oberaufsicht des Papstes über die weltliche Herrschaft zustimmt und dem königlichen Ansehen schweren Schaden zufügt. Mit seiner Unterwerfung akzeptiert Heinrich IV. die päpstliche Strafgewalt nicht nur über sich, sondern auch über sein Amt, womit auch der Anspruch erlischt, dass seine weltliche Herrschaft unmittelbar von Gott gegeben ist. Aber es bleibt ihm keine andere Wahl, denn ohne seinen inzwischen sprichwörtlichen »Gang nach Canossa« hätte er gegen die heimische Fürstenopposition keine Chance mehr gehabt. Heinrich IV. wird durch den Reformeifer des Papstes eine schmähliche Niederlage beigebracht und seine Position gegenüber den Fürsten und Herzögen des Reiches ist nachhaltig geschwächt.

Ganz anders verhält es sich bei seinem französischen Amtskollegen Philipp I. Der sieht den apostolischen Reformen gelassen entgegen, weil seine Vorgänger sich sehr viel weniger in kirchliche Belange eingemischt haben und es deshalb auch weniger gegenseitige Abhängigkeiten gibt. Nur in gerade mal zwei Dutzend Fällen beeinflusst der französische König die Wahl von Bischöfen und diese besitzen keinen so großen Einfluss wie in Deutschland. Philipp I. stimmt den tief greifenden Reformen der Kirche in seinem Reich leichten Herzens zu, weil seine Interessen auch ohne einen direkten Einfluss auf die Wahl von Geistlichen durch einen bischöflichen Treueeid gewahrt sind.

Da wird Heinrich IV. neidisch über die Ufer des Rheins geblickt haben, denn für ihn kommt es noch schlimmer. Trotz der Aufhebung des Bannes wird sechs Wochen später, am 15. März 1077, in Forchheim bei Nürnberg Rudolf von Rheinfelden von den anwesenden Territorialfürsten zum Gegenkönig gewählt. Und bei dieser Auseinandersetzung kann Heinrich IV. wieder fest mit einem Gegner rechnen: Gregor VII. Der Papst schlägt sich auf die Seite von Rudolf, erneuert den gerade aufgehobenen Bann gegen König Heinrich IV., setzt ihn zum zweiten Mal ab und löst den Treueeid seiner Untertanen erneut auf. Doch Rudolf von Rheinfelden stirbt Mitte Oktober 1080 in der Schlacht von Hohenmölsen, sodass die Opposition für einen Moment kopflos ist. Das nutzt Heinrich IV., bricht sofort nach Rom auf und belagert die Stadt drei Jahre lang. 1083 setzt er seinerseits Gregor VII. ab und befördert auf der Synode von Brixen einen gewissen Wibert von Ravenna als Clemens III. auf den Apostolischen Stuhl in Rom. Von Clemens III. lässt sich Heinrich IV. Ende März 1084 zum Römischen Kaiser krönen. Damit scheinen sich die Ereignisse für Heinrich IV. doch noch zum Guten gewendet zu haben. Aber der im Jahr zuvor seines Amtes enthobene Gregor VII. bekommt 1084 Hilfe vom Heer des Robert Guiskard, unter dessen Führung sich die Normannen in Sizilien festgesetzt, die päpstliche Lehnshoheit über das Land aber anerkannt hatten. Beim Anblick der Truppen des Normannenherzogs ziehen sich die kaiserlichen Bataillone Heinrichs IV. aus Rom zurück. Bald stellt sich jedoch heraus, dass die als Befreier des abgesetzten Papstes herbeigesehnten Truppen lieber die Stadt plündern als sie zu verteidigen. Zum Entsetzen Gregors VII. verkehrt sich sein Plan ins Gegenteil. Wie einst der römische Kaiser Nero steckt Guiskard die halbe Stadt in Brand und zieht unbekümmert von dannen, nicht ohne Gregor VII. mitzunehmen. In Salerno lässt der Normannenfürst den ehemaligen apostolischen Oberhirten laufen, wo er am 25. Mai 1085 stirbt.

Die Macht der Stämme

Die Regentschaft Heinrichs IV., der am 7. August 1106 in Lüttich stirbt, legt einige grundsätzliche Probleme offen, mit denen sich das ostfränkische Reich in viel höherem Maße als das westfränkische herumschlagen muss. Der deutsche König hat keine starke Machtbasis, von der aus er den Kampf gegen die Rivalen um die Krone hätte aufnehmen können. Die reichsinterne Opposition nutzt jede sich bietende Gelegenheit, um den König mit manchmal hemmungslosen Angriffen zu traktieren und zu schwächen. Die Fürsten und Herzöge können dagegen einen erheblichen Machtzuwachs verzeichnen. Der König wird durch sie gleichsam an die Kandare genommen, er kann nicht willkürlich über Krieg und Frieden entscheiden, ohne die Großen seines Reiches zu konsultieren. Im 12. Jahrhundert beginnt, zunächst auf der Ebene des Adels, ein Prozess gegenseitiger Abhängigkeit, aus dem sich später der Anspruch der Fürsten auf politische Teilhabe ableiten wird. In der feudalen Gesellschaft des Mittelalters bezieht sich diese Teilhabe nur auf die Großen im Lande. Das Volk bleibt von derartigen Konstellationen ausgeschlossen.

Parallel zum Macht- und Ansehensverlust des Königs entwickelt sich ein politisches Gegengewicht durch die Fürsten und Herzöge. Das führt zwar einerseits zu mitunter chaotischen Machtkonstellationen im Deutschen Reich, verhindert aber andererseits eine zu starke, eventuell sogar despotische Macht des Königs. Aus dieser Balance der Kräfte entwickelt sich im Laufe der Jahre ein politisches System, das auf die Belange sowohl der königlichen Zentralmacht als auch auf die Wünsche der Stämme Rücksicht zu nehmen hat. Dieses Zusammenspiel ist eine der Grundlagen, aus denen der föderale Charakter hervorgeht, der die Bundesrepublik Deutschland bis heute prägt. Mit einem modernen Begriff könnte man dem Deutschen Reich am Beginn des 12. Jahrhunderts eine ausgeprägte politische Heterogenität attestieren, die die eruptiven Kräfte im Lande bevorzugt und oft genug für heftigen internen Streit im Lande sorgt.

Im Gegensatz dazu haben die französischen Könige sehr rasch damit begonnen, ihre Krondomäne sorgsam auszubauen und als Basis der eigenen Macht zu etablieren. Für den französischen König kommt die Bedrohung eher von außen als von innen, sodass dem Ausbau eines zentralistisch organisierten politischen Systems, in dem Paris schon früh die Rolle einer »Hauptstadt« zukommt, nichts im Wege steht. Genau wie im östlichen Teil des Frankenreichs werden in diesen Jahren die grundlegenden Strukturen für den kommenden Staat gelegt: Frankreich ist bis heute ein zentralistisch organisierter Staat, in dem politische Macht nur von einem Ort ausgeht – Paris.

■ **Deutschland und Frankreich**

Frankreich ist seit der Aufteilung des Frankenreichs von Karl dem Großen eine Monarchie. Seit 786 herrschen die Karolinger, die 996 von den bis 1328 regierenden Kapetingern abgelöst werden. Dann folgt das Haus Valois, dessen Regentschaft 1589 endet und das von den Bourbonen beerbt wird. Deren letzter Regent ist der berühmt gewordene Ludwig XVI. – seinem Leben wird ein Fallbeil der Französischen Revolution 1792 das Ende bereiten. Es folgt Napoleon Bonaparte auf dem Kaiserstuhl, bis die Bourbonen noch einmal von 1814 bis 1848 die französische Monarchie fortsetzen. Den Schlusspunkt markiert Napoleon III., dessen Abdankung 1870 auch das Ende der Monarchie in Frankreich bedeutet. Seither ist das Land eine Republik. Frankreich ist also bis zum Beginn der Republik von fünf Familien regiert worden.

Ganz anders sieht das in Deutschland aus. Hier streiten sich in den Jahrhunderten nach Karl dem Großen die Fürsten und Herzöge um den Königsthron und verhindern damit die Herausbildung einer erblichen Monarchie. Nach den Karolingern regieren die sächsischen Herzöge, ihnen folgen im 11. Jahrhundert die Franken und Salier. Während des

12. Jahrhunderts sind die Schwaben an der Reihe. Im 13. Jahrhundert folgt das »Interregnum« – in dieser Zeit kann sich keiner der Anwärter auf die Krone gegen seine Konkurrenten längerfristig durchsetzen. Daran anschließend wird das deutsche Reich von einem Luxemburger und dessen Söhnen aus Prag regiert. Erst ab 1438 wird die Kaiserkrone durch eine lange Regierungszeit Friedrichs III. erblich. Der letzte deutsche Kaiser, der dem »Heiligen Römischen Reich Deutscher Nation« vorsteht, ist Franz II. – und der ist Österreicher. Mit der Reichsgründung durch Otto von Bismarck im Januar 1871 wird die kaiserliche Monarchie in dem Moment noch einmal aufgelegt, als sie in einigen anderen Ländern gerade abgeschafft wird. Mit der wenig ruhmvollen Abdankung Wilhelms II. im Jahr 1918 endet die kaiserliche Zeit auch in Deutschland.

Der Streit um die Vorherrschaft zwischen weltlicher und geistlicher Macht wird nach zähen Verhandlungen am 23. September 1122 auf den Lobwiesen bei Worms vertraglich geregelt. In einer als »Wormser Konkordat« bekannt gewordenen Urkunde befreit Papst Kalixt II. den Kaiser vom Kirchenbann, gestattet ihm die Anwesenheit bei Bischofs- und Abtwahlen, erlaubt die Belehnung der vom Papst erwählten Würdenträger und sichert ihm begrenzte Einflussmöglichkeiten bei strittigen Wahlen zu. Kaiser Heinrich V. muss aber die von seinem Vater konfiszierten Kirchengüter zurückgeben und obendrein garantieren, dass er der römischen Kirche »getreulich« beistehen werde. Damit ist die römische Kurie eine reiche und mächtige Organisation geworden, denn nun ist sie (wieder) Eigentümerin der über das ganze Land verteilten Bistümer. Das Privileg ist nicht nur an Papst Kalixt II. gerichtet, sondern an die »heilige römische Kirche« im Allgemeinen. Damit gilt der militärische Beistand des deutschen Kaisers nicht nur für Heinrich V., sondern auch für alle seine Nachfolger.

Europa unter dem Kreuz der Christen

Der Investiturstreit endet nach außen mit einem Unentschieden. Tatsächlich aber ist die Macht der Päpste gestärkt. Von wenigen Ausnahmen abgesehen, steht der europäische Kontinent unter päpstlichem Definitionsmonopol. Die Päpste bestimmen, wer die mächtigen und reichen Erzbistümer leitet. Über den nun vom deutschen Kaiser garantierten direkten Zugriff können sie sicherstellen, dass die reine Lehre des christlichen Glaubens, die ausschließlich in Rom definiert wird, unverändert unter die Leute kommt. Je mehr die christliche Lehre den Kontinent durchdringt und die Menschen erreicht, desto stärkere Bindekräfte entwickelt sie auch. Die Heilige Schrift und deren apostolische Interpretation bietet den Menschen eine Sinnerklärung ihres Lebens an. Dadurch ist das Leben der mittelalterlichen Menschen von der Vorstellung geprägt, schon im Diesseits für das Jenseits zu leben. Im jenseitigen Reich des gütigen, christlichen Herrn würden die Menschen für ihre irdischen Qualen reichlich entschädigt werden, so lautet die aus den Heilsbeschreibungen der römischen Kirche abgeleitete Hoffnung. Damit lassen sich für die einen alle irdischen Ungerechtigkeiten leichter ertragen und für die anderen besser rechtfertigen. Religion dient bis zur Mitte des 14. Jahrhunderts als irdischer Blitzableiter für Zustände, die für die Menschen anders nicht zu erdulden gewesen sind. Im Namen der Heiligen Schrift werden die Armen gespeist und die Abweichler verbrannt. Unter dem Zeichen des Kreuzes ziehen Ritter aus ganz Europa ins Gelobte Land, um Jerusalem – das spirituelle Zentrum des christlichen Glaubens – von den »heidnischen« Seldschuken zu befreien. Die Seldschuken sind sunnitische Muslime, haben sich über weite Teile des Orients ausgebreitet und stehen nun vor den Toren der Heiligen Stadt. Diese Bedrohung Jerusalems beschert der christlichen Kirche im Mittelalter eine unangefochtene Position auf dem europäischen Kontinent. Europa ist geeint unter dem christlichen Kreuz. Der Papst als direkter Vertreter Gottes ist heilig, ihm zur Seite steht die weltliche Macht, die – wenn nötig – mit militärischen Mitteln diesen Zustand zu sichern hat.

Am 12. März 1088 wird mit Papst Urban II. ein Mann in sein apostolisches Amt eingeführt, der die Gunst diese Umstands nicht ausschlagen wird. Ihn erreichen in regelmäßigen Abständen …

»Gott will es!« – Kreuzzüge ins Heilige Land

… Berichte über »Gräueltaten« der Seldschuken an Christen und Pilgern. Wie viel Übertreibungen und glatte Falschmeldungen dabei sind, ist nicht bekannt. Aber der aus dem Investiturstreit gestärkt hervorgegangene Papst nimmt diese Berichte zum Anlass, die militärische Macht der weltlichen Herrscher für die Zwecke der römischen Kirche zu instrumentalisieren. Sieben Jahre nach seiner Amtseinführung ruft Urban II. die weltlichen Herrscher zu den Waffen und verpflichtet sie 1095 zu einer christlichen Mission: Die gequälten und unterdrückten christlichen Brüder und Schwester im Heiligen Land, predigt Urban II., müssen aus den Klauen der »Heiden« befreit werden. Bei dem nun folgenden 1. Kreuzzug ist der Papst der Oberbefehlshaber einer Armee, in der die mitreisenden Fürsten und Herzöge ihm direkt unterstellt sind. So endet das 11. Jahrhundert für die krisengeschüttelte Mitte Europas mit einer Herausforderung, die sie für nahezu 200 Jahre beschäftigen wird. Islamische Horden – so der Schreckensruf des Papstes – herrschten rund um Jerusalem, sperrten die Wege zu den heiligen Stätten der Christenheit, plünderten und brandschatzten das Gelobte Land. Mit diesem apokalyptischen Szenario gelingt es der Kurie in Rom, die Ritter Europas über alle Grenzen und Streitigkeiten hinweg hinter der christlichen Fahne mit dem schwarzen Kreuz zu vereinigen. Was war geschehen?

Im Laufe des 11. Jahrhunderts sind die Seldschuken von der Türkei aus immer weiter nach Süden vorgestoßen und haben den Iran erobert. Von dort ist es nicht mehr weit bis Bagdad, das sie 1055 besetzen und zum Zentrum ihrer islamischen Herrschaft über einen großen Teil des Vorderen Orients ausbauen. In mehreren Kämpfen nehmen sie Zypern, Palästina, Syrien und Jerusalem ein. Besonders erschreckend ist für die mittelalterlichen Menschen der Umstand, dass das einst so mächtige Byzantinische Reich in seinem Kernland um das nackte Überleben kämpfen muss und dass zum ersten Mal ein christliches Reich von islamischen Eroberern in seiner Existenz bedroht wird. Und es scheint kein Mittel zu geben, diese Bedrohung zu besiegen. 1071 schlagen die Seldschuken im ostanatolischen Mantzikert das Heer des christlichen Kaisers von Konstantinopel. Mit der Niederlage von Mantzikert ist der Untergang des Byzantinischen Reiches eingeläutet, in Bulgarien und Serbien brechen Aufstände aus, Kleinasien wird türkisch.

■ Die Schlacht von Mantzikert

Diese blutige Schlacht ist eine wichtige Wegmarke in der Geschichte Europas, denn ihr Ausgang steckt das Einflussgebiet der islamischen Religion ab. Zwar wird es immer wieder Versuche geben, in der Mitte des europäischen Kontinents Fuß zu fassen und auch dort ein islamisch organisiertes Staatengebilde zu etablieren. Doch diese Versuche werden in den kommenden Jahrhunderten den gemeinsamen Widerstand der christlichen Staaten in Europa herausfordern und schließlich scheitern. Mit dem Jahr 1071 ist auch entschieden, dass die Türkei ein islamisches Land wird und damit in Gegensatz zu den christlichen Staaten Europas gerät. Durch den Untergang des ehemaligen »oströmischen« Reiches in Konstantinopel ist außerdem klar, dass der Papst und mit ihm die christliche Lehre in dieser Region der Welt nur geringe Bedeutung erlangen wird. Die jeweiligen Einflussgebiete sind abgesteckt, Krieg gibt es immer dann, wenn eine Religion versucht, sich auf dem Gebiet der anderen auszubreiten. Als die Seldschuken im Zuge ihres Vormarsches im Nahen Osten vor den Toren Jerusalems erscheinen, bedrohen sie die Wiege des Christentums. Das kann der Papst in Rom keinesfalls akzeptieren – der Startschuss zu den Kreuzzügen ist nach der Schlacht von Mantzikert im Jahr 1071 gefallen.

Die Kunde von der Niederlage der byzantinischen Truppen und den darauf einsetzenden Eroberungen durch die Seldschuken erreicht natürlich auch den Papst in Rom. Daraufhin kommt die christliche Propaganda in Schwung, die den Eroberern vorwirft, christliche Kultstätten zu entweihen und arme Christenmenschen, die sich als Pilger auf den Weg ins Heilige Land gemacht haben, abzuschlachten. Auf der Synode von Clermont ruft der Papst Urban II. am 27. November 1095, mit Schilderungen grässlicher Schandtaten, die uns vom Chronisten Robert der Mönch überliefert sind, zum Kreuzzug auf:

»Sie beschneiden die Christen und das Blut der Beschneidung gießen sie auf den Altar oder in die Taufbecken. Es ge-

fällt ihnen, andere zu töten, indem sie ihnen die Bäuche auf-
schneiden, ein Ende der Därme herausziehen und an einen
Pfahl binden. Unter Hieben jagen sie sie um den Pfahl, bis die
Eingeweide hervordringen und sie tot auf den Boden fallen.
Ihr solltet von dem Umstand berührt sein, dass das Heilige
Grab unseres Erlösers in der Hand des unreinen Volkes ist,
das die heiligen Stätten schamlos und gotteslästerlich mit sei-
nem Schmutz besudelt.«

Tatsache ist, dass die muslimischen Herrscher über Jerusalem in
den christlichen Pilgern eine lohnende Einnahmequelle erblickt
und die heiligen Stätten deswegen nur gegen die Zahlung einer Art
Eintrittsgeld zugänglich gemacht haben. Für die frommen Pilger-
scharen, die ihre Knie auf der heiligen Erde des Ölbergs oder Gol-
gathas beugen wollen, ist das natürlich unerträglich. Alljährlich
sammelt sich eine christliche Reisegesellschaft in Rom an den Grä-
bern der Apostel, setzt auf Schiffen von Pisa oder Genua nach Konstantinopel über und macht sich von dort zu Fuß ins Land der Verheißung auf. Nach dieser beschwerlichen Reise lockt – am liebsten
natürlich zur Osterzeit – ein Gebet an einem Stein, auf dem angeblich Jesus von Nazareth gesessen hat, oder ein Schluck aus einer
Wasserquelle, von der einst schon die Lippen des Herrn benetzt
worden sind. Alsdann geht es weiter nach Golgatha und zum Grab
des Herrn. Ist genügend Buße getan und feierliches Gelübde für
einen zukünftig besseren Lebenswandel abgelegt, folgt ein Bad
in den seichten Wellen des Jordan. Nachdem die Sünden der Vergangenheit auf diese Weise entsorgt worden sind, machen sich die
Geläuterten auf ihre Heimreise, die keineswegs einfacher als der
Hinweg ist, sich aber wegen der reinigenden Kraft des Besuchs der
heiligen Stätten leichter ertragen lässt. Devotionalienhandel gibt
es auch damals schon. Für ein Steinchen aus den Mauern der Grabeskirche oder einen Palmenzweig aus dem Garten Gethsemane
lässt manch ein Pilger Geld springen. Das haben auch die neuen
Herren erkannt und halten deshalb die Tore Jerusalems für die Reisenden eine Weile offen – »des Gewinnes wegen«, wie es in einer
der vielen Überlieferungen aus jener Zeit heißt. Aber sie verunstal-
ten auch manche der heiligen Stätten, zerstören Steinfiguren, die
dann Christus ohne Nase und Ohren zeigen. Diese stummen An-
kläger einer wüsten Herrschaft im Heiligen Land erzürnen die

Christenmenschen, die ihrer Empörung nach der Rückkehr in die
Heimat freien Lauf lassen.

Der Erste Kreuzzug

1095 fühlt sich Kaiser Alexius in Konstantinopel von den Seldschuken derart bedrängt, dass er nicht nur um den Bestand seines
Reiches, sondern auch um den des christlichen Abendlandes ernsthaft besorgt ist. Er fleht den Papst um Hilfe an und schreibt an
Fürsten und Herzöge, in Palästina würden die Heiden argen Frevel
gegen christliche Töchter begehen, wozu die Mütter unkeusche
Lieder singen müssten, während im umgekehrten Fall die Töchter
das Singen anzufangen hätten. Gleichwohl erwähnt Alexius auch,
dass es von den »Heiden« Goldschätze zu holen gebe und dass die
»Weiber des Orients« unvergleichlich schöner seien als die des
Abendlandes. Derart angestachelt fällt der Aufruf zum Krieg gegen
die »Heiden« in Palästina auf ein überwältigendes Echo.

Papst Urban II. unterstützt den Kampfeswillen der christlichen
Krieger noch dadurch, dass er Ablass für alle vergangenen und zukünftigen Sünden auf Erden und den somit garantierten Einzug ins
Paradies in Aussicht stellt. Vor allem französische Ritter folgen
dem Kriegsruf des christlichen Heerführers, der sie in den nächsten Jahren in große Gefahren und blutige Kämpfe verwickeln
wird. In Deutschland ist die Kriegsbegeisterung nicht so ausgeprägt, dafür zeigt sich in deutschen Landen unter den wenigen
Kreuzrittern zum ersten und leider nicht zum letzten Mal eine zum
Blutrausch gesteigerte Judenfeindschaft. Vermutlich im Sog der
»Schlacht gegen die Heiden« wenden sich Fanatiker gegen die anderen »Ungläubigen« im eignen Land und richten ein Massaker
an, das im Jahr 1096 stattfindet und eine böse Ahnung von dem
verbreitet, was noch kommen wird. In den ›Sächsischen Annalen‹
findet sich der Bericht eines unbekannten Schreibers:

»In Mainz erschlugen sie neunhundert Juden und verschon-
ten dabei weder Frauen noch Kinder. Bischof dieser Stadt
war dazumal Rothard, in dessen Schutz sich die Juden mit ihren Schätzen geflüchtet hatten; doch vermochten weder der
Bischof noch seine Ritter, die eben in beträchtlicher Zahl zu-

gegen waren, die Juden zu verteidigen und den Jerusalempilgern zu entreißen. (…) Nachdem der Bischofshof, in dem Juden Schutz gesucht hatten, und sogar die Gemächer des Bischofs erstürmt worden waren, wurden alle Juden, die man daselbst fand, ermordet. Diese Niedermetzelung der Juden fand am Dienstag vor dem Pfingstsonntag statt; es bot einen kläglichen Anblick, als man die großen und zahlreichen Haufen der Erschlagenen mit Wagen vor die Stadt hinausfuhr. Auf gleiche Weise wurden die Juden zu Köln, Worms und in anderen Städten Frankreichs und Deutschlands ermordet. Nur wenige kamen davon, die in ihrer Not ihre Zuflucht zur Taufe nahmen.«

Der Zug der Ritter mit dem Kreuz auf der Rüstung, die im Jahr 1096 mit der Aussicht auf lohnende Beute voller Begeisterung ins Land der Verheißung aufbrechen, umfasst 330 000 Menschen. Die Zahl der Opfer dieses ersten von insgesamt sieben Kreuzzügen wird mit 290 000 angegeben. Die Marschroute führt die Krieger Christi zuerst nach Konstantinopel, wo die Schwierigkeiten schon beginnen. Der dortige Kaiser Alexius will seine Stellung in Kleinasien schützen und verlangt von den Kreuzfahrern das Versprechen, alle eroberten Gebiete an ihn als Lehnsherren zu übereignen. Nach langem Verhandeln willigen Fürst Raimond von Toulouse und Herzog Gottfried von Bouillon ein und die Reise kann weitergehen. Aber die abendländischen Ritter befinden sich in unbekanntem Gebiet und sind auf Hilfe und Ehrlichkeit ihrer griechischen Führer angewiesen. Ohne sie würden die christlichen Heerscharen ihr Ziel vermutlich nie erreichen und in jeden Hinterhalt der türkischen Seldschuken laufen, die den Kriegern des Kreuzes ihren erbitterten Widerstand entgegenhalten. Zu den unablässigen Angriffen der Türken kommen noch sengende Sonne, sowie quälender Hunger und Durst, sodass manch einer der frommen Ritter seinen Entschluss spätestens in den Weiten der kleinasiatischen Hochebene bereut haben wird.

1096 ist das Kreuzfahrerheer aufgebrochen, bis Anfang Juli 1098 werden Nicea und Antiochia erobert. Über Beirut geht es weiter nach Jaffa und Haifa. Zwischenzeitlich hat Gottfried von Bouillon Edessa, das heutige Urfa, eingenommen und den ersten so genannten Kreuzfahrer-Staat gegründet – die Grafschaft Edessa, die sich zu beiden Seiten des Euphrat ausbreitet. Drei Jahre nach ihrem Abmarsch erreichen die Kreuzfahrer schließlich Jerusalem. Dort verhalten sie sich keineswegs besser als die, gegen die sie kämpfen. Im Juli 1099 beginnt der letzte Teil der Schlacht des inzwischen auf 21 000 Ritter geschrumpften Kreuzfahrer-Heeres um Jerusalem. Rammböcke und Wurfmaschinen richten ein Zerstörungswerk an, das von einem fürchterlichen Gemetzel begleitet wird. Mit dem Ruf »Gott will es!« auf den Lippen erstürmen sie Jerusalem und es kommt zu einem bestialischen Blutbad unter den Bewohnern jener Stadt, in der seit Jahrhunderten Menschen unterschiedlichen Glaubens leben. Mit gleichem Eifer vergewaltigen und rauben die christlichen Krieger, sodass nur wenige der Bewohner der Stadt mit dem Leben davonkommen. Dieses Massaker stilisieren die Gotteskrieger zur »Reinigung« der Stadt von den Ungläubigen. Aber ihre »Säuberungsaktion« stellt die Gräuel der vorangegangenen Belagerung der Heiligen Stadt bei weitem in den Schatten. Nach dem Morden halten die christlichen Eroberer eine Dankprozession ab. Die Totenstille der Stadt wird nur von den Schritten über die geschändeten Leiber der Opfer gestört. Dieser Tag kostet 70 000 Menschen das Leben.

An der Belagerung Jerusalems ist Gottfried von Bouillon an führender Stelle beteiligt. Diese Tatsache scheint ihn prädestiniert zu haben, im Anschluss an das Massaker zum »Vogt des Heiligen Grabes« ernannt zu werden. Er ist der erste christliche Herrscher Jerusalems, aber an seiner Regentschaft klebt das Blut tausender unschuldiger Opfer des ersten Kreuzzuges. Als Folge dieser unchristlichen Tat bilden sich neben der Grafschaft Edessa weitere so genannte Kreuzfahrer-Staaten: Klein-Armenien, das Fürstentum Antiochia, die Grafschaft Tripolis und eben das Königreich Jerusalem, das im Norden von Beirut bis an die Spitze des Roten Meeres reicht und an seiner östlichen Seite durch den Jordan begrenzt ist. Das alles geschieht mit dem Segen der römischen Kirche, die vor Beginn des Kreuzzuges zugesichert hatte, dass das den Heiden entrissene Land von den Kreuzfahrern in Besitz genommen werden darf. Um das Königreich Jerusalem liegen mächtige arabische Staaten, die auf das Treiben der Kreuzfahrer und ihre Hinterlassenschaft mit Wut und Empörung reagieren: das Emirat von Damaskus, das Kalifat von Kairo, das Reich der Yubiden und das der Zengiden.

Dieser Kreuzzug, dem noch sechs weitere folgen werden, ist im Mittelalter der erste intensive Kontakt zwischen Orient und Okzident, zwischen Morgenland und Abendland. Während Christen und Muslime einander die Hälse durchtrennen, begegnen sich zum ersten Mal ihre Kulturen. Die Ritter des christlichen Heeres bemerken, dass es auch ihre Gegner an Tapferkeit und Mut nicht fehlen lassen. Hüben wie drüben geht es um die Verteidigung der eigenen Wertvorstellungen und nicht nur um die pure Lust am Krieg. Aus der Anerkenntnis der Unterschiedlichkeit entwickelt sich manchenorts auch so etwas wie Achtung vor den jeweils anderen Vorstellungen. Die Rückeroberung Edessas durch Fürst Zengi, dem Statthalter von Mosul, im Jahr 1144 bietet den Anlass für den zweiten Kreuzzug, dem der französische Abt Bernhard von Clairvaux die entsprechende ideologische Ausrichtung gibt: »Im Tod des Heiden sucht der Christ seinen Ruhm, weil Christus verherrlicht wird.« Bernhard von Clairvaux' Parole von der »vollständigen Ausrottung der Heiden oder deren sicherer Bekehrung« überzeugt dieses Mal nicht nur den französischen König Ludwig VII., sondern auch den deutschen König Konrad III., der, hingerissen von der Beredsamkeit des Abtes, am Weihnachtstag des Jahres 1145 »das Kreuz nimmt«. Im Mai 1147 brechen deutsche Truppen unter königlicher Führung auf, bald darauf erreichen etwa 30 000 Kreuzfahrer auf dem Landweg über Ungarn Konstantinopel. Auch dieses Mal ereignen sich unter dem Deckmantel des Kreuzzuges Judenpogrome, die angestachelt von einer Mischung aus Mordlust und religiöser Erregung in Prag, Würzburg und einigen rheinischen Städten ihre Opfer finden. Fanatische Prediger des Zisterzienserordens wiegeln zügellose Volksmassen auf, die die Juden vor die Wahl stellen: Tod oder Taufe!

Die Katastrophe dieses Kreuzzuges wird den christlichen Waffenbrüdern erst im Angesicht des eigentlichen Ziels ihrer Unternehmung klar. Denn die islamischen Heerführer haben Edessa in Schutt und Asche gelegt, bevor die Kreuzfahrer die Stadt erreichen. Es gibt nichts mehr zu befreien und das stürzt die Anführer der christlichen Heerscharen in helle Aufregung. Im Juni 1148 beschließen der Hochadel des Königsreichs Jerusalem und die Kreuzfahrer, anstelle der niedergebrannten Stadt Edessa nun Damaskus zu belagern, obwohl Damaskus die einzige muslimische Stadt ist, die den Christen zugetan ist. Dieses Unternehmen mündet in einem blutigen Debakel, an dessen Ende die Damaszener Jagd auf die Belagerer machen. Im Angesicht dieser Katastrophe ziehen die christlichen Ritter ihre Heerscharen ab und begeben sich auf die beschwerliche Heimreise, zwei Jahre nachdem sie von Regensburg aufgebrochen waren. Unter den heimkehrenden Kreuzfahrern ist auch ein schwäbischer Herzog namens Friedrich. Er kommt in ein Land zurück, das an einem dynastischen Streit zwischen zwei mächtigen Familien allmählich zu Grunde zu gehen droht – den Welfen und den Staufern.

■ **Friedrich I. Barbarossa**

Friedrich, der wegen seines beeindruckenden rötlichen Bartes den Beinamen »Barbarossa« erhält, wird 1152 zum deutschen König und drei Jahre später von Papst Eugen III. in Rom zum Kaiser gekrönt. Er ist nicht nur Staufer, sondern auch mit den Welfen verwandt und scheint deshalb prädestiniert dazu, den Dauerkonflikt zwischen den beiden Familien beenden zu können. Im Gegensatz zu seinen Vorgängern gelingt es ihm, durch eine strikte Hausmachtpolitik den Besitz der Staufer erheblich auszuweiten und eine an Glanz und Ansehen reiche Regierungszeit ins Werk zu setzen. Für Friedrich I. Barbarossa stehen die Würde des Kaisertums und die »Ehre des Reiches« (»honor imperii«) im Vordergrund, beides wiederherzustellen betrachtet er zeitlebens seine vornehmste Aufgabe. Als er in Italien die in Vergessenheit geratenen Reichsrechte wieder in Erinnerung ruft, stößt er aber auf den erbitterten Widerstand der oberitalienischen Städte. In ihnen findet Friedrich I. Barbarossa schließlich seine Meister, als die unter Führung Mailands mit Unterstützung des Papstes 1167 den »lombardischen Städtebund« gründen und dem Kaiser erfolgreich die Stirn bieten. Friedrich I. Barbarossa ist in seiner langen Regentschaft insgesamt sechs Mal mit einem Heer über die Alpen gezogen und hat dafür nicht nur das Leben unzähliger Ritter riskiert, sondern obendrein auch noch viel Zeit und Geld eingesetzt. All das fehlt ihm in Deutschland. Den Spagat zwischen Italien und Deutschland muss nicht nur Friedrich I. Barbarossa vollführen, sondern über viele Jahrhunderte hinweg auch seine Nachfolger. Und sie scheitern alle am Widerstand der oberitalienischen Städte, die nach Eigenständigkeit und Autonomie streben.

Anfang 1187 gibt es wieder schlechte Nachrichten aus der heiligen Stadt Jerusalem. Auf jenem Fleckchen Erde treibt ein christlicher Raubritter namens Rainald von Chattilon sein Unwesen, indem er Landkarawanen überfällt und ausraubt. Bei einer dieser geplünderten Karawanen ist ausgerechnet die Schwester des Sultans Saladin an Bord, die bei diesem Überfall von einem christlichen Ritter ermordet wird. Saladin gelobt daraufhin, den Täter zur Strecke zu bringen, was ihm am 4. Juli desselben Jahres in der Schlacht von Hattin an den Ufern des Sees Genezareth auch eindrucksvoll gelingt. Da zu dieser Zeit Gleiches mit Gleichem vergolten wird, lässt Saladin nicht nur Rainald von Chattilon enthaupten, sondern schlägt auch noch ein paar anderen Rittern die Köpfe vom Hals. Die restlichen Gefangenen bringt der Sultan auf den Sklavenmarkt nach Damaskus, was dort vermutlich zu einem Preissturz geführt hat. Im Siegesrausch fällt Saladin schließlich am 2. Oktober 1189 in Jerusalem ein und übernimmt das Kommando in der Heiligen Stadt. Die besiegten Christen werden aber nicht umgebracht, sondern erhalten die Möglichkeit sich freizukaufen. Da nicht viele von diesem Privileg Gebrauch machen, gibt es eine weitere Christenschwemme auf dem Sklavenmarkt von Damaskus. Als es Sultan Saladin anschließend gelingt, weitere Kreuzfahrer-Staaten zurückzuerobern, scheint das Ende der christlichen Herrschaft über diesen Teil des Nahen Ostens besiegelt zu sein.

Nachdem Friedrich I. Barbarossa von den Siegen Saladins erfährt, macht er sich am 11. Mai 1189 auf den Weg nach Jerusalem. Er ist der unbestrittene Führer der Expedition und festigt so seine Stellung als mächtigster Herrscher seiner Zeit. Nach den üblichen Reibereien auf dem Weg dorthin erreicht sein Heer Anfang Juni 1190 die Osttürkei. Kurz darauf kommt es zur Katastrophe, als der 67-jährige Kaiser beim Bad in dem knietiefen Fluss Saleph vor den Augen seiner Heerführer tot zusammenbricht. Eigentlich hätte die Rückeroberung Jerusalems der glanzvolle Abschluss seiner langen, fast 40-jährigen Regentschaft werden sollen, so aber macht ein Hitzschlag seinem Leben auf ziemlich unspektakuläre Weise ein Ende. Sein Leichnam wird in der heißen Erde des Libanon beigesetzt.

Machtkämpfe in Deutschland

Im Deutschen Reich ist derweil mit Heinrich VI., einem Sohn Friedrichs I. Barbarossa, ein Mann Kaiser geworden, der einen Beleg für besessenes Streben nach allumfassender Macht abgibt, die zur Durchsetzung eigener Interessen keinerlei Rücksicht auf andere nimmt. Nach einem Eroberungsfeldzug gegen die Normannen, der 1191 mit einer erzwungenen Kaiserkrönung durch Papst Coelestin III. beginnt und drei Jahre später mit seiner Krönung zum König von Sizilien endet, entwickelt Heinrich VI. weltumspannende Interventionspläne. Getrieben von unbändigem Ehrgeiz will er das alte Römische Reich unter staufischer Führung wieder aufrichten. Der Plan einer staufischen Universalherrschaft reicht von Konstantinopel bis zum afrikanischen Küstenstreifen zwischen Tunis und Tripolis, Zypern und Armenien und Jerusalem. Der frühe Malariatod des Kaisers in Messina am 28. September 1197 verhindert die Umsetzung dieser Vorstellung und macht den Weg frei für seinen Sohn Friedrich II. Mit dem Tod Heinrichs VI. nimmt aber auch der Streit zwischen Staufern und Welfen um die Macht im Deutschen Reich an Heftigkeit zu. Exponenten dieser bürgerkriegsähnlichen Auseinandersetzung sind der Welfe Otto IV. und der Staufer Friedrich II.

Otto IV. ist das Kind von Mathilde von England und Heinrich dem Löwen. Er wächst in der fürsorglichen Umgebung des englischen Königs Richard I. Löwenherz auf, der ihm die Grafschaft York und den Titel Herzog von Aquitanien überträgt. Aquitanien liegt mitten in Frankreich, nördlich der Dordogne bis zur Stadt Limoges. Als Heinrich VI. 1197 verstirbt, hat sein Sohn Friedrich II. gerade erst das Laufen gelernt, kommt also als aktiver Regent nicht in Frage. Das nun entstehende Machtvakuum nutzen die Welfen und laden Richard I. Löwenherz zur Teilnahme an einer Königswahl nach Köln ein. Richard I. Löwenherz nimmt dankend an, weil er einen geeigneten Kandidaten im Kopf hat. Er schlägt seinen welfischen Ziehsohn Otto IV. vor, der zwar nicht unumstritten ist, aber durch das Wort des englischen Königs machtvolle Unterstützung erfährt. Diesem Umstand Folge leistend, wird er durch den Erzbischof Adolf von Köln am 12. Juli 1198 mit nachgebildeten Insignien zum König gekrönt.

1198 kommt es zu einer Doppelwahl, denn nur wenige Kilometer rheinabwärts haben sich die Staufer in Mainz versammelt und wählen ihrerseits Philipp von Schwaben, den jüngsten Sohn des legendären Friedrich I. Barbarossa, zum König. Ihr Nachteil: Sie können sich nicht auf eine legitime Krönung wie die durch den Kölner Erzbischof bei Otto IV. berufen. Diese Doppelwahl von 1198 ist der Beginn einer heftigen Auseinandersetzung um das Erbe der Kaiserkrone in Deutschland, die man den staufisch-welfischen Dualismus nennt. Die Entscheidung fällt nicht in Deutschland, sondern in Italien, weil Papst Innozenz III. die Rolle des Schiedsrichters in diesem innerdeutschen Streit um die Thronfolge beansprucht. Nicht ohne Hintersinn, denn der Vatikan ist abhängig von den machtpolitischen Konstellationen in Oberitalien und – wie sich jetzt herausstellt – auch in Sizilien. In Deutschland ist der Streit um die Krone in vollem Gange, sodass Philipp von Schwaben und Otto IV. im Juli 1206 in der Schlacht von Wasserburg aneinander geraten. Als Otto IV. verliert, wendet sich der Papst von ihm ab und signalisiert dem siegreichen Philipp von Schwaben seine Unterstützung. Aber gerade als der sich anschickt, die Thronfolge anzutreten, wird er am 21. Juni 1208 durch den bayerischen Pfalzgrafen Otto II. von Wittelsbach ins Jenseits befördert. Die politischen Zustände geraten außer Kontrolle, denn nun ist der Weg wieder frei für Otto IV., trotz dessen schmählicher Niederlage zwei Jahre zuvor. Otto IV. richtet sein Augenmerk auf die Wiederherstellung der Reichsgewalt in Oberitalien und Sizilien und kalkuliert die geopolitische Umzingelung des Vatikans ein. Am 4. Oktober 1209 erscheint er bei Papst Innozenz III. und erreicht unter Androhung von Gewalt und Auflistung falscher Versprechungen seine Krönung zum römischen Kaiser.

Der Knabe aus Apulien

Nun schlägt die Stunde von Friedrich II., dem »Knaben aus Apulien«, wie er etwas verniedlichend genannt wird. Um diesen zweifellos faszinierenden mittelalterlichen Herrscher ranken sich von der Geburt bis zum Tod Gerüchte und Legenden. Angeblich auf einem Marktplatz geboren, wächst er in »ungeordneten« Verhältnissen auf. Er wird als ungehobelt, keinen Widerspruch duldend, ja geradezu frech geschildert. Zwar wohnt der Knabe im königlichen Palast von Palermo, die meiste Zeit jedoch treibt er sich im bunten Völkergemisch Palermos herum, lernt die Sprachen der verschiedenen Volksgruppen und ist auf mildtätige Gaben der Bürger angewiesen, die den kleinen Prinzen mit dem, was übrig ist, über Wasser halten. Für den künftigen König ist das Leben auf der Straße offensichtlich eine ertragreiche Schule für das Leben. Er lernt, wie das Volk lebt, sieht Gutes und Schlechtes, erfährt von Eigensucht und Verrat. Dennoch grenzt es an ein Wunder, dass der junge Mann in diesen Jahren nicht verwahrlost, sondern es offenbar versteht, sich die Grundlagen für seine bedeutende Herrschaft zu erarbeiten.

Eine Kehrtwende nimmt sein Leben, als er die zehn Jahre ältere Konstanze von Aragon heiratet. Diese Ehe kommt auf Vermittlung des Papstes zustande, der seit dem Tod seiner Mutter auch sein Vormund ist. Konstanze ist anfangs irritiert über das ungehobelte Verhalten ihres jugendlichen Ehemanns. Aber der Schock wandelt sich rasch in tiefe Zuneigung, die von Friedrich II. erwidert wird. Konstanze von Aragon ist wohl der erste Mensch, zu dem er ohne Vorbehalte Vertrauen entwickelt. Von ihr wird er in das Zeremoniell des höfischen Lebens eingeführt, sodass sein Image sich alsbald von dem eines ungehobelten Klotzes zu dem eines charmanten Mannes wandelt, der seine mittlerweile verfeinerten Lebensgewohnheiten mit einem für diese Zeit ungewöhnlichen täglichen Bad krönt.

Aber das Leben Friedrichs II. besteht nicht nur aus den Wonnen des Ehelebens, denn als sich Otto IV. daranmacht, Sizilien einzunehmen, löst er damit bei Papst Innozenz III. schwere Angstzustände aus. Der Heilige Vater sieht den Kirchenstaat von Norden und Süden umklammert und belegt den Urheber dieses Albtraums umgehend mit dem Kirchenbann. Damit tut er Friedrich II. einen großen Gefallen, da die wankelmütigen Fürsten in Deutschland sofort von Otto IV. abfallen und den jungen König von Sizilien, Friedrich II., zum deutschen König wählen. Daraufhin eilt Otto IV. nach Deutschland zurück, kann aber den Siegeszug Friedrichs II. nicht mehr aufhalten. Nach einer weiteren militärischen Niederlage schwindet sein Einfluss mehr und mehr, bis er schließlich auf einige norddeutsche Gebiete beschränkt ist. Ende Juni 1218 stirbt mit Otto IV. der einzige römische Kaiser aus dem Haus der Welfen.

Der Weg ist frei für Friedrich II., der sich sofort an die Absicherung seiner eben gewonnenen Position macht. 1220 lässt er sich von Papst Honorius III. zum Kaiser krönen, stimmt einer Erweiterung des Kirchenstaats zu und verzichtet auf einige kaiserliche Rechte innerhalb der Kirche. Da immer noch Nachrichten über das frevelhafte Verhalten der »Heiden« in Jerusalem an die päpstlichen Ohren dringen, verspricht Friedrich II. außerdem einen Kreuzzug zu organisieren. Das Verhältnis zwischen dem Papst und dem frisch gebackenen Kaiser scheint also in Ordnung zu sein, aber die Eintracht zwischen den beiden währt nicht lange, denn Friedrich II. hat nicht nur einen Bund mit einigen oberitalienischen Städten geschlossen, sondern beginnt unmittelbar nach seiner Krönung mit brutaler Härte den Adel in Sizilien zu unterdrücken. Wie vorher bei Otto IV. reagiert der Papst vorhersehbar: Eine machtpolitische Umzingelung durch den deutschen Kaiser, den er zu allem Unglück auch noch selbst gekrönt hat, kann er nicht widerspruchslos hinnehmen. Er belegt den Kaiser mit dem Kirchenbann.

Da Kaiser Friedrich II. sich vor allem in Sizilien aufhält, um dort eine straffe und zentralistische Verwaltung aufzubauen, muss er Deutschland den Fürsten und Bischöfen überlassen, die in Abwesenheit des Kaisers alles daransetzen, ihre eigenen Machtbereiche auszubauen. Das wird sich später rächen. Zunächst ist Friedrich II. mit den Verhältnissen in – wie es heißt – »Deutschlandsizilien« und mit den Vorbereitungen eines 5. Kreuzzuges beschäftigt, zu dem schließlich 1228 aufgebrochen wird. Zu regelrechten Kämpfen kommt es nicht, da einerseits die Zahl der Kreuzritter nicht wirklich erschreckend ist und andererseits der potenzielle Gegner Al-Kamil, der Sultan von Ägypten, in andere Konflikte verstrickt ist. So greifen die Beteiligten zum Mittel der Diplomatie und verhandeln miteinander. Friedrich II. gelingt es, Jerusalem, Jaffa, Nazareth, Bethlehem und Teile Galiläas seinem Gegenüber abzuringen. Das hatte keiner seiner kreuztragenden Vorgänger erreicht: Jerusalem wird ohne Blutvergießen zurückgewonnen. Am 18. März 1229 setzt Friedrich II. zu Füßen der Gebeine des Herrn in der Grabeskirche sich selbst die Krone des Königs von Jerusalem auf den Kopf und ist damit am Ende des 5. Kreuzzugs in Personalunion König von Jerusalem, Italien, Deutschland und Sizilien und zugleich Kaiser des Römischen Reiches.

Eine derartige Ämterhäufung kann nicht gut gehen. Vor allem im Norden Italiens hat er es – genau wie sein Großvater Friedrich I. – Barbarossa – mit dem erbitterten Widerstand des lombardischen Städtebunds zu tun. Im Zuge der Streitigkeiten marschiert Friedrich II. mehrmals im Vatikan ein, wird öfters gebannt und wieder in den Schoß der Kirche aufgenommen. Am 17. Juni 1245 greift der Kaiser nochmals den Kirchenstaat an und wird daraufhin vom Papst, der seinerseits einen blutig niedergeschlagenen Aufstand in Sizilien gegen Friedrich II. anzettelt, für abgesetzt erklärt. Während Friedrich II. sich fast ausschließlich in Italien aufhält, wächst die Macht der Fürsten in Deutschland immer weiter. Friedrich II., ein Mann, dem viele Zeitgenossen hohe Bildung und außergewöhnliche Persönlichkeit nachsagen, stirbt Mitte Dezember 1250. Die Fundamente der Königsmacht in Deutschland sind bis zu diesem Zeitpunkt durch den staufisch-welfischen Konflikt dauerhaft zerstört.

Die diplomatischen Erfolge im Nahen Osten sind auch nicht von langer Dauer, denn 1244 wird Jerusalem wieder von den Türken zurückerobert. Der darauf 1248 einsetzende sechste Versuch, die Heilige Stadt von den »Heiden« zu befreien, endet für das vom französischen König Ludwig IX., »dem Heiligen«, angeführte Heer in ägyptischen Gefangenenlagern. Der 7. und letzte Kreuzzug dauert nur wenige Monate, weil eine verheerende Beulenpest unter den Rittern wütet. 1270 ist nicht nur der letzte Kreuzzug beendet, sondern auch die Begeisterung für heilige Kriege unter der christlichen Bevölkerung des Abendlands geschwunden. Ohne die christlichen Heere können sich die so genannten Kreuzfahrer-Staaten nicht mehr halten, Syrien und Palästina werden von muslimischen Truppen zurückerobert. Damit geht die knapp 200-jährige militärische Auseinandersetzung im Nahen Osten zu Ende. Wie vielen Millionen Menschen dieses Unterfangen unter dem höhnischen Kampfruf »Gott will es!« das Leben gekostet hat, kann man nur schätzen. Die geopolitische Landkarte des Nahen Ostens ist durch die Kreuzzüge jedenfalls nicht nachhaltig verändert worden. Vorher wie nachher ist dieser Teil der Welt mehrheitlich von islamischen Staaten geprägt – von denen das bis 1922 existierende Osmanische Reich das bedeutendste werden wird.

Universitas christiana

Die römischen Päpste haben die europäische Christenheit in die
Kreuzzüge geführt und tragen als oberste Heeresführer die Verantwortung für Opfer und Verwüstungen. Die weltlichen Herrscher
haben sich in den Dienst der Kurie gestellt und deren Wunsch
nach Unterwerfung der »Heiden« in die militärische Tat umgesetzt. Das christliche Kreuz ist das Symbol für die Ritter, es drückt
gleichzeitig ihre religiöse Ideologie aus, mit der sie ihren islamischen Gegnern entgegentreten. Den Päpsten ist es gelungen,
Europa unter dem Zeichen des Kreuzes zu vereinen und für die
»Befreiung Jerusalems« zu begeistern. Widerspruch gibt es nicht,
denn der Papst ist der von Gott gesandte Stellvertreter auf Erden,
dem die weltliche Macht zur Verteidigung und Durchsetzung des
göttlichen Willens zur Seite zu stehen hat. Papst und Kaiser sind
eine heilige Einheit, die diese göttliche Ordnung garantiert. So unterschiedlich die europäischen Völker sind, so sehr sie miteinander in Kriege verwickelt sind, so sehr sind sie aber eben auch Teil
der christlichen Gemeinde des Kontinents.

Mit den Kreuzzügen kommt die »Universitas christiana« deutlicher als je zuvor zum Ausdruck. Die Christen des Abendlandes
fühlen sich als Einheit, gemeinsam befolgen sie klaglos die Regeln
ihrer Religion. Die christlichen Ritter fragen zwar auch nach weltlicher, materieller Entlohnung, streben aber in erster Linie danach,
die Wiege ihrer Religion aus den Händen jener zu befreien, die in
ihren Augen »Heiden« sind. Die machtvolle Stellung der Päpste in
Europa dauert so lange, bis sich in ihren eigenen Reihen ein christlicher Gegenentwurf bildet, der die Macht der alten römischen
Kirche erst in Frage stellen und dann deutlich vermindern wird.
Bis dahin aber dauert es noch gut 200 Jahre.

In der bisherigen Geschichte Europas folgen Katastrophen und
Kriege rasch aufeinander. Diverse Eroberungen sind nicht von
langer Dauer und haben keine langfristige Veränderung der europäischen Landkarte bewirkt. Die Abwehr der arabischen Eroberung des Frankenreiches durch Karl Martell im Jahre 732 in der
Schlacht von Tours und Poitiers mag dabei ebenso eine Ausnahme
sein wie die vernichtende Niederlage des christlichen Heeres in
Ostanatolien bei Mantzikert im Jahre 1071, die das Vordringen der
Seldschuken in das einstmals von der stolzen christlichen Metro-

pole Konstantinopel beherrschte vorderasiatische Gebiet ermöglicht.

Das mittelalterliche Europa zeigt die Grundzüge seines noch heute bekannten Gesichts: Das Königreich Ungarn ist entstanden, das Kroatien, Bosnien und Slawonien umfasst und bis nach Krakau im Norden reicht. Darüber schließt sich Polen an. Königreiche gibt es außerdem in Dänemark, Schottland, England, Frankreich und Sizilien sowie in den spanischen Provinzen Kastilien, Leon, Navarra und Aragon, die später in einem spanischen Königreich vereint sein werden. Auch Deutschland und Italien sind herausgebildet. Während sich bei den meisten Nachbarn erste Konturen eines gemeinsamen »Staatswesens« herauskristallisieren, herrscht in Deutschland das genaue Gegenteil vor: der scheinbar unauflösliche Konflikt zwischen zentraler und partikularer Gewalt. Und deshalb kommt es, wie es kommen muss …

Dunkle Zeiten
1316–1500

Schlacht um die Krone

... denn nach dem Tod von Kaiser Friedrich II., der sich während seiner Regentschaft höchst selten in Deutschland aufgehalten hatte, droht das Deutsche Reich Mitte des 13. Jahrhunderts in den Wirren innenpolitischer Auseinandersetzungen zu versinken. Der Weg ins Chaos scheint nach dem Ende der Stauferherrschaft vorgezeichnet, weil es weder in Italien noch in Deutschland eine zentrale politische und administrative Macht gibt. Nur die Fürsten, die mit der Wahl eines neuen Königs keine Eile haben, profitieren von dieser Situation. Die mächtigen Territorialfürsten sind der Korruption anheim gefallen, sodass die Wahlentscheidung des kurfürstlichen Kollegiums nichts mit der tatsächlichen Qualifikation eines Kandidaten zu tun haben muss. 1257 und 1258 kaufen sich mit Alfons von Kastilien und Richard von Cornwall zwei ausländische Bewerber, die niemals deutschen Boden betreten haben, in die deutsche Königswürde ein. Andere Kandidaten, die sehr wohl geeignet sind, haben deshalb keine Chance, weil sie den Kurfürsten zu mächtig geworden wären. Die Kurfürsten verwandeln ihr Recht zur Königswahl in klingende Münzen. Während die Bedeutung des deutschen Königs sinkt, steigen sie zu den eigentlichen Machthabern in Deutschland auf.

Die innerdeutschen Konflikte um die Krone und die hohen Kosten für die Kreuzzüge haben die Kassen der Fürsten geleert. Jetzt ist rasche Abhilfe erforderlich und das geht – damals wie heute – am besten über Steuern und Abgaben. Das Land wird überzogen mit einem System unterschiedlicher Steuern, die ab sofort beim Betreten des jeweiligen Territoriums zu entrichten sind. Deutschland ist nun nicht nur territorial, sondern auch wirtschaftlich gespalten. Die willkürlich festgelegten Steuern lasten auf den Kaufleuten und Bauern, denen ein planbarer Broterwerb damit fast unmöglich gemacht wird. Der Verarmungsprozess, der weite Teile Deutschlands erfasst, macht auch vor adeligen Familien nicht Halt. Viele von ihnen hatten auf neue Ländereien in den Kreuzfahrer-Staaten gehofft. Nachdem daraus nichts geworden ist, müssen auch Angehörige des Adels schmählichen sozialen Abstieg ertragen. Über dem Land Karls des Großen kreisen die Geier.

Ein weiterer Umstand verdunkelt das Leben in Deutschland für die meisten Menschen, denn in allen Teilen des Landes erblüht das Raubritterwesen. Marodierende Banden ziehen umher und nehmen sich, was sie brauchen. Gibt es Streitigkeiten zwischen zwei Familien, wird zur Selbsthilfe gegriffen, weil es keine übergreifende Ordnungsmacht gibt. Im Gegenteil: Diese Form der Justiz ist durch das Fehderecht, das die fehlende königliche Ordnungsmacht ersetzt, abgesichert. Die prügelnden Ritter unterliegen zwar formalen Vorschriften, indem sie etwa den sprichwörtlichen Fehdehandschuh in des Nachbarn Garten werfen müssen, tatsächlich aber herrscht in Deutschland das Faustrecht. Darunter leiden vor allem Kaufleute und Bauern, die sich kaum noch auf die Straße trauen, weil sie Angst haben müssen, ihren Kopf von den Schultern zu verlieren. Zerrieben von der Machtgier einzelner Territorialherren taumelt das Land in der Mitte Europas seiner politischen Bedeutungslosigkeit entgegen.

Frankreich und die deutsche Krone

Das Machtvakuum in der geographischen Mitte des europäischen Kontinents reizt die Nachbarn. Der französische König Philipp III. streckt seine Hand nach der deutschen Königskrone aus und kann sich auf manchen der Territorialfürsten verlassen, die das deutsche Kaisertum dadurch zu schwächen suchen, indem sie mit dem französischen König paktieren. Der immer deutlicher werdende hegemoniale Anspruch des französischen Königs ruft den bekannten Reflex des Papstes hervor, der sich für den Fall der erfolgreichen Übernahme der deutschen Krone nun von Frankreich umzingelt sieht. Da diese Vorstellung kaum besser ist als die, von Deutschland umklammert zu sein, geht Papst Gregor X. in die Offensive und fordert das kurfürstliche Kollegium auf, einen neuen deutschen König zu wählen, der mächtig genug ist, sich gegen die fran-

zösischen Begehrlichkeiten zur Wehr setzen zu können. So berufen am 11. September 1273 die Kurfürsten den Herzog Rudolf I.
von Habsburg zum deutschen König. Über das machtpolitische
Geschacher vor der Wahl berichtet der Chronist Mathias von Neu-
enburg in seiner ›Chronik‹:

>»Als aber die Wahlfürsten versammelt waren (...) und über
>den Verlust aller fürstlichen Rechte klagten und sich über die
>Person eines zu wählenden Fürsten besprachen, rühmte der
>Mainzer Erzbischof den Mut und die Klugheit des Grafen
>Rudolf von Habsburg (...) Der Herzog von Bayern aber, der
>seine edle Gemahlin (...) wegen des ungerechten Verdachts
>eines Ehebruchs hatte enthaupten lassen (...), sagte dem
>Burggrafen von Nürnberg, einem Neffen Rudolfs: ›Welche Si-
>cherheit habe ich, wenn Rudolf erwählt wird, vor seiner Ver-
>folgung? Hat er eine Tochter, die er mir zur Gemahlin geben
>würde?‹ Als nun jener versicherte, dass Rudolf sechs Töchter
>habe und dass er ihm eine von diesen geben würde und sich
>für die Einsetzung aller seiner Besitzungen verbürge, stimmte
>der Herzog dem Mainzer Erzbischof bei. Als dies der Herzog
>von Sachsen und der Markgraf von Brandenburg hörten, wel-
>che auch beide keine Frauen hatten, stimmten sie gleichfalls
>bei, nachdem ihnen die Sicherheit gegeben war, dass sie Töch-
>ter Rudolfs zu Gemahlinnen erhalten würden.«

Abgesehen von der damals offenbar uneingeschränkten Verfü-
gungsgewalt des Vaters über die eigenen Töchter, sind die fürstlichen Sorgen nicht unberechtigt, denn der neue König erklärt als
Erstes die Rückgewinnung aller königlichen Rechte und Güter
zum obersten Ziel seiner Politik. Dabei findet er im böhmischen
König Ottokar II. seinen schärfsten Widersacher. Ottokar II. hatte Österreich, Steiermark und Kärnten seinem böhmisch-mähri-
schen Herrschaftsgebiet einverleibt und ist obendrein Lehnsneh-
mer des gerade verstorbenen englischen Königs Richard von
Cornwall. Rudolf von Habsburg lässt sich aber nicht erschrecken,
fordert ultimativ die Rückgabe der österreichischen Reichsgüter
und löst damit einen fünfjährigen Streit aus. Ottokar II. verliert im
Laufe dieser Auseinandersetzung die Unterstützung der österreichischen Bevölkerung und wird nach der verlorenen Schlacht auf

dem Marchfeld am 26. August 1278 von steirischen Soldaten aus dem Leben befördert. Nach dem Sieg in diesem böhmisch-deutschen Krieg baut Rudolf von Habsburg seine königliche Stellung im Lande konsequent aus, indem er eine ansehnliche habsburgische Hausmacht am Oberrhein und im Elsass zusammenbringt und so zum Stammvater der Habsburger-Dynastie wird, die in den kommenden 600 Jahren ihre Erblande und vor allem Österreich regieren wird. Rudolf von Habsburg, der 1291 in Speyer stirbt, räumt den Städten besondere Privilegien ein und ermutigt sie, Bündnisse zu gründen, um eine »dritte« Macht im Staate gegen die geistlichen und weltlichen Territorialherren zu etablieren. Der Aufstieg der Städte, die im Rheinland, in Westfalen und in Süddeutschland genauso wie im Norden Städtebündnisse gründen, beginnt.

Noch bevor der Leichnam des verblichenen Rudolf von Habsburg erkaltet ist, brechen die alten Streitigkeiten wieder auf. Die Fürsten wählen 1292 den unbedeutenden Adolf von Nassau zum König, setzen ihn sechs Jahre später wieder ab und küren gegen reichlich Schmiergeld einen weiteren Habsburger zu ihrem König. Jener Albrecht I. bemüht sich erfolgreich um einen friedlichen Ausgleich mit den französischen Nachbarn, mit denen es immer wieder zu Grenzstreitigkeiten gekommen war. Als er versucht, habsburgische Ansprüche in Böhmen und Polen durchzusetzen, fällt Albrecht I. 1308 einem heimtückischen Anschlag seines Neffen Johann zum Opfer. Die Schlacht um die Krone im Deutschen Reich geht weiter, denn nun will Philipp IV., König von Frankreich, seinen Bruder auf den deutschen Königsstuhl setzen, scheitert aber am Netz der von ihm selbst gesponnenen Intrigen und muss 1308 die Wahl des Luxemburgers Heinrich VII. zum deutschen König zur Kenntnis nehmen.

Philipp IV. ist in diesen Jahren nicht nur darum bemüht, die deutsche Königskrone zu erlangen. 1303 wendet sich Papst Bonifatius VIII. gegen seine Steuerpolitik und fordert die Steuergelder des Klerus für einen neuerlichen Kreuzzug einzusetzen. Jener Bonifatius VIII. ist für viele Zeitgenossen ein Papst, der sich schon zu Lebzeiten Denkmäler setzen lässt und damit auf herbe Kritik stößt. Bei der Betrachtung seiner eigenen prunkvollen Grabstätte fragt Bonifatius VIII. einen neben ihm stehenden Bischof, was dem Bauwerk denn an Schönheit noch fehle. Die Antwort ist überliefert:»Heiliger Vater, dass Ihr noch nicht drin seid!« Der eitle Bonifatius VIII. mischt sich auch kräftig in die Tagespolitik seiner Zeit ein. Als er eine Bannbulle verfasst, die den französischen König zur Raison bringen soll, platzt Philipp IV. der Kragen. In einer spektakulären Aktion lässt er den Papst in der Kirche von Anagni verhaften und festsetzen. Drei Tage später wird der fast verhungerte Bonifatius VIII. von aufgebrachten Bürgern der Stadt wieder befreit und auf dem Marktplatz öffentlich mit Brot und Wein verköstigt. Aber der Papst ist ein gebrochener Mann, die erlittene Schmach trübt seinen Geist und lässt ihn in Tatenlosigkeit verharren. Einen Monat später stirbt er. Sein Nachfolger Clemens V. ist etwas flexibler im Umgang mit der weltlichen Macht und stimmt 1309 der dauerhaften Verlegung des Amtssitzes der römischen Kurie nach Avignon zu. Mit diesem Aufsehen erregenden Coup, der die Päpste bis 1377 ins Exil zwingt, geraten die politischen Verhältnisse in Oberitalien außer Kontrolle. Der Papst residiert nun zwangsweise in Avignon und lässt sich in Rom durch einen Legaten vertreten, von dem Heinrich VII. von Luxemburg 1312 zum deutschen Kaiser gekrönt wird. Doch die Freude über den ersten deutschen Kaiser seit 1256 währt nur kurz, denn ein Jahr später rafft die Malaria Heinrich VII. von Luxemburg dahin.

Die unruhige Mitte des Kontinents

Das Deutsche Reich in der Mitte des europäischen Kontinents ist in diesen Jahren einer Zerreißprobe ausgesetzt. Zum einen hatte die zeitweilige Verlagerung des politischen Augenmerks der deutschen Kaiser auf ihre Vormachtstellung in Italien eine Destabilisierung Deutschlands zur Folge. Zum anderen zeigte sich, dass jede Veränderung der politischen Ordnung in der Mitte des europäischen Kontinents auch die Interessen, die Sicherheitsbedürfnisse und die Machtgelüste der Nachbarn tangiert. Wer in deutschen Landen regiert und wer wie viel Macht in diesem Teil Europas ausübt, sind keine Fragen, die die Deutschen allein beantworten können. Die geographische Lage der Deutschen führt zu deren Abhängigkeit von den vielen Nachbarn, die ihr Land umgeben. Auch Frankreich hätte sich liebend gerne zur abendländischen Nachfolgemacht des großen Römischen Reiches aufgeschwungen, wie der Versuch nach der deutschen Krone zu greifen am Beginn des 14. Jahrhunderts zeigt. Denn damit wäre der französische König – zumindest auf dem Papier – Herrscher über Frankreich, Deutschland und weite Teile Italiens gewesen, hätte seinen Anspruch auf die Kaiserkrone anmelden können und sich mit dem schmückenden Zusatz »augustus« anreden lassen dürfen. Der später aufkommende Begriff der »deutschen Frage« für die politische Konstellation Zentraleuropas hätte dann vielleicht »französische Frage« geheißen.

■ Politische Partizipation in Deutschland

Der machtpolitische Spagat zwischen Deutschland und Italien, den die deutschen Kaiser seit der Aufteilung des Reichs Karls des Großen vollführt haben, hat den Aufstieg der Herzöge und Fürsten befördert. Zweifellos haben deren eigene Machtinteressen zu den teilweise chaotischen Zuständen am Beginn des 14. Jahrhunderts geführt. Der Umstand, dass in den letzten Jahrzehnten mehrfach Ausländer auf dem deutschen Königsthron gesessen haben, wird einer Identifikation der Menschen mit »ihrer« Krone eher im Wege gestanden haben. Das politische Taktieren um mehr Macht und Einfluss auf die Führung des Deutschen Reiches schafft ein System von Gegengewalten. Die Fürsten erstreiten immer mehr Teilhabe an den politischen Entscheidungen ihrer Zeit – mit einem Begriff von heute würde man das »politische Partizipation« nennen. Ein schwacher König und starke Territorialherren: Beide Seiten können nicht ohne einander handeln. Und noch etwas entspringt dieser politischen Situation: die Städte. Sie werden immer mächtiger und einflussreicher, vergeben eigene Rechte und Privilegien, schützten ihre Bürger und entwickelten ihre eigene Identität, die zum Teil bis heute überdauert hat. Das gilt auch für Frankreich, wo schon 1302 die erste »Ständeversammlung« abgehalten wird, der die Städte, der Klerus und der Adel angehören. Die gegenseitige Kontrolle der politischen Machthaber in Deutschland wird im Laufe der Geschichte immer wieder mal außer Kraft gesetzt, sie hat sich aber letztlich bis in unsere Tage erhalten. Keine Bundesregierung kann das Deutschland regieren, ohne die Belange der Bundesländer zu berücksichtigen. Und umgekehrt kann kein Bundesland die Politik der Bundesregierung so torpedieren, dass sie langfristig handlungsunfähig wird.

Die »Goldene Bulle«

Die starken Fürsten haben erstritten, dass der deutsche König von ihnen gewählt wird. Das wahlentscheidende kurfürstliche Kollegium setzt sich aus den drei geistlichen Kurfürsten von Köln, Mainz und Trier und ihren weltlichen Kollegen aus Böhmen, Sachsen, Kurpfalz und Brandenburg zusammen. Dieses Gremium ist mit Angehörigen des Klerus und des Adels nahezu paritätisch besetzt – ein kluger Schachzug, wie sich bei den Verhandlungen mit Kaiser Karl IV. über ein entsprechendes Verfassungsdokument herausstellt. Dieses mit dem zur Depression neigenden Kaiser verabredete Dokument ist das bis dahin wichtigste Gesetz des deutschen Reiches, es hat den Charakter eines Grundgesetzes und wird bis 1806 seine Gültigkeit behalten. Die wegen des goldenen Königssiegels so genannte »Goldene Bulle« des Jahres 1356 legt fest, dass bei einer Königswahl das Mehrheitswahlrecht gilt. Da es dank dieser Regelung immer ein Wahlergebnis geben muss, sind innerdeutsche Kriege um die Thronfolge ebenso ausgeschlossen wie die Erhebung eines Gegenkönigs. Durch die Einführung des Mehrheitsprinzips wird außerdem eine lähmende Pattsituation vermieden, die Vakanzen auf dem Königsthron nach sich ziehen würde. Damit ist verhindert, dass eine Königswahl in Deutschland zum Tummelplatz ausländischer Interessen wird. Mit der »Goldenen Bulle« ist aber auch garantiert, dass es immer einen König geben wird, dem nach seiner Wahl in Frankfurt und seiner Krönung in Aachen das Anrecht zusteht, vom Papst zum Kaiser des »Heiligen Römischen Reiches« gekrönt zu werden. Der Papst kann in Zukunft nicht mehr selbst entscheiden, ob er einen deutschen König zum Kaiser krönt. Dafür hat er aber über »seine« geistlichen Kurfürsten direkten Zugang zu der sehr viel wichtigeren Entscheidung – nämlich wer deutscher König wird!

Neben der Befriedung des Verhältnisses zwischen Kaisern und Päpsten bedeuten diese Regelungen, dass es in Zukunft keine »könig- oder kaiserlosen« Zeiten mehr geben wird. Die Kurfürsten lassen sich diese Zusicherung gut bezahlen. Sie erhalten ein eigenständiges Münz- und Zollrecht, dürfen unbeschränkt Gebiete erwerben und ihr kurfürstliches Wahlprivileg vererben. Die ohnehin schon mächtigen Territorialfürsten, deren so genanntes Kurland fortan nicht mehr geteilt werden darf, weiten ihre Macht noch dadurch aus, dass sie die kaiserlichen Machtbefugnisse an die Zustimmung eines Reichstags binden, ohne den der Kaiser nahezu nichts entscheiden kann. Der Reichstag, in dem neben den Landesherren auch die Reichsstädte vertreten sind, entscheidet über Krieg und Frieden ebenso wie über Steuern. Mit diesem System kann der weitere Zerfall des Landes zwar aufgehalten werden, aber die äußere Macht des Deutschen Reichs bleibt begrenzt. Die eigentlichen Herrscher sind nicht die Könige, sondern die Kurfürsten. Während sich mit der »Goldenen Bulle« des Jahres 1356 in Deutschland eine Stabilisierung der politischen Verhältnisse zu Gunsten der Kurfürsten abzeichnet, gerät die mittelalterliche Welt des 14. Jahrhunderts durch drei weitere Ereignisse in Turbulenzen, deren Folgen sich für die Menschen in Europa verheerend auswirken.

Das abendländische Schisma

1378 wird der aus Neapel stammende Bartolomeo Prignano als Urban VI. zum Oberhirten der Christen erwählt. Papst Urban VI. erweist sich – trotz einer beachtlichen akademischen Karriere – als unbeherrscht, starrsinnig und geradezu skrupellos. Sein Verhalten ist autoritär und rechthaberisch, zudem werden ihm mafiöse Strukturen und Vetternwirtschaft nachgesagt. Er zerrüttet die päpstlichen Finanzen, weil er unablässig militärische Auseinandersetzungen vor allem in Sizilien zu finanzieren hat. Innerhalb des Kardinalskollegiums formiert sich schließlich Widerstand, den Urban VI. jedoch mit erschreckender Brutalität unterdrückt. Auch das römische Volk revoltiert gegen ihn, doch Urban VI. denkt weder an Einlenken noch an Rücktritt, woraufhin die Kardinäle die Wahl für ungültig erklären und mit Clemens VII. einen Gegenpapst wählen.

Der neue Papst geht mitsamt einem eigenen Kardinalskollegium im September 1378 nach Avignon, wo die apostolischen Betten von seinem Vorgänger, der erst ein Jahr zuvor aus dem französischen Exil nach Rom zurückgekommen ist, noch warm sind. Mit der Wahl eines Gegenpapstes beginnt das abendländische »Schisma«, also die »Trennung« der römischen Kirche in zwei rivalisierende Teile, von denen beide behaupten, den rechtmäßigen Vertreter des Apostelfürsten Petrus auf Erden zu stellen. Es kommt noch schlimmer: Am 26. Juni 1409 wird auf dem Konzil von Pisa ein dritter Papst – Alexander V. – gekürt, der sowohl Gregor XII. als auch Benedikt XIII. – die beiden inzwischen amtierenden Gegenpäpste – exkommuniziert, weil diese sich weigern ihn anzuerkennen. Diese Turbulenzen führen zur religiösen Spaltung Europas: Alexander V. erfährt nur in Frankreich, England und einem Teil Deutschlands Anerkennung, während sich der deutsche König und zahlreiche deutsche Fürsten sowie Rom und Neapel für Gregor XII. erklären; der dritte im Bunde – Benedikt XIII. von Avignon – versammelt seine Anhänger auf der Pyrenäenhalbinsel und in Schottland. Der Streit um den Heiligen Stuhl im Vatikan belegt, wie reformbedürftig die römische Kirche ist. Daran ändert auch ein zwischen 1414 und 1418 vier Jahre tagendes Reformkonzil in Konstanz nicht viel. Zwar wird mit Martin V. ein von allen anerkannter Papst gewählt und die Spaltung der römischen Kirche damit überwunden, gleichzeitig aber legt das am Bodensee versammelte christliche Kollegium fest, dass Anklage wegen kirchenfeindlicher Aktivitäten gegen die tschechischen Reformer Jan Hus und Hieronymus von Prag erhoben wird. Nachdem ihm freies Geleit und anständige Behandlung zugesichert worden sind …

Tod über Europa: Scheiterhaufen und Pest

… erscheint Jan Hus im November 1414 vor dem Kardinalskollegium in Konstanz, bereit, seine Reformvorschläge gegen die Argumente der Kurie zu verteidigen. Aber dazu kommt es nicht, denn die christlichen Herren sperren ihn erst einmal acht Monate in den Kerker. Für Jan Hus ist die Kirche die »Gemeinschaft der Guten«, die weder Priester noch die strenge Hierarchie der vom Papst regierten römischen Kirche benötigt. Das ist der Generalangriff auf das ausgeklügelte Herrschaftssystem der Kirche, die über das Monopol verfügt, zwischen Menschen und Gott vermitteln zu können. Sie allein kann Sünden vergeben und sie allein ist berechtigt, im Sinne und im Auftrag Gottes das Leben der Menschen zu reglementieren. Im Juni 1415 kommt es schließlich zur Generaldebatte zwischen Jan Hus und den Kardinälen. Als er nicht nur den Widerruf seiner Werke verweigert, sondern auch noch die höchste Lehrautorität des Konzils anzweifelt und die Abschwörung seiner Irrtümer ablehnt, wird er als Ketzer verurteilt. Im Namen der Heiligen Schrift lautet das Urteil: Tod durch den Scheiterhaufen. Dieser Mord, der ein Jahr später auch an seinem Freund und Verteidiger Hieronymus von Prag begangen wird, findet am 6. Juli 1415 vor den Augen einer schaulustigen Menge statt. Unter ihnen befinden sich mehr als 1500 Prostituierte, die wegen des guten Geschäfts mit den Kardinälen eigens nach Konstanz gekommen sind. Der Hergang der Ermordung des Jan Hus ist uns von einem Stadtschreiber namens Ulrich von Richental überliefert:

»Da ließ man Meister Jan Hus von Böhmen, den Ketzer, kommen und vor ihm predigte der hochwürdige göttliche Meister Peter von Ailly von der Schule zu Paris über seine schlimme Ketzerei. Und Hus wurde mit heiliger göttlicher Lehre aus der Heiligen Schrift überwunden, dass seine Artikel, die er gepredigt und gelehrt habe, eine recht falsche Ketzerei seien. (…) Da rief Herzog Ludwig den Vogt der Stadt Konstanz (…) und sprach: ›Vogt, nun nimm den von unser beider Urteil wegen und verbrenne ihn als einen Ketzer.‹ (…) Die von Konstanz führten ihn mit mehr als tausend gewappneten Männern hinaus. (…) Auf der Brücke am Geltinger Tor musste man die

Leute anhalten, damit nur je eine Schar hinübergehe, denn man fürchtete, die Brücke könnte zusammenbrechen. (…) Als Hus auf die Richtstätte kam und Feuer, Holz und Stroh sah, fiel der auf die Knie und sprach mit lauter Stimme: ›Jesus Christus, Sohn des lebendigen Gottes, der du für uns gelitten hast, erbarme dich meiner!‹ (…) Danach wollte er anfangen zu predigen in deutscher Sprache. Das wollte Herzog Ludwig nicht und hieß ihn verbrennen. Da nahm ihn der Henker und band ihn in seinen Kleidern an den Pfahl und stellte ihm einen Schemel unter die Füße und legte Holz und Stroh um ihn und schüttete ein wenig Pech darein und zündete es an.«

Die Hinrichtung von Jan Hus löst in seiner böhmischen Heimat schwere Unruhen aus, es sammeln sich bewaffnete Gottesstreiter, die nicht nur seine Lehre verteidigen, sondern sich auch gegen den König erheben.

Die Inquisition

Die Inquisition ist das düsterste Kapitel der Kirchengeschichte. Sie geht zurück auf die von Papst Gregor IX. eingeführten Glaubensgerichte, die unter der Führung des Dominikaner-Ordens seit 1227 dafür Sorge zu tragen haben, dass sich innerhalb der Christenheit keine abweichenden Meinungen etablieren, die die Autorität des Papstes in Frage stellen. In Deutschland zieht der oberste Inquisitor Konrad von Marburg ein derartiges Schreckensregiment auf, dass er nach sechs Jahren blutiger Tätigkeit von aufgebrachten Rittern erschlagen wird. In jeder Diözese wird ein eigener Gerichtshof eingerichtet, der direkt dem Papst unterstellt und von einem Dominikaner geleitet wird. Flächendeckend ist der Kontinent überzogen mit diesen Gerichten, die sichtbarer und Angst verbreitender Ausdruck der Macht der römischen Kirche über Europa sind. Unter Androhung des Höllenfeuers beginnt die Kurie in Rom nun damit, die Menschen in Europa zu disziplinieren. Wer sich widersetzt, bekommt nicht selten die Feuerhitze des Scheiterhaufens unter seinen Füßen zu spüren. Der Erste Diener Gottes auf Erden schreckt vor keiner Bestrafung zurück, um die Abtrünnigen in der Öffentlichkeit zu brandmarken. Neben der Verbannung und dem Lehrverbot für Priester und Mönche gehört auch der Feuertod zum Strafenkatalog der Kirche. Im »christlichen« Verständnis dient der Tod eines Ketzers auf dem Scheiterhaufen nicht nur der Abschreckung der Zuschauer, sondern ist auch ein Akt der Seelenrettung des Brennenden vor der ewigen Verdammnis, der ein lebendiger Ketzer angeblich ausgesetzt ist.

■ Tod im Namen des Herrn – Die Inquisition

Die Inquisition ist perfekt organisiert. An der Spitze des »Heiligen Offiziums« steht der Großinquisitor. Diese Handkante des Papstes hat meist eine blendende Karriere als christlicher Denunziant hinter sich und ist mit den gängigen Foltermethoden des Mittelalters bestens vertraut. Unter ihm arbeiten zahlreiche Inquisitoren, die die »Ermittlungen« gegen die Abweichler zu führen und zu protokollieren haben. Jeder Anzeige wegen Ketzerei, und ist sie noch so unsinnig, wird nachgegangen. Deshalb landen viele Menschen auf den christlichen Scheiterhaufen, die sich – auch im Sinne der Inquisition – nichts zuschulden haben kommen lassen, ihren Nachbarn aber missliebig sind.

Die blutige Spur der Inquisition zieht sich über den ganzen Kontinent, bald ist kein Land vor den christlichen Schergen im Bischofsgewand sicher. Das aus Geistlichen und Laien bestehende Inquisitionstribunal ist mobil und reist über Land. Den Laien bleibt die Ermordung vorbehalten, weil sich der Inquisitor selbst die Hände nicht schmutzig machen will. Mord steht in zu großem Gegensatz zum fünften biblischen Gebot, das auch damals noch »Du sollst nicht töten« heißt. Der Angeklagte hat sich beim Tribunal einzufinden oder freiwillig mit einer Selbstanzeige zu melden. Zur Verurteilung genügen zwei Zeugenaussagen. In Zweifelsfällen wird von der Folter hemmungslos Gebrauch gemacht. Die Strafen reichen von Strafgeldern, öffentlicher Auspeitschung und Konfiszierung des Eigentums bis zum Todesurteil. Über 30 000 Menschen kommen auf diese Weise ums Leben, knapp 300 000 werden zu Kerkerhaft und Vermögenseinzug verurteilt. Das so gewonnene Vermögen wird aufgeteilt – der Denunziant bekommt ein Drittel, den Rest teilen sich Staat und Kirche. Auch wenn es kaum glaubhaft klingt, aber das »Heilige Offizium« existiert bis 1965. Danach wird das Offizium in »christliche Glaubenskongregation« umgetauft, der bis zu seiner Wahl zum Papst der deutsche Kardinal Josef Ratzinger vorgestanden hat.

Die Inquisition verbreitet Angst und Schrecken über ganz Europa. Aus der Religion der Liebe ist eine Ideologie der Ruchlosigkeit und der Gewalt geworden. In dieser gewalttätigen Stimmung wendet sich die Mordlust auch gegen so genannte Hexen, denen ein direkter Kontakt mit dem Teufel ebenso unterstellt wird wie ein sexuell ausschweifendes Leben, das sie angeblich mit den Ausgeburten der Hölle teilen. Die so der Unzucht mit dem Teufel überführten Frauen werden dem Feuer übergeben, die Zuschauer beklatschen derartige Exzesse als Akt der Selbstreinigung. Etwa eine Million Frauen werden auf diese Weise in Europa ums Leben gebracht. Religiöser Leitfaden dieser Mordorgien ist die »Hexenbulle« von Papst Innozenz VIII. aus dem Jahr 1484.

Christliche Judenfeindschaft

Nicht besser ergeht es der jüdischen Bevölkerung, die in einem Zuge mit Hexen und Ketzern ebenfalls einer brutalen Verfolgung der Christenheit ausgesetzt ist. Juden werden als Verursacher allen Übels an den Pranger gestellt. Unsinnige religiöse Vorurteile müssen wider besseres Wissen herhalten, um Juden pauschal und kollektiv als Handlanger des Bösen brandmarken zu können. Wo es zu Naturkatastrophen, schlimmen Krankheiten oder Epidemien kommt, ist auch immer die Blutspur einer gewalttätigen Judenfeindschaft der Christen zu finden. Zur Zeit der Pest, die zu allem Überfluss die Menschen in Europa zwischen 1347 und 1352 auf eine dramatische Weise heimsucht und 25 Millionen Opfer fordert, finden Judenmassaker in Colmar, Frankfurt, Köln oder Hannover statt. Auch in Straßburg wird die jüdische Bevölkerung verantwortlich gemacht für den »schwarzen Tod«, der die Einwohnerschaft um mehr als die Hälfte dezimiert. Die aufgebrachte Stimmung der Menschen schildert der zeitgenössische Chronist Jakob Twinger von Königshofen:

»Wegen dieser Pest verleumdete man die Juden in der Welt und bezichtigte sie, dies verursacht zu haben, indem sie Gift in das Wasser und die Brunnen getan hätten. Darum wurden die Juden vom Meer bis nach Deutschland verbrannt. (...) In Basel zog das Volk auf das Richthaus und zwang die Ratsherren zu schwören, sie wollten die Juden verbrennen und zweihundert Jahre lang keinen mehr in die Stadt lassen. (...) An diesem Freitag fing man auch die Juden in Straßburg, und am Samstag verbrannte man sie auf einem hölzernen Gerüst in ihrem Kirchhof, es waren zweitausend. (...) Was man den Juden schuldig war, galt als bezahlt, alle Pfänder und Schuldbriefe wurden zurückgegeben. Das Bargeld der Juden nahm der Rat und verteilte es unter das Handwerk. Das Geld war auch die Ursache, warum die Juden getötet wurden, wären sie arm und die Landesherren ihnen nichts schuldig gewesen, so hätte man sie nicht verbrannt.«

Antisemitismus ist auch damals eine Mischung aus Raub- und Mordgier und einer Dämonisierung der Menschen jüdischen Glaubens. Der Mord von Straßburg, den uns der Stadtchronist Jakob Twinger in aller Offenheit überliefert hat, geschieht aus Habgier, denn mit dem Tod der Juden sind auch die Schuldscheine erloschen, die die Christen vorher unterschrieben haben. Unter dem Deckmantel, die Pest zu bekämpfen, verschwindet das kollektive Gewissen, das vorher schon durch ein geradezu schwachsinniges Gebräu von Vermutungen und Unterstellungen eingelullt worden ist. Vom Kreuz der Christen, an dem einst der Religionsgründer und Friedensprediger Jesus von Nazareth gehangen hat, tropft fortan das Blut der Juden, denen man nicht nur den Tod des Gottessohnes in die Schuhe schiebt. Unterstützt und angefeuert von ihrem Papst erklären die Christen die Juden zu kaum bezwingbaren Übermenschen, derer man sich nur durch präventiven Mord entledigen kann. Die Christen sehen sich in der Rolle des kleinen Davids, der den scheinbar unbezwingbaren Goliath vor sich hat. Den Juden werden übermenschliche Fähigkeiten unterstellt, weshalb sie auch von der Pest weniger betroffen seien als die Christen. Die Juden verführten mit ihrer schier unendlichen Potenz christliche Frauen und vermischten so die Blutgemeinschaft der Christen. Der »ewige Jude« Ahasver sei – so die Legende – deshalb zur immer währenden Wanderung über den Erdball verdammt, weil er Christus verhöhnt und geschlagen und ihm beim Gang nach Golgatha eine kurze Rast versagt habe. Und schließlich hätten die Juden den Sohn Gottes ans Kreuz genagelt und seien schon deshalb ein übles Pack. Und dies ungeachtet der Tatsache, dass es die römischen Besatzer Jerusalems gewesen sind, die Jesus ans Kreuz geschlagen haben. Dabei gibt es für die Pest in der Mitte des 14. Jahrhunderts ganz handfeste Gründe, die weder etwas mit religiösen Vorstellungen noch mit der Zugehörigkeit zu einer Bevölkerungsgruppe zu tun haben. Der »schwarze Tod«, dem vermutlich 30 Prozent der damaligen Bevölkerung Europas zum Opfer fallen, ist eine von Ratten ausgelöste, durch Flöhe auf Menschen übertragene bakterielle Epidemie, die sich wegen der katastrophalen hygienischen Umstände rasend schnell und unaufhaltsam auf dem ganzen Kontinent ausbreitet. Der in Paris geborene Dichter Giovanni Boccaccio beschreibt in seiner bis heute berühmten Novellensammlung ›Decamerone‹, wie eine Hand voll junger Adliger vor der Pest aufs Land fliehen und sich den Genüssen des Lebens hingeben. Über die Pest schreibt Boccaccio:

»Diese Pest war deshalb so gewaltig, weil sie, wenn die Menschen miteinander verkehrten, von solchen, die bereits erkrankt waren, auf Gesunde übergriff, nicht anders als es das Feuer mit trockenen und fetten Dingen tut, wenn sie in seine Nähe gebracht werden. Und es kam noch schlimmer: Denn nicht nur das Sprechen oder der Umgang mit den Kranken infizierte die Gesunden mit der Krankheit und dem Keim des gemeinsamen Todes, sondern es zeigte sich, dass allein die Berührung der Kleider oder eines anderen Gegenstandes, den die Kranken angefasst oder gebraucht hatten, den Berührenden mit dieser Seuche ansteckte.«

Am Ende der Seuche fehlt es überall an Arbeitskräften, die Preise verfallen, gefolgt von einer flächendeckenden Verarmung. Zweifellos herrscht in Europa tiefe Depression, weil die Pest nicht die einzige Katastrophe dieser Jahre ist und weil es keine Aussicht auf Besserung zu geben scheint. Zu allem Überfluß sitzt in Deutschland Mitte des 15. Jahrhunderts mit dem Habsburger Friedrich III. ein ziemlicher …

Die geopolitische Zerfaserung Deutschlands

... Langweiler auf dem Thron. Friedrich III., der seit 1440 als König und ab 1452 auch als Kaiser regiert, macht sich schnell einen
Namen als Partyschreck, weil er ganz gegen die Gewohnheiten
seiner Zeitgenossen Feierlichkeiten und übermäßigen Alkohol-
konsum meidet. Gängige Urteile über ihn reichen von »schwerfäl-
lig und ohne Tatkraft« über »Erzschlafmütze« bis »schlaff und
quallig«. Sicher scheint zu sein, dass er sich von aktuellen politischen Krisen nicht über Gebühr erregen oder aus der Fassung
bringen lässt. Er ist mit seinen Aufgaben sichtlich überfordert
und fast ausschließlich damit beschäftigt, das habsburgische Erbland zu sichern. Der Wahlspruch: »Alles Erdreich ist Österreich
untertan« ist bei Friedrich III. Programm. Dabei steht es um das
Deutsche Reich an der Schwelle zur Neuzeit schlecht, die Verfalls-
erscheinungen sind unübersehbar. Mit dem weiteren Aufstieg
der Territorialherren gelangt das mittelalterliche Kaisertum unter
Friedrich III. zunächst an einen neuen Tiefpunkt. 1473 verhandelt
der König von Burgund mit dem Habsburger um die Übernahme
der deutschen Kaiserkrone. Die Verhandlungen scheitern, aber sie
zeigen, welchen Stellenwert die Krone für Friedrich III. hat. Dennoch gelingt es dem Kaiser während seiner Regentschaft, die allein
deshalb so lange währt, weil er Konkurrenten und Gegner überlebt, das habsburgische Erbland erheblich zu erweitern und so
die Basis für das nahezu ganz Europa umspannende Reich seines
Sohnes Maximilian I. und dessen Enkels Karl V. zu legen. Friedrich III. trägt über 40 Jahre die deutsche Kaiserkrone und garantiert allein dadurch eine gewisse Stabilität, bis er 1493 in Linz eines
natürlichen Todes stirbt.

Der französisch-englische Krieg

Während sich Deutschland machtpolitisch weiter zerteilt, gelingt
es dem französischen König, die Autorität der Zentralgewalt zu
stärken und so die Grundlagen des französischen Staates zu festigen. Die Bretagne und Burgund werden der Krondomäne wieder
einverleibt, die Macht der Territorialfürsten damit erheblich be-

schnitten. 1453 endet außerdem der Hundertjährige Krieg zwischen Frankreich und England, bei dem es um nichts weniger als die französische Krone gegangen ist. Auslöser dieses Krieges ist der Tod des letzten kapetingischen Königs Karl IV. im Jahr 1328. König Eduard III. will die englischen Besitzungen in Frankreich zurückerobern, die sich sein französischer Amtskollege Philipp VI. – in Ermangelung männlicher Erbfolge bei den Kapetingern – als »verfallenes Lehen« angeeignet hatte. Philipp VI. sieht wenig Übles in seiner Handlung, weil für ihn Eduard III. in seiner Funktion als Herzog von Aquitanien nichts weiter als ein Lehnsmann ist, der seine Besitzungen auf französischem Boden der Belehnung durch ihn – Philipp VI. – zu verdanken hat. Aber anstatt ihm Treue zu erweisen, fegt Eduard III. dieses überlieferte Recht als Lappalie vom Tisch und setzt mit einer gewaltigen Streitmacht über auf das europäische Festland.

Damit schlägt der englische König eine Bresche in die Struktur des französischen Königreichs und löst die jahrhundertealte lehensrechtliche Verzahnung des Landes auf. Was anfangs dem englischen König zugute kommt, birgt aber auch den Keim für ein französisches Nationalgefühl, das schließlich den Ausgang dieses Krieges wesentlich beeinflussen wird. Solange der englische König als Lehnsmann über Teile Frankreichs herrscht, stehen sich nicht »Engländer« und »Franzosen«, sondern »Aquitanier« und »Nordfranzosen« gegenüber, die beide einen gemeinsamen König haben, der ihnen das jeweiligen Lehen gewährt. Als Eduard III. dieses Band durchschneidet, sorgt er unbeabsichtigt dafür, dass sich – ausgehend von Paris – ein Gefühl der Eigenständigkeit und nationaler Zusammengehörigkeit entwickelt. Dieses Gefühl geht über das alte Lehensrecht hinaus und verleiht dem Kampf gegen Eduard III. neue Schubkraft. Aus dem Kampf rivalisierender Landesherren ist das Ringen einer »Nation« um ihr politisches Überleben geworden. Die Wende im französisch-englischen Krieg ist mit dem Namen einer Frau verbunden, die noch heute als sagenumwobene Historiengestalt bekannt ist: Jeanne d'Arc oder auch Johanna von Orleans.

Jeanne d'Arc wird am 6. Januar 1412 in Lothringen geboren, mit 13 Jahren hört sie »Stimmen«, die ihr angeblich befehlen, den französischen König zu besuchen und ihm bei der Vertreibung der Engländer vom kontinentaleuropäischen Festland zu helfen. Es gelingt ihr tatsächlich, eine Audienz beim Kronprinzen Karl VII. zu bekommen, der von dem Mädchen so angetan ist, dass er ihrem ungewöhnlichen Ansinnen, die demoralisierten französischen Truppen bei Orleans in die Schlacht zu führen, schließlich nachgibt. Eine wahrhaft vaterländische Eingebung, denn unter der Führung der 17-Jährigen befreien französische Truppen am 8. Mai 1429 die eingeschlossene Stadt. Das bringt den scheinbar schon besiegten Franzosen Mut und Zuversicht zurück. Die Befreiung von Orleans ist die Wende in diesem Krieg, der zwar noch 24 Jahre dauern wird, aber mit der Räumung aller englischen Besitzungen auf dem französischen Festland endet. Nach dem Sieg von Orleans lässt sich Karl VII. in Reims zum König krönen. Auch hierbei folgt er dem Rat Jeanne d'Arcs, die ihm vorschlägt, als Zeichen der Siegesgewissheit durch Gebiete zu reisen, die von englischen Truppen bedroht sind. Nach seiner Krönung braucht Karl VII. das Bauernmädchen nicht mehr. Jeanne d'Arc kämpft noch einige Monate weiter gegen die Engländer, wird aber am 23. Mai 1430 von deren burgundischen Verbündeten gefangen genommen. Doch undankbar für die erhaltene Hilfe, kümmert sich Karl VII. nicht um seine ehemalige kluge und mutige Beraterin und lässt zu, dass es im Januar 1431 zu einem Ketzerei-Prozess gegen die junge Frau kommt, an dessen Ende Johanna von Orleans im Alter von 19 Jahren bei lebendigem Leibe auf dem Marktplatz von Rouen verbrannt wird. Die Geschichte der Johanna von Orleans ist mit ihrem Feuertod jedoch noch nicht beendet. Schon 25 Jahre später wird sie durch einen Prozess, den der reumütige Karl VII. einleitet, rehabilitiert. Jene, die das Feuer unter ihrem Körper gelegt hatten, werden aber verschont. Diese Zwiespältigkeit währt bis 1909, als Johanna von Orleans vom Vatikan zunächst selig und elf Jahre später heilig gesprochen wird.

■ **Europa im 15. Jahrhundert**

Für Frankreich bedeutet der Sieg über die britischen Feinde eine Stärkung der königlichen Autorität und des nationalen Zusammengehörigkeitsgefühls der Franzosen. Ähnliche Entwicklungen lassen sich in Ungarn und Russland feststellen. Auch der englische König Heinrich VII., der von 1485 bis 1509 regiert, stärkt die königliche Macht auf Kosten des Adels. In Spanien bilden sich die Königreiche Kastilien und Aragon heraus, die gemeinsam die Vertreibung der »heidnischen« Mauren von der Iberischen Halbinsel bewerkstelligen. Auch wenn es für die europäischen Staaten von apokalyptischen Schreckensvisionen begleitet ist, festigt das Osmanische Reich seine Machtposition durch die Einnahme Konstantinopels im Jahr 1453. Mit der Besetzung Konstantinopels flüchten christliche Künstler nach Europa und befruchten dort die bald beginnende Renaissance. In Deutschland und vor allem in Ungarn und Österreich sorgt man sich vor weiteren Expansionen der Osmanen, die nunmehr den einzigen Hafen zum Schwarzen Meer kontrollieren und damit den Handelsweg nach Indien versperren. Die Kaufleute suchen neue Handelsrouten und schaffen so die Voraussetzung für die Entdeckung einer neuen Welt durch Christoph Columbus, der 1492 alternative Handelswege erkunden soll und dabei – eher zufällig – Amerika entdeckt.

In Deutschland bewirkt die Sorge vor einer türkischen Expansion, dass Kaiser Friedrich III. aus seiner Lethargie erwacht und 1454 eine Reichsversammlung nach Regensburg einberuft. Dort allerdings zeigen ihm die Fürsten die Grenzen seines Handlungsspielraums auf. Sie beschweren sich zunächst, dass in deutschen Landen Streit und blutige Zwietracht an der Tagesordnung sind. Anschließend führen sie den Kaiser am Nasenring durch die politische Arena ihrer Tage, wie man in der Beschlussfassung der Reichsversammlung lesen kann. Wenn – so die Annalen des Markgrafen Albrecht Achilles – den Türken mit Unterstützung der Kurfürsten Widerstand geleistet werden solle, dann müsse der Kaiser erst mal Ruhe und Ordnung herstellen. Dann, aber erst dann, würden die Kurfürsten den »ungläubigen Türken und allen anderen Widerwärtigkeiten, ungebührlichem Bedrängen und Einbrüchen anderer Völker in deutsches Land Widerstand leisten«. Wenn die Voraussetzungen erfüllt seien, dann würden die Kurfürsten dem »Römischen Kaiser gerne wieder gehorchen.« Die Frage ist nur, wie seine kaiserliche Majestät dies anstellen soll, ohne tatsächliche Machtbefugnis im »heiligen Reich deutscher Zunge« zu haben. Weder Friedrich III. noch sein Nachfolger Maximilian I. können den Frieden des Reiches garantieren, es fehlt ihnen an finanziellen und militärischen Mitteln, um die widerstrebenden Interessen unter einen Hut zu bringen. Der Druck, die rechtliche und politische Situation zu ändern, ist also zwingend notwendig. Ein nach Worms einberufener Reichstag bringt im Jahr 1495 die gesamtstaatliche Reform des Deutschen Reiches, das damit zu einem einheitlichen Rechtsraum wird.

Der Reichstag von Worms

Die wichtigste in Worms beschlossene Neuerung ist die Verkündung des »ewigen Landfriedens«, der ein Verbot der Selbstjustiz durch das Fehderecht einschließt. Von nun an werden Streitigkeiten vor einem Reichskammergericht ausgetragen, das ständig tagt und weitreichende Kompetenzen hat. Bis 1806, dem Ende des »Heiligen Römischen Reiches Deutscher Nation«, ist dieses Gericht die oberste Gerichtsinstanz im Reich. Es stärkt einerseits die Position des Kaisers, der nun wieder Ruhe und Ordnung auf den Handelswegen garantieren kann. Aber Maximilian I. muss auch Kompromisse eingehen, denn die Fürsten bestimmen, wer in diesem Reichskammergericht, das in Frankfurt tagt, Recht spricht. Während der Kaisers also einerseits mit dem Reichskammergericht Landfrieden sicherstellen kann, ist das Gericht andererseits vom König unabhängig, was die Position der Reichsstände, also der Territorialfürsten und der Städte, stärkt. In Worms wird außerdem die erste Reichssteuer beschlossen. Mit dem so genannten »gemeinen Pfennig« sollen die Ausgaben des Staates gedeckt werden. Auf dem Papier liest sich das wie ein zufrieden stellender Kompromiss zwischen den konkurrierenden Mächten im Lande. Tatsächlich aber gibt es immer wieder Streitigkeiten über die Umsetzung dieser Beschlüsse, weil die Fürsten ihrer Steuerpflicht nur zögerlich nachkommen und weil sie noch längere Zeit versuchen, das ihnen lieb gewordene Fehderecht aufrechtzuerhalten. Langfristig aber bedeuten die Entscheidungen des Wormser Reichstags die Garantie der Reichseinheit, die verbunden ist mit einem einheitlichen Recht und dem Verbot der Selbstjustiz. Fortan wird Deutschland von einem Kaiser und den Reichsständen regiert, die sich in einem System von gegenseitiger Kontrolle und Abhängigkeit befinden. Das Ende des 15. Jahrhunderts kann man als ...

Die Perestroika des Mittelalters

... »Herbst des Mittelalters« bezeichnen, in dem es mitunter ziemlich brutal zugegangen ist. Die Barbarei dieser Jahre traumatisiert die Menschen in einer Weise, die man sich heute kaum vorstellen kann. Die Brutalisierung des Alltags, die Missachtung einer abweichenden religiösen Auffassung, der kriegerische Konflikt um die Krone des deutschen Kaisers und die Heimsuchung durch die Pest treiben die mittelalterlichen Menschen an den Rand der Verzweiflung. Doch elende Zeiten wie diese bringen auch immer die Chance einer Neuorientierung mit sich. Die Sehnsucht nach Veränderung spüren die Menschen, aber die wenigsten wissen, wie die erhoffte neue Zeit beginnen und wohin sie führen könnte. Die Perestroika, also Neugestaltung, wie man mit einem modernen Wort des ehemaligen sowjetischen Staatschefs Michail Gorbatschow sagen könnte, beginnt zuerst bei den Künstlern am Ende des 14. Jahrhunderts.

Der Mensch als Maß aller Dinge

Die Suche der Maler und Bildhauer nach neuer Sinngebung führt sie zurück in die Antike, deren Ideale sie auf die Welt des Mittelalters übertragen. Die Entdeckung der antiken Schriften des griechischen Philosophen Platon beeinflusst das neue Denken, das aus dem Namen »Renaissance«, also »Wiedergeburt«, ein Programm macht. Die Werke der griechischen Antike und deren Philosophen werden gelesen, neu interpretiert und ins Mittelalter übertragen. Gemeinsam ist allen Überlegungen, dass der Mensch das Maß aller Dinge zu sein habe. Denn Platon hatte eine Staatstheorie entworfen, in der – unabhängig von ihrer Herkunft – die Besten herrschen sollten. Ein langer Erziehungsprozess sollte in einer strengen Auswahl münden, an deren Ende der Philosophenkönig mit der Regentschaft beauftragt wird. Es ging dem griechischen Philosophen also um die real existierenden Menschen auf der Erde und nicht um deren Anbindung an eine übernatürliche, religiöse Macht. Für die Denker der Renaissance ist dies der Schlüssel zu einer neuen Sichtweise des Lebens auf Erden. Nun wird das irdische

Dasein nicht mehr als Vorstufe eines besseren Lebens im Jenseits begriffen. Individualität und Gerechtigkeit im Diesseits rücken in den Mittelpunkt einer neuen Philosophie und lösen die bis dahin geltende Vorstellung einer universalen Einheit von geistlicher und weltlicher Herrschaft, unter der die Menschen jahrhundertelang nur gelitten hatten, ab. War die Verantwortung für die gesellschaftlichen Zustände des ausgehenden Mittelalters bis dahin ins Jenseits abgeschoben worden, sollen nun die Schrecken des irdischen Elends nicht mehr länger mit einer göttlichen Ordnung oder Fügung gerechtfertigt werden.

Die Renaissance

Diese als Renaissance bezeichnete Epoche ist keineswegs antichristlich, aber sie stellt der bis dahin allein gültigen religiösen Deutung des menschlichen Lebens eine Alternative zur Seite. Damit sind weitreichende – auch politische – Konsequenzen verbunden. Die Renaissance löst neben einem bis heute beeindruckenden künstlerischen Schaffen pädagogische und politische Überlegungen aus, die ebenfalls das Leben der Menschen in den Mittelpunkt ihres Interesses stellen. Anstelle eines bedingungslosen Glaubens an die Autorität der römischen Kirche tritt ein kritischer Forschergeist, der nichts als gegeben und nichts als unveränderbar akzeptiert. Ein Kind der Renaissance ist der Humanismus, der den allseits gebildeten Menschen fordert und zu einer der großen Denkrichtungen der nächsten Jahrhunderte wird.

■ **Florenz und die Renaissance**

Das schöpferische Zentrum der Renaissance befindet sich im norditalienischen Florenz, das zu dieser Zeit mit mehr als 100 000 Einwohnern eine der bedeutendsten europäischen Metropolen ist. Florentinische Kaufleute beherrschen den Fernhandel mit Indien, sind erfolgreiche Banker und Finanziers der Päpste und drücken der Stadt ihren prägenden Stempel auf. Besonders gefördert werden Kunst und Wissenschaft durch die Familie der Medici, die die Stadt viele Jahrzehnte beherrscht. Die Medici sind über vier Generationen die Finanzmagnaten der Stadt, die mit vielen in- und ausländischen Machthabern Geldgeschäfte abwickeln und so einen unermesslichen Reichtum anhäufen können. Herausragende Gestalt der Familie ist Cosimo de Medici, der sich nicht nur als gewandter Diplomat und Stadtpolitiker erweist, sondern auch als Kunstmäzen. Er verkörpert das Ideal der Renaissance, indem er sich als Politiker einerseits für das städtische Allgemeinwohl einsetzt und seinen persönlichen Reichtum für die schönen Künste hergibt und andererseits als humanistisch gebildeter Gelehrter auftritt. Cosimo de Medici besitzt eine der größten Bibliotheken seiner Zeit, mit der er die Platonische Akademie gründet, an der die bedeutendsten Humanisten des 15. Jahrhunderts lehren. Als Cosimo de Medici am 1. August 1464 stirbt, hat er sich hohes Ansehen seiner Mitmenschen erworben, die ihn mit der Inschrift »pater patriae« auf seiner Grabplatte ehren.

Bis zum Beginn der Renaissance werden keine realistischen Bilder oder Skulpturen von lebenden Menschen geschaffen. Die Abbildung eines Menschen ist immer mystisch verklärt und sozusagen der Realität entzogen. Menschliche Statuen sind allenfalls kleine, eher unwichtige Bestandteile großer Kathedralbauwerke. Das ändert sich nun. Die Skulpturen und Gemälde Giottos, Ghibertis, Donatellos, Michelangelos, Dürers, Raffaels, Tizians oder Leonardo da Vincis zeigen realistische Darstellungen von Menschen. Ihre Kunst zeigt keine statischen, mystisch-heiligen Madonnenportraits, sondern das Leben, wie es wirklich ist. Die Bildhauer »vermessen« den Menschen und zeigen menschliche Statuen in den richtigen Proportionen. Die Bilder der Renaissance-Maler erzählen ganze Geschichten und die Künstler verzichten dabei auf jede Form der mystischen Überhöhungen, wie es bis dahin üblich ist. Dadurch dass sie die Proportionen des Menschen zum Maß ihrer Werke machen, entdecken sie auch die perspektivische Darstellung. Dadurch werden die Perspektiven klarer, ihre Kunst umso realistischer. Für zeitgenössische Betrachter müssen die Bilder Michelangelos und anderer überwältigend gewesen sein, denn diese Art der Kunst gibt genau das wieder, was sie mit ihren eigenen Augen sehen können. Diese Kunst soll für die Menschen sein und keine Gefälligkeitsmalerei für eine übergeordnete Ideologie, die sich oft genug menschenfeindlich gezeigt hatte.

Mit der Renaissance, der »Wiedergeburt« also, kehrt der Mensch aus dem Jenseits zurück, auf das er bisher alle seine Hoffnungen und Wünsche projiziert hatte. Stattdessen erfährt er nun die Schönheit des Diesseits. Genuss, Sinnlichkeit und Farben, die perfekte Anmut des menschlichen Körpers stehen im Mittelpunkt der Renaissance-Kunst. Die dafür verantwortlichen Künstler schaffen nicht nur herrliche Skulpturen und Bilder, sondern auch viele bewundernswerte Bauwerke in den Städten Oberitaliens. Die Künstler der Renaissance vermitteln ihren Zeitgenossen, dass jeder Mensch ein Kind Gottes ist und auf die Genüsse des diesseitigen Lebens nicht verzichten muss. Da hat die Androhung des Fegefeuers ebenso wenig Platz wie andere Repressionen, die das Leben der Menschen auf Erden mit dem Verweis auf eine Entschädigung im Himmel reglementieren. Die von der Kirche beauftragten Künstler verwandeln die Kathedralen innerhalb kurzer Zeit zu unvergleichlichen Museen der Menschheit. Die Sixtinische Kapelle im Vatikan ist nur eines von zahlreichen Beispielen für diese bahnbrechende künstlerische Epoche, die in Italien beginnt und anschließend in ganz Europa ihre Nachahmer findet.

Besonders hart trifft die nun europaweit verbreitete Kritik den Papst in Rom. Dessen bis dahin nie ernsthaft in Zweifel gezogene Autorität gerät zunehmend unter den Druck, sich den Glaubensbedürfnissen der Menschen anzupassen. Aber die römische Kurie zur Zeit der so genannten »Renaissance«-Päpste erweist sich als unreformierbar und starr. Längst spielen sich die Päpste in Oberitalien als Territorialherren auf, führen Kriege und verhalten sich wie andere weltliche Herrscher auch. Die zunehmende Verweltlichung der römischen Kurie vergrößert den Abstand zu den Gläubigen in Europa, die sich in frommen Wallfahrten und mystischen Glaubensbewegungen neu orientieren. Bettelorden, religiös-sittliche Fanatiker und Puritaner sammeln viele Menschen hinter sich und sind so sichtbarster Ausdruck für die schwindende Autorität des Papstes in Rom. Es scheint einen Widerspruch zwischen der nach Realismus und Diesseitigkeit strebenden Renaissance und den frommen Orden, die den Verlockungen des Lebens vollständig entsagen, zu geben. Aber beide Strömungen haben eine Gemeinsamkeit, sie reagieren auf die Umstände ihrer Zeit.

Die radikalisierenden und zum Teil fanatischen Bettelorden agitieren in den Städten, in denen sich als Folge von Krieg und Armut die sozialen Probleme für jeden sichtbar türmen. Die Wanderprediger wirken nicht wie die frommen Mönche hinter der Abgeschiedenheit von Klostermauern, sondern gehen als Marktschreier auf die verängstigten Christenmenschen zu und fordern sie zu Umkehr und Buße auf. Der massenhafte Erfolg der Wanderprediger liegt zum einen in ihrem charismatischen Auftreten begründet. Zum anderen aber benehmen sie sich wie einst Christus und die Apostel, indem sie die »mindere« Existenz der einfachen Menschen demonstrativ teilen und den Platz an der Seite der Schwächsten der Gesellschaft einnehmen. Durch ihr Auftreten sondern sie sich radikal von den weltlichen Reichtümern und den beklagenswerten Verhaltensweisen der Päpste ab. Der religiöse Rigorismus, der sich hinter den neu entstehenden Orden verbirgt, bringt die römische Kirche in Schwierigkeiten, die sich nicht anders zu helfen weiß, als ihre bischöflichen Kettenhunde vom »heiligen Offizium« von der Leine zu lassen und Europa mit den Scheiterhaufen der Inquisition zu überziehen. Neben der Inquisition, die nicht nur religiöse Kritiker trifft, sondern auch Wissenschaftler, die mit ihren Erkenntnissen das apostolische Weltbild ins Wanken bringen, macht sich die römische Kirche durch einen vermehrten Ablasshandel bei den Gläubigen unbeliebt. Geldeintreiber in päpstlichem Auftrag pressen den Menschen unter fadenscheinigen Vorwänden das Geld aus der Tasche und versprechen dafür Erlösung von den Sünden. Aber die Zeiten haben sich geändert, sie sind auch durch päpstliche Gewaltaktionen nicht mehr zurückzudrehen.

Die Renaissance strahlt auch auf andere Gebiete ab. Niccolò Machiavelli formuliert als Erster eine neue Staatsidee. Um die Menschen aus der Katastrophe des ausgehenden Mittelalters zu befreien, muss die Macht des Staates gestärkt werden – so das Prinzip Machiavellis. Politik habe sich von der geistlichen Umklammerung zu befreien, und ein genialer Führer sei jemand, der die Menschen in diese neue Ordnung führen könne. Auf dem Weg dorthin sei ausschließlich der Erfolg wichtig, auf andere Interessen könne keine Rücksicht genommen werden. Mit dieser politischen Theorie bricht Machiavelli mit allen mittelalterlichen Vorstellungen und verhilft dem politischen Realismus in Europa zum Durchbruch. Aber die Wirkung dieser neuen Ideen wäre so nicht eingetreten, hätte es nicht gleichzeitig eine Erfindung gegeben, die die schriftliche Verbreitung des neuen Denkens in Europa ins Werk gesetzt hätte.

■ **Johannes Gutenberg**

Vermutlich im Jahr 1397 – so ganz genau weiß man das nicht – wird in Mainz ein gewisser Johannes Gensfleisch zur Laden geboren. Er wächst in ärmlichen Verhältnissen auf, zeigt aber bald regen Forschergeist, der ihn wenig später weltberühmt machen sollte. Er nimmt – wie damals nicht unüblich – einen Beinamen an und nennt sich fortan Johannes Gutenberg. Ihm gelingt eine Entdeckung, ohne die die Geschichte Europas und der Welt anders verlaufen wäre. Er erfindet den Buchdruck und sorgt so dafür, dass sich die Gedanken und Vorstellungen seiner Zeit in einem für damalige Verhältnisse rasanten Tempo verbreiten können. Mit Hilfe seiner Drucktechnik werden die ersten Schriften verlegt, die in kleiner Auflage die Dichter und Denker in ganz Europa beeinflussen. Nun gibt es ein Gegengewicht zu den Predigten von den Kanzeln, von wo bisher die richtigen Verhaltensweisen vorgegeben wurden, nun können die Vorstellungen und Gedanken des Humanismus und der Renaissance überall verbreitet werden. Für Johannes Gutenberg, dessen Erfindung das vielleicht wesentlichste Fundament der europäischen Kultur ist, hat sich sein Lebenswerk nicht ausgezahlt. Die Gutenberg'sche Druckerei, ein Betrieb mit immerhin 20 Angestellten, ist überschuldet und kann Kredite nicht zurückzahlen. Schließlich muss Johannes Gutenberg die Druckerei an einen seiner Angestellten abtreten, der mit Hilfe eines befreundeten Kaufmanns daraus ein florierendes Unternehmen macht.

Der Buchdruck ermöglicht die Bildung breiter Schichten des Volkes, überall werden Bibliotheken angelegt, die Universitäten profitieren von dieser Erfindung ebenso wie die schönen Künste. Die Erzeugnisse der Druckerpresse transportieren aber nicht nur jene Werke, die im Auftrag von Staat und Kirche entstehen, sondern auch Pamphlete, die den Herrschenden nicht genehm sind. Deshalb soll die Zensur die Herstellung und Verbreitung unliebsamer Bücher verhindern. Aber aufhalten lässt sich die Verbreitung der Schriften und die damit einhergehende Bildung der Menschen nicht.

Unterstützt durch die Kunst des Buchdrucks beeinflusst die Renaissance so intensiv wie keine andere Idee zuvor die europäischen Länder. Überall finden sich Nachahmer, die das neue Denken und die neue Kunst über den Kontinent tragen. In Deutschland gehören Albrecht Dürer, Lucas Cranach oder Matthias Grünewald zu den Renaissance-Künstlern. In diesem Kulturtransfer liegt eine der wesentlichen und nachhaltigsten Begründungen Europas: Die auf dem europäischen Kontinent lebenden Menschen sind über Jahrhunderte hinweg von gleichen Ideen, künstlerischen Vorstellungen und religiösen oder politischen Ideologien geprägt worden. Diese gemeinsamen Erfahrungen machen ihre kulturhistorische Ähnlichkeit bis heute aus. Dabei spielt die Religion, die bis zu diesem Zeitpunkt ausschließlich von den Päpsten in Rom definiert wird, die wohl bedeutendste Rolle. Wer außer Acht lässt, dass Europa ein christlicher Kontinent ist, wird ihn nicht verstehen können. Und diesem christlichen Kontinent steht nun die bisher größte Prüfung bevor, denn das Papsttum hat sich durch seine über Jahrzehnte hinweg bewiesene Reformunfähigkeit so viel Unmut zugezogen, dass es nur eine Frage der Zeit ist, wann ein christlicher Gegenentwurf zur heiligen römischen Kirche entsteht. Anfang des 16. Jahrhunderts ist es so weit, als in Deutschland ein Kind der Renaissance …

Krieg um den Glauben
1517–1650

Dr. Martinus und Junker Jörg

… namens Martin Luder die Bühne betritt. Martin wird am 10. November 1483 im sächsisch-anhaltinischen Eisleben als ältestes von neun Kindern einer durch den Kupferbergbau zu Vermögen gekommenen Familie geboren. Der kleine Martin, der sich erst später Luther nennt, besucht die Lateinschule am Ort, in der noch die barbarischen Lehrmethoden des Mittelalters vorherrschen. Er wird als stiller, aber äußerst begabter Schüler bezeichnet, der gute Noten nach Hause bringt, durch die strenge Schulordnung aber verschüchtert wirkt. Weder seine Lehrer noch seine Eltern ahnen, dass er der Mensch sein wird, der das bis heute Unvorstellbare vollbringen wird, nämlich als Einzelner eine derart umwälzende, alle Schichten der europäischen Bevölkerungen erfassende Bewegung ins Leben zu rufen. Die von seinem Namen nicht zu lösende Reformation wird nicht nur einen verheerenden Krieg – wenn auch lange nach seiner Zeit – auslösen, sondern obendrein auch noch die Einheit des christlichen Glaubens in Europa auflösen. Grund genug also, das Leben und die Zeit Martin Luthers näher zu betrachten.

Nach der Schule, die er mit gutem Zeugnis verlässt, geht der 17-jährige Martin Luther 1501 in Erfurt zur Universität, wo er sich als Erstes mit den so genannten »sieben freien Künsten« beschäftigt, zu denen unter anderem die Grammatik, die Rhetorik und die Logik gehören. Hier bekommt er sein intellektuelles Rüstzeug, vor dem sich später seine Kritiker fürchten werden. Martin Luther bekommt 1505 nach nur vier Jahren Studium mit dem Magister seine erste akademische Auszeichnung, was den stolzen Vater zu der Hoffnung veranlasst, der Sohn würde sich nun dem Jurastudium hingeben. Aber Martin Luther ist nicht nur gut ausgebildet, sondern verfügt offensichtlich auch über einen ausgeprägten eigenen Willen. Denn zum Erstaunen seiner Familie und seiner Freunde, die ihn als lebenslustigen Menschen beschreiben, gelobt er am 2. Juli 1505 Mönch zu werden. Am Tag zuvor ist der junge Magister auf dem Rückweg von seinen Eltern in einen schweren Sturm geraten. Ein Blitz schlägt in seiner unmittelbaren Nähe ein, verängstigt sucht er Schutz in einem nahe gelegenen Wald, wird von heftigen Sturmböen traktiert und schreit in den Himmel zur heiligen Anna, der Patronin der Bergleute: »Hilf du, heilige Anna, ich will ein Mönch werden!« Martin Luther überlebt das Unwetter und sieht sich in der Schuld der heiligen Anna, der er in größter Not sein Leben versprochen hat. Sehr zum Ärger seines Vaters löst er dieses Versprechen auch tatsächlich ein, begibt sich zwei Wochen später in das Schwarze Kloster der Augustiner Eremiten in Erfurt und wird Mönch dieses Bettelordens. Das Mönchsleben ist streng reglementiert. Fasten, Beten und Arbeiten bestimmen den Tagesablauf, der morgens um 3.00 Uhr mit dem ersten Stundengebet beginnt, an das sich der wiederkehrende Rhythmus von Beten und Arbeiten anschließt. Luther stürzt sich in seine neue Aufgabe mit der Begeisterung eines Novizen, wird zwei Jahre später zum Priester geweiht und hat eine normale Karriere innerhalb der römischen Kirche im Blick. 1508 folgt er einem Ruf nach Wittenberg, wo er zum Hilfsprofessor ernannt wird und sich einen wissenschaftlichen Namen macht. Die Heilige Schrift ist das von Luther am häufigsten gelesene Buch. Er tut dies aber nicht nur zur Erbauung oder um seine Predigten vorzubereiten, sondern um Hinweise über das Verhältnis zwischen Gott und den Menschen zu finden.

Für die römische Kirche ist dieses Verhältnis geklärt: Es existiert über die Verbindung des Papstes zu Petrus, dem Fürsten der Apostel, dessen Stellvertreter auf Erden der Papst ist. Luther hingegen kommt zu der Erkenntnis, dass Gott den Menschen allein aus dem Glauben heraus Gnade erweist. Da es nach Luthers Bibelauslegung eine direkte Beziehung zwischen Gott und den Menschen gibt, ist eine solche »Zwischenstation« nicht notwendig. Diese Vorstellung führt zum Konflikt mit der Kurie in Rom, weil die sich als die einzige Heilsvermittlerin versteht. Das ist – sehr verkürzt – der theologische Grund für die Differenzen, die sich zwischen der römischen Kirche und dem Mönch Martin Luther in den kommenden Jahren zeigen. Aber es gibt auch andere, sehr weltliche Probleme, die zu diesem Bruch führen.

In der Klosterhierarchie weiter nach oben aufgestiegen, muss der Wittenberger Mönch wegen eines Streites seines Ordens mit anderen Klöstern nach Rom. Was er dort zu sehen bekommt, entsetzt den frommen Mann zutiefst. Die Angehörigen der Kurie haben eine exklusive Hofhaltung, wie sie einem weltlichen Herrscher kaum zusteht, und lassen es gleichzeitig an theologischer Fundiertheit fehlen. Heilige Messen werden nicht aus seelsorgerischen, sondern aus finanziellen Gründen abgehalten, weil am Ende der Predigt ein prall gefüllter Klingelbeutel winkt. Von der Einhaltung des Zölibats kann im Vatikan auch keine Rede sein. Beschämt über den Zustand der Kurie in Rom kehrt Martin Luther nach Wittenberg zurück. Sein mönchisches Leben ist nach diesem Erlebnis nicht mehr wie vorher, fortan steht er der römischen Kirche skeptisch gegenüber.

Der Ablasshandel

Seine Skepsis schlägt in Ablehnung um, als er merkt, dass sich immer mehr Menschen seiner Kirchengemeinde in der Nachbarschaft durch Ablassbriefe ihr Seelenheil erkaufen. Scharenweise lassen sie ihr Geld beim Ablasshändler, weil der die armen Sünder von all ihren Verfehlungen nach der Zahlung eines Geldbetrages freispricht. Einer der Ablasshändler ist Johann Tetzel, der seit 1506 in der unmittelbaren Umgebung Luthers seinem merkwürdigen Tagewerk nachgeht. Mit seinem Spruch »Wenn das Geld im Kasten klingt, die Seele in den Himmel springt« verführt er manchen Christenmenschen zur Zahlung des Ablassgeldes. Man könne auf diese Weise nicht nur die eigenen Sünden tilgen, sondern auch die der Verstorbenen. Und wer lässt schon gerne – heißt es verlockend – einen nahen Verwandten im Fegefeuer schmoren? Tetzel verkauft Ablass für Sünden, die man erst in Zukunft begehen wird. Verbirgt sich dahinter nicht eine wunderbare Lebensversicherung? Martin Luther ist empört, zumal viele seiner Gemeindemitglieder nach der Ablasszahlung zu ihm in den Beichtstuhl kommen und zusätzlich die kirchliche Absolution verlangen.

Seit 1507 wird der so genannte Peterablass in Deutschland eingetrieben. Um sowohl den prunkvollen Ausbau des Petersdoms als auch die sonstige äußere Pracht zu finanzieren, macht der Papst außerdem vom Verkauf von Ämtern Gebrauch. Am 31. Oktober 1517 verfasst Martin Luther daraufhin einen erzürnten Brief an seinen kirchlichen Vorgesetzten, in dem er sich bitter über den Ablasshandel zum Neubau des Petersdoms beschwert. Diesem Brief legt er 95 Thesen bei, die bei späterer Gelegenheit im Kreis der Kirchenführer diskutiert werden sollen. In der Hoffnung, den Missstand damit beheben zu können, soll er anschließend diese Thesen mit lauten Hammerschlägen an die Tür der Wittenberger Schlosskirche genagelt haben. Das Bild des Hammer schwingenden Martin Luther am Wittenberger Kirchenportal ist wie kein anderes zum Symbol der Reformation geworden, trotzdem hat der gute Mann den Hammer wohl nie in die Hand genommen. Eine Veröffentlichung der Thesen, ohne dass sie einer »Disputation« unterzogen worden waren, würde seine Vorgesetzten provoziert haben. Das hat Luther zu diesem Zeitpunkt aber nicht vor, deshalb schickt er seine Thesen nur an ausgewählte Freunde, die den Text – vermutlich – gleich haben drucken lassen. Mit der Veröffentlichung der Thesen ist der Stein ins Rollen gebracht, der die Auseinandersetzung mit der römischen Kirche unvermeidbar macht. Eine Reformation oder gar eine Abspaltung von der römischen Kirche hat Luther, als seine Thesen bekannt werden, aber (noch) nicht im Sinn. 1517 ist er weder ein Reformator noch ein Revolutionär, sondern ein aufgeregter Mönch, der den Ablasshandel der römischen Kurie für Gotteslästerung hält. Als er beginnt dagegen anzukämpfen, macht der Druck des Papstes aus ihm aber nicht nur einen Reformator, sondern obendrein auch noch einen Revolutionär.

■ **Europa am Vorabend der Reformation**
Anfang des 16. Jahrhunderts geht durch Europa – mal wieder – die Angst vor den anstürmenden Türken um. Osmanische Truppen haben Teile Ungarns und Siebenbürgens unterworfen, die österreichischen Grenzländer verwüstet und stehen nun mit grimmigem Blick erneut an den Grenzen Europas. Das Osmanische Reich erstreckt sich rund um das Schwarze Meer über Anatolien und Abchasien bis nach Kairo, Griechenland und den Balkan. Das Gebiet bis zur Grenze Kroatiens gehört ebenso dazu wie Slawonien, Siebenbürgen und die Krim. Der politische Einfluss reicht sehr viel weiter entlang der Mittelmeerküste bis nach Tripolis und Algier.

Frankreich befindet sich im Dauerstreit mit Deutschland um die Besitzverhältnisse in Burgund, ist aber ein zu dieser Zeit relativ stabiles Königreich. Mit Ausnahme der Grafschaft Nevers und eben Burgund umfasst die Krondomäne des französischen Königs Ludwig XII. nahezu das gesamte Land. Königreiche sind außerdem in Polen, England, Schottland, Norwegen, Schweden, Dänemark, Spanien und Portugal entstanden. Italien leidet ebenso wie Deutschland unter den Territorialfürsten, die eine Landeseinheit verhindern. In Norditalien gibt es die Republiken von Venedig und Genua, das Herzogtum Mailand sowie den Kirchenstaat. Die Königreiche von Benevent und Sizilien schließen sich im Süden an. Im Osten Europas entsteht das russische Reich, nachdem die Tataren von den Truppen Iwans III. in die Flucht geschlagen sind. Iwan III., der sich ab 1494 »Zar von ganz Russland« nennt, erreicht große territoriale Zugewinne zwischen dem Kaspischen Meer im Süden und St. Petersburg im Norden. Der Zar führt eine gut funktionierende Verwaltung ein und legt so den Grundstein für den späteren Aufstieg Russlands zur Großmacht.

Über Deutschland hat sich mittlerweile ein territorialer Flickenteppich mit etwa 250 weltlichen und geistlichen Grafschaften, Herzogtümern, Erzbistümern, reichsfreien Städten, Abteien, Fürsten- und Kurfürstentümern ausgebreitet. In den Grenzen des »Heiligen Römischen Reiches« befinden sich außerdem das Königreich Böhmen, das Erzherzogtum Österreich und das Land der Eidgenossen, aus dem später die Schweiz entsteht. Jedes Territorium wird durch den jeweiligen Herrscher autark verwaltet. Es gibt nicht nur unterschiedliche Gesetze, sondern auch unterschiedliche Zölle und Steuern. Will ein Händler von Brüssel im Herzogtum Brabant seine Waren nach Prag im Königreich Böhmen bringen, muss er neun territoriale »Grenzen« überqueren und wird – wenn er Pech hat – neun Mal von Zöllnern zur Kasse gebeten. Kaiser Maximilian I. regiert Deutschland in dieser Übergangsphase zwischen Mittelalter und Neuzeit von 1493 bis 1519 und wird deshalb treffend »der letzte Ritter« genannt. Bis zum Beginn der Reformation gibt es für die Menschen in Deutschland nur eine Gemeinsamkeit: Die Einheit des christlichen Glaubens.

95 Thesen, die die Welt verändern

Am 31. Oktober 1517 schreibt Martin Luther also seine Reformvorschläge nieder, die sich fast alle auf den Ablasshandel beziehen und die theologische Begründung dieser Praxis bestreiten. An keiner Stelle findet sich ein Aufruf zur Abspaltung von der römischen Kirche, im Gegenteil, der Papst wird vor den marktschreierischen Aktivitäten der Ablasshändler sogar in Schutz genommen. Als roter Faden zieht sich durch alle Thesen die Auffassung, dass eine direkte Beziehung zwischen Gott und den Menschen besteht und dass die vom Papst beanspruchte Mittlerrolle auch von jedem anderen Priester übernommen werden kann:

– »Deshalb irren jene Ablassprediger, die sagen, dass durch die Ablässe des Papstes der Mensch von jeder Strafe frei und los werde.«
– »Deswegen wird zwangsläufig ein Großteil des Volkes durch jenes in Bausch und Bogen und großsprecherisch gegebene Versprechen des Straferlasses getäuscht.«
– »Jeder Christ, der wirklich bereut, hat Anspruch auf völligen Erlass von Strafe und Schuld, auch ohne Ablassbrief.«
– »Man soll die Christen lehren: Wer einen Bedürftigen sieht, ihn übergeht und stattdessen für den Ablass gibt, kauft nicht den Ablass des Papstes, sondern handelt sich den Zorn Gottes ein.«
– »Man soll die Christen lehren: Wenn der Papst die Erpressungsmethoden der Ablassprediger wüsste, sähe er lieber die Peterskirche in Asche sinken, als dass sie mit Haut, Fleisch und Knochen seiner Schafe erbaut würde.«

Ganz offensichtlich ist sich Martin Luther nicht bewusst, was er mit seinen Thesen anrichtet, denn er vermutet, dass der Papst von den Methoden der Ablasshändler nichts weiß und er deren Verhalten infolgedessen auch nicht gutheißt. Da aber der eitle Papst nicht daran denkt, die Peterskirche »in Asche sinken« zu lassen, wenn er wüsste, dass sie »mit Haut, Fleisch und Knochen seiner Schafe erbaut würde«, zielt Martin Luthers Kritik am Ablasshandel auf den Eckpfeiler der Finanzpolitik des Vatikans, denn ohne das Geld der Gläubigen droht dem Heiligen Stuhl die Insolvenz. Die Bischöfe reagieren zunächst gelassen, berichten Leo X. in Rom von den Thesen und bekommen dessen Ratschlag, mäßigend auf den rebellischen Mönch einzuwirken. Derweil macht das Thesenpapier Luthers die Runde in Deutschland und die ersten Reaktionen lassen nicht lange auf sich warten. Während humanistische Gelehrte und auch einige Fürsten Zustimmung signalisieren, kommt – wie zu erwarten – aus den Reihen der Bischöfe zornige Ablehnung. Der am meisten kritisierte Ablasshändler Johann Tetzel wünscht, Martin Luther auf dem Scheiterhaufen brennen zu sehen, und steht damit an der Spitze derer, die nach radikalen Maßnahmen gegen den Rebellen aus den eigenen Reihen rufen. Martin Luther präzisiert seine Thesen und macht damit alles noch viel schlimmer. Er wolle keinesfalls den Papst aus dem Heiligen Stuhle heben, sondern lediglich die Missstände in der römischen Kirche beseitigen, schreibt er 1518 in der Hoffnung, den Ärger damit ausräumen zu können. Das Gegenteil ist der Fall, denn die Kurie in Rom ist der Auffassung, es gebe keine derartigen Missstände und eröffnet den Ketzerprozess gegen »das Mönchlein« aus Wittenberg. Angesichts der Brutalität, mit der die Inquisition gegen die Abweichler in der Kirche bisher vorgegangen ist, steht es nun schlecht um Martin Luther. Aber der Prozess kann nicht eröffnet werden, weil zum einen 1519 der »letzte Ritter« Kaiser Maximilian I. verstirbt und das Land mit der Regelung der Nachfolge beschäftigt ist. Zum anderen unterstützen ihn einige Landesfürsten, die in der Auseinandersetzung um die Freiheit des Glaubens eine Möglichkeit sehen, den päpstlichen Einfluss auf die Politik in Deutschland zurückzudrängen. Damit gerät der Streit um den richtigen Glauben in den politischen Konflikt der Fürsten mit dem Kaiser und dem Papst.

Zwar ruht das Verfahren gegen Martin Luther, bis der neue Kaiser, Karl V., inthronisiert ist, aber der Gefahr ist sich der Mönch aus Wittenberg durchaus bewusst. Erst unter dem ständig wachsenden Druck durch die in seinen Augen korrupte römische Kirche kommt er auf die Idee, sich gänzlich von Rom loszusagen. 1520 verfasst Martin Luther drei Schriften, die den Bruch mit der römischen Kirche dokumentieren. Zunächst wendet er sich an den »christlichen Adel deutscher Nation« und bittet um Hilfe für »die Kirche«. In zwei weiteren Texten formuliert er seine Erkenntnis, dass durch die Taufe alle Christen gleich seien und dass deshalb keine Unterscheidung zwischen geistlichen und weltlichen

Personen gemacht werden müsse. Im November 1520 erscheint der prägnanteste Text: ›Von der Freiheit eines Christenmenschen.‹ Er gipfelt in der auf den Apostel Paulus zurückgeführten Feststellung: »Ein Christenmensch ist ein freier Herr über alle Dinge und niemandem untertan.« Dieses Credo für die Freiheit des Glaubens und des Christen ruft nun den endgültigen Zorn von Leo X. hervor, der die Bannandrohung ausspricht und Dr. Martinus Luther ultimativ auffordert, seine »Irrlehren« zu widerrufen. Der vom Bannstrahl Bedrohte ist aber innerlich schon längst kein Christ im Sinne des Papstes mehr, sodass ihn diese Androhung nicht wirklich schreckt. Unter großer Anteilnahme der Wittenberger Bevölkerung übergibt er am 10. Dezember 1520 nicht nur das päpstliche Schreiben dem Feuer, sondern auch noch das Kirchengesetzbuch. Damit ist der unwiderrufliche Bruch mit der römischen Kirche vollzogen und der Entschluss gefasst, neben der römischen eine weitere Kirche ins Leben zu rufen. Die päpstliche Reaktion lässt nicht lange auf sich warten. Als eine der letzten Amtshandlungen vor seinem Tod schleudert Papst Leo X. am 3. Januar 1521 den Bannfluch über Martin Luther. Jetzt ist der weltliche Herrscher aufgefordert, den Schuldigen zu verhaften und ihn der Inquisition zu übergeben. Aber der neue Kaiser Karl V. steht einer lutherfreundlichen Stimmung im Land gegenüber, die sich vor allem in Brandenburg und Sachsen ausbreitet. Um diesem Dilemma zu entkommen, sichert Karl V. dem Rebellen freies Geleit zu und fordert ihn auf, am 18. April 1521 vor dem Reichstag in Worms zu erscheinen. Der Kaiser hofft, die Reise des Mönchs nach Worms würde ein öffentlicher Bußgang werden, aber das Gegenteil tritt ein. Als Martin Luther sich am 2. April 1521 auf den Weg macht, steht er am Beginn einer Triumphfahrt durch Deutschland. Wo er auch hinkommt, jubeln ihm die Menschen zu, fordern ihn auf zu predigen und bestärken ihn in der Absicht, seine Lehre nicht zu widerrufen. Vom Jubel begleitet kommt er am 16. April 1521 in Worms an und trifft dort auf Kaiser Karl V., der ganz andere Sorgen hat und das Problem mit dem abweichlerischen Mönch vollkommen unterschätzt.

Karl V.

Begünstigt durch einen dynastischen Zufall – nämlich eine Vakanz auf dem spanischen Thron – ist Karl V. nicht nur Kaiser in Deutschland, sondern seit 1519 auch König von Spanien. Das Reich des Habsburgers Karl V., in dem »die Sonne nie untergehen soll«, umfasst neben Deutschland Burgund, die Niederlande, Österreich, Kastilien mit den dazugehörigen amerikanischen Besitzungen, Aragon mit Neapel und Sizilien, Sardinien sowie die Königreiche Navarra und Granada. Dieses Riesenreich ist der geopolitische Albtraum des französischen Königs Franz I., der sich, wo er auch hinsieht, von Karl V. umzingelt sieht. Franz I. steuert fortan einen politischen Kurs gegen die Habsburgermacht und wird zum Hindernis für die Errichtung einer Weltherrschaft unter der Flagge Karls V., der seinerseits alles daransetzt, seinen französischen Rivalen kaltzustellen. Dieser Konkurrenzkampf dauert bis 1559. Während sich Kaiser Karl V. eigentlich mit den Lehren Martin Luthers auseinander setzen soll, plagt ihn die Sorge, wie er dieses Riesenreich regieren und es obendrein noch gegen die französischen Nachbarn verteidigen soll?

Karl V. scheitert zum einen an den Autonomieforderungen in Spanien und Italien und den Differenzen, die er mit den Reichsfürsten hat. Zum anderen steht das Deutsche Reich außenpolitisch durch die aggressiver werdenden Türken, die ihre Heere bedrohlich nah an die österreichischen Grenzen verlegen, unter Druck. Gleichzeitig nimmt der Dauerstreit mit Franz I. um Burgund an Schärfe zu und mündet zwischen 1521 und 1544 in vier deutsch-französische Kriege, die in Oberitalien ausgetragen werden. Zwar kann Karl V. aufständische spanische Truppen im April 1521 besiegen, aber damit sind seine Probleme keineswegs gelöst, zumal er den religiösen Streit, den er nun beim Reichstag in Worms zu schlichten hat, in seiner Tragweite nicht erkennt. In der Auseinandersetzung um die Thesen des aufmüpfigen Mönchs aus Wittenberg steht Karl V. auf der Seite des Papstes. In seiner Jugend von Adrian von Utrecht ausgebildet, der 1522 als Hadrian VI. selbst auf den Heiligen Stuhl klettern wird, sieht er sich als christlicher Universalkaiser, der die Einheit des christlichen Abendlandes zu verteidigen hat. Diese Einheit ist für Karl V. ebenso unauflöslich mit der Autorität des Papstes und der von ihm geleiteten römischen

Kirche verbunden wie mit der Huldigung und der Treueverpflichtung der Untertanen gegenüber dem weltlichen Herrscher. Der Kaiser ordnet sich dieser von Gott geschaffenen Weltordnung unter und gedenkt in Worms den Papst eindrucksvoll gegen die ungebührlichen Attacken Martin Luthers zu verteidigen.

Martin Luther erscheint zwei Mal vor dem Reichstag. Karl V. versucht ihn von einem Widerruf zu überzeugen. Aber getragen von der großen Unterstützung, die er auf der Reise nach Worms erfahren hat, lehnt das Wittenberger »Mönchlein« ab. Solange kein Beweis gegen seine Thesen erbracht werden könne, gebe es für ihn keinen Grund von seiner Lehre abzulassen, entgegnet er mutig dem Kaiser. Auf dessen Hinweis, dass der Heilige Vater in Rom seine Lehren verworfen habe, antwortet Martin Luther, dass er weder dem Papst noch den Konzilien Glauben schenke, da diese sich in der Vergangenheit schon häufiger geirrt hätten. Er glaube allein der Heiligen Schrift, weshalb er nichts zu widerrufen habe. Dieser entschiedene und selbstbewusste Auftritt vor dem Reichstag zeugt nicht nur von seiner religiösen Überzeugung, sondern auch von seinem Mut:

>»Die zweite Gruppe (von Büchern) greift das Papsttum und die Taten seiner Anhänger an, weil ihre Lehren und ihr schlechtes Beispiel die ganze Christenheit sowohl geistlich wie leiblich verstört hat. (…) Jedermann macht die Erfahrung, und die allgemeine Unzufriedenheit kann es bezeugen, dass päpstliche Gesetze und Menschenlehren die Gewissen der Gläubigen aufs Jämmerlichste verstrickt, beschwert und gequält haben, dass aber die unglaubliche Tyrannei auch Hab und Gut verschlungen hat und fort und fort auf empörende Weise weiter verschlingt (…) Mein Widerruf würde ihrer grenzenlosen, schamlosen Bosheit zugute kommen, und ihre Herrschaft würde das arme Volk noch unerträglicher bedrücken (…) Guter Gott, wie würde ich da aller Bosheit und Tyrannei zur Deckung dienen!«

Martin Luther beschließt seine Ausführungen mit einem »Gott helfe mir, Amen!« und darf den Verhandlungssaal als freier Mann verlassen. Als er durch die Tür hinausgeht, ruft er, die Arme in die Luft reckend:»Ich bin hindurch! Ich bin hindurch!« Er wird nicht verhaftet, man sichert ihm freies Geleit zu. Aber Karl V. bricht dennoch sein Wort, indem er über den aufsässigen Mönch die so genannte Reichsacht verhängt. Damit ist Martin Luther vogelfrei und der Verfolgung ausgesetzt. Jeder, der ihm in seiner misslichen Lage hilft, fällt ebenfalls unter die Reichsacht und bringt sich in Gefahr. Nun kommt ihm ein lebensrettender Umstand zu Hilfe, denn der Kurfürst Friedrich von Sachsen ist nicht nur ein Freund seiner Thesen, sondern auch ein erbitterter Gegenspieler von Karl V., mit dem er 1519 um die Nachfolge von Kaiser Maximilian I. konkurriert hatte. Mit dem Einverständnis Martin Luthers lässt der Kurfürst ihn am 4. Mai 1521 »kidnappen« und auf die Wartburg »verschleppen«. Als »Junker Jörg« mit langem Haupthaar und Bart lebt Martin Luther nun unerkannt auf der Wartburg. Friedrich von Sachsen lässt Gerüchte über dessen Ableben verbreiten – gezielte Desinformationen und Falschmeldungen gehören auch damals schon zum diplomatischen Repertoire. In der Abgeschiedenheit der Wartburg bei Eisenach macht sich Martin Luther nun daran, das Neue Testament ins Deutsche zu übersetzen, was ihm in nur elf Wochen gelingt. 1522 wird seine Bibelübersetzung gedruckt.

■ **Martin Luther: Gegen Hexen, Bauern und Juden**

1524 beginnen im Süden und in der Mitte Deutschlands die Aufstände der Bauern, deren Anführer Thomas Müntzer ist, der mit Martin Luther in einer Hassliebe verbunden ist. Thomas Müntzer ist einer seiner glühendsten Verehrer, ist aber radikaler als Martin Luther, will die Reform der neuen Kirche schneller durchsetzen und agitiert deshalb hart und kompromisslos. Mit dem Beginn des Bauernaufstands kommt es zum Bruch zwischen den beiden. Die für bessere wirtschaftliche Verhältnisse kämpfenden Bauern berufen sich gegen den Willen des Reformators auf die Lehren Martin Luthers und werden darin von Thomas Müntzer unterstützt. Nun sieht sich Martin Luther herausgefordert, nennt die Bauern »mordende und räuberische Rotten«, ruft zu deren Bekämpfung auf und wünscht ihnen den Tod an den Hals. Dieses Pamphlet zeugt von einer ziemlich ausgeprägten Erbarmungslosigkeit seines Verfassers.

Die radikalen Bauern sind nicht die Einzigen, die sein Zorn trifft. Allzu »aufmüpfige« Frauen bezeichnet er als »Teufelshuren« und schürt damit den Hexenwahn seiner Zeit. Aber auch damit nicht genug, denn das wahre Ziel seiner kaum nachvollziehbaren geistigen Ausbrüche sind die Juden. Obwohl er den jüdischen Ursprung des christlichen Glaubens durchaus erkennt, verfällt auch Martin Luther einem rüden Antisemitismus. Die Juden leben zu Beginn des 16. Jahrhunderts in Deutschland unter erbärmlichen Umständen. Ihre Landesherren belegen sie willkürlich mit Abgaben und verweisen sie nicht selten zum Schutz der nichtjüdischen Konkurrenten des Landes. Viele Juden müssen in Ghettos leben und in manchen Gegenden ist das Tragen eines gelben Sterns vorgeschrieben. Luther will sie zum »rechten Glauben« bekehren. Als er merkt, dass dies nicht gelingt, polemisiert er gegen sie in einer infamen Weise. Man solle die »Synagogen verbrennen« und die »Lügen der Juden« aufdecken, schreibt er in seiner Hetzschrift ›Von den Juden und ihren Lügen‹. Sie seien »unsere öffentlichen Feinde«, die, wenn sie könnten, »uns alle gerne töten« würden. Da sie Maria eine »Hure und Jesus ein Hurenkind« nennen, soll man »sie nicht leiden, sondern vertreiben«. Die Juden sollten »wie tolle Hunde gejagt« werden, weil sie auf deutschen Landen nichts zu suchen hätten. Man solle ihnen ihr Geld abnehmen und sie »im Schweiße ihrer Nasen« arbeiten lassen. Dieser finstere Antisemitismus ist die andere Seite des Martin Luther, der mit seiner Reformation die mittelalterliche Welt auf den Kopf gestellt hat.

Die Bauernaufstände weiten sich 1525 aus. Thomas Müntzer wird enthauptet, sein Tod forciert die Wut der Aufständischen. Zwischen Halberstadt im Norden und dem Bodensee im Süden erheben sich militante Bauern, zerstören Klöster und Burgen und gewinnen einige Fürsten für sich – unter ihnen den wegen eines ihm zugesprochenen Schimpfwortes berühmt gewordenen Götz von Berlichingen. Rund 200 Jahre später setzt der junge Dramatiker Johann Wolfgang von Goethe dem Ritter mit der eisernen Faust, wie Götz von Berlichingen wegen seiner im Kampf verlorenen Hand auch genannt wird, ein biographisches Denkmal. In drei blutigen Schlachten werden die aufständischen Bauern 1526 von den Rittern der Landesherren vernichtend geschlagen. Der Niederlage folgt ein blutiges Strafgericht, das mit dutzenden Todesurteilen endet. Angst und Schrecken erleben auch die Menschen in Oberitalien, denn dort treffen die Heere des französischen Königs und des deutschen Kaisers aufeinander. In einer so genannten »Heiligen

Liga« schließen sich Frankreich, Venedig, Mailand und Florenz
mit dem Papst zusammen. Zu der erwarteten Schlacht aber kommt
es nicht. Wegen ausgebliebener Soldzahlungen meutert ein Teil
des aus deutschen Landsknechten und spanischen Söldnern bestehenden Heers Karls V. und zieht mordend und plündernd nach
Rom. Viele der Landsknechte, die am 6. Mai 1527 in Rom einmarschieren, sind Anhänger Martin Luthers. Für sie ist die Plünderung der Heiligen Stadt ein Akt der Rache am Papst, der in ihren
Augen der Erzfeind des Reformators ist. Papst Clemens VII. flieht
angesichts der marodierenden Banden durch einen unterirdischen
Gang in die Engelsburg, von wo er hilflos dem schändlichen Treiben der Landsknechte zusehen muss. Nach einem halben Jahr Belagerung, die als »Sacco di Roma« in den Geschichtsbüchern festgehalten ist, hat Rom nur noch halb so viele Einwohner und ist um
rund 10 Millionen Golddukaten ärmer. Die Befreiung des Papstes
durch ein Heer der »Heiligen Liga« gelingt nicht, sodass Clemens
VII. seine Freiheit nur dadurch zurückerlangt, dass er dem gestoh-
lenen Geld noch ein üppiges Lösegeld hinzufügt.

Türken vor Wien I

Die Plünderung Roms ist nur eine von vielen Katastrophen in dieser Zeit, denn seit der Schlacht bei Mohacs an der Donau, wo ein
türkisches Heer am 29. August 1526 ungarische Truppen vernichtend geschlagen hat, lebt das christliche Abendland mit der apokalyptischen Bedrohung einer Invasion türkischer Heere. Nach
dieser Niederlage wird Ungarn zwischen Österreich und dem Osmanischen Reich aufgeteilt. Türkische Truppen stehen nun am
östlichen Ufer des Plattensees, keine 200 Kilometer von Wien entfernt. Im Spätsommer 1529 belagert Sultan Suleiman II. mit mehr
als 300 000 Mann zum ersten Mal die Stadt Wien, die von knapp
20 000 Söldnern verteidigt werden soll. Der Hofstaat des österreichischen Erzherzogs hat sich schon nach Salzburg abgesetzt, als
die Türken mit der Beschießung der Stadt beginnen. 18 Tage dauert die Belagerung, ehe strategische Fehler des osmanischen Militärs und sintflutartiger Regen den ansonsten wohl nicht abzuwen-
denden Sieg der Türken verhindern. Das türkische Heer zieht ab,

doch in den folgenden Jahren bleibt die Gefahr eines türkischen Angriffs auf Europa bestehen.

Während vor den Toren Wiens ein türkischer Sieg mit Hilfe des Wetters verhindert wird, versetzen die Bauernaufstände weite Teile Deutschlands in Aufruhr. Zudem hat die Reformation das Ende der durch den Papst geprägten christlichen Glaubenseinheit eingeläutet. Damit ist in Deutschland das letzte gemeinsame Band, das alle Bewohner miteinander verbunden hatte, durchtrennt. Die Glaubensspaltung vollzieht sich nicht nur in Deutschland, wo sie durch das Wirken Martin Luthers, der am 18. Februar 1546 in Eisleben stirbt, ihren Anfang genommen hat. Der englische König Heinrich VIII. trennt die englische Kirche vom Vatikan ab und gründet die bis heute existierende anglikanische Kirche. Heinrich VIII. konfisziert das Vermögen der Klöster, verbietet Zahlungen an den Papst und entzieht ihm das Mitspracherecht in innerkirchlichen Angelegenheiten.

In der Schweiz geht die Reformation am weitesten. Beeinflusst durch Huldrych Zwingli und Johannes Calvin werden die Klöster reformiert und die Liturgie der Taufe nach Luthers Vorbild verändert. In den Kirchen werden die Bilder von den Mauern genommen, die Letzte Ölung abgeschafft, die Zahl der Feiertage verringert und dem Gottesdienst der bis dahin übliche Pomp und Prunk genommen. Huldrych Zwingli und Johannes Calvin stehen Martin Luther theologisch nahe, sie sind aber sehr viel radikaler als ihr Lehrmeister. Der Einfluss der beiden geht weit über die Schweiz hinaus, ihre Vorstellungen werden in Norditalien, in Schottland und auch in der neu entstandenen anglikanischen Kirche übernommen.

Augsburger Religionsfrieden

Der Siegeszug der Reformation ist nicht mehr aufzuhalten, überall in Europa entstehen Gemeinden reformierter Christen, die sich von der römischen Kurie lossagen. In Deutschland macht diese Entwicklung auch vor den Kurfürsten nicht Halt, deren Skepsis gegenüber dem Einfluss des Papstes auf die politischen Entscheidungen des Deutschen Reiches nach wie vor groß ist. Als neben dem Kurfürsten von der Pfalz auch die Erzbischöfe von Mainz und Köln mit einem Übertritt zu den Protestanten liebäugeln, sieht sich

Karl V. mit einer protestantischen Mehrheit im kurfürstlichen Kollegium konfrontiert. Das Kurfürsten-Kollegium wählt – seit der »Goldenen Bulle« von 1356 – nicht nur den nächsten deutschen Kaiser, sondern bildet mit dem Reichstag auch ein politisches Gegengewicht zur kaiserlichen Zentralgewalt in Deutschland. Einerseits kann der Kaiser gegen die Kurfürsten auf keinen Fall regieren, andererseits kann er nicht tatenlos zusehen, wie einer nach dem anderen das Lager wechselt und seine römisch-christliche Herrschaft in Frage stellt. Aus diesem Grund schließt Karl V. Frieden mit Frankreich. Er will freie Hand im eigenen Land haben, denn nun ist für ihn der Krieg gegen die Protestanten, die sich 1531 zum Schmalkaldischen Bund zusammengeschlossen haben, unausweichlich. Die Schlacht mit den Truppen des Schmalkaldischen Bundes findet am 24. April 1547 im brandenburgischen Mühlberg statt und endet mit einem Sieg des kaiserlichen Heeres. Getragen von diesem Sieg befindet sich der Kaiser auf dem Höhepunkt seiner Macht, aber ein durchschlagender Erfolg ist ihm nicht beschieden, weil erneut einige Kurfürsten die Seiten wechseln und die Protestanten unterstützen.

Die religiösen Konfliktlinien verlaufen durch alle Fürstentümer, durch die Städte, zwischen den Territorialherren und dem Kaiser: Die Einheit der abendländischen Christen zerbröselt. Mit dem Aufkommen der neuen Religion zeigt sich, dass es nicht Eroberungskriege sind, die die Welt verändern, sondern Ideen. Deren Sprengkraft ist in der Lage, bestehende Machtverhältnisse auch langfristig zu verändern. Karl V. ist sich wohl bewusst, dass, wenn es ihm jetzt nicht gelingt, die tiefe Krise zu überwinden, das Ende der Einheit des Deutschen Reiches droht. Auf die Kurfürsten kann der Kaiser nicht zählen, weil diese im aufkommenden Protestantismus eine günstige Gelegenheit sehen, ihre eigene Machtposition auf Kosten des Reiches zu stärken.

In dieser Situation bleibt dem Kaiser nur ein Ausweg: Es muss der Religionsfrieden in Deutschland hergestellt werden. Karl V. setzt all seine Hoffnung darauf, dass ein gemeinsames Konzil die Einheit des christlichen, von Rom geprägten Abendlandes wiederherstellen kann, aber der römische Papst kann diesen Frieden der Christenheit nicht mehr bringen. Die Beschlüsse des Konzils von Trient, das zwischen 1545 und 1563 tagt, sind auch nicht gerade geeignet, die konfessionelle Einheit in Europa wiederherzustellen.

In der römischen Kirche gilt weiterhin das strikte Verbot der Priesterehe und der Betätigung von Laienpriestern, die Verwendung der Volkssprache im Gottesdienst wird ebenso ausdrücklich verboten, wie der katholische Klerus zum Besuch von päpstlich legitimierten Seminaren verpflichtet wird. In den Augen der Protestanten ist die beabsichtigte Einheit der Christen so jedenfalls nicht realisierbar.

Karl V. ruft im September 1555 das Kurfürstenkollegium, die Reichsfürsten und die Städte – die so genannten Reichsstände – zu einem Reichstag nach Augsburg zusammen. Karl V. hat zu diesem Zeitpunkt schon resigniert, weil er einsieht, dass Reich und Kirche reformiert werden müssen und seine Vorstellung einer universellen Kaisermacht fehlgeschlagen ist. Er ist der Überzeugung, in dem von Gott gestifteten Kaiseramt versagt zu haben, und tritt den allmählichen Rückzug aus der Politik an. Karl V. ist an den Beratungen in Augsburg schon nicht mehr beteiligt, den Vorsitz des Augsburger Reichstags übernimmt sein Bruder Ferdinand, der mit den Fürsten einen Kompromiss aushandelt.

Die dort gefassten Beschlüsse beenden – jedenfalls für den Moment – die Auseinandersetzung um die Glaubensfreiheit auf deutschem Boden und erkennen die Protestanten, die wegen des Tagungsortes auch die »Augsburgischen« genannt werden, im Deutschen Reich als gleichberechtigte Religion neben der sich nun »römisch-katholisch« nennenden Kirche an. Wie wenig die Reformation akzeptiert wird, zeigt ein zeitlicher Vorbehalt, denn diese so genannte »Bikonfessionalität« soll nur so lange gelten, bis eine Glaubenseinheit wiederhergestellt ist. Aber es gibt im Jahr 1555 keine Alternative zu diesem Religionsfrieden, dem die Katholiken erst dann widerwillig zustimmen, nachdem die Protestanten auf eine weitere territoriale Ausdehnung verzichtet haben. Die konfessionelle Spaltung des Deutschen Reichs ist beschlossene Sache, fortan entscheidet der Landesherr, welche Konfession in seinem Land gelten soll. Dieser Beschluss hat aber nicht nur für die Religionsfreiheit große Bedeutung, denn mit dem Recht, die Religion festzulegen, beschleunigt sich auch die Staatenbildung in den Territorien des Deutschen Reiches. Die Territorialherren haben nun eine eigenständige Rolle im Kräftespiel der europäischen Mächte. Allein stellen sie keine Gefahr für die Nachbarn dar, aber als Koalitionspartner sind sie gefragt.

Durch die unterschiedlichen Konfessionen grenzen sich die Länder gegeneinander ab und schaffen so eine eigene Identität. Es darf niemand gezwungen werden, einer bestimmten Konfession anzugehören. Beide Religionen müssen in den Institutionen der Städte und des Reiches angemessen vertreten sein und niemand darf wegen seiner Religionszugehörigkeit benachteiligt werden. Der Augsburger Religionsfrieden beschert den Menschen keine wirkliche Religionsfreiheit in heutigem Sinne, aber immerhin eine friedliche Koexistenz der beiden Glaubensrichtungen. Die katholische Kirche hat mehr Rechte und nur dort, wo beide Religionen vertreten sind – nämlich in den Städten –, sollen sie nebeneinander bestehen können. Will einer der sieben Kurfürsten die Religionszugehörigkeit wechseln, dann tritt der so genannte »geistliche Vorbehalt« in Kraft, der den konvertierenden Fürsten zwingt, sein Mandat niederzulegen. Damit sichert sich die katholische Kirche mindestens die drei Stimmen ihrer Erzbischöfe im kurfürstlichen Kollegium, in dem der deutsche Kaiser gewählt wird. Rechtlich bleiben die Länder des Reiches durch die Lehens- und Gerichtshoheit des Kaisers miteinander verbunden. Gemeinsame Reichs- und Kreistage bilden die politische Klammer des Deutschen Reichs. Während die Fürsten lehensabhängig und der kaiserlichen Gerichtsbarkeit unterworfen sind, hat der Kaiser den Bestand und die Existenz der Territorien zu garantieren. Es ist offensichtlich, wie groß der gute Wille aller Beteiligten sein muss, damit dieses System funktioniert. Wie zerbrechlich diese Ordnung tatsächlich ist, zeigt sich unmittelbar nach dem Augsburger Religionsfrieden, denn beide Seiten …

Kampf um die Religionsfreiheit in Europa

… ziehen in den kommenden Jahren schwer bewaffnet gegeneinander in den Kampf. Was durch den Augsburger Religionsfrieden festgeschrieben ist, hat keinen Bestand. Erst ein Krieg, der 30 lange Jahre die Menschen in der Mitte des Kontinents traumatisieren wird, setzt durch, was 1555 beim Augsburger Religionsfrieden schon einmal beschlossen worden ist: die Religionsfreiheit. Die Reformation Martin Luthers hat in ganz Europa Anhänger und Nachahmer gefunden, die nun auf ihre Eigenständigkeit pochen und religiöse Freiheit fordern. Die Einheit des Abendlands existiert nicht mehr, dynastische Konflikte lähmen die europäischen Monarchien. Karl V. will seinen Sohn Philipp II. zum Nachfolger nicht nur in Spanien, sondern auch in Deutschland machen, scheitert aber am Widerstand der Fürsten. Karl V. hält das alles nicht mehr aus, macht der Not gehorchend seinen jüngeren Bruder Ferdinand I. zu seinem Nachfolger und zieht sich von der Gicht gequält in das Kloster San Jerónimo de Yuste zurück, wo er am 21. September 1558 vereinsamt und frustriert stirbt.

Die Niederlande

In den Niederlanden, die Mitte des 16. Jahrhunderts noch zum Deutschen Reich gehören, werden die religiösen Auseinandersetzungen als Erstes spürbar. Die Niederlande sind – ähnlich wie Deutschland – nicht einheitlich organisiert. 17 Provinzen bilden einen heterogenen Bund, der durch die gemeinsame Ständeversammlung zusammengehalten wird. Karl V. hatte 1555 seinen Sohn Philipp II. von Spanien als Herrscher über die Niederlande eingesetzt. Philipp II. ist Katholik und geht gegen die von der Lehre Calvins beeinflussten Protestanten mit brutaler Gewalt und den Mitteln der Inquisition vor. Daraufhin verbinden die Territorialfürsten unter der Führung Wilhelms von Oranien die Ablehnung des spanischen Königs mit der Frage der Religionsfreiheit. Einen ersten Höhepunkt erreicht der Konflikt 1566, als Calvinisten katholische Kirchen stürmen und die dort befindlichen Bilder zerstören. Philipp II. von Spanien sieht sich genötigt die Inquisition aufzuheben, sendet aber ein Jahr später seinen Statthalter in die Niederlande, der die Aufständischen unterdrückt und einen so genannten »Blutrat« einführt. Im Laufe seiner unrühmlichen Tätigkeit werden mehr als 6000 Niederländer getötet. Nach einer Schlacht zwischen Wilhelm von Oranien und dem spanischen Heer im Jahr 1568 beginnt ein 80 Jahre dauerndes Ringen mit der habsburgischen Großmacht, die in Deutschland und Spanien gleichzeitig regiert. Im Verlaufe dieses Krieges um die Unabhängigkeit der Niederlande bilden sich calvinistisch geprägte Provinzen im Norden und katholische Provinzen im Süden heraus, deren Umrisse etwa den heutigen Gebieten von Holland, Belgien und Luxemburg entsprechen.

Spanien

Der in Spanien streng religiös erzogene Philipp II. ist ein ziemlicher Eiferer, der sich mit seiner gesamten Macht für die Durchsetzung des Katholizismus in Europa einsetzt. Seine Herrschaft übt er von Madrid aus, wo er die imposante Residenzanlage Escorial mit zahllosen Innenhöfen und Treppenhäusern erbauen lässt. Philipp II. von Spanien sieht seine Königswürde als eine ausschließlich gegenüber Gott zu verantwortende Herrschaft und dementsprechend verhält er sich auch. Als England die Aufstände in den Niederlanden unterstützt, entschließt sich Philipp II. von Spanien zur Invasion der Insel, um auch dort der katholischen Lehre wieder zum Durchbruch zu verhelfen. Beim Untergang der Armada 1588, der zum bis heute anhaltenden Ruhm des englischen Vizeadmirals Sir Francis Drake führt, nützt Philipp jedoch kein apostolischer Segen, der diese ehrgeizige Unternehmung begleitet. Der Traum einer zum Katholizismus bekehrten englischen Insel erfüllt sich nicht.

Ein Jahr später steht mit Heinrich von Navarra zum ersten Mal eine Thronfolge in Frankreich an, die einen Hugenotten zum König machen könnte. Auch hier interveniert der spanische König Philipp II., rechnet aber nicht mit der religiösen Wendigkeit Heinrichs von Navarra, der kurzerhand wieder zum Katholizismus zurückkehrt und nun gemeinsam mit England gegen ihn zu Felde ziehen will. Philipp II. muss schließlich aufgeben und seinen Einfluss auf Spanien beschränken, wo er sein Königreich durch inquisitorische Unterdrückung aller protestantischen Regungen zu einem – bis heute erkennbar – homogenen katholischen Reich formt.

Frankreich

Weil sie sich zu den Lehren des »Eidgenossen« Johannes Calvin bekennen, heißen die französischen Protestanten »Hugenotten«. Möglicherweise geht dieser Name auf das französische Wort »aignos« für »Eidgenossen« zurück, vielleicht aber steht auch der schweizerische Rebell namens Besancon Hugues bei der Namensgebung Pate. Sicher ist lediglich, dass der Name zum Spottbegriff wird und sozusagen zur Markierung der Unruhestifter dient. Die Hugenotten verbinden ihre Forderung nach freier Religionsausübung mit politischen Forderungen nach bürgerlichen Rechten und geraten deshalb schnell in einen blutigen Konflikt mit dem französischen König.

Am 24. August 1572 findet in Frankreich ein Blutbad unter den Hugenotten statt, das für die Zukunft Schlimmes erahnen lässt. Anlass ist die Hochzeit des eben schon erwähnten protestantischen Heinrich von Navarra mit Margarete von Valois, einer Tochter Katharinas von Medici, zu der viele Tausend Hugenotten als Gäste erscheinen. Unter ihnen ist auch der Hugenotte Admiral Gaspard de Coligny, den Katharina von Medici durch einen gezielten Mordanschlag umbringen lässt. Damit ist der Startschuss für ein fünftägiges Massaker in den Straßen von Paris gefallen, an dessen Ende rund 50 000 tote Hugenotten zu beklagen sind. Als Papst Gregor XIII. von diesem Wahnsinn hört, ordnet er einen Dankgottesdienst mit anschließender Prozession an und lässt eine silberne Erinnerungsmünze prägen. Heinrich von Navarra kann dem Blutrausch dieser so genannten »Bartholomäusnacht« nur dadurch entgehen, dass er dem Protestantismus erneut entsagt und wieder in den Schoß der römischen Kirche zurückkehrt. Der Konflikt mit den Hugenotten, die ihren Kampf gegen die Zentralmacht mit dem ihrer niederländischen Nachbarn vergleichen, gefährdet die Einheit des französischen Staates und führt deshalb zu einer allmählichen Anerkennung religiöser Freiheiten. Am 13. April 1598 wird mit dem Edikt von Nantes der letzte der insgesamt acht Hugenottenkriege beendet.

Sehr viel eindeutiger als im Augsburger Religionsfrieden von 1555 werden im Edikt von Nantes beide Konfessionen gestärkt. Die Hugenotten unterliegen fortan keinerlei Beschränkungen mehr, dürfen ungehindert Gottesdienste feiern und erhalten die Garantie des uneingeschränkten Zugangs zu allen Ämtern im Land. Aber auch die Katholiken haben allen Grund zur Freude, denn sie bekommen die gleichen Rechte in den überwiegend protestantischen Gebieten Frankreichs und erhalten außerdem das gewaltsam entfremdete Kirchengut zurück. Das Edikt von Nantes führt also im Gegensatz zum Augsburger Religionsfrieden in Deutschland zu einer relativen Beruhigung der inneren Lage Frankreichs. Die Hugenotten werden erst wieder unter der harten Regentschaft Kardinal Richelieus zu leiden haben, der rund 40 Jahre später auftauchen und wesentliche Teile der königlichen Amtsgeschäfte übernehmen wird.

Deutschland

Der Krieg gegen die Hugenotten ist auch in Teilen des Deutschen Reiches zu spüren, denn dort werden die Söldner für die französische Armee angeheuert. Nicht selten laufen die bezahlten Krieger aus dem Ruder und verschaffen sich durch willkürliche Plünderungen im Westen Deutschlands eine lohnende Nebeneinnahme. Die marodierenden Söldnerbanden und die Unfähigkeit der Reichsstände ihnen entgegenzutreten, lässt erneut den dringenden Reformbedarf des Deutschen Reiches erkennen. Kaiser Maximilian II., der seinem Vater Ferdinand I. 1564 nachfolgt und bis 1576 regiert, legt dem Reichstag in Speyer im August 1572 einen Plan zur Neuordnung des Deutschen Reiches vor. Darin werden die Rechte der kaiserlichen Zentralgewalt gestärkt, ein stehendes Heer unter seinem Befehl und die Einführung einer kaiserlichen Kontrolle über sämtliche Kriegsrüstungen vorgeschlagen. Würden die Reichsstände diesem Plan zustimmen, wäre ein erster Schritt zur Stärkung der kaiserlichen Macht im Lande und zur Vereinheitlichung des Deutschen Reiches getan. Daran würde sich – so die Hoffnung Maximilians II. – eine größere Machtentfaltung des Reiches in ganz Europa anschließen. Aber selbst diese Verlockung reicht den anwesenden Fürsten nicht, um über den Plan überhaupt zu diskutieren. Sie sind derart entsetzt, dass sie die Vorstellungen des Kaisers brüsk und kompromisslos zurückweisen, ohne auch nur ein einziges Wort über Sinn und Unsinn des Vorschlags zu verlieren. Aus der Zentralisierung der Machtstrukturen des Deutschen Reiches wird nichts, die Zwistigkeiten rivalisierender Territorialherren gehen weiter.

■ **Gegenreformation**

Während sich in den meisten europäischen Ländern Katholiken und Protestanten kriegerisch bekämpfen, sucht die römische Kurie nach neuen Wegen, um die sich überall abzeichnende Glaubensspaltung des Kontinents doch noch zu verhindern. Aber die Gralshüter der reinen Lehre in Rom setzen zu stark auf die Macht der Inquisition und auf die Wirkung von schwarzen Listen mit verbotenen Büchern. Dennoch ist die von ihnen eingeleitete Gegenreformation nicht ohne Erfolg. Insbesondere dort, wo die Angehörigen der »Gesellschaft Jesu«, des von Ignatius von Loyola gegründeten Jesuitenordens, auftauchen, kehren die Menschen in den Schoß der katholischen Kirche zurück. Vor allem im Süden Deutschlands sind die jesuitischen Stoßtrupps der katholischen Erneuerung erfolgreich. Bis heute ist dort die Bevölkerung mehrheitlich römisch-katholisch. Die meisten Protestanten finden sich in den nördlichen Herzogtümern: in Schleswig und Holstein, in Brandenburg und Pommern, in Schlesien und Sachsen, in Hessen und Nassau, in Württemberg und in Ansbach-Bayern. Österreich ist religiös gemischt, während die Eidgenossen, Ostfriesland und die niederländischen Provinzen calvinistisch geprägt sind. Diese religiösen Prägungen sind – ungefähr – bis heute so geblieben.

An der Schwelle des 17. Jahrhunderts wird die kontinentale Mitte aber nicht nur von einer schweren Glaubenskrise heimgesucht. Es gesellt sich die Erkenntnis hinzu, dass die universale Kaiseridee, die die deutschen Territorien über Jahrhunderte zusammengehalten hat, kein zukunftstaugliches Modell mehr ist. Wäre es den deutschen Kaisern in der Vergangenheit gelungen, ein einheitliches und zentral organisiertes Land aufzubauen, hätte das die europäische Ordnung nachhaltig durcheinander gebracht. Aus der Sicht der Nachbarn kommt ein einheitlicher Staat unter der absolutistischen Regie des deutschen Kaisers im Herzen des Kontinents einer europäischen Hegemonie gleich. Deshalb haben Frankreich und die skandinavischen Königreiche, allen voran Schweden, ein vitales Interesse daran, die Balance im »Heiligen Römischen Reich Deutscher Nation« aufrechtzuerhalten und sich in die deutschen Belange – und zwar auf Seiten der Territorialfürsten gegen den Kaiser – einzumischen. Die Territorialfürsten sind ihre natürlichen Verbündeten, weil ein zu machtvoller Kaiser auch das komplizierte Beziehungsgeflecht des innerdeutschen Staatensystems zerstören würde. Einmal mehr zeigt sich, dass die Beantwortung der »deutschen Frage« nicht den Deutschen überlassen ist. Die »deutsche Frage« ist ein europäisches Thema.

Vor diesem Hintergrund bekommen die religiösen Auseinandersetzungen eine zusätzliche Dramatik. Reichstag und Reichsgericht, wo Konflikte friedlich ausgetragen werden sollen, funktionieren nicht mehr, weil die katholische Seite ein Übergewicht erlangt hat. Die Protestanten fühlen sich generell unterlegen und kündigen die gemeinsamen Verfahrensregeln auf. Beide Seiten bekommen Unterstützung von den europäischen Mächten. Reichstage, bei denen dem Kaiser eigentlich Steuern für bevorstehende Feldzüge gegen die Türken bewilligt werden sollen, scheitern an fehlenden Mehrheiten. Der Verfall der Reichsinstitutionen ist nicht zu übersehen und die gemeinsame Basis der Konfliktbewältigung zwischen Katholiken und Protestanten zerbrochen. Beide Religionen radikalisieren sich und ihr offensichtlich unüberwindbarer Konflikt polarisiert das Deutsche Reich immer mehr. Der Weg in einen Religionskrieg ist am Ende des 16. Jahrhunderts deutlich erkennbar. Die Folge ist am 14. Mai 1608 die Gründung der protestantischen Union, die Gegenseite antwortet ein Jahr später mit der katholischen Liga unter der Führung des bayrischen Kurfürsten Maximilian I. Nun stehen sich zwei schwer bewaffnete religiöse Gruppen in Deutschland gegenüber, die von den jeweiligen Fürsten unterstützt und ausgerüstet werden. Deutschland hat die zerstörerischen Folgen der andauernden Auseinandersetzungen nur mit Mühe überstanden. Jetzt steht durch den sich abzeichnenden Krieg der Religionen eine neue Herausforderung vor der Tür, die alle bisherigen in den Schatten stellen wird.

Den Anlass für den europäischen Religionskrieg bietet ein Aufstand in Böhmen, das seit 1526 zum Herrschaftsgebiet der Habsburger, also der deutschen Kaiser, gehört. Diese Zugehörigkeit ist unbestritten, aber die böhmischen Fürsten beharren auf einem besonderen Status, den ihr Land innerhalb des Reiches beansprucht: In Böhmen gibt es keine Pfalz, von der die Reichsherrschaft ausgeübt werden kann; der Kaiser besitzt hier kein Reichsgut und hier darf kein Reichstag abgehalten werden. Als Böhmen durch den Einsatz des Jesuitenordens einer harten Rekatholisierung unterworfen wird, ruft das den heftigen Widerstand der nicht-katholischen Ständevertreter hervor. Nach dynastischen Wirren zu Beginn des 17. Jahrhunderts versucht Kaiser Rudolf II., dem Zeitgenossen einen ausgeprägten Hang zu okkultistischen Spinnereien nachsagen, den Einfluss der Protestanten in Böhmen wieder zu beschneiden. Er scheitert und muss ihnen im Juli 1609 in einem so genannten »Majestätsbrief« weitgehende Rechte einräumen. Als gegen die im »Majestätsbrief« festgeschriebenen Rechte immer wieder verstoßen wird, suchen die nicht-katholischen Stände in Böhmen Kontakt zur protestantischen Union. Rudolf II. hinterlässt nach seinem Tod am 20. Januar 1618 ein katastrophales Erbe. Das kaiserliche Amt hat unter seiner Regentschaft einen nachhaltigen Autoritätsverlust hinnehmen müssen und gerade in Böhmen, wo der Krieg der Religionen seinen Ausgang nimmt, hat Rudolf II. nahezu alle wichtigen Personen und Institutionen gegen sich aufgebracht.

Das Unheil nimmt seinen Lauf, als sich im Mai 1618 Protestanten und Katholiken über die Frage zu streiten beginnen, ob ein protestantisches Gotteshaus auf katholischem Kirchengrund gebaut werden darf oder nicht. Die Protestanten verweisen auf den »Majestätsbrief« und die dort gegebene Zusage, Kirchen bauen zu dürfen. Die Katholiken lehnen das ab. Auf der Prager Burg kommt es daraufhin am 23. Mai 1618 in den Arbeitsräumen der kaiserlichen Beamten zu einer denkwürdigen Versammlung. Während dieser aus protestantischer Sicht höchst unbefriedigend verlaufenen Verhandlungsrunde werfen aufgebrachte böhmische Adlige die beiden kaiserlichen Statthalter Martinic und Slavata mitsamt ihrem Sekretär aus dem Fenster. Unten hatte sich in Erwartung dieser Aktion eine große Menschenmenge versammelt, die nun johlend den freien Fall der Männer mit heftigem Applaus begleitet. Diese –

offensichtlich symbolisch gemeinte – Aktion endet für die kaiserlichen Statthalter übrigens ohne körperliche Schäden, denn zu Füßen der Prager Burg ist vorsorglich ein großer Misthaufen bereitgestellt worden, in dem sie weich, aber unerquicklich landen. Die böhmischen Adligen sagen sich von der habsburgischen Herrschaft los, erklären den böhmischen König für abgesetzt, gründen mit den Ständen eine eigene Regierung und stellen zur Verteidigung ihrer Rechte ein Heer zusammen. Keiner der Beteiligten ahnt, welche Folgen ihr Handeln hat. Mit dem ersten »Prager Fenstersturz« am 30. Juli 1419 hatten die so genannten Hussitenkriege begonnen, nachdem der tschechische Reformator Jan Hus durch das Feuer der päpstlichen Inquisition umgebracht worden war. Der zweite »Prager Fenstersturz« löst am 23. Mai 1618 ...

Dreißigjähriger Krieg und die Macht der großen Kurfürsten

... den Dreißigjährigen Krieg aus. Der Aufstand in Böhmen ist Startschuss für einen auf deutschem Territorium tobenden Religions- und Staatenkonflikt, an dessen Ende ein Drittel der deutschen Bevölkerung dem mörderischen Treiben zum Opfer gefallen ist. Die Ursache des Krieges ist der bewaffnete Gegensatz zwischen Katholiken und Protestanten, wobei beide Seiten in einer militärischen Auseinandersetzung die letzte Möglichkeit sehen, entweder sich selbst zu retten oder dem anderen den Garaus zu bereiten. Dieser unsinnigen Logik folgend verwüsten die Heere beider Seiten das Land. Ihre Anführer nehmen den hunderttausendfachen Tod billigend in Kauf.

Böhmisch-Pfälzischer Krieg

Böhmen wird von dem Habsburger Ferdinand II. regiert, der seit dem 9. September 1619 in Personalunion auch deutscher Kaiser ist. Ferdinand II. führt sich als fanatischer Katholik auf und fordert damit den erbitterten Widerstand der protestantischen böhmischen Adligen heraus. Neben der Zurückdrängung der Katholiken wollen die protestantischen Adligen vor allem die Macht des Hauses Habsburg in ihrem Land brechen und stattdessen ein Wahlkönigtum einführen. Der böhmische Adel stellt im Sommer 1619 eine provisorische Regierung mit 28 Direktoren zusammen, die am 31. Juli 1619 gemeinsam mit eigens nach Prag gereisten Delegierten der böhmischen Stände die »confoederatio bohemica« feierlich beschwören. Am 19. August 1619 setzen sie Ferdinand II. wegen verschiedener Rechtsverletzungen und Brechung des Kroneides als König von Böhmen ab. Mit dem Kurfürsten Friedrich V. von der Pfalz ist auch schnell ein Nachfolger gefunden. Dessen Regentschaft hält aber nur bis zum nächsten Winter, was ihm den Beinamen »Winterkönig« einbringt. Die weiter gehenden Ambitionen des »Winterkönigs« auf die habsburgische Kaiserkrone erfüllen sich nicht, denn Kaiser Ferdinand II. hat mit der katholischen Liga, Spanien und dem Papst eine finanziell gut ausgestattete Koalitionsarmee aufgestellt und zieht gegen die Aufständischen zu Felde. Die erste Schlacht des Dreißigjährigen Krieges findet zwischen den Heeren des deutschen Kaisers und des böhmischen Königs, der sein Heer mit dem der protestantischen Union verbunden hat, am 8. November 1620 am Weißen Berg statt. Sie dauert nicht einmal zwei Stunden und endet mit einer vernichtenden Niederlage des böhmischen Heeres und der Flucht Friedrichs V. zu seinen calvinistischen Freunden in den Nordprovinzen der Niederlande. Mit dem Schlachtruf »Maria« auf den Lippen metzeln kaiserliche Soldaten ihre protestantischen Gegner nieder und machen die religiöse Dimension dieser Auseinandersetzung deutlich.

Böhmen und Teile der Kurpfalz werden – gemäß einer vorher getroffenen Absprache – unter den kaiserlichen Verbündeten Spanien und Bayern aufgeteilt. Sofort nach dem Ende des Schlachtengetümmels greift Ferdinand II. in Böhmen unbarmherzig durch. Über die Aufständischen bricht ein Strafgericht herein, das den widerspenstigen Adel Böhmens und Mährens endgültig außer Gefecht setzt. Massenexekutionen sind ebenso an der Tagesordnung wie Enteignungen, durch die das Land in die Hände der neuen Herren gerät. Am 21. Juni 1621 lässt Ferdinand II. die 28 Direktoren der ständischen Regierung als »Rädelsführer« hinrichten, konfisziert zahlreiche Besitztümer und verteilt diese an ihm ergebene katholische Adlige. Zeitgleich beginnt die unbarmherzige Rekatholisierung des Landes, die mit einer Schwächung der böhmischen Ständevertretung einhergeht. Die evangelische Geistlichkeit wird aus dem Land getrieben, der protestantische Adel darf seine Religion nur noch privat ausüben oder muss das Land verlassen. Dieser Sieg über die Protestanten festigt die Stellung Ferdinands II. im Deutschen Reich. Die katholische Liga bestimmt in den kommenden Jahren den Gang der Politik und der Kriegsführung. Als Ferdinand II. seinen Mitstreiter, den fanatisch religiösen Maximilian I. von Bayern am 25. Februar 1623 mit der Kurwürde der protestantischen Pfalz für seinen Einsatz im böhmischen Krieg belohnt, wird der Konflikt um die Religionsfreiheit nach Deutschland getragen. Denn nun ist mit der Pfalz die nächste Bastion der Protestanten von der gnadenlosen Rekatholisierung bedroht.

Der Krieg in Deutschland und das auf absehbare Zeit dort noch herrschende Chaos passt ins politische Kalkül des französischen Königs Ludwig XIII., der das Ziel hat, Frankreich zur europäischen Großmacht zu machen. Frankreich ist seit der Zusammenführung der habsburgischen Kaisermacht in Deutschland mit dem Königsthron in Spanien buchstäblich umzingelt. In dieser heiklen politischen Situation betritt mit Kardinal Richelieu in Paris ein Staatsmann die politische Bühne, der die europäischen Geschicke seiner Zeit entscheidend beeinflussen wird. Seit 1624 ist er Erster Minister im Staatsrat von Ludwig XIII. und berät den König in allen außenpolitischen Fragen. Mit dem Ziel, die Einkreisung Frankreichs zu sprengen, nimmt er Kontakt zu den Gegnern der Habsburger in Europa auf. Gelegenheit, diese Vormachtstellung zu bekämpfen, bietet sich für Kardinal Richelieu und den französischen König im Norden der Niederlande, wo 1621 der Waffenstillstand mit Spanien ausläuft, und in Dänemark, wo König Christian IV. durchaus auf eine Erweiterung seiner Macht im Norden des Deutschen Reiches aus ist. In der nun beginnenden zweiten Phase des Dreißigjährigen Kriegs treten zwei Feldherrn in Erscheinung, deren Namen und Taten bis heute in Erinnerung geblieben sind: Johann Tserclaes von Tilly und Albrecht Wenzel Eusebius von Wallenstein.

■ Albrecht von Wallenstein und Johann von Tilly

Albrecht von Wallenstein hat den Kaiser im böhmischen Aufstand am Beginn des Dreißigjährigen Krieges unterstützt. Nach dem siegreichen Ende wird er für seinen Einsatz vom Kaiser mit dem Herzogtum Friedland in der Oberlausitz belohnt. 1625 stellt er ein eigenes Heer auf und wird zur gleichen Zeit Oberbefehlshaber aller kaiserlichen Truppen. Ihm werden ausgeprägte eigene Machtbestrebungen vorgeworfen, was die argwöhnischen Fürsten auf den Plan ruft, die 1630 seine Absetzung erwirken. Aber Albrecht von Wallenstein wird im November 1632 zurückgerufen, als Schweden in den Krieg eintritt und die kaiserlichen Truppen sich den Rat dieses bedeutenden Feldherrn sichern wollen. Als er nach erfolgreicher Zurückdrängung der Schweden einen Frieden gegen den Willen des Kaisers schließen will, kommt die alte Skepsis bei den Fürsten und bei Ferdinand II. zurück. Er setzt ihn ab, ächtet ihn und lässt ihn am 25. Februar 1634 ermorden. Ob Wallenstein tatsächlich aus eigennützigen Motiven Verrat begangen hat oder ob er Opfer einer von den Fürsten und dem Kaiser inszenierten Intrige geworden ist, ist bis heute ungeklärt.

Der andere ist Johann von Tilly, der Albrecht von Wallenstein als Oberbefehlshaber der katholischen Truppen nach dessen Absetzung

1630 folgt. Johann von Tilly steht im Dienst des Kurfürsten von Bayern und behält die Funktion des Oberkommandierenden bis zu seinem Tod. Im Gegensatz zu seinem Vorgänger entwickelt Johann von Tilly keine eigenen politischen Ambitionen. Ganz im Dienst seines Herrn schlägt er in den kommenden Jahren fast 40 Schlachten für den Kaiser und stirbt am 23. April 1632 an den Folgen einer Verletzung in Ingolstadt. Nach seinem Tod tritt wieder Albrecht von Wallenstein an die Stelle des Oberkommandierenden, bis er knapp zwei Jahre später aus dem Leben befördert wird.

Niedersächsisch-Dänischer Krieg

Mit dem so genannten Niedersächsisch-Dänischen Krieg, der bis 1629 dauert, geht der Dreißigjährige Krieg in seine zweite Phase. Von den durch Frankreich angesprochenen ausländischen Mächten tritt nur Dänemark in den Krieg ein, Kardinal Richelieu macht diesen Entschluss durch die Zahlung einer beachtlichen Subvention leichter. Damit ist der ursprünglich auf das Deutsche Reich beschränkte Krieg ganz im Sinne Frankreichs zu einer internationalen Angelegenheit geworden. In den Streit um die Freiheit des Glaubens im Deutschen Reich mischen sich nun die europäischen Mächte ein, um ihre eigenen Machtinteressen in der Mitte des Kontinents durchzusetzen. Christian IV. begründet seine Kriegsbeteiligung mit der Wahrung der Freiheit des evangelischen Glaubens und der Unterstützung der unterdrückten protestantischen Stände im Deutschen Reich. Als unmittelbarer Konkurrent um die Vorherrschaft im Ostseeraum wacht Christian IV. aber vor allem mit Argusaugen über die Ambitionen seines mächtigen Nachbarn König Gustav II. Adolf von Schweden. Ein schwedisches Engagement auf deutschem Boden will der Dänenkönig auf jeden Fall verhindern, sodass er anstelle des schwedischen Königs auf Seiten der Protestanten in den Krieg eintritt.

Unterstützt von einigen Territorialfürsten müssen sich die dänischen Truppen im August 1626 in Dessau dem kaiserlichen Heer unter Albrecht von Wallenstein geschlagen geben. Ein zweites dänisches Heer wird gleichzeitig bei Lutter am Bahrenberg geschla-

gen. Es folgen weitere Niederlagen, wodurch König Christian IV.
gezwungen ist, aus dem Krieg auszuscheiden und am 22. Mai 1629
im Frieden von Lübeck die zukünftige Neutralität seines Landes
zu garantieren. Nach diesem überwältigenden Sieg ist die habsburgische Macht auf ihrem Höhepunkt angelangt. Ferdinand II. erkennt die scheinbare Gunst der Stunde und erlässt am 6. März
1629 das so genannte »Restitutionsedikt«. Hinter dieser etwas
sperrigen Bezeichnung verbirgt sich die Absicht des Kaisers, dem
Katholizismus in Deutschland die endgültige Vormachtstellung zu
sichern. Die von den Protestanten eingezogenen Kirchengüter
müssen den Katholiken zurückgegeben werden, und den katholischen Fürsten wird gestattet, ihre protestantischen Untertanen zu
»rekatholisieren«. Damit aber überspannt Ferdinand II. den Bogen, denn nun empören sich die Anhänger Luthers und Calvins im
Reich und treten unter der Führung Johann Georgs I. Kurfürst von
Sachsen auf der Seite der Gegner des Kaisers in den Krieg ein.
    Die steigende Machtfülle des Kaisers ruft – wie selbstverständ-
lich – Abwehrreflexe der Kurfürsten hervor, die um ihre eigene
Macht zu bangen beginnen. Dem bayrischen Kurfürsten Maximilian I. erscheinen Informationen glaubhaft, nach denen Ferdinand
II. mit Hilfe der gewaltigen Armee des versierten Militärstrategen
Albrecht von Wallenstein die Reichsverfassung zu Lasten der Territorialherren ändern und die Erbmonarchie einführen will. Eilig
trommelt er im Juni 1628 die katholischen Kurfürsten im rheinischen Bingen zusammen, um über geeignete Abwehrmaßnahmen
gegen die kaiserlichen Absichten zu beraten. Als Ferdinand II.
1629 seinem siegreichen Feldherren auch noch das Herzogtum
Mecklenburg übergibt, ihm den Besitz des schlesischen Fürsten-
tums Sagan bestätigt und ihn zum »General des ozeanischen und
baltischen Meeres« ernennt, ist der kurfürstliche Argwohn nicht
mehr zu bremsen. Die steile Karriere des Kaisergünstlings Albrecht von Wallenstein muss beendet werden.

Schwedischer Krieg

Von Juli bis November 1630 findet in Regensburg ein denkwürdi-
ger Kurfürstentag statt, der den Fortgang des Dreißigjährigen
Kriegs entscheidend beeinflusst. Zunächst scheitert Kaiser Ferdi-

nand II. damit, seinen Sohn zum König krönen zu lassen. Alsdann verweigern die Kurfürsten ihm militärische Hilfe gegen Frankreich. Als der Kaiser schließlich auf die Landung der schwedischen Heere in Vorpommern verweist und eine Aufstockung seiner Truppen fordert, beschließen die Kurfürsten das genaue Gegenteil und verringern das kaiserliche Heer. Damit nicht genug, denn die kurfürstliche Angst vor dem Kriegsgewinner Albrecht von Wallenstein und dessen Machtzuwachs ist so groß, dass sie Ferdinand II. zwingen, seinen Feldherrn zu entlassen und die kaiserlichen Truppen mit dem Heer der katholischen Liga unter der Führung Johann von Tillys zu vereinigen. Die Territorialherren haben auf dem Regensburger Kurfürstentag die Macht des Kaisers also wieder auf das Maß reduziert, das ihren eigenen Absichten zuträglich ist.

Aber rechte Freude will nicht aufkommen, weil mit dem schwedischen König Gustav II. Adolf nun ein mächtiger Potentat die Bühne des europäischen Krieges betritt. Gustav II. Adolf ist nicht nur ein gottesfürchtiger Mann, sondern auch noch ein erfolgreicher Feldherr, der Schweden nach Kriegen gegen Dänemark, Russland und Polen zu einem führenden Land in Europa gemacht hatte. Nun will er die kaiserliche Macht an der Ostsee brechen und Schweden endgültig als nordeuropäische Großmacht etablieren. Gegen diesen scheinbar unbezwingbaren schwedischen König erfolgreich zu kämpfen, trauen die Fürsten aber nur dem vorher von ihnen entmachteten Feldherrn Albrecht von Wallenstein zu. Nachdem das schwedische Heer im Herbst 1631 immer weiter in den Süden des Reiches vordringt, drängen die Kurfürsten im November 1631 Ferdinand II., den von ihnen gerade erst geschassten Albrecht von Wallenstein zurückzurufen.

Mit dem schwedischen Eintritt in den Dreißigjährigen Krieg schöpfen die Protestanten in Deutschland wieder Mut, denn Gustav II. Adolf schreibt die Wiederherstellung der Reichsverfassung des Jahres 1555, die die Religionsfreiheit ausgerufen hatte, auf seine Fahnen. Er verbündet sich mit Frankreich, landet im Juli 1630 auf Usedom und besiegt im September 1631 das Heer des deutschen Kaisers bei Breitenfeld in der Nähe von Leipzig. Gustav II. Adolf ist offensichtlich nicht aufzuhalten, denn wenige Monate später erscheint er mit seinem Heer in Mainz und München. Überall wird er von der protestantischen Bevölkerung als Retter und Befreier bejubelt. Zweifellos ist das Vordringen der schwedischen

Armee bis in den Süden des Deutschen Reiches nicht nur eine militärische Bedrohung der kaiserlichen Macht der Habsburger. Die Erfolge des schwedischen Königs stärken auch die Protestanten, die nach dem bisherigen Verlauf des Krieges vor einer katastrophalen Niederlage stehen. Im November 1632 kämpfen schwedische Truppen gegen eine kaiserliche Armee unter der Führung Albrecht von Wallensteins bei Lützen in Sachsen. Gustav II. Adolf überlebt die Schlacht nicht und seine Soldaten können die kaiserlichen Truppen nicht entscheidend schlagen. Nachdem er in seinem Quartier im böhmischen Pilsen seine Offiziere zur Treue ihm gegenüber verpflichtet hat, will Albrecht von Wallenstein nun mit Schweden und Frankreich Frieden schließen. Dies bringt ihm schließlich den Verratsvorwurf gegen Kaiser Ferdinand II. ein. Der befiehlt daraufhin am 24. Januar 1634, seinen obersten Feldherrn tot oder lebendig zu fangen, worauf dieser einen Monat später von einigen Offizieren, die meinen, damit dem Wunsch des Kaisers zu entsprechen, im nahe gelegenen Eger ermordet wird.

Diese dritte Phase des Krieges wird mit dem Frieden von Prag am 30. Mai 1635 beendet. Beide Konfessionen erhalten eine Bestandsgarantie und der Kaiser verzichtet auf die Durchführung der von ihm eigentlich beabsichtigten Zurückdrängung der Protestanten. Aber die Wirkung dieses Friedens ist begrenzt, da sich einige Reichsstände ebenso wie Schweden und Frankreich nicht anschließen und damit den Grundstein für die Fortsetzung des Krieges legen. Der Krieg tobt nun schon 17 Jahre auf deutschem Territorium, die meisten Zeitgenossen kennen keinen Frieden und sie ahnen nicht, dass sie erst die Hälfte dieses bestialischen Ringens hinter sich gebracht haben. Die Bevölkerung leidet unter Armut und Hunger, weil die Lebensmittelproduktion weitgehend zusammengebrochen ist, die Männer in einer der vielen Schlachten getötet worden sind und die ohnehin eher spärliche Infrastruktur in einigen Teilen des Landes nicht mehr existiert. Der Hass zwischen Protestanten und Katholiken kennt keine Grenzen, die Soldaten der jeweiligen Armeen morden und plündern im eigenen Land. Am 20. Mai 1631 wird die protestantische Stadt Magdeburg von katholischen Soldaten in Brand gesteckt. Über die Folgen dieser Tat berichtet der Historiker Johann Philipp Abelinius in seiner Chronik ›Theatrum Europaeum‹:

»Und ob (die Verteidiger Magdeburgs) sich gleich etliche Orten widergesetzet, ist doch alle Verteidigung umsonst gewesen, also dass etwa um 11 Uhr die Stadt gänzlich in des Feinds Gewalt gewesen, da sich die Bürger mehrenteils in ihre Häuser zurückgezogen, die anderen, so sich widersetzen wollen, sind niedergehauen worden. (...) Nachdem die Tilly'schen etwa zwei oder drei Stunden in der Stadt gewesen, ist das Feuer, welches sie an verschiedenen Orten den Bürgern zum Schrecken, damit sie keinen Widerstand tun könnten, angezündet, mit solcher Macht aufgegangen, (...) dass die Soldaten an ihrer Plünderung verhindert worden sind. (...) Weil gar ein unversehener Sturmwind sich erhoben (hat), hat das Feuer so geschwind überhand genommen, dass von zehn Uhr des Mittags bis wieder zu zehn zu Nacht die ganze Stadt durchaus abgebrannt und in Asche gelegt war. (...) Des anderen Tags sind bald des Morgens früh die kaiserlichen Soldaten ausgegangen und haben angefangen, die Keller zu besichtigen und zu plündern ...«

Europäischer Krieg

Derart marodierende Banden ziehen durch das Land und malträtieren die Menschen, die nichts sehnlicher herbeiwünschen als das Ende des Krieges. In der nun beginnenden vierten und letzten Phase des Dreißigjährigen Krieges verschwindet der religiöse Aspekt hinter der strategischen Machtpolitik der europäischen Mächte. Besonders die französische Außenpolitik unter Kardinal Richelieu und seinem Nachfolger Kardinal Jules Mazarin betreibt den Aufbau einer Allianz gegen den Kaiser und die Macht der Habsburger. Als Kaiser Ferdinand II. im März 1636 Frankreich den Krieg erklärt, schließt Kardinal Richelieu im Vertrag von Wismar am 30. März 1636 ein Bündnis mit Schweden und führt Frankreich nun auch offiziell in den Krieg gegen den habsburgischen Kaiser. Nun kämpft das katholische Frankreich an der Seite des protestantischen Schweden. 1637 beerbt Ferdinand III. seinen verstorbenen Vater gleichen Namens. Bald darauf fällt Spanien als Verbündeter aus, sodass Ferdinand III. sich genötigt sieht, einen Separatfrieden mit Schweden zu versuchen, um freie Hand gegen Frankreich zu ha-

ben. Als ihm dies nicht gelingt, wird klar, dass ein Ende der Kampfhandlungen nur durch einen allgemeinen Frieden mit allen beteiligten Parteien erreicht werden kann.

Gleichwohl gehen die Kämpfe im Lande unvermindert weiter
und fördern die niedersten menschlichen Perversionen zu Tage.
Im Herbst 1638 belagern kaiserliche Truppen die Stadt Breisach
und richten dabei nicht nur ein grauenhaftes Blutbad an, sondern
sind drauf und dran, die Einwohner verhungern zu lassen. Die verzweifelten Menschen wissen sich nicht anders zu helfen, als den
Mörtel der Festungsmauer zu essen, sich gegenseitig umzubringen
und aufzuessen. Am Ende der Belagerung haben die Überlebenden Breisachs ihre Tiere, darunter Hunde und Katzen, und zahlreiche Menschen verzehrt. Bevor es zur Beendigung dieses mörderischen Treibens auf dem europäischen Kontinent kommt ...

Der Westfälische Frieden

… bricht in Deutschland erneut heftiger Streit zwischen Kaiser und Kurfürsten aus. Eigentlich will Ferdinand III. das Reich allein bei einem Friedenskongress vertreten, er kann sich aber auf zwei Reichstagen nicht durchsetzen und muss schließlich einer Teilnahme aller Reichsstände an den Friedensverhandlungen zustimmen. Somit sind sämtliche Territorialfürsten, alle Kurfürsten und die Städte an den Verhandlungen beteiligt. Am 24. Oktober 1648 ist es so weit: Ferdinand III. schließt in Münster mit Frankreich und in Osnabrück mit Schweden den Westfälischen Frieden, der den Dreißigjährigen Krieg endlich beendet.

Auslöser des Krieges war im Jahr 1618 der Streit um die Religionsfreiheit in deutschen Landen gewesen. Im Westfälischen Frieden wird der religiöse Friede dadurch hergestellt, dass neben den »Lutheranern« und den Katholiken auch die Calvinisten als dritte, gleichberechtigte Konfession anerkannt und geschützt werden. Das ist im Prinzip nichts anderes als das Ergebnis des Augsburger Religionsfriedens von 1555, der die Freiheit der Religion zugesichert und den Landesherren das Recht eingeräumt hatte, in ihren Territorien eine Religion ihrer Wahl zuzulassen. Verstärkt werden die Ergebnisse des Augsburger Religionsfriedens nur in dem Recht der Untertanen, das Land verlassen zu dürfen, wenn ihnen die vom Landesherrn vorgegebene Religion nicht passt. Im Nachhinein fasst man sich angesichts der vielen Millionen Toten, der Verarmung der Bevölkerung, der zusammengebrochenen Wirtschaft und der Verwüstung weiter Teile Deutschlands entsetzt an den Kopf und stellt sich die kaum zu beantwortende Frage, wozu das alles? Vielleicht kann man dem Dreißigjährigen Krieg insofern etwas Gutes abgewinnen, als es fortan zumindest in Europa keine derart zerstörerischen Religionskriege mehr geben wird.

Die Macht der Fürsten

Die Bestimmungen des Westfälischen Friedens vom Oktober 1648 zeigen, dass die Reichsstände nicht ohne Grund für ihre Teilnahme an den Verhandlungen mit Frankreich und Schweden gestritten haben. Zunächst werden alle ihre weltlichen und geistlichen Privilegien gegenüber dem Kaiser bestätigt. Ferner erhalten sie Stimmrecht bei allen zukünftigen Beratungen über neue Gesetze, Steuern, Kriegserklärungen und Friedensverhandlungen. Die Reichsstände haben von nun an das Recht, Bündnisse mit ausländischen Mächten zu schließen, wenn sie damit nicht gegen Kaiser und Reich angehen. Dadurch werden die deutschen Einzelstaaten zu eigenständigen Subjekten des Völkerrechts, sie können – je nach ihren Möglichkeiten – in die europäische Machtpolitik eingreifen. Die Reichsinstitutionen werden von nun an paritätisch besetzt, sodass weder der Kaiser noch einer der Reichsstände darin die Oberhand gewinnen kann. Und schließlich lassen sich die Reichsstände ihr früher schon erworbenes Recht, Zölle und Steuern festsetzen und einziehen zu können, noch einmal ausdrücklich bestätigen. Der Kaiser hingegen gewinnt in diesem Friedensschluss eigentlich nichts – außer der Zusicherung, dass »alle Unregelmäßigkeiten, die sich durch die Ungunst der Kriegszeiten eingeschlichen haben, aufgehoben« werden sollen.

Deutsche Frage I

Der Westfälische Frieden fixiert vertraglich, dass die »deutsche Frage«, die in kommenden Jahrhunderten immer wieder auf der Tagesordnung der europäischen Politik steht, endgültig europäisiert wird. Die europäischen Mächte übernehmen mit dem Westfälischen Frieden die Verantwortung für die Gestaltung einer politischen Ordnung im Herzen Europas und bestimmen künftig mit, wenn es um die Belange der Deutschen geht. Das entspricht ihrem Sicherheitsbedürfnis und der Angst vor einer zu starken Mitte des Kontinents, die die Neigung entwickeln könnte, ihre Nachbarn zu bedrohen. In diesem Sinne unterstützen die europäischen Mächte die Wünsche der Territorialfürsten nach mehr Eigenständigkeit gegenüber der kaiserlichen Zentralgewalt. Außenpolitisch und territorial muss der Kaiser Federn lassen, denn zwei nach Unabhängigkeit strebende Teile des Deutschen Reiches werden mit dem Westfälischen Frieden nun auch völkerrechtlich eigenständig: Die Vereinigten Niederlande und die Schweizer Eidgenossenschaft. De facto ist die Schweiz schon seit dem so genannten »Schwaben-

krieg« und der Ablehnung der Reichsreformpläne Kaiser Maximilians I. eigenständig, der Friede des Dreißigjährigen Krieges bestätigt ihren Status. Vorpommern und das Erzstift Bremen werden
Schweden zugeschlagen, das damit die wichtigsten Zugänge zu
Nord- und Ostsee kontrolliert. Das Kurfürstentum Brandenburg
dehnt seinen Machtbereich nach Hinterpommern bis Königsberg
aus. Die Umrisse Preußens, das – zwischen Tilsit, Königsberg und
Soldau gelegen – noch bis 1660 polnisches Lehnsgebiet bleibt,
werden erkennbar. Frankreich erreicht alle seine Kriegsziele: Die
Macht der Habsburger und damit auch die des Deutschen Reiches
ist geschwächt, es bekommt das Elsass und durchbricht damit die
habsburgische Umklammerung des Landes. Der Grundstein für
den französischen Aufstieg zur europäischen Führungsmacht der
kommenden Jahrhunderte ist mit dem Westfälischen Frieden gelegt. Das Deutsche Reich hingegen zersplittert immer weiter und
stellt in der geographischen Mitte Europas ein gefährliches Machtvakuum dar, das in der Folgezeit immer wieder die Begehrlichkeiten einzelner Fürsten oder ausländischer Mächte hervorruft.

Der Westfälische Frieden ist ein internationaler Friedensschluss
und unterliegt dem Schutz der Garantiemächte Schweden und
Frankreich. Einerseits sorgt dies dafür, dass der in Osnabrück und
Münster geschlossene Frieden nicht ohne weiteres gebrochen werden kann. Für den Kaiser bedeutet der Westfälische Frieden, dass
die Versuche, seine Macht als Oberhaupt des Deutschen Reiches
auszudehnen, gescheitert sind. Die kaiserliche Machtbasis wird in
Zukunft auf das österreichische Erbland beschränkt bleiben. Außerdem wird jede Veränderung in den »Deutschländern« – wie das
Deutsche Reich in Frankreich heißt – nur dann möglich sein, wenn
es den europäischen Garantiemächten in den Kram passt. Insbesondere Frankreich, das mit dem Ende des Dreißigjährigen Krieges zur europäischen Groß- und Vormacht aufsteigt, sieht sich berufen, in die Belange Deutschlands immer wieder einzugreifen. In
der Vergangenheit ist auf deutschem Boden der Dreißigjährige
Krieg ausgetragen worden, in der Zukunft wird Deutschland zum
Schauplatz machtpolitischer Auseinandersetzungen zwischen den
europäischen Großmächten, bei denen es um vieles geht, nur
nicht um deutsche Probleme.

Die folgenden Jahre zeigen, dass Deutschland zu einer »passiven« Geschichtslandschaft wird, die als Austragungsort des Kräf-

temessens der Großmächte um die europäische Hegemonie herhalten muss. So fällt beispielsweise die Entscheidung im Spanischen Erbfolgekrieg, in dem die Habsburger, Frankreich und das Königreich Bayern um den vakanten spanischen Königsthron kämpfen, in Bayern. In Höchstädt an der Donau bringen Prinz Eugen, der »edle Ritter«, und der Herzog von Marlborough am 13. August 1704 dem Kurfürsten Max Emanuel von Bayern eine vernichtende Niederlage bei und leiten so die militärische Niederlage des französischen Königs Ludwig XIV. im Krieg um Spaniens Krone ein. Diese Schlacht leitet einen Neuordnungsprozess in Europa ein. Der Bourbone Philipp V. von Anjou bekommt für sich und seine Nachkommen die spanische Königskrone und verzichtet auf eine Vereinigung mit Frankreich, wo ebenfalls die Bourbonen herrschen.

Das zweite Ergebnis des Dreißigjährigen Kriegs ist die Garantie der Religionsfreiheit in Europa. Damit gehört das universelle Definitionsmonopol des Vatikans endgültig der Vergangenheit an. Der Versuch, den europäischen Kontinent dauerhaft unter der Regie der römischen Kurie zu gestalten, ist ebenso fehlgeschlagen. Was mit den erfolglosen Kreuzzügen ins Heilige Land begonnen hat, setzt sich mit dem Ende des Religionskrieges fort: Die katholische Kirche ist zwar eine mächtige Institution, aber Protestanten und Calvinisten gewinnen in Zukunft mehr an Einfluss. Aus dem römisch-katholischen Europa wird ein christlicher Kontinent, dessen Bewohner eine Religion ausüben, die zwar gemeinsame Wurzeln, aber unterschiedliche Ausprägungen hat. Die Bevölkerung des Deutschen Reiches ...

Gefährliches Vakuum
1650–1789

Absolutismus und Bürgerrechte

… umfasst zu Beginn des 17. Jahrhunderts etwa 21 Millionen Menschen. Nach dem Dreißigjährigen Krieg leben jüngsten Schätzungen zufolge noch etwa 16 Millionen Menschen in Deutschland. Die Opfer sind nicht nur durch direkte Kriegseinwirkungen gestorben, sondern auch durch Hungersnöte, die sich überall dort ausgebreitet haben, wo Landsknechte die Ernten vernichtet und die Tiere geschlachtet haben. Am Ende des Krieges herrscht in weiten Teilen des Landes Hunger, die Menschen sind geschwächt und deswegen anfällig gegenüber Seuchen und anderen Krankheiten, die viele von ihnen hinwegraffen. Flüchtlingsströme ziehen durch das Land, suchen Schutz in den Städten, wo sie allerdings deprimierende hygienische Zustände vorfinden, die ihr Leid eher noch schlimmer machen. Von den Folgen des Krieges sind Brandenburg, Mecklenburg, Thüringen, Hessen, Franken und Württemberg am stärksten betroffen. Der Bevölkerungsverlust erreicht in manchen Gegenden mehr als 50 Prozent.

Wie soll es nach dem Dreißigjährigen Krieg in Europa weitergehen? Diese Frage stellen sich nicht nur jene Bewohner, die das Desaster überlebt haben, sondern auch jene, die sich berufen fühlen, den Kontinent aus den Trümmern des Krieges herauszuführen. In Deutschland hat der Gegensatz zwischen kaiserlicher Zentralmacht und fürstlichen Privilegien dazu geführt, dass es keine allgemein akzeptierte Instanz gibt, die Streitigkeiten im Inneren unterbinden und regeln kann. Fürsten und Kaiser stehen am Ende des Glaubenskrieges vor den Trümmern ihrer Politik der gegenseitigen Behinderung. In Frankreich und England entstehen zeitgleich zwei politische Philosophien, die Europa nachhaltig verändern werden: der Absolutismus und der Parlamentarismus.

Alle Macht dem König!

In Frankreich hatte sich Heinrich IV. von Navarra gegen die Fürsten durchgesetzt und die Zentralmacht des Königs ausgebaut. Als er am 14. Mai 1610 von einem fanatischen Katholiken ermordet wird, beginnt mit seinem Sohn nicht nur eine lange Reihe von Königen mit dem Namen Ludwig auf dem französischen Thron, sondern auch die Epoche des französischen Absolutismus. Jener Ludwig XIII. ist neun Jahre alt, als sein Vater dem Attentat zum Opfer fällt. Er wird zwar in Reims zum König gekrönt, aber die Amtsgeschäfte führt seine Mutter Maria von Medici, die ihn als Elfjährigen mit Anna von Österreich verheiratet. Vier Jahre später, am 16. September 1614, wird Ludwig XIII. für volljährig erklärt, übernimmt die Regentschaft und gerät sofort in die Intrigen französischer Adliger, die ihre Machtinteressen gegenüber den Generalständen durchsetzen wollen. In diesen Generalständen sind der Adel, die Geistlichkeit und die Städte vertreten, die das Recht der Steuerfestsetzung haben. Ludwig XIII. beruft die Generalstände 1614 zwar noch einmal ein, schaltet sie aber gleichzeitig dadurch aus, dass er dieses seit 1302 tagende Instrument der Machtbeteiligung der Provinzen in Zukunft nicht noch einmal nach Paris holt. Somit haben die drei Stände kein Forum mehr, auf dem sie ihre Rechte ausüben können, und der König ist die lästigen Konkurrenten um die Macht im Lande los. Diese Handlungsweise dürfte einem jungen Herzog namens Armand Jean du Plessis, besser bekannt als Kardinal Richelieu, sehr gefallen haben. Richelieu, der bald darauf am Königshof auftaucht, gewinnt das Vertrauen des jungen Königs und berät ihn. 1624 ernennt Ludwig XIII. Kardinal Richelieu zum Premierminister, der den Aufbau der absolutistischen Macht des Königs betreibt.

Während Kardinal Richelieu Frankreich im Dreißigjährigen Krieg außenpolitisch vertritt, ist seine erste innenpolitische Aufgabe die Entmachtung der von England unterstützten Hugenotten, deren Zentrum sich in La Rochelle befindet. Die Hugenotten genießen seit dem Edikt von Nantes des Jahres 1598 Gewissens- und Glaubensfreiheit und das Recht, im ganzen Land protestantische Gottesdienste abhalten zu dürfen. Die Hugenotten stehen aber der französischen Krone beim Ausbau ihrer Macht im Weg und stellen in den Augen Ludwigs XIII. eine ständige Gefahr für die innere

Stabilität des Landes dar. Nach der Belagerung und Eroberung von La Rochelle im Jahr 1628 durch königliche Truppen werden die Hugenotten militärisch und politisch entmachtet. Ihre Religionsfreiheit tastet Kardinal Richelieu angesichts des in Deutschland tobenden Glaubenskriegs aber nicht an. Als Nächstes unterwirft der umtriebige Kardinal den französischen Adel, der es sich ähnlich wie in Deutschland zu Eigen gemacht hat, Streitigkeiten untereinander durch Fehden und Privatkriege auszutragen, anstatt sich der königlichen Gerichtsbarkeit zu unterwerfen. Kardinal Richelieu ist ein kluger Kopf und erkennt, zu welchen innenpolitischen Zerwürfnissen dieser Zustand im Deutschen Reich geführt hat. Für Frankreich will er deshalb Vorsorge treffen und die Fürsten in den Provinzen ein für alle Mal entmachten. Besonders im Languedoc, im Süden des Landes, bestehen die Provinzen auf ihrer Unabhängigkeit von der Zentralmacht. Der Kardinal entzieht ihnen die Erlaubnis, Steuern einzutreiben und provoziert damit den von ihm beabsichtigten Waffengang. In der Schlacht bei Castelnaudary am 1. September 1632 wird der Anführer und Gouverneur der Provinz Henri de Montmorency gefangen genommen und auf Befehl des Kardinals in Toulouse enthauptet. Sein Ziel, den Adel und die Provinzfürsten der Staatsräson zu unterwerfen, erreicht Kardinal Richelieu wenig später, als er den Gouverneuren in den Provinzen königliche Beamte zur Seite stellt, die die Einhaltung der politischen Ziele der Monarchie überwachen. Damit ist der Weg frei für die Regentschaft eines absoluten Monarchen.

■ **Absolutismus**

Der Absolutismus ist eine Antwort auf den Krieg der Religionen, der zuvor Europa fest im Griff hatte. Einander bekämpfende Provinzfürsten, divergierende Interessen zwischen zentraler und regionaler Macht und schließlich der Streit um die Freiheit des Glaubens sind die Ursachen. Der absolutistische Monarch soll dies für die Zukunft verhindern, indem er nun allein verantwortlich ist für inneren Frieden und die Einheit des Landes. Die Kehrseite dieser Medaille ist die Entmachtung und Unterwerfung der Provinzen, wodurch der Staat zu einem Untertanenverband wird, der die Macht nach oben – an den König – abgegeben hat und fortan auf dessen Gerechtigkeit und Weitsicht angewiesen ist. Der Absolutismus ist die Regierungsform, in der der Herrscher seinen Willen durch eine von ihm abhängige Bürokratie, eine ihm ergebene Armee und eine ihm unterstehende oberste Gerichtsbarkeit durchsetzen kann. Der absolutistische Herrscher, dem sich alle unterzuordnen haben, regiert von »Gottes Gnaden«. Die Mitwirkung einer »Volksvertretung« – der Generalstände – ist ausgeschlossen, andere Kontrollorgane gibt es im absolutistischen Staat nicht.

In der langen Regierungszeit des »Sonnenkönigs« Ludwig XIV. von 1643 bis 1715 wird der absolute Machtstaat in Frankreich kontinuierlich ausgebaut. Sein Ausspruch: »L'état c'est moi!« (»Der Staat bin ich!«) ist Programm, das in einer bis dahin nicht gekannten Pracht umgesetzt wird. Nach einem Aufstand seines Bruders zwischen 1648 und 1653 fühlt sich der junge König Ludwig XIV. in Paris nicht mehr sicher und verlegt seinen Hof nach Versailles, von wo aus er mehr als ein halbes Jahrhundert als Alleinherrscher regiert. Das Schloss in Versailles ist grandioser Ausdruck seiner Herrschaftsform. Ludwig XIV. hat das Paradies auf Erden geschaffen – allerdings nur für sich. Er kann sich, ohne Konsequenzen befürchten zu müssen, aufführen wie ein Diktator, denn ihm untersteht nicht nur der neu geschaffene Beamtenapparat, sondern auch das Heer. Die Fürsten haben keinerlei Mitspracherecht, der König hat sämtliche Fäden, die zur Lenkung des Staates notwendig sind, selbst in der Hand. Der absolutistische König genießt die Freuden der Vielehe: Zu seiner Rechten sitzt die Hauptfrau, deren Kinder Erben sind, und zu seiner Linken die Nebenfrauen, deren Kinder »Kegel« heißen und nicht erbberechtigt sind. Zu dem unvorstellbaren Prunk gesellt sich eine ebenso große königliche Verschwendungssucht, die sich im Bau von Schlössern und in einer nicht endenden Zahl von Festlichkeiten niederschlägt. Ludwig XIV. ist im Übrigen auch ein modischer Trendsetter, dessen extravagante Kleidung Nachahmer bei den französischen Adligen findet. Diese bis dahin ungekannte Art der glanzvollen Repräsentation zieht die französischen Adligen an den Hof. Das ist auch beabsichtigt, denn so können sie besser überwacht und beeinflusst werden.

Die Hofkultur dieses »Grand Siècle« fördert die schönen Künste. Der Baustil des Absolutismus ist der Barock, dessen größte Auftraggeber die Kirche und die absolutistischen Herrscher sind. Ausgehend von der Kurie in Rom entstehen die auf Größe und Pathos zielenden barocken Bauwerke vor allem in katholischen Ländern. Opulente malerische Gestaltung der Innenräume gehört zum barocken Stil, zu deren Meistern neben dem flämischen Maler Peter Paul Rubens und dessen Schüler Anton van Dyck vor allem Rembrandt und der Spanier Velázquez gehören. Aber ihre Arbeit kostet viel Geld. Und so ist es nicht verwunderlich, dass am Ende der Regentschaft von Ludwig XIV. die staatlichen Kassen leer sind und Frankreich außerdem wegen zahlreicher Kriege, die er gegen die Niederlande und Spanien geführt hat, der Staatsbankrott droht. Gegen die Krise der staatlichen Finanzen kann auch die neu entstandene Idee des Merkantilismus nicht viel ausrichten.

■ **Merkantilismus**
Die nach dem Glaubenskrieg zusammengebrochene Wirtschaft wird im absolutistisch regierten Staat mit dem Ziel reglementiert, eine positive Handelsbilanz zu erzielen, also mehr Einkünfte als Ausgaben zu erwirtschaften. Diese auch zu anderen Zeiten zweifellos richtige Idee wird dadurch umgesetzt, dass billige Rohstoffe – zum Beispiel aus den amerikanischen Kolonien in Quebec oder Louisiana – importiert werden, um sie anschließend in königlichen Manufakturen zu verarbeiten und teuer zu verkaufen. Gleichzeitig wird die ausländische Konkurrenz mit hohen Importzöllen belegt, damit die einheimischen Produkte geschützt sind. In den königlichen Manufakturen arbeiten die Angehörigen des dritten Standes, also Bürger aus den Städten, die es dadurch relativ bald zu einem gewissen Reichtum bringen. Der König verdient allerdings noch mehr, denn die Manufakturen gehören ihm. Mit diesen Einnahmen finanziert er seinen verschwenderischen Lebensstil. Leidtragende sind die Bauern, die 80 Prozent der Bevölkerung ausmachen und die Ernährung des Volkes garantieren. Sinkendes Einkommen der Bauern führt zu deren Verarmung, was erste Unruhen hervorruft. Einige Jahre später werden die ausgebeuteten und vernachlässigten Bauern sich deshalb einer Revolution anschließen, die ganz Europa erschüttert.

Alle Macht dem Parlament!

In England, das von den Verwüstungen des Dreißigjährigen Krieges verschont geblieben ist, setzt sich hingegen nicht der König, sondern das Parlament durch. Der Konflikt zwischen der anglikanischen Kirche und den radikalen calvinistischen Gruppierungen der Puritaner schwelt schon seit Anfang des 17. Jahrhunderts. Die Puritaner fordern eine Reform des Gottesdienstes, treten für einen asketischen Lebenswandel ein und bestehen auf der strengen Einhaltung des Sabbats. Der englische König James I. zieht es aber vor, am Sabbat Sport und Spiele abhalten zu lassen. Aus diesem eher lächerlichen Streit wird bald ein ernster politischer Konflikt, zumal der Londoner Erzbischof William Laud die alleinige Hoheit für die anglikanische Kirche fordert und Puritaner, die die anglikanische Kirche von den »katholisierenden« Elementen befreien wollen, auf verlorenem Posten stehen.

■ Pilgrim Fathers

Am 17. September 1620 bricht mit den »Pilgrim Fathers« von Plymouth die erste Auswanderungswelle in die Neue Welt nach Amerika auf. Ihr etwas mehr als 20 Meter langes Segelschiff namens »Mayflower« bringt sie nach 66 Tagen gefahrvoller Überfahrt an die amerikanische Küste. Dort gründen sie den ersten der bis heute so genannten »Neuengland«-Staaten. Zwei Jahrzehnte später leben schon über 25 000 Menschen aus Europa in der Neuen Welt. Einer von ihnen ist Lord Baltimore. Ausgestattet mit einer königlichen Lizenz zur Gründung einer katholischen Kolonie gründet er den nach der heiligen Jungfrau Maria benannten Staat »Maryland«. Mit der Hauptstadt Baltimore setzt er sich selbst ein Denkmal.

Die Spannungen sind damit nicht aus der Welt – im Gegenteil: 1642 kommt es zum Bürgerkrieg, in dem der puritanische Anführer Oliver Cromwell zum ersten Mal in Erscheinung tritt. Oliver Cromwell ist ein religiöser Fanatiker, der sich und das englische Volk für die Auserwählten Gottes hält. Dem Staat bestreitet er jedes Recht, dem Einzelnen eine Form der Religionsausübung vorzuschreiben, und fordert die unbedingte Freiheit des Gewissens. Im Januar 1648 besiegt sein Heer in der Schlacht bei Preston schottische Truppen, zu denen sich König Charles I. geflüchtet hatte. Damit ist der Bürgerkrieg beendet und die »Puritanische Revolution« erfolgreich. Von nun an herrschen die sittenstrengen Puritaner auf der britischen Insel. Ein Jahr später – am 16. Januar 1649 – spielt sich vor den Augen einer schaulustigen Menge ein makabres Spektakel ab. Als der Kopf des englischen Königs Charles I. vom Holzgerüst des Henkers in den Londoner Straßenstaub fällt, ist der Startschuss zu einer Entwicklung mit großer Tragweite gefallen. Fortan gibt es keinen Sündenbock mehr, dem man alle Unzulänglichkeiten in die Schuhe schieben kann. Jetzt sind die Bürger für die Geschicke des Landes allein verantwortlich, jede Kritik muss sich gegen sie selbst richten. Später – auf dem Höhepunkt der Terrorherrschaft der radikalen Jakobiner während der Französischen Revolution – wird sich ein derartiger Vorgang noch einmal wiederholen und das Land in ein vergleichbares Chaos stürzen. Zugleich wird ein Teil des britischen Parlaments – nämlich das Oberhaus – nach Hause geschickt und die Monarchie abgeschafft. Von einem auf den nächsten Augenblick ist England eine Republik, wird aber diktatorisch vom »Lordprotektor« auf Lebenszeit Oliver Cromwell geführt. Der »Commonwealth of England«, wie das ehemalige Königreich nun heißt, steht aber vor schwierigen Problemen, da sich die eher gemäßigten Parlamentarier und das nach radikalen Reformen strebende Heer unversöhnlich gegenüberstehen.

In den folgenden elf Jahren gibt es in England keinen König, Oliver Cromwell regiert mit einem »Rumpfparlament«. Das funktioniert nicht so gut wie erhofft, das Land droht im Bürgerkrieg zu versinken. Es beginnt die Zeit der so genannten »Gleichmacher«. Sie fordern die vollständige Religionsfreiheit, die Übertragung aller Rechte auf das Parlament und regelmäßig abzuhaltende Parlamentswahlen, bei denen die Gleichheit der Stimmen zu gelten habe. Diese radikal-demokratischen Forderungen finden aber nicht die Zustimmung aller, sodass der entscheidende Machtfaktor die Armee unter dem Oberbefehl Oliver Cromwells bleibt. Dieser Zustand dauert allerdings nicht allzu lange, da Oliver Cromwell schon kurz danach auf natürlichem Wege diese Erde verlässt. Sein Sohn Richard übernimmt das väterliche Erbe und lässt 1660 sowohl für das Ober- als auch für das Unterhaus Wahlen abhalten, bei denen die Monarchisten die Mehrheit bekommen. Die Monarchisten sorgen dafür, dass im gleichen Jahr Charles II. seinem elf Jahre zuvor enthaupteten Vater auf dem Königsthron folgen kann. Damit ist die Monarchie in England wiederhergestellt. 1685 folgt ihm sein Bruder James II. auf dem Thron. James II. versucht das Rad zurückzudrehen und die britische Insel zu rekatholisieren. Aber sein Versuch geht gründlich daneben, weil die Protestanten ihren niederländischen Glaubensbruder Wilhelm von Oranien nach England holen, um ihm die Königskrone anzubieten. Der Oranier nimmt sie schließlich an, nachdem er im Januar 1689 ein vom Parlament vorgelegtes Dokument unterzeichnet hat, das für die europäische Verfassungsgeschichte von großer Bedeutung werden sollte: die »Bill of Rights«.

■ **»Petition of Rights« und die »Habeas Corpus«-Akte**
Schon 1215 sind in der »Magna Carta« die persönlichen Freiheiten der Menschen in England festgeschrieben worden. Nachdem es aber immer wieder zu willkürlichen Festnahmen kommt, die gegen diese seit langem verbrieften Freiheitsrechte der Menschen verstoßen, muss Charles I. auf Druck des Parlaments am 7. Juni 1628 die so genannte »Petition of Rights« in Kraft setzen, in der bis heute geltende bürgerliche Grundrechte garantiert werden: Niemand darf willkürlich festgenommen werden und jedem steht ein ordentliches Gerichtsverfahren zu. Ein weiterer Meilenstein für die Menschenrechte folgt wenige Jahre später. Den Anlass bieten Gerüchte, nach denen Papst Innozenz XI. angeblich im Bündnis mit Frankreich die Rekatholisierung der Insel plane. Das führt erneut zu Unruhen und zur Auflösung des mehrheitlich königstreuen Parlaments. Im neu eingesetzten Parlament ist der König in der Minderheit und muss sich von seinen innenpolitischen Gegnern einiges vorwerfen lassen. Willkürliche Verhaftungen und unbegründete Einkerkerungen seien an der Tagesordnung, Gefangene würden gegen ihren Willen in Gefängnisse in den Kolonien überstellt oder auf einer der Kanalinseln untergebracht. Damit verstoße die Staatsmacht unentwegt gegen die »Petition of Rights«, was nicht hinnehmbar sei.
  Die Antwort, mit der die Willkürherrschaft beendet wird, heißt – im Mai 1679 von Charles II. widerwillig unterzeichnet – »Habeas Corpus«-Akte. Mit dieser – nach dem lateinischen Anfang des mittelalterlichen Haftbefehls benannten – Akte kann nun Haftverschonung gegen Kaution

gewährt werden und die Angeklagten bekommen innerhalb von drei Tagen einen Termin bei einem Richter, der den Grund ihrer Verhaftung zu überprüfen hat. Kein Einwohner Englands darf fortan zur Haftstrafe außer Landes gebracht werden. Die Macht der englischen Monarchie ist durch das gesetzlich verbriefte Mitspracherecht des Parlaments klaren Regeln unterworfen. Dieser Prozess endet etwas später in der konstitutionellen Monarchie, die sich im 18. und 19. Jahrhundert in ganz Europa ausbreitet. Die »Habeas Corpus«-Akte, die nach einigen Wirren in der »glorreichen Revolution« des Jahres 1689 in der so genannten »Bill of Rights« noch einmal ausdrücklich bestätigt wird, ist eine der wesentlichen Grundlagen des europäischen Verfassungssystems unserer Tage. Die Menschenrechtserklärung der Französischen Revolution von 1789, die amerikanische Verfassung des Jahres 1791, die belgische Verfassung von 1831, die deutschen Verfassungen der Jahre 1849 und 1919 sowie das deutsche Grundgesetz von 1949 basieren auf der »Habeas Corpus«-Akte. Diese gemeinsame Verfassungstradition zeigt, wie sehr sich die Völker Europas nicht nur durch kulturellen Austausch oder regen Handel gegenseitig beeinflusst haben, sondern auch durch Ideen, durch erkämpfte und den Regenten abgetrotzte politische Rechte und den daraus folgenden gesetzlichen Grundsätzen. Die 1689 festgelegten Rechte gelten auch in den modernen Demokratien – ob mit oder ohne König – unserer Tage: freie Wahl des Parlaments, das Recht der freien Debatte für Parlamentarier, Immunität für Abgeordnete, Steuererhebung nur mit Zustimmung des Parlaments und kein stehendes Heer ohne Zustimmung des Parlaments. Damit ist im Januar 1689 das rechtliche Gerüst der parlamentarischen Demokratie aufgestellt, die als einzige, verpflichtende gemeinsame Basis aller Mitglieder der Gesellschaft die Aufforderung vorsieht, sich an die bestehenden Gesetze zu halten.

In England und Frankreich werden in diesen Jahren die Grundsteine für den modernen Staat der Zukunft gelegt. Der französische Absolutismus beendet den Krieg gegen die Hugenotten und die Fehden der Adelsfamilien. Der Merkantilismus sichert dem Land einen wirtschaftlichen Aufschwung, bewirkt aber durch die Verarmung der Bauern deren Radikalisierung, was einige Jahrzehnte später für Ärger sorgen wird. Parallel dazu schafft der Absolutismus die Voraussetzungen für eine Blüte von Wissenschaft und Kunst. Der Absolutismus prägt das aufstrebende Russland, Österreich und etwas später auch Preußen. In diesen Ländern erfolgt die Modernisierung des Staates durch von oben verordnete, teilweise erschreckend brutal durchgesetzte Reformen. In England regiert fortan ein konstitutionelles Bündnis aus König und Bürgertum mit einem gesetzlich geregelten System von Rechten und Pflichten für beide. Das hat sich auf der britischen Insel im Wesentlichen bis heute so erhalten. Der englische Parlamentarismus inspiriert die Philosophen und Denker des europäischen Kontinents, was sich bald in der so genannten Aufklärung niederschlagen wird. Zwei Revolutionen – in Frankreich und Amerika – beruhen auf dem englischen Parlamentarismus, der in diesen Ländern den Absolutismus überwindet und zur Grundlage der nationalstaatlichen Entwicklung wird.

Eine ähnliche Entwicklung nehmen Spanien, die Niederlande und die Schweiz, sodass wir auf der europäischen Landkarte zur Mitte des 17. Jahrhunderts relativ stabile Königreiche in Spanien, Frankreich, Polen, Ungarn, Schweden, Dänemark, Norwegen und Russland vorfinden. Nimmt man noch die parlamentarisch kontrollierte Monarchie in England und das Osmanische Reich hinzu, ist das Deutsche Reich das einzige Land, in dem die Fürsten mehr zu sagen haben als der Kaiser. Das machtpolitische Gewicht des deutschen Kaisers, der immer noch dem »Heiligen Römischen Reich Deutscher Nation« vorsteht, verringert sich mehr und mehr. In Deutschland dominiert nicht das Ganze seine Teile, sondern ...

Das Reich zerfällt – die Fürsten bleiben

… das Ganze wird durch einige seiner Teile kontrolliert – vor allem durch Österreich, dem Stammland der habsburgischen Kaiser des Deutschen Reichs, und etwas später durch den Anrainer-Staat Preußen, der außerhalb der Grenzen des Reiches liegt. Dazwischen befinden sich hunderte von Klein- und Kleinststaaten, die sich einander kaum über den Weg trauen. Der Dreißigjährige Krieg hat sich auf deutschem Territorium abgespielt, deshalb ist Deutschland mehr als andere Staaten von den Folgen des Glaubenskriegs betroffen. Das Land leidet wirtschaftlich am stärksten unter den Verwüstungen des Mordens und Brandschatzens. Der wirtschaftliche Wiederaufbau muss aus eigener Kraft gelingen, denn die Deutschen haben keine Kolonien wie Frankreich, Spanien oder Portugal, aus denen sie billige Rohstoffe importieren und teuer wieder verkaufen können. Die Menschen sind mehr als anderswo traumatisiert, sie befinden sich über Jahre in einem Schockzustand. Die Fürsten der größeren deutschen Länder – etwa Brandenburg oder Bayern – sind seit dem Westfälischen Frieden die eigentlichen Herrscher des Landes. Sie betreiben in den folgenden Jahren gezielt eine Politik, die nur ihren Interessen und dem Machtzuwachs ihres Landes dient. Sie bestimmen über die in ihrem Land herrschende Religion, setzen Steuern und Zölle fest und verhindern so zwangsläufig auf Jahrzehnte die Herausbildung eines Nationalstaates. Es gibt keine Hauptstadt des Deutschen Reiches, wohl aber Provinzhauptstädte, die mit viel Geld prunkvoll ausgestattet werden. Noch immer entwickelt sich kein gemeinsames Nationalgefühl der Deutschen.

■ **Deutschland am Beginn der Moderne**
Weil sich die politischen Kräfte des Landes nicht einigen können, gerät Deutschland beim Wettlauf der Nationen um den Eintritt in die Moderne ins Hintertreffen. An dieser Stelle beginnt ein Weg der Deutschen, der in einer Art Kettenreaktion Europa noch mehrfach in Brand stecken wird. Es ist von Historikern trefflich darüber gestritten worden, ob die Geschichte der Deutschen sozusagen unausweichlich in die Katastro-

phen des 20. Jahrhunderts münden musste oder ob sich eine andere Chance geboten hat, den Weg der Deutschen in die Neuzeit friedvoller zu gestalten. Die mitunter als »deutscher Sonderweg« bezeichnete Entwicklung hat ihren Ursprung in den Auseinandersetzungen der deutschen Territorialfürsten mit der kaiserlichen Zentralgewalt und der daraus resultierenden Eigenständigkeit der Teilreiche des Deutschen Reiches. Zudem stehen die Deutschen an der Schwelle zur Neuzeit immer noch vor einer Definitionsfrage, auf die es offensichtlich keine befriedigende Antwort gibt: Wer gehört dazu und wer nicht? Die Schweiz, die Niederlande und Belgien gehören zwar bis zum Westfälischen Frieden von 1648 zum deutschen Reich, führen aber ein Eigenleben. Ebenso problematisch verhält es sich mit dem Königreich Böhmen, das zwar eigenständig ist, aber lange Zeit in Personalunion vom deutschen Kaiser geführt wird und an der Kaiserwahl beteiligt ist. Hinzu kommt eines der schwerwiegendsten Probleme der deutschen Geschichte: Die Grenzen des Deutschen Reichs sind schwer bestimmbar, weil eroberte, angegliederte und durch Personalunion an das Deutsche Reich gebundene Gebiete hinzugerechnet werden, ohne nach dem ursprünglichen Siedlungsraum der Deutschen zu fragen, der die Basis für einen – von allen gewollten – gemeinsamen Staat sein kann. In der Mitte des 17. Jahrhunderts wird außerdem klar: Der von den deutschen Kaisern lange Zeit verfolgte Versuch, in der Mitte des Kontinents einen Zentralstaat zu etablieren, der die unterschiedlichen Interessen seiner Teilstaaten bündelt, ist endgültig gescheitert.

Deutscher Flickenteppich

Der gemeinsame deutsche Nationalstaat wird von den Mächtigen im Lande nicht gewollt, weil er zwangsläufig zum eigenen Machtverlust führen würde. Deshalb bleibt die Mitte Europas ein Machtvakuum. Um die Beherrschung dieses Vakuums bemühen sich einerseits außerdeutsche europäische Mächte. So gesehen ergibt sich aus der Geschichte der Deutschen eine gewisse Unabwendbarkeit, denn jeder andere Weg hätte einen deutschen Nationalstaat zur Voraussetzung gehabt. Da dieser Nationalstaat aber von niemandem gewünscht und eingerichtet wird, machen sich nun einmal mehr die Folgen der seit dem Ende des Reichs Karls des Großen vorherrschenden deutschen Zersplitterung bemerkbar. In das zentraleuropäische Machtvakuum versucht in der Mitte des 17. Jahrhunderts Frankreich vorzudringen, das seine hegemoniale Stellung in Europa und durch seine Kolonien auch auf anderen Kontinenten ausbauen will.

Die Maxime der französischen Außenpolitik, nämlich die Schwächung der Macht der Habsburger und das Ende der Umzingelung durch das Deutsche Reich und Spanien, leitet die französische Deutschlandpolitik. Dabei kommt die Ablehnung einer österreichisch-habsburgischen Vormachtstellung in Deutschland, die die kleinen und mittelgroßen deutschen Fürsten hegen, den Franzosen entgegen. Am 15. August 1658 wird der erste Rheinbund gegründet, dem neben Frankreich und Brandenburg auch der schwedische König beitritt, der seit dem Westfälischen Frieden in Personalunion auch als Herzog von Bremen und Verden fungiert. Die deutschen Fürsten erhoffen sich eine Stärkung ihrer Position gegenüber Österreich, während Frankreich nun einen direkten Zugriff auf die innerdeutsche Reichspolitik hat und diesen auch nutzt. Der Rheinbund ist für die kommenden zehn Jahre ein Instrument französischer Hegemonialpolitik. 1668 wird er wieder aufgelöst, weil die französischen Ambitionen nach dem Einfall der Armee Ludwigs XIV. in die spanischen Niederlande offen zu Tage treten und für die deutschen Fürsten nun auch keine Alternative mehr darstellen. Dennoch profitiert Frankreich davon, dass innerdeutsche Gegensätze das Bild in der Mitte des europäischen Kontinents prägen. Dem französischen »Sonnenkönig« ist das alles recht, er nutzt die Situation für seine Zwecke: 1667 gewinnt er das zum deutschen Reichsgebiet gehörende Flandern, 1680 annektiert Frankreich das Elsass, ein Jahr später kommt Straßburg hinzu. Mit dieser als »Reunion« (»Wiedervereinigung«) bezeichneten Politik sichert sich Frankreich eine neue Einnahmequelle, denn die annektierten Gebiete werden durch hohe Abgaben und Zwangsmaßnahmen regelrecht ausgepresst. Bis 1688 haben französische Heere weite Teile der Eifel besetzt und unter anderen Malmedy, Ahrweiler, Bitburg, Gerolstein und Mayen dem Erdboden gleichgemacht.

Einen Streit um die Erbfolge in Kurpfalz nutzt Ludwig XIV., um das Land 1688 mit einem neun Jahre dauernden verheerenden Krieg zu überziehen. Die Erbansprüche seiner Schwägerin Liselotte von der Pfalz sind nur vorgeschoben, denn das Ziel des »Sonnenkönigs« ist die Verschiebung der französischen Ostgrenze bis an die Ufer des Rheins. Der pfälzische Krieg markiert einen traurigen Höhepunkt in der Brutalität der Kriegsführung durch den französischen Kriegsminister François Michel le Tellier Marquis de Louvois. Um das Deutsche Reich zu einem raschen Friedensschluss zu zwingen, erteilt er den Befehl, im Rhein-Mosel-Gebiet verbrannte Erde zu hinterlassen. Kirchen und Klöster werden geschliffen, Dörfer und Bauernkaten gehen in den Flammen dieser verblendeten Politik auf. Oppenheim, Heidelberg, Mannheim, Speyer, Trier und Worms werden zerstört und teilweise niedergebrannt. Selbst französische Offiziere wenden sich an ihren Kriegsminister, um diesem Raubkrieg ein Ende zu bereiten, doch verhindern können sie ihn nicht. Für die Territorialfürsten des Deutschen Reiches ist in diesen Jahren nicht eine Restauration der habsburgischen Kaisermacht das Hauptproblem, sondern die expansive Großmachtpolitik Ludwigs XIV., der das politisch fragile System des Westfälischen Friedens von 1648 bedroht. Das deutsch-französische Verhältnis jedenfalls ist von nun an nachhaltig gestört, das Ende des 17. Jahrhunderts ist die Geburtsstunde der so genannten »Erbfeindschaft« zwischen Deutschland und Frankreich.

Türken vor Wien II

In Wien sieht Kaiser Leopold I. die Entwicklung im Deutschen Reich mit Sorgen, er kann aber wegen der erneut drohenden Gefahr durch das osmanische Reich in die Auseinandersetzungen nicht eingreifen. 1683 kommt es zur befürchteten Entscheidungsschlacht um die christliche Vorherrschaft auf dem europäischen Kontinent. Die Türken erhalten dabei Unterstützung von Frankreich, das die militärischen Kräfte des deutschen Kaisers lieber gegen die Türken als gegen ihre eigenen innerdeutschen Raubzüge gebunden sieht. Anlass für den türkischen Angriff sind Unruhen in Teilen Ungarns, die sich gegen die absolutistische Herrschaft Österreichs richten. Der ungarische Graf Tököly bittet den türkischen Großwesir Kara Mustafa um Unterstützung, die dieser auch gewährt, weil sie in seine eigenen Angriffspläne auf Österreich passen. Am 31. März 1683 bricht das osmanische Expeditionsheer mit mehr als 200 000 Soldaten und einigen tausend Kanonen von Konstantinopel auf und marschiert direkt vor die Tore Wiens, das Leopold I. angesichts der bekannten Brutalität türkischer Truppen vorher schon fluchtartig verlassen hat. Als das osmanische Heer anrückt, werden die Vorstädte Wiens in Brand gesteckt, um den Angreifern weder Unterschlupf noch Nahrung zu bieten. Das kann aber nicht verhindern, dass die Dörfer im Umkreis Wiens geplündert und gebrandschatzt, Männer, Frauen und Kinder zur Sklaverei in den Orient verschleppt werden. Die eigentliche Belagerung Wiens beginnt am 14. Juli 1683. Die kommenden zwei Monate sind entscheidend für die Frage, ob Europa christlich geprägt bleibt oder muslimisch werden wird. Aber im Gegensatz zu früheren türkischen Einfällen sammelt sich im Sommer 1683 eine schlagkräftige Armee zur Verteidigung Wiens. Polen, Bayern, kaiserliche Soldaten, Schwaben und Sachsen kämpfen gegen die gemeinsam empfundene Bedrohung durch das Heer des Großwesirs Kara Mustafa. Zu den Teilnehmern gehören auch der Markgraf Ludwig Wilhelm von Baden, »Türkenlouis« genannt, und der 20-jährige Prinz Eugen von Savoyen, der als »edler Ritter« in die Geschichte eingegangen ist. Nach mehreren vergeblichen Versuchen, die Stadt zu erobern, holen die türkischen Truppen am 3. September 1683 zum – wie sie hoffen – entscheidenden Schlag aus. Als die Hauptmauern der Stadt zu fallen drohen, signalisieren Leuchtraketen von der Turmspitze des Stefansdoms, dass das Schicksal der Stadt auf des Messers Schneide steht. Das unter polnischem Kommando in der Nähe lagernde multinationale Heer greift nun die türkischen Truppen von hinten an. Das zahlenmäßig überlegene türkische Heer kann der wilden Entschlossenheit der Verteidiger Wiens nicht standhalten und muss sich nach einer letzten Schlacht am 12. September 1683 geschlagen geben. Der Großwesir ergreift die Flucht und wird auf Befehl seines enttäuschten Sultans wenige Wochen später in Belgrad erdrosselt. Nach dem Sieg über die Türken vor den Stadttoren Wiens bilden die europäischen Verbündeten eine »Heilige Liga«, der der Papst, der deutsche Kaiser, Venedig und Polen angehören. Die Truppen dieser Liga setzen den Fliehenden nach und schlagen sie nach mehreren Schlachten endgültig in die Flucht. 1687 fallen Siebenbürgen und Ungarn, das zu großen Teilen unter türkische Herrschaft geraten war, an Österreich zurück. Im Frieden von Karlowitz bekommt

Leopold I. 1699 obendrein noch Slowenien und Kroatien zugesprochen. Mit diesem Frieden ist die unmittelbare Bedrohung des christlichen Abendlandes durch die osmanischen Truppen beseitigt. Die in den kommenden Jahrzehnten folgenden so genannten Türkenkriege finden außerhalb der Reichsgrenzen statt und haben keine historisch bedeutsamen Folgen. Für Leopold I. bedeutet der Sieg über die Türken nicht nur eine Machterweiterung Österreichs, sondern auch eine ungeheure Popularität. Eine Welle der Sympathie durchzieht die deutschen Lande, die Menschen sehen den Glanz des erfolgreichen Kaisertums und feiern den Habsburger als Leopold den Großen. Unter seiner Regentschaft ist die Kaiserresidenz Wien zum politischen Zentrum des Deutschen Reiches und zum Widerpart der französischen Expansionspolitik in Mitteleuropa geworden. Als Leopold I. am 5. Mai 1705 stirbt, hinterlässt er ein Land, das in den Spanischen Erbfolgekrieg verwickelt ist, der im Jahr 1700 nach dem Ende der Habsburger auf dem spanischen Thron zwischen Frankreich und einer englisch-holländisch-österreichischen Allianz ausgebrochen ist. Der letzte habsburgische Spross auf dem spanischen Thron, Karl II., ist kinderlos geblieben. Als der alternde Karl II. kurz vor seinem Tod mit Philipp von Anjou einen Enkel des französischen Königs Ludwig XIV. zu seinem Nachfolger ernennt, ist der Konflikt mit Leopold I., der ebenfalls Erbansprüche auf den spanischen Thron anmeldet, vorprogrammiert. Dadurch, dass in Spanien und Frankreich mit Ludwig XIV. und dessen Enkel Philipp von Anjou Angehörige der Familie der Bourbonen auf den beiden bedeutenden Königsstühlen sitzen, untermauert der französische König seine hegemonialen Ansprüche und ruft den energischen Widerstand Englands hervor. Deren Außenpolitik wacht sorgsam darüber, dass sich die Machtverhältnisse auf dem europäischen Kontinent, vor allem aber in den England gegenüberliegenden Küstenregionen, nicht verändern. 1713 schließlich gelingt die Befriedung des Kontinents im Frieden von Utrecht, nach dem Philipp von Anjou zwar spanischer König bleiben, das Land aber niemals mit Frankreich vereinigen darf.

Während Frankreich seine europäische Vormachtstellung festigen kann, erblickt weiter im Osten des Kontinents ...

Zwei sind einer zu viel:
preußisch-österreichischer Dualismus

... ein neuer Staat das Licht der Welt. Die Vorarbeit zur Entstehung des Königreichs Preußen leistet Friedrich Wilhelm von Brandenburg, der als der »große Kurfürst« bekannt geworden ist. Friedrich Wilhelm, der von 1640 bis 1688 das Land regiert, steht am Ende des Dreißigjährigen Krieges vor den Trümmern eines nahezu total verwüsteten Landes. Brachliegendes Ackerland, zerstörte und verwaiste Bauernhöfe und hohe Bevölkerungsverluste sind die Hauptschwierigkeiten. Friedrich Wilhelm von Brandenburg beginnt das Land zu einem protestantischen Modellstaat umzubauen. Mit einer am Merkantilismus ausgerichteten Wirtschaftspolitik rekultiviert er das zerstörte Land, lässt fruchtbare Sümpfe trockenlegen und besiedeln, organisiert Justiz und Verwaltung neu und erreicht durch eine – von den einen als geschickt, von den anderen als unzuverlässig bezeichnete – Schaukelpolitik gegenüber den europäischen Großmächten die Stabilisierung Brandenburgs. 1655 wird er vom schwedischen König Karl X. Gustav mit Ostpreußen belehnt, ein Jahr später erkennt Schweden die vollständige Souveränität Brandenburgs in Ostpreußen an. Als am 23. Oktober 1685 das Edikt von Nantes des Jahres 1598 in Frankreich aufgehoben wird, in dem die Religionsfreiheit garantiert worden ist, müssen tausende Hugenotten fliehen. Friedrich Wilhelm von Brandenburg nimmt 20 000 von ihnen auf. Das wirkt sich für sein Land als Segen aus, denn die Hugenotten sind exzellent ausgebildet und sorgen für die rasche wirtschaftliche Erholung Brandenburgs. Seine Regierungszeit ist geprägt von den Nachwehen des Religionskrieges, der vor allem auf dem Territorium Brandenburgs ausgetragen worden ist. Mit dem Aufbau eines stehenden Heeres und der Erlangung der Souveränität in Ostpreußen legt Friedrich Wilhelm von Brandenburg den Grundstein für das Königreich Preußen, das sein Sohn und Nachfolger Friedrich III. rund zehn Jahre nach dem Tod des großen Kurfürsten am 18. Januar 1701 begründet.

Die Geburt eines Staates

Nachdem Kurfürst Friedrich III. dem deutschen Kaiser militärische Unterstützung im Spanischen Erbfolgekrieg zugesichert hat, gestattet Leopold I. ihm am 16. November 1700 die Errichtung eines souveränen Königreichs in dem außerhalb der Grenzen des Deutschen Reichs liegenden preußischen Herzogtum. Genau genommen entsteht das Königreich Preußen in Ostpreußen, einer wie ein Halbkreis um die Hauptstadt Königsberg liegenden agrarisch strukturierten Landschaft. Danzig gehört als kaiserlicher Besitz nicht dazu. Preußen geht eigentlich aus dem Nichts hervor. Am Tag seiner Gründung umfasst das Königreich zwischen Elbe und Oder die alte Kurmark Brandenburg, das Erzbistum Magdeburg, Pommern und im Osten eben das Herzogtum Preußen, eine merkwürdige Hinterlassenschaft des einst so mächtigen Deutschen Ordens. Dieses mehr oder weniger zusammenhangslose Gebilde wird auf den Tag genau 170 Jahre als eigenständiges Königreich eine bedeutende Rolle in Europa spielen, die die Nachbarn ebenso in Erstaunen wie in Erschrecken versetzt.

■ **Die Krönung des ersten Königs von Preußen**
Trotz Schnee und eisiger Kälte bricht Kurfürst Friedrich III. von Brandenburg am 17. Dezember 1700 nach Königsberg, dem Ort der Krönung, auf. 300 Reise- und Gepäckwagen und sein Hofstaat mit 200 Bediensteten sind dabei, am Wegesrand warten mehr als 30 000 Ersatzpferde. Eine für damalige Verhältnisse gigantische Unternehmung, bei der vormittags gereist und nachmittags bis weit in die Nacht hinein voller Vorfreude ausgiebig gefeiert wird. In Königsberg erfolgt ein Spektakel, das sich der zukünftige König minutiös ausgedacht hat. Herolde machen die bevorstehende Krönung bekannt, Pauker und Trompeter sorgen für die notwendige Aufmerksamkeit, Kirchenglocken läuten und unentwegt werden Geschütze abgefeuert. Den Akt der Krönung am 18. Januar 1701 hat der mitgereiste Hofdichter Johann von Besser festgehalten: »Der erste Herold las die Publikation von einem gedruckten Zettel in diesen Worten abgefasst: ›Demnach es durch die allweise Vorsehung Gottes dahin gediehen, dass dieses bisher gewesene souveräne Herzogtum Preußen zu einem Königreich aufgerichtet und desselben

Souverän, der Allerdurchlauchtigste Großmächtigste Fürst und Herr, Herr Friedrich König in Preußen geworden: so wird solches hiermit männiglichen kundgetan, publiziert und ausgerufen: lang lebe Friedrich, unser Allergnädigster König. Lang lebe Sophie Charlotte, unsere Allergnädigste Königin.‹ Alle Umstehenden beantworteten mit Schwenkung der Hüte und einem oft wiederholten Vivat den Wunsch des Heroldes.«

Friedrich III. setzt sich die Krone, die er eigens hat anfertigen lassen, selbst auf den Kopf und lässt sich anschließend von Bischöfen, die er nur für diesen Zweck ernannt hat, segnen. Damit ist die preußische Königswürde von Gott gegeben und nicht abhängig vom Willen des Volkes, das fortan von diesem »Allergnädigsten König aller Könige« die Ehre hat regiert zu werden. Da Friedrich der erste preußische König ist, nennt er sich auch so: Friedrich I. König in Preußen – in Personalunion bleibt er auch Kurfürst von Brandenburg.

Preußen ist jetzt zwar ein Königreich, verdient diesen Namen aber eigentlich noch nicht. Es kann sich auf keinen Ursprungsstamm berufen, es gibt kein Fürstentum als Vorläufer und es hat keine Tradition. Preußen ist eine kleine, nicht einmal zusammenhängende territoriale Organisationsform, die den dort lebenden Menschen vorgesetzt wird. Das ist Stärke und Schwäche zugleich, denn einerseits wird Preußen ausschließlich nach den rationalen Kriterien, die das Überleben des Staates sichern, regiert. Andererseits wird dieser Staat, der auf nationales Pathos weitgehend verzichtet, immer merkwürdig herzlos und bürokratisch bleiben. Den preußischen Regenten geht es nie um eine »deutsche Nation«, sondern immer um den preußischen Staat – dafür allerdings gehen sie im wahrsten Sinne des Wortes über Leichen.

Zu Beginn des preußischen Königreichs leben nur wenige Menschen innerhalb der Landesgrenzen, der Boden ist weitgehend unkultiviert und kaum bewohnt. Also öffnet man die Tore für die Verfolgten und Unterdrückten Europas. Preußen wird fast wie Amerika zum Rettungsplatz für Juden, französische Hugenotten oder Mennoniten, für Wirtschaftsflüchtlinge und politisch Verfolgte des gesamten Kontinents. Ihnen wird nicht eine »preußische Kultur« verordnet, sie dürfen ihre Eigenarten und Traditionen beibehalten – sie müssen nur treue Staatsbürger sein und beim Aufbau des Landes helfen. Das ist das Erfolgsrezept Preußens, das die europäischen Nachbarn ein ums andere Mal in Erstaunen versetzt. Da Preußen keine Geschichte hat und auf keine Befindlichkeiten seiner Mitglieder Rücksicht nehmen muss, schaffen die preußischen Könige ein ausgeklügeltes Regierungs- und Verwaltungssystem, das eigentlich überall funktionieren würde. Preußen ist kein Nationalstaat mit Kultur und Tradition, sondern der erste effiziente Verwaltungsstaat, der die Belange des Staates über die der Nation stellt. Daneben, vielleicht sogar darüber, steht ein nicht minder effizientes Militärsystem, das dieses kleine Land zu einem der fünf entscheidenden Mächte in Europa macht.

Am Anfang dieser erstaunlichen Entwicklung steht mit Friedrich I. ein eher unbedeutender Regent. Sein Enkel und Nachfolger Friedrich der Große wird 40 Jahre später schreiben, sein Großvater sei im »Kleinen groß und im Großen klein« gewesen, der überdies das Pech gehabt habe, zwischen einem Vater und einem Sohn regiert zu haben, deren »überlegene« Begabungen seinen Platz in der Geschichte verdunkelten. Dem ist nicht viel hinzuzufügen. Am Ende seines Lebens 1713 hinterlässt der erste preußische König ein finanziell ruiniertes Land, das in weiten Teilen rückständig ist. Bauern sind Leibeigene der Grundherren, und das Sagen hat eine berüchtigte Kaste von anmaßenden Groß-Agrariern, die die eigentlichen Herren zumindest auf dem »platten Land« sind – und davon gibt es in Preußen genug. Preußen bedarf genau wie das benachbarte Russland einer umfassenden Modernisierung, will es nicht bald wieder von der geschichtlichen Bühne abtreten. Während in Russland der große Zar Peter I. sein Land mit bisweilen brutalen Zwangsmaßnahmen und gegen erhebliche Widerstände umorganisiert und als osteuropäische Großmacht etabliert, heißt der Modernisierer Preußens nicht zu Unrecht »Soldatenkönig«. Die Rede ist von Friedrich Wilhelm I., der Ende Februar 1713 seinen Vater beerbt.

Preußens Aufstieg

Der neue König betreibt die Modernisierung des Landes als Militarisierung, indem er ein gewaltiges stehendes Heer aufbaut, den dort üblichen Kadavergehorsam zur Pflichterfüllung umdefiniert und als Verdienst auslegt. Kinder sind in erster Linie kleine Kadetten, denen eine wenig kindgerechte, soldatische Erziehung bevorsteht. Der seither sprichwörtliche preußisch-pflichtbewusste Staatsbeamte wird zum Sinnbild einer Gesellschaft neuen Stils. Das Ideal des Königs schwankt zwischen Oberlehrer und Feldwebel und signalisiert gleichzeitig, wie er den neuen preußischen Staat umgestalten will. 1722 führt Preußen als erstes europäisches Land die Schulpflicht ein, nur wenig später ist der Bildungsstand deutlich höher als anderswo. Neben den Investitionen ins Bildungssystem verschlingt die Armee nahezu zwei Drittel des Haushaltes. Söhne aus adligen Familien werden zum Soldatendienst zwangsverpflichtet. So genannte Werber streifen durchs Land, drohen mit Verstümmelungen und Konfiskationen, wenn ihrem zwielichtigen Ruf nicht freiwillig Folge geleistet wird. Wehrfähige Männer werden entführt, Studenten aus den Universitäten verschleppt, selbst in Häuser wird eingebrochen, um vom Speicher bis zum Keller nach neuen Rekruten zu suchen.

In den überall entstehenden Kasernen herrscht ein unglaublicher Drill, der die Armee beweglicher und schlagkräftiger macht. Ein genau reglementierter Tagesablauf sorgt für ein straffes militärisches Regiment. Wer gegen die Regeln verstößt, muss sich der Duellierwut seines Gegenübers stellen oder »Gassenlaufen«. Einige Jahre später schreibt der französische Kavallerieoffizier Honoré-Gabriel Riquetti Graf Mirabeau, ein guter Kenner und Freund Preußens, mit erschrockener Bewunderung, dass andere Staaten eine Armee haben, während in Preußen die Armee einen Staat hat. Eine ziemlich treffende Bemerkung, denn durch die gnadenlose Strenge und Disziplin, die den Alltag des ganzen Landes regeln, ist das preußische Militär seinen europäischen Konkurrenten bald weit überlegen und begründet neben Frankreich, Österreich, Russland und England die Stellung Preußens als fünfte Großmacht in Europa. Genau genommen existieren nun drei Deutschländer, die außer der gemeinsamen Sprache wenig miteinander zu tun haben und sich teilweise sogar bekämpfen: Preußen, Österreich und die im Deutschen Reich zusammengehaltenen restlichen deutschen Fürstentümer. Das Reich und Kaiser Karl VI., der Österreicher ist, haben keine gemeinsame Armee, sodass die Mitte des Kontinents erst zum Zankapfel und dann immer mehr zum Spielball der beiden bis unter die Zähne bewaffneten Randstaaten Österreich und Preußen wird.

Dem »Soldatenkönig« Friedrich Wilhelm I. wird nachgesagt, er habe öfters mit seinem Stock auf jeden eingeprügelt, der sein Missfallen erregte. Offensichtlich schreckt er auch bei der Erziehung seines eher schöngeistigen Sohnes und Kronprinzen Friedrich vor keiner Brutalität zurück. Friedrich ist der pädagogischen Prügelei seines Vaters überdrüssig und will sich der unerträglich gewordenen väterlichen Fürsorge final entziehen, indem er die Flucht nach England in das gelobte Land des Parlamentarismus plant. Friedrich spielt Flöte, parliert lieber französisch als deutsch, dreht seine Haare mit einem Lockenwickler auf, beschäftigt sich mit den schönen Künsten und distanziert sich damit unmissverständlich vom militärischen Drill der häuslichen Erziehung. Die Frankophilie seines Sohnes erregt den Zorn des strengen Königs dermaßen, dass er ein ums andere Mal den missratenen Sprössling mit Hilfe seines Stocks auf den rechten Weg zu prügeln trachtet. Als das alles nichts nützt, versucht er den Weichling mit einer Gardinenkordel ins Jenseits zu befördern. Der aufgebrachte König fügt der Misshandlung, die bei einem Manöverbesuch in Mühlberg vor den Augen seiner Adjutanten stattfindet, noch hinzu, wäre er von seinem Vater so behandelt worden, so hätte er sich selbst erschossen, Friedrich aber habe keine Ehre und lasse sich alles gefallen. Irgendwann reicht es jedem Sohn, so auch im Fall des kleinen Friedrich. Mit seinem Freund Hans-Hermann von Katte beschließt er die Flucht nach England, aber der Plan wird aufgedeckt. Beide werden vor ein Kriegsgericht gestellt, von dem sie mit väterlichem Einverständnis zum Tode verurteilt werden. Da man aber einen Kronprinzen nicht so ohne weiteres umbringen kann, wird Friedrich schließlich begnadigt, muss aber am 6. November 1730 in Küstrin die für ihn wohl härteste aller Strafe ertragen: Vor den Augen des entsetzten 18-jährigen Friedrich wird sein Freund Hans-Hermann von Katte enthauptet. Der erschütterte und versteinerte Friedrich muss anschließend wieder in den Kerker, wo er so lange bleibt, bis er entlassen und auf väterliche Anweisung gegen seinen Willen mit Christine von Braunschweig verheiratet wird. Er vollzieht die Ehe widerwillig und wenig erfolgreich. Alsdann lebt er in Rheinsberg, beginnt eine lebenslange Korrespondenz mit dem französischen Aufklärer François Marie Arouet, besser bekannt als Voltaire, und schreibt 1739 den berühmt gewordenen ›Antimachiavell‹, in dem er die Fürsten auffordert, sich dem Wohl des Landes unterzuordnen.

Friedrich der Große und Maria Theresia

Gegen Ende der Regentschaft seines Vaters bessert sich das Verhältnis zwischen den beiden, Friedrich wird wieder in den Schoß der Familie aufgenommen und erkennt die Aufbauleistung seines Vaters an. Am 31. Mai 1740 schlägt das Herz des »Soldatenkönigs« zum letzten Mal, am gleichen Tag wird sein Sohn als Friedrich II. König von Preußen. Von den Gedanken der französischen Aufklärung beseelt, schafft er im ersten Monat seiner Amtszeit Folter und Todesstrafe ab und verfügt die Religionsfreiheit im Lande. Aber das ist nicht der einzige Grund, warum Friedrich »der Große« genannt wird. Im Vermächtnis seines Vaters, der ihm einen wohl geordneten Staat hinterlässt, findet sich ein versiegelter Brief mit der Aufschrift »für meinen Sohn Friedrich«. Darin sind die Pläne für die Trockenlegung des Oderbruchs festgehalten. Sieben Jahre dauert der Kampf gegen die sich heftig wehrende Natur. Am Ende aber sind mehrere hundert Quadratkilometer ungenutzten Landes in fruchtbaren Ackerboden verwandelt. 1200 Familien siedeln sich in dem neu gewonnenen Land an, Gleiches geschieht in Pommern und in der Kurmark. Neben diesem bewundernswerten Aufbauwerk sind es aber vor allem zwei Kriege, die den legendären Ruf Friedrichs II. bis heute hervorgerufen haben.

Der Zufall will es, dass vier Monate nach der Krönung Friedrichs II. Kaiser Karl VI. in Wien stirbt. Karl VI., der die österreichische Monarchie bis nach Sizilien und Sardinien, zu den österreichischen Niederlanden, nach Nordserbien und Rumänien erweitert hat, ist der letzte männliche Spross des Hauses Habsburg. Das stellt den armen Mann zu Lebzeiten vor ein Problem, denn das habsburgische Erbrecht gilt nur für männliche Nachkommen. Gestützt auf ein besonderes Erbfolgegesetz von 1717 – »Pragmatische Sanktion« genannt – erklärt Karl VI. kurz vor seinem Tod am 20. Oktober 1740 seine älteste Tochter Maria Theresia zur Erbin der Kaiserkrone. Aber sein Erbvertrag, mit dem seine Tochter Maria-Theresia fortan regiert, ist Auslöser für den bis 1748 dauernden Österreichischen Erbfolgekrieg.

Maria Theresia wird am 13. Mai 1717 in Wien geboren und im gleichen Jahr wie Friedrich II. als Erzherzogin von Österreich und Königin von Ungarn und Böhmen gekrönt. Maria Theresia gilt als eine der schönsten Frauen Europas und ist eine begehrte Heiratskandidatin. Das Rennen um die Gunst der begehrenswerten Kronprinzessin macht Franz Stephan Herzog von Lothringen, mit dem sie innerhalb von 20 Jahren nicht weniger als 16 Kinder zeugt, die sie liebevoll umsorgt. Maria Theresia ist beim Volk ungewöhnlich beliebt. Sie regiert umsichtig und ist zudem eine liebevolle Mutter. Beides verschafft ihr hohes Ansehen bei den Menschen ihrer Zeit. Ihre politischen Wege kreuzen sich immer wieder mit denen des preußischen Königs Friedrich II. Der innerdeutsche Konflikt beginnt unmittelbar nach dem Tod ihres Vaters, als Maria Theresia wegen des besagten Erbvertrags ihren Anspruch auf die deutsche Kaiserkrone geltend macht. Dagegen erheben die Kurfürsten von Bayern und Sachsen ebenso Einspruch wie Friedrich II., der auch auf die Kaiserkrone spekuliert. Maria Theresia sieht sich angesichts dieser politischen Gemengelage gezwungen, nicht nur die Ausgaben für das Heer zu vergrößern, sondern auch den Staat durch eine zentralistische Verwaltung neu zu organisieren. Aber Österreich ist der Übermacht der antihabsburgischen Koalition trotz des reformierten Staats- und Heerwesens nicht gewachsen.

Der Streit um die österreichische Erbfolge eskaliert, als Friedrich II. von Preußen am 16. Dezember 1740 in Schlesien, das bis dahin zur Krondomäne des Hauses Habsburg gehört hatte, einmarschiert und das Land besetzt. Zwei Schlachten entscheiden diesen ersten »Schlesischen Krieg«, der auf englische Vermittlung 1742 mit den Verträgen von Breslau und Berlin beendet wird, in denen Österreich auf Schlesien verzichtet. Parallel zu diesem für Österreich wenig erfreulichen Kriegsverlauf wird auch noch der bayrische Kurfürst Karl VII. Albrecht zunächst zum König von Böhmen und am 24. Januar 1742 von den Gegnern Maria Theresias zum deutschen Kaiser gekrönt. Dennoch denkt die österreichische Monarchin nicht ans Aufgeben, lässt ihre Truppen in Bayern einmarschieren und überlegt das Land zu annektieren. In der Folgezeit kommt es in diesem deutschen Bruderzwist um Schlesien und um die Vorherrschaft in Deutschland zu wechselnden Koalitionen, an denen sich auch Frankreich beteiligt. Als Sachsen 1744 die Fronten wechselt und auf Seiten Österreichs steht, fällt Friedrich II. in Böhmen ein und eröffnet damit den zweiten »Schlesischen Krieg«. Maria Theresia muss nach dieser erneuten Aggression ihre Annektionspläne mit Bayern aufgeben. Der Tod des deutschen Kaisers Karl VII. Albrecht am 20. Januar 1745 eröffnet der österreichischen Monarchin aber erneut die Möglichkeit, die deutsche Kaiserkrone an das Haus Habsburg zu binden.

Nach langen Verhandlungen mit allen Beteiligten erreicht Maria Theresia folgendes Ergebnis: Der Nachfolger Karls VII. Albrecht, dessen Sohn Maximilian III. Joseph, darf das Erbe im Kurfürstentum Bayern nur dann antreten, wenn er gleichzeitig den bayrischen Ansprüchen auf die deutsche Kaiserkrone für alle Zeiten abschwört. Kurfürst Maximilian III. Joseph stimmt zu und macht damit den Weg frei für Herzog Franz Stefan von Lothringen, der umgehend zum deutschen Kaiser gewählt wird. Maria Theresias Mann regiert als Franz I. von 1745 bis 1765. Gleichzeitig schließen Österreich und Preußen am 25. Dezember 1745 in Dresden einen Frieden, bei dem die österreichische Monarchin Schlesien und Teile Oberitaliens abgeben muss. Damit ist der Streit zwischen Österreich und Preußen um die Vorherrschaft in deutschen Landen zunächst einmal beendet. Drei Jahre später wird auch der Konflikt um die österreichische Erbfolge mit dem Frieden von Aachen beigelegt. Am 18. Oktober 1748 erreicht Maria Theresia die Anerkennung der weiblichen Erbfolge und damit auch die endgültige Anerkennung ihres Anspruchs auf die deutsche Kaiserkrone. Sie selbst lässt sich aber nicht zur deutschen Kaiserin krönen, es reicht ihr, dass ihr Mann Franz I. diesen Platz einnimmt.

Während der preußische König Friedrich II. mit den Ergebnissen der beiden Schlesischen Kriege zufrieden ist und sein Land als bedeutende europäische Macht etabliert hat, gibt sich Maria Theresia nicht so leicht geschlagen. Ihre Außenpolitik ist fortan auf die Rückeroberung Schlesiens ausgerichtet. Als ihr ein Bündnis mit Frankreich, Russland, Schweden und Sachsen gelingt, scheinen die Aussichten auf einen erneuten, dieses Mal aber erfolgreichen Waffengang gegen den Preußenkönig günstig. Der nun folgende »Siebenjährige Krieg« zieht die europäischen Großmächte in den österreichisch-preußischen Konflikt hinein, in dem es nicht nur um das österreichische Ziel der Rückgewinnung Schlesiens, sondern auch um die endgültige Schwächung des innerdeutschen Konkurrenten Preußen geht. Friedrich II. sieht das natürlich genau umgekehrt und eröffnet den Krieg mit einem präventiven Angriff auf Sachsen. Am 19. August 1756 überfällt er Sachsen und wird daraufhin von den deutschen Fürsten mit der so genannten Exekution belegt, was einer Kriegserklärung gegen Preußen gleichkommt.

Von nun an ist Preußen im wahrsten Sinne des Wortes von Gegnern umzingelt: im Westen von den deutschen Fürsten, im Süden von Österreich vereint mit Frankreich und Russland und im Norden von Schweden. In dieser scheinbar aussichtslosen Lage zeigen sich der Wert der preußischen Armee und das große militärische Geschick, mit dem Friedrich II. seine Truppen dirigiert. Nicht selten an der Spitze des Heeres reitet Friedrich II., der nun seinem Beinamen »der Große« alle Ehre macht, von Sieg zu Sieg. Bis Mitte August 1759 bleiben die preußischen Truppen unbezwingbar. Am 12. August 1759 muss Friedrich der Große bei Kunersdorf an der Oder aber eine vernichtende Niederlage gegen ein österreichisch-russisches Heer einstecken. Die preußische Armee löst sich an diesem Tag fast vollständig auf, der König entkommt nur knapp der Gefangenschaft. Am Abend schreibt er einen Brief an den Minister Karl Graf Finck von Finckenstein:

»Unsere Leute gerieten in Verwirrung, ich habe sie dreimal gesammelt, am Ende wäre ich beinahe selbst in Gefangenschaft geraten und musste das Schlachtfeld räumen. Mein Rock ist von Schüssen durchlöchert; zwei Pferde sind mir unter dem Leib gefallen. Mein Unglück ist, dass ich noch lebe. (...) Von einem Heer von 48 000 Mann habe ich jetzt, wo ich dies schreibe, keine 3 000 mehr. Alles flieht, und ich bin nicht mehr Herr meiner Leute. (...) Dies ist ein grausames Missgeschick, ich werde es nicht überleben (...) und, um nicht zu lügen, ich halte alles für verloren. Den Untergang meines Vaterlandes werde ich nicht überleben. Leben Sie wohl für immer!«

Die depressiven Befürchtungen Friedrichs II. sind berechtigt, denn nur wenige Monate später erscheinen russische und österreichische Truppen vor den Toren Berlins und besetzen die Stadt. Das Berliner Stadtschloss wird geplündert und die Bevölkerung erlebt zum ersten Mal einen vollkommen verzweifelten König. Die militärische Lage ist aussichtslos, die Übermacht der europäischen Allianz gegen Preußen zu groß. Es bedarf in diesen Tagen nur geringer hellseherischer Fähigkeiten, um den Untergang Preußens vorherzusagen. Rettung kommt von außen, denn in St. Petersburg erkrankt Ende 1761 Zarin Elisabeth, die unversöhnliche Feindin des preußischen Königs, schwer. Als sie am 5. Januar 1762 stirbt, ist Preußen gerettet, weil ihr Nachfolger Peter III. seinem Ruf als glühender Verehrer des großen Friedrich alle Ehre macht und sofort nach seiner Thronbesteigung die russischen Truppen aus Pommern und Ostpreußen zurückzieht. Am 16. März 1762 schließen Preußen und Russland einen Waffenstillstand, dem im Juni sogar ein Bündnis folgt. Die 20 000 in Schlesien stehenden Russen wechseln die Fronten und stehen jetzt auf der Seite Preußens. Auch Schweden verlässt die Allianz, sodass Österreich auf sich allein gestellt ist. Ein abermaliges Umschwenken Russlands scheint bevorzustehen, als Katharina, die Gattin Peters III., im Juli 1762 dessen kaltblütige Ermordung zulässt, um selbst den Zarenthron zu besteigen. Katharina »die Große« beobachtet den preußischen Aufstieg zur europäischen Großmacht mit Argwohn. Sie kündigt das russisch-preußische Bündnis auf, hält den Waffenstillstand aber ein. Die militärische Lage für Maria Theresia ist ausweglos, sodass der Krieg mit einer Niederlage Österreichs Anfang 1763 zu Ende geht.

Das Ende des preußisch-österreichischen Konfliktes besiegelt der Frieden von Hubertusburg am 15. Februar 1763. Schlesien, so wird vereinbart, bleibt weiterhin im preußischen Staatsverband. Damit hat Friedrich II. das Gebiet Preußens um fast ein Drittel vergrößert und wirtschaftlich erheblich gestärkt. Gleichzeitig aber muss er zusichern, den Sohn Maria Theresias nach deren Ableben zum nächsten deutschen Kaiser zu wählen. Das Geschacher um die Macht in Deutschland hat also eigentlich zwei Sieger. Einerseits ist Preußen geopolitisch und wirtschaftlich gestärkt aus den Kriegen hervorgegangen, andererseits hat die österreichische Monarchin die Vormachtstellung ihres Hauses Habsburg-Lothringen in Deutschland für die Zukunft dadurch abgesichert, dass ihre Nachkommen einen anerkannten Anspruch auf die deutsche Kaiserkrone erheben können. Die beiden Hauptfiguren Friedrich II. und Maria Theresia verbindet aufrichtiger Hass, der auch nach dem Ende der Kriege nicht aufhört. Der Konflikt, der wieder einmal in der deutschen Mitte des europäischen Kontinents ausgetragen worden ist, ist aber mehr als nur ein bilateraler Streit. Durch den Eintritt Frankreichs an der Seite Österreichs und Englands an der Seite Preußens ist aus dem »Siebenjährigen Krieg« in Europa auch eine weltweite Auseinandersetzung zwischen den beiden rivalisierenden Kolonialmächten geworden.

■ **Weltweite Konflikte**

Zeitgleich findet ein ebenso sieben Jahre dauernder Krieg zwischen Frankreich und England in Nordamerika und Indien statt. Der von den Neuengland-Staaten und Virginia ausgehenden englischen Expansion nach Kanada stellen sich Truppen der französischen Siedler entgegen, die ein Vordringen der Engländer verhindern wollen. Der englische Außenminister William Pitt der Ältere verfolgt auf dem alten Kontinent eine konsequente Politik, indem er den preußischen König nur mit Geld unterstützt, Frankreich hingegen hat seine Truppen in den europäischen Konflikt geworfen. William Pitts Hauptaugenmerk ist auf den Ausbau der Kolonien gerichtet. Während sich Frankreich in Europa in dem Konflikt zwischen Österreich und Preußen aufreibt, gelingt den Engländern der Vorstoß bis Ohio, wo zu Ehren des englischen Außenministers ein kleines Fort in Pittsburgh umbenannt wird. Aber die Entsendung von Expeditionsheeren nach Amerika und Indien verschlingt viel Geld, was Steuererhöhungen in den Kolonien nach sich zieht. Das führt zu Unruhen und Aufständen, von denen die »Boston Tea Party« vom 16. Dezember 1773 Berühmtheit erlangt hat. Als Indianer verkleidete Bostoner Bürger werfen aus Empörung über die zu hohe Abgabenlast eine Schiffsladung englischen Tees ins Meer und provozieren so einen Krieg mit den ungeliebten Kolonialherren, der rund zwei Jahre später – am 4. Juli 1776 – mit der amerikanischen Unabhängigkeitserklärung und weitere elf Jahre später – am 17. September 1787 – mit der Verfassung der nun eigenständigen Vereinigten Staaten von Amerika endet.

Die beiden zwischen 1756 und 1763 in Europa und in den Kolonien ausgetragenen »Siebenjährigen Kriege« zeigen, dass die Kontinente näher zusammengerückt sind. Jene europäischen Großmächte, die auch Kolonialmächte sind, müssen ihre Interessen in Zukunft an verschiedenen Stellen der Erde gleichzeitig vertreten. Umgekehrt kann ein Interessensgegensatz zwischen zwei Ländern an einem Ort zu einem Konflikt an einer ganz anderen Stelle der Welt führen. Für das Deutsche Reich, Preußen und Österreich gelten diese Konsequenzen der ersten Globalisierung nicht, denn sie haben in der Mitte des 18. Jahrhunderts keine Kolonien, um deren Erhaltung oder Erweiterung sie kämpfen müssten.

Polnische Teilungen

Die Aufmerksamkeit Preußens und Österreichs richtet sich auf die politischen Verhältnisse in Europa und die werden 1772 in einer preußisch-russisch-österreichischen Gemeinschaftsaktion noch einmal kräftig durcheinander gebracht. In Polen regiert König Stanislaus II., der mit der politischen Einflussnahme seiner Nachbarn Preußen und Russland zu kämpfen hat. Als es Ende 1771 zu Unruhen in Polen kommt, setzen der preußische König, die russische Zarin und der deutsche Kaiser einen lang gehegten Wunsch in die Tat um: Das polnische Staatsgebiet wird um rund 30 Prozent verkleinert und unter seinen Nachbarn aufgeteilt. Friedrich II., der sich ohne jeden Skrupel an Polen vergeht, verleibt Preußen zwar nur den kleinsten Teil ein, ist aber der eigentliche Gewinner dieser ersten polnischen Teilung, die im Februar 1772 besiegelt wird. Denn nun ist Ostpreußen, das Gründungsland seines Königreiches, durch die Annexion von Westpreußen, dem Kulmerland und dem Netzedistrikt mit Hinterpommern und der Kurmark – dem ehemaligen Kurfürstentum Brandenburg – verbunden. Wenig später liefert Friedrich II. die Begründung für diesen dunklen Punkt in seiner Biographie:

»Wenn man seine getrennten Staaten zu einem Ganzen verbinden kann, so möchte schwerlich ein Sterblicher zu finden sein, welcher das nicht mit Vergnügen unternehmen sollte. Es ist dabei wohl zu bemerken, dass alles noch dazu ohne Blutvergießen abgegangen ist. Ein wenig Tinte und eine Feder haben alles abgetan, und Europa wird nun von den schlimmsten Unruhen befreit sein.«

Auch Österreich stößt sich durch die Übernahme Galiziens mit der Hauptstadt Lemberg gesund, während Russland einen relativ schmalen Grenzstreifen zwischen Riga und Smolensk erhält. Das polnische Drama, von raffgierigen Nachbarn umzingelt zu sein, geht am 23. Januar 1793 mit der zweiten polnischen Teilung weiter, bei der Russland den Rest der Ukraine und Weißrussland okkupiert und Preußen das so genannte Großpolen bekommt. Von Polen bleibt lediglich ein 250 Kilometer breiter Streifen zwischen Preußen und Russland übrig. Aber auch der weckt noch die Begehrlichkeiten seiner Nachbarn, denn nach der dritten polnischen Teilung am 3. Januar 1795 annektiert Russland Litauen, Österreich besetzt die Mitte Polens und Preußen bekommt den Rest des Landes. Lediglich Krakau bleibt als Freistaat übrig. Polen hat aufgehört zu existieren, es ist der Raublust der europäischen Großmächte zum Opfer gefallen.

Maria Theresia, die den polnischen Teilungen nur zögerlich zugestimmt hat, und der Preußenkönig Friedrich II. sind in der zweiten Hälfte des 18. Jahrhunderts die beiden bestimmenden Figuren in Europa. Während die österreichische Monarchin unentwegt Kinder zur Welt bringt, ist sie auch die starke Exponentin eines von tiefer Religiosität durchdrungenen Absolutismus. Ihre »Theresianischen Reformen« machen aus dem österreichischen Vielvölkerstaat einen zentral verwalteten, einheitlichen Staat, dessen größtes Problem aber auch weiterhin das Zusammenleben der unterschiedlichen Volksgruppen bleibt. Machtpolitisch gelingt ihr die Etablierung des Hauses Habsburg-Lothringen auf dem deutschen Kaiserstuhl, was angesichts der massiven Widerstände einiger deutscher Fürsten keinesfalls selbstverständlich gewesen ist. Maria Theresia stirbt im Alter von 73 Jahren am 29. November 1780 in Wien als eine von ihren Zeitgenossen bewunderte Herrscherin.

Ihr Gegenspieler Friedrich II. herrscht zwar auch als absoluter Regent, ist aber ein Vertreter des »aufgeklärten« Absolutismus. Das von ihm und seinem Vater, dem »Soldatenkönig«, geprägte Preußen wird in seiner Regierungszeit zu einem Rechts- und Verfassungsstaat, in dem die Glaubens- und Gewissensfreiheit ebenso gelten wie die strikte Trennung von Staat und Justiz.

Der Staat basiert auf Berufsbeamten und einem hofierten Adel, der sich dem Gemeinwohl zu unterwerfen hat, dafür aber eine herausragende Stellung in der preußischen Gesellschaft und in der preußischen Armee für sich beanspruchen darf. Friedrich der Große gehört – vermutlich unfreiwillig – zu jenen, die einen Zusammenschluss der deutschen Fürsten zu einem Bund befördern. Als er von der Absicht hört, Österreich mit Bayern zu vereinigen, um die Grenzpfähle des Hauses Habsburg weiter nach Norden zu verschieben, gründet Friedrich II. am 23. Juni 1785 in Berlin kurz entschlossen den »Deutschen Fürstenbund«, dem unter anderen auch Sachsen und das Kurfürstentum Hannover beitreten. Man kann in diesem Fürstenbund eine Form von Reichspatriotismus erkennen, der ein gemeinsames Staatsbewusstsein zur Grundlage hat. Friedrich II. ist davon unberührt, ihm geht es um die Sicherheit Preußens und die Zurückdrängung Österreichs. Seine Warnung, die vom Deutschen Reich garantierten fürstlichen Freiheiten und Rechte könnten unter österreichischem Einfluss vielleicht kassiert werden, genügt, um die deutschen Fürsten zu diesem Bund zusammenzutreiben.

Ein Blick auf die Landkarte der europäischen Mitte zeigt, dass das Deutsche Reich zwei Nachbarn hat, deren Staatsgebiet teilweise innerhalb des Reichsgebietes liegen: Preußen mit Ländereien in Braunschweig, Kleve und an der Nordseeküste und Österreich mit Gebieten um Aachen sowie zwischen Wien und Dresden. Dazwischen erstreckt sich ein territorialer Flickenteppich mit hoher Artenvielfalt. Preußen hat sich dem Deutschen Reich weitgehend entzogen und ist zu einem eigenen Staat herangewachsen, der die europäischen Mächte das Fürchten gelehrt hat. Die »Deutschländer« sind gespalten in einen eher protestantisch-preußischen Norden und einen eher katholisch-österreichischen Süden. Aus dem einst armen Brandenburg-Preußen ist ein moderner Machtstaat geworden. Der preußisch-österreichische Dualismus ist ein Sprengsatz. Das Deutsche Reich droht aufgerieben zu werden zwischen der protestantischen, modernen Großmacht im Nordosten und der konservativ-katholischen Führungsmacht im Südosten.

Am Ende des 18. Jahrhunderts ist das Deutsche Reich eine – wenn auch zunehmend loser werdende – Klammer, die die unterschiedlichen Fürsten miteinander verbindet. Aber die Lage des Deutschen Reiches wird immer schwieriger. Unüberhörbar sind jetzt die Stimmen jener, die diesen Zustand sarkastisch beklagen und nach einem nationalen Ausweg suchen. Der Staatsrechtslehrer Friedrich Karl von Moser beklagt, das Deutsche Reich sei am Ende des 18. Jahrhunderts desolat und die Deutschen ein

»Rätsel politischer Verfassung, ein Raub der Nachbarn, kraftlos durch seine Trennungen, stark genug, um selbst zu schaden, ohnmächtig, uns zu retten, unempfindlich gegen die Ehre unseres Namens, unzusammenhängend in Grundsätzen, gewalttätig in deren Ausführung, ein großes und gleichwohl verachtetes, ein in der Möglichkeit glückliches, in der Tat selbst aber sehr bedauernswürdiges Volk.«

An diesem pathetisch beklagten Zustand hat der große Preußen-könig mitgewirkt. Als Friedrich der Große in der Nacht des 17. August 1786 auf Schloss Sansoussi in Potsdam 84-jährig stirbt, tritt ein beeindruckender Potentat und genialer Feldherr, der sein Land zu einem für damalige Verhältnisse modernen Staat gemacht hat, von der Bühne des Lebens ab. Er ist im wahrsten Sinne des Wortes über Leichen gegangen, wenn es um das Wohl seines preußischen Staates ging. Er ist weniger ein Held als ein deutscher Mythos, dessen politisches Denken und Handeln …

Aufklärung und Nationalismus

... geprägt und beeinflusst ist von den Gedanken der Aufklärung. Die Aufklärung, die sich im 18. Jahrhundert über ganz Europa verbreitet, ist eine Antwort auf die Erkenntnisse und Erfahrungen der vorangegangenen Jahrhunderte. Wissenschaftliche Entdeckungen haben die Grundlagen für ein neues Bild der Welt entworfen, in dem nachprüfbare Erklärungen geliefert werden. Physiker und Astronomen entdecken, wie Sonne, Mond und Sterne mit der Erde zusammenhängen. Naturwissenschaftler finden heraus, wie der Mensch sich die Kraft des Wassers zunutze machen kann. Die Seefahrer haben fremde Kontinente ergründet und damit die Vorstellung von der Erde, die eine Scheibe sein sollte, zunichte gemacht. Ihre Suche nach Antworten auf Fragen, die das Leben auf Erden hervorbringt, wird ausschließlich durch den Verstand geleitet. Nicht Glauben, sondern Wissen: Das ist die Maxime der Aufklärung. Durch Beobachten, Nachdenken und Experimentieren könne man Wissen anhäufen, das allein in der Lage sei, Erkenntnisse über die Welt – und wie sie funktioniert – zu vermitteln. Man müsse nicht glauben, dass etwas ist, wie es ist, sondern man könne nachprüfen, ob es wirklich so sein muss, wie es ist. Die bis dahin vorherrschende Meinung, die Welt sei Gottes Schöpfung und funktioniere ausschließlich nach den von der römischen Kurie festgelegten Regeln, wird durch die Aufklärung einer finalen Kritik unterzogen und schließlich als falsch verworfen. Damit wird nach der Renaissance, dem Humanismus und der Reformation zum vierten Mal der Großangriff auf das Erklärungsmonopol der römisch-katholischen Kirche ausgerufen. Die bitteren Erfahrungen, die viele europäische Völker mit den Religionskriegen hatten machen müssen, befördern die Erkenntnis, dass nicht der Glaube an überirdische Zusammenhänge, sondern nachprüfbares Wissen das Maß aller Dinge ist.

Mehr noch: Die Geschichte der religiös bedingten Kriege hat ein Gemälde menschlichen Schreckens hinterlassen. Ketzerprozesse, Inquisition und abgrundtiefer Hass zwischen Anhängern unterschiedlicher religiöser Auffassungen haben den Glauben insgesamt diskreditiert. Eine Religion, die nicht Liebe, sondern Hass hervorbringt, und eine Kirche, die die Menschen quält und verfolgt, sind wenig glaubwürdig. Angesichts dieser niederschmetternden Erkenntnis soll die Moral in Zukunft nicht mehr an die Auslegung der biblischen Offenbarung, sondern an die Prinzipien der nachvollziehbaren Vernunft gebunden sein. Glauben soll es auch weiterhin geben, er muss aber die Freiheit der Andersgläubigen garantieren.

Enzyklopädie des Wissens

Die französischen Philosophen Denis Diderot und Jean Le Rond d'Alembert legen mit ihrer zwischen 1751 und 1780 erscheinenden 35-bändigen ›Enzyklopädie‹ den wissenschaftlichen Grundstein für die Aufklärung, die aber nicht nur bei den Naturwissenschaften zu neuen Erkenntnissen führt. Der Mensch sei zu eigenständigem Denken fähig und deshalb mündig. Indem er sich von rationalen Erkenntnissen leiten lasse, werde er immer vollkommener. Aberglauben oder religiöse Schwärmereien haben in diesem Weltbild ebenso keinen Platz mehr wie die Unterdrückung der Menschen durch absolutistische Herrscher. Im Gegenteil: Der durch Bildung mündig gewordene – also »aufgeklärte« – Bürger habe einen Anspruch auf Teilhabe an den politischen Entscheidungen der Gesellschaft. Also müssen Meinungsfreiheit und Toleranz das menschliche Zusammenleben prägen und nicht »von oben« bestimmtes Denken. Daraus entwickelt sich ein neues Erziehungsprinzip, das den freien, mit gleichen Rechten und Pflichten ausgestatteten Menschen zum Mittelpunkt macht. Der mündige Bürger – so die Vorstellung Jean Jacques Rousseaus – sei allseitig und umfassend gebildet, sodass er sich einem durch freie Willensbildung entstandenen »Gesellschaftsvertrag« unterwerfen werde, ohne dass er dabei seine persönlichen Freiheiten aufgeben müsse. Jean Jacques Rousseaus Idee von dem »idealen Gemeinschaftswillen« (»volonté générale«) beeinflusst viele Denker und Philosophen seiner Zeit, bringt dem Verfasser aber auch viel Ärger ein. 1762 wird er vom französischen Parlament wegen Ketzerei geächtet und muss erst nach Preußen und dann nach England fliehen. 1768 kehrt er unter dem Pseudonym »Renou« nach Frankreich zurück und stirbt am 2. Juli 1778 in der Nähe von Paris. Etwas mehr als elf Jahre später wird in der französischen Hauptstadt eine gewaltige Revolution beginnen, die den europäischen Kontinent nachhaltig verändert. Sie ist von Rousseaus Ideen stark beeinflusst.

Die Gedanken der Aufklärung verbreiten sich rasch über die französischen Landesgrenzen hinaus. In Deutschland verschlingen Immanuel Kant, Johann Gottlieb Fichte oder Georg Wilhelm Friedrich Hegel und später auch Karl Marx die Werke der französischen Aufklärer. Aber die Wirkung bleibt zunächst beschränkt. Dennoch gibt es auch in Deutschland eine Aufbruchstimmung – zumindest unter Intellektuellen. Wenn der Gedanke der Aufklärung richtig ist, dass der Mensch frei ist und sich freiwillig einem Gesellschaftsvertrag unterwirft, gilt das dann nicht auch für Nationen? Kann man dieses Prinzip dann nicht auch auf die Gründung von Staaten anwenden, denen sich die Menschen freiwillig anschließen, weil sie mehr Gemeinsames als Trennendes haben? Nationalgesinnte deutsche Autoren machen sich Gedanken über die Zukunft der Deutschen, die in der Mitte Europas lebend von starken Nationen umzingelt sind und selbst in Kleinstaaterei und Streit versinken. Im 18. Jahrhundert gibt es mehr als 300 einzelne Staaten in Deutschland, die auf ihre Eigenständigkeit ebenso pochen wie auf ihre territorialen Rechte. Die Menschen in Preußen sind stolz auf ihre preußische Heimat, was aber nichts mit dem Deutschen Reich zu tun hat, in Bayern lassen sich ähnliche Tendenzen feststellen. So unsinnig es klingt, aber es existiert in Deutschland ein Nationalstolz ohne Nation. Dieser Stolz bezieht sich nicht auf das Deutsche Reich, sondern auf einzelne Territorien oder Regionen.

Könnte nicht eine gemeinsame Nation die Zersplitterung und die Kleinstaaterei überwinden? Aber die kulturellen und historischen Gemeinsamkeiten der Deutschen stehen einem unüberwindlichen Hindernis gegenüber: der politischen Verschiedenheit der einzelnen deutschen Staaten. Zudem ist das Verhältnis zu Frankreich, von wo der Geist der Veränderung herüberweht, seit den verheerenden Einfällen in der Pfalz 1674 und 1688 nachhaltig gestört. Das Feindbild ist auch stärker als die Bewunderung der französischen Lebensart und der Sprache. Selbst der Preuße aller Preußen, Friedrich der Große, hat die französische Sprache der, wie er es genannt hat, »barbarischen« deutschen Zunge vorgezogen und dennoch in Frankreich den eigentlichen Feind erblickt. Frankophobie und Frankophilie prägen das Verhältnis der Deutschen zu ihren Nachbarn westlich des Rheins. Als Vorbild für politische Veränderungen kommt Frankreich jedenfalls für niemanden in Frage. Dabei ist Frankreich neben England ein leuchtendes Beispiel für die Notwendigkeit eines Nationalstaates, denn beide Staaten erreichen im 18. Jahrhundert wirtschaftliche und militärische Erfolge, die die Kontrolle über den Rest des Kontinents und – rechnet man noch die Kolonien hinzu – über weite Teile der Welt bedeuten. Manchem Deutschen wird es als Ahnung im Kopf gewesen sein: Der Nationalstaat ist zum Überleben notwendig. Aber wo beginnt und wo endet Deutschland? Wer ist Teil einer zukünftigen »deutschen Nation«? Diese Fragen sind nicht leicht zu beantworten. Deutschland lässt sich nicht mit dem Lineal auf der Landkarte nachzeichnen. Die geographischen Umrisse Deutschlands sind in der Vergangenheit so oft verändert worden, dass niemand mit Sicherheit sagen kann, ob es bei dem Zustand am Ende des 18. Jahrhunderts auch bleiben wird. Über ganz Europa verteilt existieren Enklaven mit deutscher Bevölkerung: In der Schweiz, in Österreich, in den ungarischen Ländern und im zaristischen Russland. Sollen diese Menschen dazugehören und wie soll sich das mit dem Staat in Einklang bringen lassen, in dem diese deutsch sprechende Bevölkerung lebt?

Zwar stehen die Vorbilder zur Bildung eines Nationalstaates rund um Deutschland als »Raubkopie«, wie Karl Marx es später ausdrückt, zur Verfügung, aber es ist eben nicht so einfach, diese Vorlagen auf die komplizierte deutsche Situation zu übertragen. Da helfen auch die gut gemeinten Hinweise auf die niederländischen Nachbarn wenig. Der aufstrebende Dramatiker Friedrich Schiller lässt 1787 in › Don Carlos‹ den niederländischen Freiheitskampf gegen Spanien aufleben. Ein Jahr später erscheint Johann Wolfgang von Goethes ›Egmont‹, der für die Freiheit des kleinen Nachbarvolkes kämpfend sein eigenes Leben als Opfer gibt. Aber all das hilft nicht hinweg über die territorialen und politischen Zwistigkeiten, die die Herausbildung eines Nationalstaates verhindern.

Die Deutschen werden durch eine doppelte Unsicherheit blockiert, die sich in zwei simplen Fragen zusammenfassen lässt: Wer gehört dazu und was hält sie außer einer gemeinsamen Sprache zusammen? Und so bedarf es einer politischen Entwicklung außerhalb Deutschlands, um einen Prozess in Gang zu setzen, der die inneren Verhältnisse gründlich durcheinander bringen wird. Auslöser dafür ist ...

Zu neuen Ufern
1789-1849

Französische Revolution

... die Französische Revolution. Seit mehr als 100 Jahren herrschen absolutistische Monarchen über das Land, das mehrheitlich von Bauern und Arbeitern der königlichen Manufakturen bewohnt wird, die unter einer gewaltigen Steuer- und Abgabenlast leiden. Staat und Kirche profitieren gleichermaßen davon. Das Bodenpersonal Gottes ist schwerreich und spielt sich als Großgrundbesitzer auf. Auf der anderen Seite hat es sich eine Clique aristokratischer Tagediebe am königlichen Hof gemütlich gemacht. Jene nichtsnutzigen Höflinge zahlen keine Steuern, unterliegen nicht der allgemeinen Gerichtsbarkeit und vertreiben sich ihre Zeit mit höchst fragwürdigen Vergnügungen »bei Hofe«. Höfische Verschwendungssucht, der unentwegte Bau neuer Schlösser und die beiden »Siebenjährigen Kriege« gegen England um die Vorherrschaft in den amerikanischen Kolonien und in Europa haben trotz hoher Steuereinnahmen ein gewaltiges Loch in die königliche Staatskasse gerissen. Die Folgen sind bedrohlich: Am Vorabend der Französischen Revolution droht die Zahlungsunfähigkeit des Staates.

Das Reich der Vernunft

Es kommt zu Hungerrevolten der Landbevölkerung. Angefeuert von den Gedanken der französischen Aufklärer breitet sich eine vorrevolutionäre Stimmung im Land aus. Die wichtigsten aufklärerischen Schriften von Charles Montesquieu, Jean-Jacques Rousseau, François Marie d'Arouet Voltaire, Denis Diderot und Jean Le Rond d'Alembert erscheinen zwischen 1748 und 1754 und finden rasche Verbreitung. Zunächst in den Städten, später auch in den ländlichen Gebieten, entstehen Debattierclubs und finden

Versammlungen statt, auf denen über die neuen Ideen diskutiert wird. Rationale Erkenntnisse zur Grundlage staatlichen Handelns zu machen und das »Reich der Vernunft« zu gründen – diese Vorstellungen finden Zustimmung und liefern das geistige Rüstzeug für die Französische Revolution.

Nach dem Tod Ludwigs XV. folgt am 19. Mai 1774 dessen Enkel Ludwig XVI. auf dem prunkvollen Thron im Schloss von Versailles. Zeitgenossen stellen dem neuen König kein vorteilhaftes Zeugnis aus. Er sei von ausgeprägter Schüchternheit, quäle seine Zuhörer mit einer viel zu hohen Stimme und sein Gang entbehre jeglicher Eleganz. Sein Charakter ist aber von einem selbstherrlichen Machtverständnis geprägt:

»Die Staatsordnung geht samt und sonders von Mir allein aus. Die Rechte und Interessen der Nation sind notwendigerweise mit den Meinen eins und ruhen allein in Meinen Händen«,

liest er seinem Volk unmissverständlich die Leviten. Ludwig XVI. ist der letzte Vertreter dieser selbstherrlichen Gesellschaftsvorstellung, derer sich die Menschen zu entledigen suchen. Bevor es so weit ist, wird der gerade erst 16-Jährige mit Marie-Antoinette, einer Tochter der österreichischen Königin Maria Theresia, verheiratet. Dadurch soll das österreichisch-französische Bündnis gestärkt werden, aber das frisch gebackene Ehepaar setzt alles daran, dass das Gegenteil dabei herauskommt. Schon die Hochzeitsnacht verläuft alles andere als erfolgreich – die trübsinnige Bemerkung, die der junge König seinem Tagebuch anvertraut, lautet: »Nichts.« »L'Autrichienne« – wie die Österreicherin im Volksmund genannt wird – ist verhasst und das mit gutem Grund. Als eine Hungersnot Paris erreicht und Marie-Antoinette davon erfährt, fragt sie, warum die Menschen denn keinen Kuchen äßen, wenn sie nun mal kein Brot hätten. Die Verbitterung über diese unglaubliche Ignoranz macht schnell die Runde und führt in einigen Jahren zu schwerer Rache.

Zeitgleich findet auf dem amerikanischen Kontinent eine revolutionäre Umwälzung statt. Anders als in Frankreich, wo es um die Beseitigung sozialer Missstände geht, erheben sich im April 1775 amerikanische Freischärler unter der Führung von George Washington, um ihre nationale Unabhängigkeit gegen die britische Kolonialmacht zu erlangen. Gut ein Jahr später, am 4. Juli 1776, unterzeichnen dreizehn amerikanische Staaten die Unabhängigkeitserklärung und sind fortan durch dreizehn rote und weiße Streifen auf der amerikanischen Flagge verewigt. »Leben, Freiheit und das Streben nach Glückseligkeit« werden in der Unabhängigkeitserklärung als universelle Menschenrechte verkündet. Nachdem 1778 ein Hilferuf der unterlegenen Aufständischen Ludwig XVI. erreicht, mischt sich Frankreich gegen England in den Krieg ein und verhilft den Amerikanern zum Sieg. Nun sind die Sieger zwar unabhängig, aber noch keine vereinte Nation. Um über eine gemeinsame Verfassung zu diskutieren, finden sich im Mai 1787 Delegierte aus fast allen Staaten in Philadelphia ein und verabschieden nach langen und heftigen Debatten eine Verfassung, die neben dem Recht auf Glaubens-, Meinungs- und Pressefreiheit auch den Schutz vor Willkürmaßnahmen des Staates und der Gerichte garantiert. Die amerikanische Verfassung vom 17. September 1787 ist die älteste noch bestehende Verfassung und ist wegen der Trennung von Exekutive und Legislative und der Einführung des Zweikammer-Systems bis heute ein Meilenstein in der politischen Geschichte der Menschheit.

Ludwig XVI. ist zwar auf der Seite der Gewinner des amerikanischen Unabhängigkeitskriegs und hat den Engländern eine empfindliche Niederlage beigebracht, aber der Sieg ist teuer erkauft. Denn die zurückkehrenden Soldaten haben sich in Amerika mit den Zielen der Unabhängigkeitskämpfer identifiziert und bringen nun deren Ideen ins Land. Schlimmer noch sind die Kriegskosten. Am Ende fehlt es selbst in den königlichen Palästen am Nötigsten. Noch dramatischer ist die Lage auf dem Land. Hungersnöte, Missernten und ausbleibende Steuereinnahmen reißen Frankreich immer tiefer in den nun kaum noch vermeidbaren Staatsbankrott. Angesichts dieses finanziellen Desasters ruft Ludwig XVI. am 5. Mai 1789 die Generalstände zusammen.

In den so genannten Generalständen sind die Geistlichen (erster Stand), die Adligen (zweiter Stand) und die Bauern und Bürger (dritter Stand) mit dem Recht vertreten, Steuern zu bewilligen. Ludwig XVI. lädt die Generalstände also nach Paris ein, um mit ihnen über Steuer- und Abgabenerhöhungen zu debattieren. Aber der König hat die Rechnung ohne den Wirt gemacht, denn die Delegierten des dritten Standes funktionieren am 17. Juni 1789 die Zusammenkunft zu einer Nationalversammlung um, die dem Land eine neue und vor allem gerechtere Verfassung geben soll. Man kann sich den Aufruhr nicht groß genug vorstellen, der daraufhin unter den Adligen und den Anhängern des Königs ausbricht. Drei Tage braucht Ludwig XVI., um den aufmüpfigen Delegierten eine Antwort zu übermitteln, indem er sie von allen weiteren Sitzungen ausschließt und eine »königliche Sitzung« am 23. Juni 1789 einberuft. Da er gleichzeitig den Sitzungssaal des dritten Standes verschließen lässt, um den Verschwörern keinen Tagungsraum zur Verfügung zu stellen, provoziert er die Abgeordneten, die daraufhin ins benachbarte Ballhaus ziehen und schwören, bis zur Ausarbeitung einer Verfassung nicht mehr auseinander zu gehen.

Die Revolution beginnt

Schnell stellt sich heraus, dass auch einige Geistliche und Adlige Gefallen an einer neuen Verfassung fänden, die das feudalistische System der Sonnenkönige ersetzt. Die revolutionäre Stimmung verschafft sich an jenem denkwürdigen 23. Juni 1789 zum ersten Mal Luft, als der König die Delegierten aller Stände auffordern lässt, sich sofort zu trennen. Unter den so drangsalierten Abgeordneten ist auch Honoré-Gabriel Riquetti, Graf Mirabeau, der dem königlichen Boten entgegenschmettert:

> »Der König befiehlt? Der König hat hier nichts zu befehlen! Wir sind das Volk. Wir werden erst unsere Plätze verlassen, wenn man uns mit Bajonetten dazu zwingt.«

Das ist die Kampfansage an das »Ancien Régime« und zugleich der Startschuss zu einer Revolution, die in ihrer Wirkung auf die europäische Geschichte nicht zu überschätzen ist. Ludwig XVI. zieht königstreue Truppen in Paris zusammen, die in schwere Krawalle mit den Befürwortern der beginnenden Revolution geraten. Am 14. Juli 1789 stürmt eine aufgebrachte Menge die Bastille – das berüchtigte Gefängnis in der Nähe der Place Royale – und entlässt die Gefangenen in die Freiheit. Der wohl prominenteste unter ihnen ist Donatien Alphonse François Marquis de Sade, der in seiner Zelle massenhaft pornographische Literatur produziert und durch die Gitterstäbe hindurch das Volk zum Aufstand aufgerufen hat. Die Nachricht vom Sturm auf die Bastille, an den der französische Nationalfeiertag noch heute erinnert, verbreitet sich ebenso schnell im ganzen Land wie das Gerücht, es stehe ein Militärputsch bevor. Die Nationalversammlung lässt sich davon nicht beeindrucken, schafft in einer dramatischen Nachtsitzung am 4. August 1789 sämtliche Privilegien für den Adel ab und reduziert die Abgaben an die katholische Kirche. Drei Wochen später, am 26. August 1789, folgt mit der »Erklärung der Menschen- und Bürgerrechte« der nächste Schlag gegen das alte Regime. Nun sind alle Franzosen gleichgestellt, ihre Rechte sind verbrieft und haben Verfassungsrang. Am 2. November 1789 wird zur Sanierung der maroden Staatsfinanzen der gesamte Kirchenbesitz verstaatlicht. Ein Jahr nach der Erstürmung der Bastille am 14. Juli 1790 werden die Errungenschaften der Revolution ausgiebig gefeiert, zum Höhepunkt des Festes muss Ludwig XVI. einen Schwur auf das Wohl der Nation leisten. Aber die Jubelstimmung kann nicht verdecken, dass die politische Lage zunehmend instabiler wird. Radikale Republikaner, deren wichtigste Sprecher Maximilien Robespierre und Georges Jacques Danton sind, und gemäßigte »Girondisten« stehen sich gegenüber. Zum wichtigsten Debattierclub steigt in diesen Monaten der radikale Jakobinerclub auf, der bald danach eine blutige Spur des Terrors in den Straßen von Paris hinterlässt.

Noch sind die Abgeordneten der »assemblée nationale« um einen Ausgleich mit dem König bemüht. Dessen Rechte werden in der ersten Verfassung, die am 3. September 1791 beschlossen wird, zwar erheblich beschnitten, sein Veto kann aber immer noch die Einführung von Gesetzen verzögern. Dennoch ist Frankreich nun eine konstitutionelle Monarchie und der König an Recht und Gesetz gebunden. Gut zwei Jahre nach Beginn der Französischen Revolution gehören Feudalismus und absolutistische Königsherrschaft der Vergangenheit an, die Menschen sind vor der Verfassung ihres Landes gleichgestellt und die Privilegien von Adel und Klerus abgeschafft.

■ **Europa und die Revolution**

Derart revolutionäre Veränderungen bleiben den europäischen Nachbarn natürlich nicht verborgen. Abgesehen von einigen Schriftstellern und Intellektuellen ist die Reaktion der Königshäuser eindeutig. Der deutsche Kaiser Leopold II., ein Bruder der französischen Königin Marie-Antoinette, lehnt die Revolte ab, hält sich aber diplomatisch zurück und lässt allenfalls Beileidsbekundungen über das bedauernswerte Schicksal seines französischen Amtskollegen übermitteln. Gleichwohl schließt er ein Bündnis mit Preußen gegen das revolutionäre Frankreich. Der preußische König Friedrich Wilhelm II. hat sich schon vorher einen Namen als radikaler Bekämpfer der Aufklärung gemacht und schlägt sich ebenso wie der spanische König auf die Seite des geplagten Königs von Frankreich. Radikal ist auch die Reaktion der russischen Zarin Katharina II. Sie ruft zum Kreuzzug gegen die »französische Anarchie« auf, bei dem es unsterblichen Ruhm zu ernten gebe. Der schwedische König pflichtet ihr bei und sendet vorsorglich Truppen nach Spa. England hält sich aus den Vorgängen auf dem europäischen Festland heraus, da eigene Interessen nicht berührt sind. Erbost über den Verlust des Kircheneigentums nennt Papst Pius VI. die Vorgänge in Frankreich gottlos und verdammt die Ziele der Revolution. Frankreich ist umzingelt von Feinden der Revolution. Die europäischen Königshäuser haben Angst vor den Ideen der Aufklärung, die auch in ihren Ländern Schule machen könnten. In einem »aufgeklärten« Europa – so die Sorge – könnte ihre eigene Regentschaft in Gefahr geraten. Die politische Entwicklung in Frankreich ist zu einem europäischen Thema geworden, Erfolg oder Misserfolg der Revolution tangieren unmittelbar das Herrschaftsgefüge auf dem gesamten europäischen Kontinent.

Angesichts ziemlich unverhohlener Kriegsdrohungen der europäischen Fürsten- und Königshäuser entschließt sich der Nationalkonvent am 20. April 1792 Österreich den Krieg zu erklären. Da die Revolutionsarmee schwere Niederlagen einstecken muss, befindet sich das Land im Sommer 1792 in einer bedrohlichen Lage, weil die Gegner der Revolution ihre Chance gekommen sehen, den Spieß umzudrehen. Nun überschlagen sich die Ereignisse in der französischen Hauptstadt. Die Residenz Ludwigs XVI. wird gestürmt und der König gezwungen, mit einer Revolutionsmütze auf dem

Kopf auf das Wohl des Umsturzes zu trinken. Als nach dieser Provokation der Herzog von Braunschweig, Karl Wilhelm Ferdinand, droht, Paris in Schutt und Asche zu legen, stürmen aufgebrachte Pariser Bürger am 10. August 1792 das königliche Tuilerienschloss und nehmen den Hausherrn nebst Gattin fest. Anschließend werden Neuwahlen ausgeschrieben und Georges Jacques Danton zum Justizminister berufen. An dem Sturm auf die Tuilerien ist auch eine Gruppe Arbeiter aus Marseille beteiligt, die wie viele andere nach Paris marschiert sind, um »ihre« Revolution zu schützen. Als sie am 30. Juli 1792 in Paris ankommen, haben sie ein ziemlich blutrünstiges Lied auf den Lippen, mit dem sie sich auf ihrem weiten Weg in die Hauptstadt die Zeit vertrieben haben. Die Pariser Bürger nennen den Song ›Marseillaise‹ und erheben ihn zum Revolutionslied. Heute ist dieses Lied – in einer etwas weniger blutrünstigen Form – die französische Nationalhymne.

■ Frankreich und die Revolution

Der Sturm auf die Bastille und das Lied der Arbeiter aus Marseille sind Kernstücke des französischen Nationalstolzes, der bei jeder sich bietenden Gelegenheit mit bewundernswerter Hingabe zelebriert wird. Die Erstürmung der Bastille und der Marsch der Arbeiter verkörpern den Mut und die Entschlossenheit, die die Zeitgenossen der Französischen Revolution an den Tag legen, als sie für die einmal als richtig erkannte Sache zu kämpfen beginnen. Ohne diese Tugenden, auf die sich die moderne französische Nation heute mit so großem Stolz bezieht, wäre die Revolution des Jahres 1789 möglicherweise gescheitert. Denn die Revolution ist nicht nur von den über ganz Europa verteilten Anhängern der absolutistischen Monarchie bedroht, sondern auch von den Auswüchsen der eigenen Scharfrichter. Sie lassen im Namen von Freiheit und Vernunft die Guillotinen aufstellen, um vermeintliche oder tatsächliche Konterrevolutionäre zu Tausenden umzubringen. Schließlich haben sich die von den sozialen Verhältnissen unterdrückten Menschen auch dagegen gewehrt und dafür gesorgt, dass die Französische Revolution weder am Widerstand der europäischen Mächte noch an den eigenen Unzulänglichkeiten scheitert. Damit hat Frankreich dem europäischen Kontinent einen prägenden Stempel aufgedrückt.

Während die Lage in Paris immer chaotischer wird, stehen die Gegner der Revolution schwer bewaffnet vor den Grenzen des Landes. Ein Gerücht, wonach inhaftierte Revolutionsgegner diese Situation ausnutzen und eine Gegenrevolte starten wollen, bringt tausende Pariser Bürger in Rage. Sie stürmen einige Gefängnisse der Stadt und richten ein fürchterliches Blutbad unter den Gefangenen an. Mehr als 1 000 Tote sind am Abend des 6. September 1792 zu beklagen. Der neue Justizminister Danton macht sich mitschuldig, weil er den Pöbel gewähren lässt, um – wie er später sagt – den »inneren Feind« zu lähmen. In der Mordorgie des Septembers zeigt sich nicht zum letzten Mal die brutale Fratze der Revolution, die jeden, der nicht für sie ist, zum vogelfreien Feind erklärt.

Berauscht von einem Sieg der Revolutionsarmee über die preußisch-österreichische Koalitionsarmee am 20. September 1792 bei Valmy nordöstlich von Paris, erklärt der Nationalkonvent Frankreich zu einer einigen und unteilbaren Republik. Wenig später wird bekannt, dass der in Haft sitzende König, der sich schlicht nur noch Bürger Louis Capet zu nennen hat, militärische Geheimnisse an die Feinde der Revolution verraten haben soll. Für diesen vermeintlichen Hochverrat wird ihm jetzt der Prozess vor der Nationalversammlung gemacht. Am Schluss tritt jeder Abgeordnete ans Rednerpult und fällt sein Urteil. Das Ergebnis ist klar: Der letzte absolutistische Herrscher Frankreichs muss sterben.

Am Morgen des 21. Januar 1793 wird der Monarch mit verbundenen Augen die zehn Stufen der Guillotine hinaufgeführt. Seine letzten Worte gehen im Trommelwirbel einer Armeekapelle unter. Als das Haupt Ludwigs XVI. durch das hinabsausende Beil vom Hals getrennt ist, greift der Henker in den Korb und zeigt den schaulustigen Pariser Bürgern den blutenden Kopf des Königs. Laute »Vive la république!«-Rufe erschallen an diesem düsteren Morgen, manch einer drängt sich nach vorne und taucht sein Taschentuch ins königliche Blut. Genau wie bei der öffentlichen Hinrichtung des englischen Königs Charles I. am 16. Januar 1649 spüren die Anwesenden, dass sie im Moment der Exekution alle Brücken hinter sich abgebrochen haben. Nun gibt es kein Zurück mehr, jetzt sind es die Revolutionäre selbst, die die Verantwortung für die Nation tragen. Für alles, was von nun an passiert, können sie nur sich selbst richten. Und genau wie vor 154 Jahren gehen die Zuschauer des mörderischen Spektakels niedergeschlagen nach

Hause. Im Moment der Hinrichtung des Königs sind die Zuschauer zu Tätern geworden und die Revolution zu einer Sache des ganzen Volkes. Ludwigs XVI. Gattin Marie-Antoinette erleidet am 16. Oktober 1793 das gleiche Schicksal.

Die Revolution frisst ihre Kinder

Die Revolution hat das öffentliche Leben in Frankreich auf den Kopf gestellt und steht nun vor ihrer schwersten Bewährungsprobe, denn der Kampf gegen die inneren Feinde des Umsturzes ist nicht das einzige Problem, mit dem sich die junge Republik herumschlägt. Frankreich ist umzingelt von Gegnern der Revolution, kein europäischer König reicht den Revolutionären die Hand. Die Französische Revolution steht mit dem Rücken an der Wand und verkommt allmählich zu einer »Schreckensherrschaft«. Im Nationalkonvent prallen Befürworter und Gegner der »Diktatur der Freiheit« unversöhnlich aufeinander. Am 6. April 1793 bringt es der radikale Abgeordnete Jean-Paul Marat auf den Punkt:

»Die Freiheit muss durch Gewalt begründet werden, und es ist jetzt der Augenblick gekommen, da man den vorübergehenden Despotismus der Freiheit errichten muss, um den Despotismus der Könige zu vernichten.«

Jean-Paul Marat formuliert die entscheidenden Frage: Wie viel Gewalt darf man anwenden, um die Revolution durchzusetzen? Die Mehrheit der im Nationalkonvent versammelten Abgeordneten ist der Meinung, eine zeitlich begrenzte Diktatur zur Durchsetzung der revolutionären Ziele einrichten zu müssen. Aber sie beschwören damit ihr eigenes Ende herauf, denn die nun folgende »Herrschaft des Terrors« übersteigt alle Befürchtungen.

Als Jean-Paul Marat drei Monate später von der königstreuen Charlotte Corday heimtückisch ermordet wird, hat die Revolution ihren ersten Märtyrer und einen letzten Anlass, das von Dr. Joseph Ignace Guillotin entwickelte gleichnamige Schafott seiner blutrünstigen Bestimmung zuzuführen. Die Delinquenten spürten nicht den leisesten Schmerz, allenfalls einen kurzen Hauch über dem Nacken, hatte der Arzt den Konvents-Abgeordneten versichert und damit deren letzte Skrupel bei der rücksichtslosen Bekämpfung der Revolutionsgegner zerstreut.

Kopf und Lenker des Terrors ist Maximilien Robespierre, der zunächst die gemäßigten Girondisten aus den Reihen der Revolution ausschließt und ihnen einen Prozess macht, der diesen Namen nicht verdient. Denn das selbstbewusste Auftreten der Angeklagten veranlasst den Konvent, das Gericht von – wie es heißt –»überflüssigen Formalitäten« zu befreien. Die Geschworenen brauchen fortan nur zu sagen, dass sie sich ausreichend informiert fühlen, und das Urteil kann gesprochen werden. Ende Oktober werden unter dem Jubel tausender Zuschauer 21 führende Girondisten umgebracht. Unter ihnen befindet sich auch Pierre Victurien Vergniaud, der sein Leben mit dem legendären Satz »Die Revolution frisst ihre Kinder« beendet. Die französische Republik ist nun vollständig in Händen der radikalen Jakobiner, die die gerade erst verkündeten Menschenrechte wieder außer Kraft setzen, um sie angeblich zu verteidigen. Ein »Verdächtigen-Erlass« legitimiert den Terror, der nun all jene mit dem Tod bedroht, die sich durch ihr Reden als »Feinde der Freiheit« ausweisen.

Die Revolution frisst aber nicht nur ihre Kinder, sondern auch ihre Väter. Als am 5. April 1794 Georges Jacques Danton die letzten Stufen zum Schafott hinaufgehen muss, erreicht die Henkershand einen der klügsten Köpfe der Revolution. Georges Jacques Danton ist von den Ausschreitungen derart erschrocken gewesen, dass er zu einer allgemeinen Mäßigung aufgerufen hatte. Das sei »zu große Milde« gegen die Feinde der Revolution, hält ihm Maximilien Robespierre entgegen und eröffnet den mit einem Todesurteil endenden Prozess. Spätestens mit Dantons Tod, dem der Dramatiker Georg Büchner mit seinem gleichnamigen Werk ein Denkmal gesetzt hat, ist es jedem Zeitgenossen klar, dass der »Wohlfahrtsausschuss«, von dem die Todesurteile ausgehen, eine blutrünstige Diktatur ausübt. Mitte des Jahres 1794 beginnt die schlimmste Phase der Schreckensherrschaft. Anstelle von Pfingsten wird das »Fest des höchsten Wesens« gefeiert, die Kirche »Notre Dame« heißt nun »Tempel der Vernunft«, und am 10. Juni 1794 wird das »Schreckensgesetz« verkündet, das die Hinrichtung von Verdächtigen auf dem Verwaltungswege erlaubt. Jetzt werden täglich zwischen 50 und 100 Menschen im Namen der Revolution ins Jenseits befördert. Gleichzeitig wächst aber auch der Unmut gegen den jakobinischen Terror. Am 27. Juli 1794 macht der Wahnsinn auch vor seinem Erfinder nicht Halt, Maximilien Robespierre und einige seiner Gefolgsleute werden verhaftet und einen Tag später unter großer öffentlicher Anteilnahme guillotiniert. Das sich anschließende Volksfest signalisiert das Ende der Terrorherrschaft. In Deutschland hatten die Nachrichten von der Terrorherrschaft der Jakobiner blankes Entsetzen ausgelöst. Die ursprüngliche Begeisterung für die Revolution, die manchen Intellektuellen nach Paris hatte pilgern lassen, um eine Sitzung der Nationalversammlung zu verfolgen, ist umgeschlagen in das genaue Gegenteil. Was soll das für eine Revolution sein, die im Namen der Freiheit die Guillotine auspackt und zigtausendfach benutzt? Sind nicht alle Tugenden der Aufklärung unter dem Blut der Gemordeten verschüttet worden? Ist nicht das Ideal vom brüderlichen Zusammenleben gleicher und freier Bürger in einer von der Vernunft bestimmten Gesellschaft grundsätzlich verraten worden? Und schließlich: Welche Philosophie soll sich hinter einer Revolution verbergen, die ganz offensichtlich und ohne den Versuch zu unternehmen, es zu vertuschen, die Menschenrechte mit Füßen tritt?

Erschrecken ganz anderer Art plagt die europäischen Königshäuser. Ein Sieg der gottlosen und anarchistischen Revolution könnte zum Exportschlager werden und die eigene Macht gefährden. Seit der Kriegserklärung gegen Österreich, die die Revolutionäre in Paris im April 1792 ausgesprochen hatten, befindet sich ...

Revolutions- und Befreiungskriege

... Frankreich im Kriegszustand mit seinen europäischen Nachbarn. Eine überragende Rolle bei den nun folgenden Kriegen gegen eine in unterschiedlichen Konstellationen antretende europäische Abwehrfront kommt dem Artillerieleutnant Napoleon Bonaparte aus der korsischen Hafenstadt Ajaccio zu. Erste militärische Sporen verdient sich der junge Mann bei der Niederschlagung eines Aufstandes königstreuer Bürger im Oktober 1795. Da er seinen Auftrag professionell ausführt, wird der Nationalkonvent auf ihn aufmerksam und hat den 26-jährigen Korsen in der Folgezeit für größere militärische Aufgaben im Auge. Die französischen Bürgersoldaten erweisen sich den gut ausgerüsteten Heeren der europäischen Mächte nach anfänglichen Niederlagen durchaus gewachsen. Denn im Bewusstsein, das Vaterland zu retten, machen junge Franzosen die kriegerischen Auseinandersetzungen zu ihrer eigenen Sache und sind ihren Gegnern allein deshalb moralisch weit überlegen. Angeführt von waghalsigen, meist jungen Generälen, die vor sich den Ruhm sehen und hinter sich – im Fall des eigenen Versagens – die Guillotine fürchten, fallen französische Truppen im Westen Deutschlands ein, besetzen und annektieren das Rheinland, die Niederlande, Savoyen und Belgien. Die alte Idee von der durch den Lauf des Rheins »natürlich« vorgegebenen Ostgrenze Frankreichs lebt wieder auf. Der preußische König Friedrich Wilhelm II. führt zwar das große Wort von der »gottlosen« Revolution in Frankreich im Munde und fordert die Wiedereinsetzung der königlichen Macht, tritt aber den französischen Soldaten in den zu Preußen gehörenden rechtsrheinischen Gebieten nicht entgegen.

Napoleon

Friedrich Wilhelm II. handelt dabei aus eigennützigen Motiven, denn er will seine gesamte militärische Aufmerksamkeit gen Osten richten, wo die russische Zarin Katharina II. ihren Einfluss scheinbar unaufhaltsam nach Westen vorschiebt. Beiderseitiges Objekt der Begierde ist der kleine Rest von Polen, der nach den ersten Teilungen der Jahre 1792 und 1793 noch übrig geblieben ist. Am 5. Januar 1795 wird bei der so genannten dritten polnischen Teilung Litauen Russland zugeschlagen, Österreich bekommt die Mitte des Landes und Preußen das Gebiet um die Hauptstadt Warschau. Nun haben Österreich und Preußen oberhalb der Weichsel eine gemeinsame Grenze und Preußen hat im Osten einen neuen direkten Nachbarn: Russland. In dieser geostrategischen Zwickmühle befindet sich Friedrich Wilhelm II., als er am 5. April 1795 dem Frieden von Basel zustimmt. Darin verpflichtet sich Preußen, aus der Koalition gegen Frankreich auszuscheiden und die rechtsrheinischen Gebieten aufzugeben. Das ist bemerkenswert, denn nachdem Preußen die revolutionären Königsmörder aus Paris bekämpft hat, macht es nun Frieden mit dem größten Feind der hergebrachten europäischen Ordnung, um gemeinsam mit Österreich und Russland den polnischen Staat von der Landkarte verschwinden zu lassen. Napoleon kann all das recht sein, er hat mit den in seinen Augen maroden Staaten des »alten Europa« ohnehin ganz anderes vor.

1796 bekommt der inzwischen zum Brigadegeneral aufgestiegene Korse die nächste Chance zu beweisen, was alles in ihm steckt. Und er nutzt sie. In Paris regiert nach dem Ende der Jakobinerherrschaft ein Direktorium, das sowohl einen Rückfall in den Terror als auch die Auferstehung der Monarchie verhindern soll. Das Direktorium führt den Krieg gegen Österreich weiter und sucht die Entscheidung in Oberitalien, von wo aus der Einfluss der Alpenmonarchie am ehesten einzudämmen ist. Napoleon führt den erfolgreichen Feldzug an und begründet damit sein überragendes militärisches Talent, dem er gleich den Beweis seiner diplomatischen Fähigkeiten hinzufügt. Am 17. Oktober 1797 schließt er den Frieden von Campoformio allein und ohne Einwilligung des Direktoriums mit den österreichischen Abgesandten. Österreich muss die Lombardei und die Niederlande abtreten und auf seine linksrheinischen Besitzungen verzichten. Damit ist der Rhein als französische Ostgrenze von den Niederlanden bis zur Schweiz anerkannt. Kaum sind die Unterschriften auf dem Vertrag getrocknet, gründet Napoleon mit der ligurischen und der cisalpinischen Republik die ersten beiden französischen Satellitenstaaten. Das heimische Direktorium stimmt dem Coup schließlich zu, weil die Eroberungen des Korsen Geld in die immer noch leeren Staatskassen bringen.

Napoleon ist aber nicht nur militärisch, sondern auch innenpolitisch schon längst eine der wichtigsten Figuren der französischen
Politik geworden. Dabei kommen ihm 1797 und 1798 die wirren
Verhältnisse in Frankreich entgegen. Am 9. November 1799 ist Napoleon schließlich am Ziel seiner Träume, als er die französische
Hauptstadt militärisch besetzt und das seiner Meinung nach inef-
fiziente Direktorialsystem stürzt. Das Parlament sucht er mit er-
fundenen Putschabsichten von anarchistischen Staatsfeinden zu
überzeugen. Als ihm das nicht gelingt, werden die Abgeordneten
kurzerhand verjagt. Er lässt eine hastig ausgearbeitete republikani-
sche Verfassung ausarbeiten, die ihm als »Ersten Konsul« zunächst
für zehn Jahre, später auf Lebenszeit diktatorische Vollmachten
überträgt. Am 13. Dezember 1799 proklamiert Napoleon das Ende
der Revolution:

»Franzosen, es wird euch eine Verfassung vorgelegt. Sie beendet die Unsicherheiten, die die provisorische Regierung in
die äußeren Beziehungen, in die innere und militärische Lage
der Republik brachte. (…) Die Verfassung ist auf den wahren
Grundsätzen der repräsentativen Regierung, auf den heiligen
Rechten des Eigentums, der Gleichheit und der Freiheit gegründet. Die Gewalten, die sie errichtet, werden stark und
fest sein, so wie sie es sein müssen, um die Rechte der Bürger
und die Interessen des Staates zu garantieren. Bürger, die Revolution hält an den Grundsätzen fest, die an ihrem Anfang
standen. Sie ist beendet.«

Napoleon Bonaparte ist 30 Jahre alt, als er auf dem vorläufigen
Höhepunkt seiner Macht das Land im Inneren befriedet. Zunächst
werden die Steuern gesenkt und die Verwaltung modernisiert. Mit
dem »Code Napoléon« wird das erste bürgerliche Gesetzbuch verfasst, das bald darauf als Vorbild für andere europäische Rechts-
systeme dient. Er schließt Frieden mit der katholischen Kirche und
beendet die Streitigkeiten mit Österreich. Anarchie und Chaos verschwinden ebenso wie Guillotine, Willkürherrschaft und Rechts-
unsicherheit. Noch nie in seiner Geschichte ist Frankreich so
mächtig wie zum Beginn des 19. Jahrhunderts. Napoleon herrscht
über das größte Reich, das seit Jahrhunderten zwischen Rhein und
Atlantik, zwischen der Nordsee und Italien existiert hat. Ruhm und

Wohlstand, sein offensichtlich unbezwingbares militärisches Genie und sein politisches Geschick lassen Vergleiche aufkommen.

Ist nicht Napoleon der wahre Nachfolger Karls des Großen, der vor genau 1000 Jahren sein fränkisches Reich zur europäischen Supermacht geführt hatte? Nicht die deutschen Kaiser, die sich seitdem bemüht haben, in die Fußspuren des großen Franken zu treten, sind die legitimen Erben, sondern er – der »Erste Konsul« der revolutionären, französischen Republik.

Und tatsächlich bemüht sich Napoleon nach Kräften, den Eindruck aufkommen zu lassen, die französische Republik sei das dritte Römische Reich. Er als Imperator und »Erster Konsul« ist umgeben von Senatoren und Präfekten. Die Anklänge an das römische Vorbild, dem 476 von einem mittelmäßigen germanischen Söldnerführer namens Odoaker der historische Garaus bereitet worden war, sind unübersehbar. Genauso konsequent wie seine römischen Vorbilder baut Napoleon auch seine Macht aus. Selbstherrlichkeit und Arroganz heißen die Wegbegleiter, die ihn später zu Fall bringen. Zunächst aber sieht es so aus, als ob nach den absolutistischen Monarchen der Vergangenheit ein republikanischer Herrscher das Ruder übernommen hat, der Frankreich in eine glorreiche Zukunft führen wird. Damit seine Stellung auch äußerlich ins rechte Licht gerückt wird, krönt sich Napoleon am 18. Mai 1804 selbst zum Kaiser und begründet das erbliche Kaisertum der Familie Bonaparte. Papst Pius VII. wird zur Krönung eingeladen, darf bei der ebenso gelungenen wie pompösen Inszenierung der Machtfülle Kaiser Napoleons I. aber nur zuschauen. Zwei Jahre später teilt er dem erstaunten römischen Pontifex mit, er sei Karl der Große, womit er vermutlich nicht nur seinem Größenwahnsinn Ausdruck verleiht, sondern auch einen Einblick in seine inneren Überzeugungen zulässt.

Europäisches Satellitensystem

Mit der Kaiserkrone auf dem Kopf und dem Elan einer erfolgreichen Revolution im Rücken geht Napoleon I. nun daran, die zerbrechliche Ordnung zwischen den europäischen Völkern durcheinander zu bringen. Die Oberhäupter dieser Völkerfamilie können den Flegel aus Frankreich nicht mehr bändigen. Zum Zeitpunkt der revolutionären Attacken des kleinen Mannes aus Ajaccio sind ihre Länder schon so sehr vom Zahn der Vergänglichkeit angenagt, dass sie dem Sturm der Revolution, der über sie hinwegfegt, keinen Widerstand mehr entgegenbringen können. Ihre Völker erliegen der Magie des Rufes nach »Freiheit, Gleichheit und Brüderlichkeit«, den sich die Französische Revolution auf die Fahnen schreibt und auch tatsächlich durchsetzt. Der Französische Kaiser weiß das und lässt sich als Überbringer der neuen Gesellschaftsordnung überall dort huldigen, wo die absolutistischen Monarchien frühzeitige Reformen verschlafen haben. Ziel der von Frankreich angezettelten europäischen Kriege, die den Kontinent bis 1815 in Atem halten, ist eine europäische Einheit unter französischem Protektorat. Kurz vor seinem Tod diktiert der in die Verbannung geschickte Napoleon seinem Sekretär, dass er »alle (europäischen) Völker, die geographisch zu einer Nation gehören und durch Revolutionen oder durch die Politik zerstückelt worden waren«, wieder zusammenführen wollte.

Der erste Stolperstein, der auf dem Weg zu diesem europäischen Superstaat unter französischer Fahne aus dem Weg geräumt werden muss, ist Österreich. Eigentlich bastelt der kleine Korse gerade an einem – allerdings ziemlich abenteuerlichen – Plan, mit Hilfe eines Tunnels unter dem Ärmelkanal nach England einzumarschieren, als es 1805 dem englischen Außenminister William Pitt »dem Jüngeren« gelingt, ein europäisches Bündnis gegen den Franzosen zu schmieden. Aufgeschreckt durch diese Koalition hastet Napoleon I. mit seinen Truppen nach Süddeutschland und zwingt das überraschte österreichische Heer am 17. Oktober 1805 zur Kapitulation. Ein triumphaler Einmarsch Napoleons I. in Wien macht die Demütigung für den österreichischen Kaiser komplett. Dem Sieg zu Lande folgt am 21. Oktober 1805 aber eine vernichtende Niederlage zur See. Der britische Admiral Horatio Nelson schickt die Boote der französischen Seestreitkräfte in der Schlacht von Trafalgar fast vollständig auf den Boden des Atlantischen Ozeans vor der Küste von Gibraltar. Damit ist zwar die englische Vorherrschaft über die Weltmeere bis ins 20. Jahrhundert gesichert, nicht aber Napoleons I. Elan gebrochen. Unbeeindruckt von dieser schweren Niederlage trifft Napoleons I. Heer am 2. Dezember 1805 im südmährischen Austerlitz auf die Truppen der anwesenden Kaiser von Österreich und Russland. Der Sieg, den Napoleon I. in dieser so genannten »Dreikaiserschlacht« davonträgt, lässt seinen Ruhm ins Unermessliche steigen und bereitet dem österreichischen Kaiser mit dem Frieden von Preßburg, der am 26. Dezember 1805 geschlossen wird, die nächste Schmach. Venetien und Dalmatien werden dem neu geschaffenen Königreich Italien zugeschlagen, Tirol und Vorarlberg gehören fortan zu Bayern. Und der Franzose lässt sich zum König von Italien krönen. In Wien amtiert der erzreaktionäre Kaiser Franz II., der dem revolutionären Treiben des Franzosen nichts entgegenzusetzen hat. Franz II. muss außerdem zur Kenntnis nehmen, dass der französische Einfluss auf die Kleinstaaten und Fürstentümer in Deutschland immer größer wird und schließlich darin mündet, dass der Revolution in Frankreich eine Revolution der Verhältnisse in Deutschland folgt. Der Todesstoß für das »Heilige Römische Reich Deutscher Nation« kommt am 12. Juli 1806, als 16 deutsche Kleinstaaten die Rheinbundakte unterschreiben. Diese Rheinbundstaaten sagen sich vom Deutschen Reich los und unterstellen sich dem fürsorglichen Protektorat des französischen Kaisers. Das Deutsche Reich hört auf zu existieren. Drei Wochen später fügt sich Franz II. den politischen Gegebenheiten, legt die deutsche Kaiserkrone nieder und regiert als Franz I. nur noch in Österreich, wo er sich nun einen Namen als konservativer Rammbock gegen die bald auch in seinem Land aufkommenden Rufe nach Reformen macht. Die deutschen Fürsten und der preußische König hatten auf ihre linksrheinischen Gebiete zu Gunsten Frankreichs im Frieden von Basel 1803 verzichten müssen. Nun werden sie dadurch großzügig entschädigt, dass im Deutschen Reich die geistlichen Fürstentümer und das Reichskirchengut erst aufgelöst und dann unter den blaublütigen Landesherren verteilt werden. Die politische Strategie des französischen Kaisers ist ebenso klug wie einfach: Das unter seinem Protektorat stehende dritte Deutschland soll Bollwerk und Gegengewicht zu den anderen Deutschen in Preußen und Österreich sein, mit denen Napoleon I. nach der Neuordnung der Verhältnisse in der Mitte des Kontinents um die Vorherrschaft in Europa streiten will. Der französische Kaiser hat die Stärke einer siegreichen Revolutionsarmee hinter sich, der zu diesem Zeitpunkt weder Preußen noch Österreich etwas entgegenzusetzen haben.

■ Der Rheinbund

Die deutschen Fürsten haben nicht das große Los gezogen, aber wohl das kleinere der beiden zur Verfügung stehenden Übel gewählt, denn dem Verlust ihrer Unabhängigkeit steht die Modernisierung ihrer Länder gegenüber. Nach den Ideen von 1789 werden überall Verfassungen erlassen, die Staatsverwaltungen neu organisiert und das Bürgerliche Gesetzbuch eingeführt. Napoleon I. exportiert die Französische Revolution nach Deutschland, wo die Bürger nun gleiche Rechte und Pflichten haben, den Adligen die Privilegien entrissen und die Bauern aus der Leibeigenschaft befreit werden. Dieser Teil Deutschlands hat zwar seine territoriale Eigenständigkeit verloren und spielt in den Großmachtsplänen des französischen Kaisers nur die Rolle eines Auf- und Durchmarschgebietes für seine gewaltige Armee, die er demnächst quer durch Europa treiben will. Im Inneren aber sind die Rheinbundstaaten fortschrittlicher als die beiden anderen »Deutschländer« Österreich und Preußen. Die deutsche Mitte des Kontinents ist zur Verfügungsmasse der sie umgebenden Großmächte geworden. Mit dem Ende des »Heiligen Römischen Reichs Deutscher Nation« ist die letzte Klammer gefallen, die – eher schlecht als recht – die Deutschen mehr als 1000 Jahre zusammengehalten hat. Aber die Trauer um das unspektakuläre Ende des Deutschen Reichs hält sich in engen Grenzen, denn eine gesamtstaatliche Perspektive hat sich wegen der inneren Spannungen und der Begehrlichkeiten der Territorialfürsten nie entwickeln können. Johann Wolfgang von Goethe meint, ihn interessiere der »Streit mit einem Postboten« mehr als das Ende des tausendjährigen »Heiligen Römischen Reiches«, über das der Rest Europas tatsächlich nahezu achselzuckend hinweggeht.

Nach der Flurbereinigung bei den unmittelbaren Nachbarn westlich des Rheins und der Machtdemonstration gegenüber Österreich geht es nun gegen Preußen, das seit 1797 von dem als Zauderer bekannten König Friedrich Wilhelm III. regiert wird. Auf Druck seiner schönen Gemahlin Luise von Mecklenburg-Strelitz verbannt er zunächst die zahlreichen Mätressen und Günstlinge seines Vaters vom königlichen Hof und beginnt mit zaghaften Reformen, indem er ganz nach französischem Vorbild die Bauern der königlichen Höfe aus der Leibeigenschaft befreit. Die Veränderungen der politischen Landkarte vor seinen Landesgrenzen sieht der preußische König mit einem lachenden und einem weinenden Auge. Denn Preußen hat 1806 von der Gründung des Rheinbunds durch den Gewinn großer Gebiete im Nordwesten des Deutschen Reichs erheblich profitiert, fürchtet aber gleichzeitig und zu Recht die Abhängigkeit vom französischen Kaiser, der für jeden sichtbar nach der europäischen Hegemonie strebt. Dem setzt Friedrich Wilhelm III. eine Koalition mit Russland und Sachsen entgegen und fordert von Napoleon I. den Rückzug vom rechten Rheinufer und die Auflösung des soeben beschlossenen Rheinbunds. Als der preußische König – angestachelt von überheblichen Militärberatern – diese Forderungen in ein Ultimatum kleidet, glaubt er den korsischen Emporkömmling mit einem raschen militärischen Erfolg in die Schranken weisen zu können. Aber es kommt anders. Die Niederlage des preußisch-russischen Heeres in der Doppelschlacht von Jena und Auerstedt am 14. Oktober 1806 ist so vernichtend, dass der Krieg nach nur einem Tag mit der sofortigen Kapitulation wieder beendet ist. Die königliche Familie flieht aus Berlin, Königin Luise versucht mit großem persönlichem Einsatz den französischen Kaiser zur Milde zu bewegen. Das bringt ihr zwar die Verehrung des Volkes ein, bewirkt aber nichts. Napoleon I. marschiert unter dem Jubel von Schaulustigen in Berlin ein, während Friedrich Wilhelm III. im äußersten Zipfel von Ostpreußen mit schlotternden Knien auf das Friedensdiktat des französischen Kaisers wartet. Im Frieden von Tilsit, den Napoleon I. mit dem russischen Zaren Alexander I. im Juli 1807 aushandelt, wird Europa in zwei Hälften aufgeteilt.

Eigentlich will Napoleon I. Preußen gänzlich auslöschen, gibt sich aber nach Verhandlungen mit Alexander I. mit einer – wenn auch entscheidenden – Schwächung Preußens zufrieden. Friedrich Wilhelm III. muss alle Besitzungen westlich der Elbe und jene Gebiete abtreten, die sich Preußen in den drei polnischen Teilungen zwischen 1792 und 1795 einverleibt hat. Von der einst so stolzen preußischen Armee mit 235 000 Soldaten bleiben noch etwas mehr als 40 000 übrig. Preußen ist zerschlagen, spielt im europäischen Machtpoker zunächst keine Rolle mehr. Während Preußen ausgeschaltet und auf den Status eines europäischen Rumpfstaates zurückgeworfen ist, machen sich Napoleon I. und Alexander I. daran, die Macht untereinander aufzuteilen: Gemeinsam beschließen sie eine Kontinentalsperre gegen den noch verbliebenen Konkurrenten England, das auf diese Weise wirtschaftlich ausgehungert werden soll. Um alle europäischen Küsten unter Kontrolle zu haben und die Insel hermetisch abzuriegeln, marschieren französische Truppen bis 1810 in Portugal und Spanien, in den Niederlanden, in Norddeutschland und in den Kirchenstaat ein.

1810 steht Europa von Portugal im Westen über Spanien, die Balearen, Korsika und das Königreich Italien im Süden, mit Kroatien, Österreich, dem Großherzogtum Warschau und dem Königreich Preußen im Osten sowie den Königreichen Dänemark und Norwegen im Norden unter französischer Herrschaft. In der Mitte des Kontinents befindet sich die französische Kreation mit dem Namen Rheinbund, der von Frankreich ebenso abhängig ist wie die Schweiz. Der europäische Kontinent ist aufgeteilt zwischen Frankreich und Russland, das an seiner westlichen Grenze von Finnland über Estland und Lettland bis nach Bessarabien reicht und von Tauroggen bis Galizien eine gemeinsame Grenze mit dem französischen Imperium hat. Nur England und Russland bleiben als die einzig ernst zu nehmenden Konkurrenten in Europa übrig, und Napoleon I. hat sein Vorbild Karl den Großen um einiges übertroffen.

Widerstand

Aber anders als der große Karl räumt Napoleon I. französischen Interessen rigoros den Vorrang ein und provoziert so einen Stimmungsumschwung in den von Frankreich unterworfenen Völkern. In Spanien und Portugal erheben sich die alten Reichsstände und organisieren erfolgreich Widerstand gegen die französische Armee. In Österreich breiten sich ebenso regionale Aufstände aus wie in Norddeutschland. Aber sowohl das norddeutsche Freikorps Schill als auch der Tiroler Andreas Hofer müssen sich 1809 geschlagen geben. In Deutschland erwärmt sich kaum noch jemand für den geschlagenen preußischen König, gleichzeitig erfinden deutsche Intellektuelle wie Friedrich Schleiermacher, Johann Gottlieb Fichte oder Ernst Moritz Arndt einen deutschen »Nationalismus«, der dem Übel der französischen Besatzung endlich ein Ende bereiten könnte. Aber der von ihnen verkündete Nationalismus bleibt zunächst intellektuellen Zirkeln und Debattierclubs vorbehalten, er springt nicht auf das ganze Volk über. Gerade in Preußen, das keine lange Tradition vorweisen kann und kaum mehr als ein Jahrhundert alt ist, sucht man vergebens nach patriotischen Gefühlen. Für die meisten Menschen sei das Stück Erde, auf dem sie geboren werden und aufwachsen, ihr »wahres und alleiniges Vaterland«, schreibt Friedrich Carl von Moser wenige Jahre zuvor den Deutschen mit frustriertem Unterton ins Stammbuch. Dennoch liegt in der Konfrontation mit der französischen Aggression in Europa die Geburtsstunde für ein nationales Gemeinsamkeitsgefühl der Deutschen. Aber immer noch ist es schwierig zu definieren, wer dazugehören soll und wer nicht. Für Johann Gottlieb Fichte sind die Deutschen das »unverfälschte Volk, das gegen die militärische wie kulturelle Unterjochung durch Frankreich um seine Freiheit und Identität kämpft.« Was immer diese Identität auch sein mag, sie definiert sich als Gegenwehr zur Herrschaft der Franzosen. Friedrich Ludwig Jahn, der »Turnvater«, lässt die deutsche Jugend über Bock und Seil springen, um sie fit zu machen für den Kampf gegen Napoleon, und Ernst Moritz Arndt schließlich erklärt den blutigen Hass gegen Frankreich zur Religion, die in der Anbetung des Vaterlands zu münden habe.

■ Reformen in Preußen

Nach anfänglichem Zögern treffen die Rufe nach einer patriotischen Renovierung auch am preußischen Königshof auf fruchtbaren Boden. Gemeinsam mit einer Gruppe von Reformern machen sich Heinrich Reichsfreiherr vom Stein und Karl August Graf von Hardenberg daran, den preußischen Staat zu modernisieren. Sie schrecken nicht davor zurück, die Errungenschaften der Französischen Revolution abzukupfern. Das Wort vom »Griff in das Zeughaus der Revolution« macht die Runde und beschreibt das preußische Reformprogramm treffend. Ein Volksheer, dessen ungeheuere Wirkungskraft man bei den Franzosen seit 1792 bewundern kann, wird eingeführt und löst das Söldnerheer der Vergangenheit ab. Eine Armee der freien Staatsbürger soll zukünftig für die Sache Preußens in den Kampf ziehen. Der veraltete Ständestaat wird abgeschafft ebenso wie die Leibeigenschaft der Bauern. Der Städtereform folgen die so genannte Judenemanzipation und die Reform der Justiz. Die Staatsverwaltung wird umstrukturiert, die Gewerbefreiheit verkündet und ein Ministerkollegium eingeführt. Krönung und Höhepunkt der preußischen Reformen ist eine Bildungsreform, die dem Staat gut ausgebildete und den Prinzipien des Humanismus verpflichtete Beamte zuführt.

Die Reform in Preußen ist nicht vergleichbar mit der Revolution in Frankreich, sie ist in den Köpfen der Reformer als Mittel zum Zweck entstanden. Sie ist nicht Ergebnis einer Souveränitätserklärung durch das Volk wie in Amerika oder Frankreich. Der preußische Staat soll machtvoll und wehrhaft werden, dazu sind die Reformen unerlässlich und, wie sich bald zeigt, auch erfolgreich. Napoleon I. entgeht diese Entwicklung nicht, seine Statthalter in Preußen verfolgen die Reformer. Freiherr vom Stein muss sein Ministeramt niederlegen und die für die Heeresreform wichtigen Generäle Gebhard Leberecht von Blücher und August Wilhelm Graf von Gneisenau werden aus der Armee entfernt und kaltgestellt.

Auslöser für den nächsten Teil des europäischen Krieges sind nicht nur die Aufstände in vielen von Frankreich beherrschten Ländern, sondern auch die Kündigung der Kontinentalsperre gegen England durch den russischen Zaren. Alexander I. befindet sich in einer schwierigen Lage, denn einerseits findet er Gefallen daran, neben Napoleon I. der mächtigste Mann auf dem europäischen Kontinent zu sein. Andererseits ist die russische Wirtschaft für den Export ihrer Agrarprodukte aber auf die Einfuhr englischer Erzeugnisse angewiesen. Deshalb öffnet er seine Häfen und lässt die dringend benötigten Waren aus England ins Land. Das hätte dem französischen Kaiser eigentlich signalisieren müssen, dass der Zenit seiner Herrschaft über Europa überschritten ist. Dennoch rafft Napoleon I. noch einmal alles zusammen und zieht im Juni 1812 mit einem gewaltigen Heer von 600 000 Soldaten nach Moskau. Seine eigenen Möglichkeiten überschätzend will er das abtrünnige Russland kassieren und leitet damit sein eigenes Ende ein. Abgesehen von kleinen Scharmützeln, die dem Invasionsheer aber schon herbe Verluste zufügen, lassen die russischen Generäle den Franzosen ins Leere reiten und ziehen sich immer weiter ins Landesinnere zurück. Mitte September 1812 hat Napoleon I. Moskau erreicht, einen Tag später geht die Stadt – von Russen entzündet – in Flammen auf. Ein an den Zaren gerichtetes Waffenstillstandsabkommen bleibt einen Monat lang unbeantwortet. Ende

Oktober tritt das Heer Napoleons I. schließlich notgedrungen den Rückzug an und gerät nicht nur in den harten Winter der russischen Weiten, sondern wird immer wieder von Kosakenverbänden angegriffen, die den Invasoren große Verluste beibringen. Napoleon I. verlässt sein Heer an der Beresina, um vor den Katastrophenmeldungen in Paris zu sein. Am Ende der Expedition nach Russland ist die »Grande armée« nahezu vollständig aufgerieben, nur 45 000 Soldaten sehen die französische Hauptstadt wieder.

Die Konvention von Tauroggen

Der Mythos der Unbesiegbarkeit der französischen Armee ist dahin, die Völker Europas fassen wieder den Mut, sich doch noch von der Unterjochung befreien zu können. Die preußischen Truppenteile, die für den Krieg gegen Russland zwangsrekrutiert worden sind, fallen ab. Deren Befehlshaber General York unterschreibt am 30. Dezember 1812 ohne Wissen des preußischen Königs mit der russischen Militärführung ein Waffenstillstandsabkommen – die Konvention von Tauroggen. Wenige Tage später gibt General York ein Beispiel dafür, dass man mit einer einzigen Tat Weltgeschichte schreiben kann. General York hat die Konvention eigenmächtig unterzeichnet und damit seine Kompetenz um einiges überschritten. Er erwartet Sanktionen seines Königs, rafft aber am 3. Januar 1813 all seinen Mut zusammen und schreibt einen Brief an Friedrich Wilhelm III. Darin fordert der General den trotz der französischen Niederlage immer noch zögernden preußischen König auf zu handeln. Er möge die Gunst der Stunde nutzen und den günstigen Zeitpunkt nicht verstreichen lassen, um gegen das geschwächte Heer Napoleons I. ins Feld zu ziehen. General York wird zwar nicht bestraft, sondern – wenn auch erst später – mit dem Grafentitel von Wartenburg belohnt, aber es vergehen noch mehr als zwei Monate, bis Friedrich Wilhelm III. am 16. März 1813 Frankreich den Krieg erklärt und einen Tag später den legendären Aufruf ›An mein Volk‹ veröffentlicht:

»Wir erlagen der Übermacht Frankreichs. Der Frieden, der die Hälfte meiner Untertanen mir entriss, gab uns seine Segnungen nicht; (...) Das Mark des Landes ward ausgesogen, die Hauptfestungen blieben vom Feind besetzt, der Ackerbau ward gelähmt, (...) Das Land ward ein Raub der Verarmung. (...) Brandenburger, Preußen, Schlesier, Pommern, Litauer! Ihr wisst, was Ihr seit fast sieben Jahren erduldet habt, Ihr wisst, was Euer trauriges Los ist, wenn wir den beginnenden Kampf nicht ehrenvoll enden. Erinnert Euch an die Vorzeit, an den großen Kurfürsten, den großen Friedrich. (...) Aber, welche Opfer auch von Einzelnen gefordert werden mögen, sie wiegen die heiligen Güter nicht auf, für die wir sie hingeben, für die wir streiten und siegen müssen, wenn wir nicht aufhören wollen, Preußen und Deutsche zu sein. Es ist der letzte entscheidende Kampf, den wir bestehen für unsere Existenz, unsere Unabhängigkeit, unseren Wohlstand; keinen anderen Ausweg gibt es, als einen ehrenvollen Frieden oder einen ruhmvollen Untergang.«

Der Aufruf zeigt nachhaltige Wirkung, weil gleichzeitig bekannt wird, dass Preußen ein Bündnis mit Russland gegen den französischen Kaiser abgeschlossen hat. Von überall strömen Freiwillige herbei, um an dem zum Befreiungskampf stilisierten Krieg gegen Frankreich teilzunehmen. Von der Welle nationaler Erregung erfasst organisieren Soldatenfrauen patriotische Kaffeekränzchen und geben ihre goldenen Eheringe für schmuckloses Eisen, auf denen die Parole eingraviert ist: »Gold gab ich für Eisen. 1813«. Der nach langem Zaudern erlassene Aufruf ›An mein Volk‹ versetzt Preußen und Deutsche gleichermaßen in einen nationalen Taumel, Freiwilligenverbände marschieren durch die Straßen, verbreiten das Gefühl des nationalen Widerstands und signalisieren den verhassten Besatzern: dieses Volk ist in Waffen! »Deutschland steht auf! Der preußische Adler erweckt in allen treuen Herzen durch seine kühnen Flügelschläge große Hoffnung«, schreibt der 22-jährige Dichter Theodor Körner an seinen Vater. Als er kurz darauf auf dem Feld der Ehre sein Leben hingibt, hat die nationale Bewegung ihren ersten Märtyrer.

In ersten Gefechten behalten französische Truppen die Oberhand, aber Napoleon I. muss auf Zeit spielen, da er dringend neue Rekruten braucht, um seine durch den verlustreichen Russlandfeldzug dezimierten Reihen aufzufüllen. Die Ruhe vor dem Sturm nutzen die Koalitionäre und gewinnen am 10. August 1813 neben

England und Schweden auch Österreich als Bündnispartner. Dieser Übermacht ist Napoleon I. nicht gewachsen. In der Völkerschlacht, die vom 16. bis zum 19. Oktober 1813 bei Leipzig tobt, bezieht das französische Heer eine vernichtende Niederlage. Der französische Kaiser kann der eigenen Gefangennahme nur durch eine überstürzte Flucht entgehen. Am gleichen Tag desertieren die Truppen der Rheinbundstaaten und läuten das Ende der französischen Herrschaft in Deutschland ein. Als Napoleon I. das vom österreichischen Außenminister Klemens Wenzel Fürst von Metternich übermittelte Friedensangebot ablehnt, britische Truppen aus Spanien vorrücken und die Koalitionstruppen Ende März 1814 vor den Toren von Paris stehen, dankt der Kaiser am 6. April 1814 ab und geht ins Exil auf die Mittelmeerinsel Elba.

Während sich die Siegermächte in Wien schon über eine Nachkriegsordnung unterhalten, kehrt Napoleon am 1. März 1815 noch einmal nach Paris zurück, wo er von seinen Anhängern mit großem Jubel empfangen wird. Der seit seiner Abdankung regierende reaktionäre König Ludwig XVIII. flieht und Napoleon erlässt ein liberales Regierungsprogramm. Aber die Verbündeten der Anti-Frankreich-Koalition reagieren sofort, stellen ein Heer zusammen und ziehen am 18. Juni 1815 im nordfranzösischen Waterloo gegen Napoleon in die Schlacht. Als der Tag sich seinem Ende zuneigt, ist die Entscheidung gefallen: Napoleon ist besiegt und Europa von der französischen Vorherrschaft endgültig befreit. Napoleon dankt ein zweites Mal ab und wird wieder verbannt; dieses Mal auf die kleine Insel St. Helena im südatlantischen Ozean, wo der einstige Imperator am 5. Mai 1821 einsam und – wie er meint – von der Welt unverstanden stirbt.

Napoleons Versuch, den Kontinent unter die Hegemonie eines Staates zu zwingen, ist gescheitert. Eine wie auch immer begründete europäische Einheit ist mit den Mitteln des Zwangs und militärischen Unterdrückung nicht erreichbar. Auf Dauer kann ein europäischer Staat nicht genügend Macht und Stärke entwickeln, um das europäische Gleichgewicht zu seinen Gunsten zu verändern. Vitalität und Widerstandskraft der europäischen Völker sind stärker als die militärische Gewalt des nach der Alleinherrschaft strebenden französischen Kaisers. Ein weiteres Mal hat sich gezeigt, dass Europa aus vielen Mitgliedern besteht, von denen keines groß und mächtig genug ist, um die anderen unter sein Joch zu zwingen. Am Ende des 22-jährigen europäischen Krieges aber fragen sich die Menschen in Deutschland, was nun aus ihnen werden soll. Warum haben sie die Mühsal der jahrelangen Besatzung ertragen, warum das Blut ihrer Kriegsfreiwilligen hingegeben? Einer ihrer Wortführer ist der Herausgeber des ›Rheinischen Merkur‹ Johann Joseph Görres. Er propagiert in seiner Zeitung liberale Ideen, setzt sich für die nationale Freiheit der Deutschen ein, fordert sichere Grenzen und eine Verfassung für ein geeintes Deutschland. Im Sommer 1815 schreibt Johann Joseph Görres:

> »Etwas Ganzes und Rechtes soll da werden, und man soll die Stimme des Volkes befragen, die vernehmlich und an allen Orten spricht. Deutschland will eine Verfassung, die sichere, was das Volk mit seinem Blut erworben (hat).«

Da mag eine dunkle Vorahnung im Spiel gewesen sein, als er diese pathetischen Zeilen verfasst. Denn der Wiener Kongress, der nun über die europäische Ordnung nach den Befreiungskriegen zu befinden hat, ist keineswegs darauf aus, den nationalen Rufern deutscher Stimme Gehör zu schenken. Nicht zu Unrecht fühlen sich die Deutschen in der Mitte des Kontinents als Opfer des Machtpokers der europäischen Großmächte Frankreich, Österreich, Preußen, Russland und England, deren Außenminister vom 18. September 1814 …

Wiener Kongress und Neuordnung Deutschlands

... bis zum 9. Juni 1815 in Wien tagen. 15 gekrönte Häupter aus Europa, etwa 200 Fürsten und mehr als 100 Diplomaten nehmen an der Konferenz teil. Der Kongress tagt nicht nur, er tanzt vor allem, und manch ein Teilnehmer wundert sich über das ausgiebige, geradezu höfische Leben, das all das vorwegnimmt, was nun wieder eingeführt werden soll. Der österreichische Erzherzog Johann stöhnt über die ständigen »Visiten und Gegenvisiten«, lästert über Feuerwerk und Fressgelage, die über die Spannungen zwischen den Verhandlungspartnern aber nicht hinwegtäuschen können. Der österreichische Außenminister Klemens Fürst von Metternich führt den Vorsitz dieser Ansammlung reaktionärer Monarchen und Politiker, die sich bei allen Unterschieden in einem einig sind: Eine Revolution, der man selber gerade noch entgangen ist, darf es in Europa nicht wieder geben. Und so machen sie sich daran, das alte Staaten- und Bündnissystem der vorrevolutionären Zeit wieder zum Leben zu erwecken.

Die Siegermächte der Befreiungskriege verwehren den kleinen und mittleren deutschen Staaten des Rheinbunds die Mitsprache. Zu groß ist die Sorge, dass deren nationale Strömungen die Oberhand gewinnen und der Ruf nach einem deutschen Staat in der Mitte des Kontinents die angestrebte Wiederherstellung des alten, seit dem Westfälischen Frieden von 1648 erprobten europäischen Sicherheitssystems im Wege stehen könnten. Während die deutschen Fürsten als »Zaunkönige« allenfalls zuhören dürfen, führen die Vertreter der Koalitionsmächte und der französische Außenminister Charles Maurice de Talleyrand, der es schafft, Frankreich – den Verursacher der europäischen Kriege – als gleichberechtigtes Verhandlungsmitglied am Tisch der Siegermächte zu platzieren, das Wort. Frei nach seinem Wahlspruch »Opposition ist die Kunst, so geschickt dagegen zu sein, dass man später dafür sein kann« zeichnet sich die Karriere Charles Maurice de Talleyrands durch Skrupellosigkeit und Profitgier aus, die ihn zum Minister nicht nur bei Napoleon I., sondern auch bei dessen Nachfolger, dem Bourbonenkönig Ludwig XVIII., gemacht haben. Da Frankreich nach der Niederwerfung des korsischen Imperators wieder in den Kreis der Monarchien zurückgekehrt sei, so seine Logik, gebühre seinem

Land auch das volle Mitspracherecht bei der Neugestaltung Europas. Neben Zar Alexander I., dem österreichischen Kaiser Franz I. und Friedrich Wilhelm III. findet auch der englische Außenminister Viscount Castlereagh dieses Argument überzeugend und lässt seinen französischen Kollegen gewähren. Die Siegermächte der Napoleonischen Kriege behandeln Frankreich aber vor allem deshalb so gnädig, weil sie die wiedereingesetzte bourbonische Monarchie nicht mit Kriegskosten belasten wollen, die das Land destabilisieren könnten. Eine Hand wäscht die andere, denn das Königreich Frankreich wird nun ein wichtiger Faktor bei Herstellung und Absicherung einer europäischen Ordnung, von der auch die anderen europäischen Königshäuser profitieren.

Restauration

Dem Prinzip der Legitimität folgend werden Spanien und Portugal als Königreiche wiederhergestellt, weil die dort herrschenden Königsfamilien einen legitimen Anspruch auf Zepter und Krone ihres Landes haben. Die Niederlande erhalten die ehemaligen »österreichischen Niederlande« und die Schweiz erlangt ihre Unabhängigkeit wieder. Als Entschädigung für die Lasten der Befreiungskriege will Friedrich Wilhelm III. nun in deutschen Landen Beute machen und hat es dabei vornehmlich auf Sachsen abgesehen. Fast gegen seinen Willen und nach heftiger englischer Intervention muss der preußische König schließlich einer Verpflanzung seines Landes an die Rheingrenze zustimmen. Große Teile Westfalens und andere Gebiete westlich des Rheins gehören nun zu Preußen, das mit dieser Verschiebung endgültig eine westdeutsche Macht geworden ist. Preußische Besitzungen reichen bis an den Rhein und sind in der Mitte nur durch das Königreich Hannover, das seit dem Ende des 17. Jahrhunderts mit dem englischen Königshaus in Personalunion verbunden ist, getrennt. Preußen steht an den Ufern des Rheins dem französischen »Erbfeind« direkt gegenüber und hält in deutschem Namen die später so bezeichnete »Wacht am Rhein«. Im Gegensatz zum österreichischen Konkurrenten um die Vorherrschaft in der Mitte des Kontinents hat Preußen jetzt eine überwiegend deutsche Bevölkerung, die neuen Landeskinder heißen »Beutepreußen« und werden in Ruhe gelassen –

frei nach dem Motto von Friedrich dem Großen, es möge ein jeder nach »seiner façon« glücklich werden. Dafür muss Preußen auf die polnischen Gebiete endgültig verzichten, die es sich in den polnischen Teilungen angeeignet hat. Die ursprünglich von Preußen und Österreich annektierten Gebiete werden in Wien als das so genannte »Kongresspolen« wieder auf der europäischen Landkarte etabliert. Die preußische Präsenz in Deutschland wird größer, gleichzeitig nimmt der Einfluss Österreichs ab, denn Kaiser Franz I. verzichtet auf alle Ansprüche seines Landes in Belgien und im Westen Deutschlands und wird dafür mit Venezien und der Lombardei entschädigt. Mit diesem geopolitischen Geschacher tritt Preußen in die deutsche Geschichte ein, während sich Österreich aus ihr verabschiedet und eine südosteuropäische Großmacht wird.

Der Wiener Kongress ist nach dem Westfälischen Frieden von 1648 die zweite europäische Sicherheitskonferenz, bei der der Versuch unternommen wird, das fragile Verhältnis zwischen den europäischen Völkern zu stabilisieren. Das Kongressergebnis soll gleichermaßen Schutz vor weiteren eruptiven, revolutionären Prozessen wie bei der Französischen Revolution bieten und die Interessen zumindest der europäischen Großmächte berücksichtigen. England, Russland, Preußen, Österreich und Frankreich übernehmen gemeinsam die Verantwortung für den europäischen Kontinent, dem sie Frieden durch Stabilität der Macht bringen wollen. Zweifellos sind ihre Ordnungsvorstellungen rückwärtsgewandt – eben restaurativ. Aber sie unternehmen den Versuch, den gemeinsamen Lebensraum der Europäer in ruhigeres Wasser zu steuern. Dabei bleiben die Interessen der vielen kleinen Territorien in Deutschland unberücksichtigt. Der beim Wiener Kongress gegründete Deutsche Bund ist einerseits die Antwort der europäischen Großmächte auf die jahrhundertealte Zersplitterung der Mitte des Kontinents. Andererseits aber signalisieren sie ihr großes Interesse an stabilen politischen Verhältnissen im Herzen Europas dadurch, dass sie die dortigen Geschicke in Zukunft mitbestimmen wollen.

■ **Der Deutsche Bund**

Nach zähen Verhandlungen einigen sich die Großmächte darauf, einen Deutschen Bund ins Leben zu rufen, dem 39 souveräne Fürsten und Städte angehören. Gemeinsames Verfassungsorgan ist der Bundestag, der in Frankfurt unter dem Vorsitz des österreichischen Kaisers tagt. Die am 8. Juni 1815 unterzeichnete Bundesakte zeigt, zu welchem Zweck dieses politische Gebilde ins Leben gerufen wird: »Der Zweck desselben ist: Erhaltung der äußeren und inneren Sicherheit Deutschlands und der Unabhängigkeit und Unverletzbarkeit der einzelnen deutschen Staaten.«

Im Klartext: Das Sagen in Deutschland haben keineswegs die gar nicht so »unabhängigen« Staaten, sondern die Könige und Kaiser, die von außen in den Deutschen Bund hineinregieren können. Bei Streitigkeiten im Bundestag entscheidet die Stimme Österreichs, und eine Veränderung der innerdeutschen Grenzen ist durch die Bundesakte ausgeschlossen. Preußen und Österreich gehören dem Deutschen Bund nur mit den Landesteilen an, die innerhalb der Bundesgrenzen liegen. Die Könige von England, Dänemark und den Niederlanden sind mit ihren deutschen Besitzungen ebenfalls stimmberechtigte Mitglieder des deutschen Bundestags. Mindestens fünf Landesherren sind also nicht nur von ihren Interessen als Mitglieder des Deutschen Bundes geleitet, sondern haben die Interessen ihrer übrigen Länder ebenso zu berücksichtigen. Das ist die endgültige Absage an alle Bestrebungen nach deutscher Eigenständigkeit, ein geeinter deutscher Staat ist im Jahr 1815 nur gegen den Willen der europäischen Großmächte und gegen den Willen der Mehrzahl der deutschen Fürsten zu haben.

Deutsche Frage II

Das Ergebnis des Wiener Kongresses zeigt, wie stark die »deutsche Frage« mit den Wünschen, Sorgen und Plänen der europäischen Nachbarn verbunden ist. Eine gemeinsame Verfassung und die Gründung eines deutschen Einheitsstaates berühren die sehr unterschiedlichen Interessen seiner Nachbarn. Die politische Ordnung der Mitte des Kontinents kann deshalb nur unter Wahrung der Sicherheits- und Wirtschaftsinteressen aller anderen Europäer verändert werden. Damit hat die Lösung der speziellen »deutschen Frage« immer die Zustimmung der europäischen Nachbarn zur Voraussetzung. Und so viel ist jetzt auch klar: Jede andere – sprich militärische – Lösung, die gegen die Interessen der Nachbarn verstößt, würde unweigerlich einen europäischen Krieg nach sich ziehen. Auf dem Wiener Kongress wird nicht so sehr gegen die deutschen Interessen gehandelt, sondern eher die Angst vor einem geeinten und mächtigen Zentrum in Europa in den Vordergrund geschoben. Die Völker Europas haben gerade erst die Besatzung durch Napoleons Truppen überstanden. Sie wollen auf jeden Fall eine neue europäische Hegemonialmacht verhindern und sind deshalb an der Wiederherstellung eines funktionierenden europäischen Sicherheitssystems interessiert.

Von einer Einheit für die Deutschen, wie sie anderen europäischen Staaten zugebilligt wird, ist beim Wiener Kongress keine Rede. Das trifft auf ein geteiltes Echo, denn einerseits haben die deutschen Fürsten seit dem Ende des Kaiserreiches durch den Federstrich Napoleons I. im Jahr 1806 erheblich an Selbstbewusstsein gewonnen. Die größeren Staaten des Deutschen Bundes hoffen, alsbald selbst ein wichtiger Faktor in der europäischen Politik zu werden. Mit der Zunahme ihrer eigenen Bedeutung schwindet in gleichem Maße ihr Interesse an einer Wiederherstellung des Reiches. Andererseits sind die Rufe nach einem geeinten deutschen Verfassungsstaat unüberhörbar geworden. Dieser Zweiklang bleibt den Architekten und Gralshütern der europäischen Ordnung keineswegs verborgen, aber sie spüren die ruinösen Konsequenzen nicht, die sich daraus ergeben könnten, wenn man den Deutschen die Chance verweigert, ihre Geschicke in die eigene Hand zu nehmen. Im Gegenteil: Die innerdeutsche Zersplitterung wird – wie beim Westfälischen Frieden 1648 – zum Prinzip erhoben und obendrein durch eine »Heilige Allianz« zwischen Russland, Preußen und Österreich garantiert. Der Status quo in der Mitte des Kontinents ist damit festgezurrt und den Deutschen ein Platz am Katzentisch zugewiesen. Die Wiener Diplomatie hat erreicht, dass Deutschland der Weg zu einer gefestigten, nationalstaatlich organisierten Macht in der Mitte Europas auf lange Zeit versperrt ist. Dafür soll die europäische Mitte in Zukunft so organisiert sein, dass sie weder zum Opfer einer ausländischen Aggression werden noch sich selbst zur Großmacht aufschwingen kann.

Der Deutsche Bund soll lediglich kraftvoll genug sein, um sich gegen Angriffe von außen und gegen die Vorherrschaft eines seiner Mitglieder zu wehren. Gleichzeitig soll er weder expandieren können noch eine europäische Macht werden. Knapp die Hälfte der Staaten des Deutschen Bundes schreibt die Errungenschaften der Französischen Revolution in neuen Verfassungen fest. Grundrechte der Staatsbürger, Gleichheit vor dem Gesetz, allgemeine Wehrpflicht, gleiche Steuern, Religions-, Gewissens- und Pressefreiheit gehören ebenso zu den verbrieften Rechten wie die strikte Gewaltenteilung und das nach englischem Vorbild organisierte parlamentarische Zweikammer-System. Damit haben sie sich neue Strukturen und Verfassungen gegeben, die eine Rückkehr in den Rahmen eines einheitlichen – gar kaiserlichen – Deutschlands erschweren, wenn nicht unmöglich machen. Außenpolitisch sind diese Staaten zwar unbedeutend, aber im Inneren führen sie Reformen durch, auf denen die föderale Struktur der Bundesrepublik Deutschland bis heute basiert.

Die nationalen Emotionen der Deutschen, die angesichts dieser Entscheidung hochkommen, werden von den Großmächten negiert. Die Abgesandten, die ab und an den Verhandlungen in Wien beiwohnen, werden »Jakobiner im Bärenfell« genannt und darauf hingewiesen, dass das sorgsam ausgetüftelte europäische Sicherheitssystem nur dann Bestand hat, wenn Deutschland zersplittert und eben ohne Macht bleibt. Charles Maurice de Talleyrand, der seinem König die rhetorische Frage stellt, was dabei rauskommen würde, wenn eine »Masse wie die Deutschen, zu einem einzigen Ganzen gemischt, aggressiv würden«, übersieht den entscheidenden Fehler der in Wien ausgehandelten Friedensordnung. Denn der verordneten Unterdrückung folgt nicht ein Abklingen des nationalen Einheitsstrebens in Deutschland, sondern dessen Steigerung. Die von der »Heiligen Allianz« überwachte Behinderung des deutschen Nationalismus führt dazu, dass seine Ausdrucksformen immer skurriler und frustrierter werden – bis sie sich schließlich explosionsartig entladen. Jede Möglichkeit, einen liberalen deutschen Verfassungsstaat ins Leben zu rufen, ist ausgeschlossen. Ganz im Gegenteil, mit dem Ende des Wiener Kongresses beginnt die »Restauration«, also die Wiederherstellung jener Mächtekonstellation, die Europa jahrhundertelang bestimmt hat. Aber die Rufe nach nationaler Selbstbestimmung, nach staatlicher Einheit und vor allem nach den Bürgerrechten erschallen überall in Europa und bringen das politische System des Wiener Kongresses durcheinander. Davon zunächst einmal unbeeindruckt herrscht die Unterdrückung in Europas Landen. Der Anlass, die Schrauben der Repression fester zu ziehen, bietet sich ...

Nationalismus und Liberalismus

... am frühen Nachmittag des 23. März 1819, als ein junger Mann an der Haustür des Dichters und russischen Staatsrates August von Kotzebue klingelt. August von Kotzebue genießt in der nationalen Szene keinen guten Ruf, da er Burschenschaften und Turnerbünde als Brutstätten der Revolution gebrandmarkt hat. Der Fremde an seiner Haustür gibt sich als »Herr Heinrichs« aus und findet Einlass. »Herr Heinrichs« zieht plötzlich einen kleinen Dolch aus dem Hemdsärmel und sticht mit dem Ruf »Du, Verräter des Vaterlands!« dreimal auf den Körper des Dichters ein. An Lunge und Herz getroffen bricht das Opfer zusammen und stirbt. Karl Ludwig Sand, wie »Herr Heinrichs« in Wahrheit heißt, versucht anschließend, sich auf gleiche Weise ums Leben zu bringen, wird aber vorher verhaftet und ins Gefängnis gebracht. Ein Jahr dauern die Verhöre, bis es vor dem Hofgericht des Niederrheins zum Prozess kommt, an dessen Ende Karl Ludwig Sand zum Tode durch das Schwert verurteilt wird. Die Richter verzichten auf das zur Abschreckung häufig verhängte »Aufstecken« des Kopfes auf eine Stange, um weitere Unruhe in der Bevölkerung zu vermeiden. Nach der Hinrichtung Karl Ludwig Sands, der die Folgen seiner Tat sicher nicht überschaut hat, entsteht ein bisweilen makabrer Personenkult um ihn. Schaulustige tauchen ihre Taschentücher – wie einst bei der Hinrichtung des französischen Königs Ludwig XVI. – ins Blut des Toten oder schneiden sich eine Locke von seinem Kopf. Der Henker baut aus dem »Blutgerüst« ein Schrebergartenhäuschen und versammelt darin Anhänger einer verbotenen Burschenschaft. Aber der Mord an August von Kotzebue ist viel mehr als nur die Tat eines geistig verwirrten Spinners. In der Kanzlei des österreichischen Außenministers und Architekten der Restauration Klemens Fürst von Metternich ist man überzeugt davon, dass Karl Ludwig Sand nicht eigenständig, sondern im Auftrag einer Verschwörung gegen die bestehende Ordnung gehandelt hat. In Wien ist die Tat ein willkommener Anlass, die Repression innerhalb des Deutschen Bundes zu verstärken.

Die deutsche Nationalbewegung

Im August 1819 beraten Österreich und Preußen auf einer Konferenz in Karlsbad, wie der Unruhe im Deutschen Bund zu begegnen sei. Die dort gefassten Beschlüsse werden am 31. August 1819 veröffentlicht: Sämtliche Universitäten stehen nun unter der Aufsicht eines »außerordentlichen, landesherrlichen Bevollmächtigen«, liberal gesinnte Lehrkräfte werden entlassen, die Pressefreiheit wird aufgehoben und geheime Burschenschaften verboten. Deutschland ist per Dekret in die vorrevolutionären Zeiten zurück»verordnet« worden und die deutschen Obrigkeiten haben nun ein von der Bundesversammlung in Frankfurt abgesegnetes Instrumentarium, um der Unruhe mit polizeilichen Mitteln Herr zu werden. Die Angst der Fürsten ist keineswegs unberechtigt, das hatte sich schon zwei Jahre vorher gezeigt. Zur 300. Wiederkehr der Veröffentlichung der Thesen des Reformators Martin Luther hatten sich Ende Oktober 1817 viele tausend Burschenschaftler mit schwarz-rot-goldenen Fahnen in der Hand auf der Wartburg versammelt. Das Gedenkfest hatte eher den Charakter eines Gottesdienstes, bei dem flehentlich um eine derart kühne Tat gebetet wurde, wie sie einst der Mönch aus Eisleben vollbracht hatte. Nur ist der Gegner dieses Mal nicht die römische Kirche, sondern das als Fremdherrschaft empfundene politische System. Die Gralshüter dieses Systems, allen voran der österreichische Außenminister Klemens Fürst von Metternich, erkennen die Signale von der Wartburg aber nicht und glauben, mit der Androhung staatlicher Gewalt die öffentliche Ordnung gewährleisten zu können.

Nationale Einheit

Der Ruf nach einer nationalen Einheit aller deutschen Staaten bleibt zunächst Intellektuellen und Studenten vorbehalten, von denen sich viele in Burschenschaften organisieren. Die Burschenschaften sind als Opposition gegen die französische Fremdherrschaft seit 1811 in vielen Universitätsstädten entstanden, haben sich aber schnell als Brutstätte eines grotesk anmutenden nationalen Hochmuts entpuppt, dem die Verachtung alles Fremden ebenso eigen ist wie Antisemitismus. Rohe Sitten, abartige Alkoholexzesse, wenig geistvolle Rauf- und Duellrituale zeigen bald den moralischen Tiefstand der in der Bevölkerung weitgehend isolierten Burschenschaften an. Zwar sind die Burschenschaften überall bekannt und sie drucken unentwegt Pamphlete mit nationalem Pathos und aufrührerischen Thesen, die Herzen der Menschen erreichen sie aber nicht, die sind Anfang der 20er Jahre des 19. Jahrhunderts nämlich in erster Linie damit beschäftigt, ihr eigenes Überleben zu sichern.

■ **Alltag in Deutschland**

Hungersnöte und Wirtschaftskrisen drängen viele Deutsche 1816 und 1817 in eine existenzielle Krise, die wenig Zeit übrig lässt, sich über die zukünftige Gestaltung ihres Staates Gedanken zu machen. Die andauernde Unterdrückung der Meinungsfreiheit, die unübersehbare Präsenz von Polizei und Staat, die für jeden sichtbare Verfolgung von so genannten Demagogen, all das sorgt für eine unheimliche Stille im Land. Mitglieder der studentischen Burschenschaften, Angehörige von verdächtigen Turnvereinen und Universitäten werden verfolgt, verhaftet oder amtsenthoben. Ernst Moritz Arndt, Turnvater Jahn und viele andere lernen preußische Gefängnisse von innen kennen oder müssen das Land verlassen.

Während die staatliche Fahndung auf vollen Touren läuft, ziehen sich viele Menschen ins Private zurück. Zum ersten Mal erleben sie eine längere Friedenszeit mit arbeitslosen Soldaten, die die Einzigen sind, die sich über diesen Zustand beklagen. Es beginnt die Zeit des Biedermeier, in dessen Mittelpunkt die bürgerliche Familie steht. Große Sprünge kann sie sich nicht erlauben, dazu sind die meisten von ihnen zu arm, denn das ganze Land leidet unter den wirtschaftlichen Schäden der Napoleonischen Kriege, die das Land ausgezehrt haben. Unter den Augen des Polizeistaats macht sich dennoch eine oberflächliche Heiterkeit breit, die den beschaulich gekleideten Familienvater nebst Gattin und Kinderschar beim Sonntagsspaziergang hervorbringt. Die Zahl der Kinder steigt rapide, als habe es einen Knopfdruck gegeben, der den biologischen Ausgleich für die hohen Verluste der vorangegangenen Kriege in die Wege leitet. Bis zum Jahr 1848 erhöht sich die Bevölkerungszahl des Deutschen Bundes um ein Drittel, was die Landwirtschaft vor unlösbare Probleme stellt, denn so viele Mäuler kann sie nicht stopfen. Die Armut ist in manchen Gegenden so groß, dass die örtlichen Verwaltungen regelrechte Bettelzüge zusammenstellen, die nach einem festgelegten Turnus durch die umliegenden Dörfer ziehen, um Lebensmittel zu erbetteln. In den Städten geht es auch nicht besser, das Heer der Gelegenheitsarbeiter steigt mit dem täglich größer werdenden Elend.

Nationalismus und Liberalismus sind in diesen Jahren zwei Seiten einer Medaille. Die Forderung nach nationaler Einheit und Selbstbestimmung ist verbunden mit dem Wunsch nach einer liberalen Verfassung, die den Menschen gleiche Rechte und Pflichten garantiert. Da sich diese Forderungen im eigenen Land nicht durchsetzen lassen, blicken viele Intellektuelle sehnsuchtsvoll über die Landesgrenzen, wo Befreiungskämpfe den ersten Nationalstaaten Europas zum Durchbruch verhelfen. Den Anfang machen die Spanier, die sich 1820 gegen die reaktionäre Herrschaft Ferdinands VII. auflehnen. Von dort springt der Funke ins benachbarte Portugal über, und auch in Italien und Griechenland finden nationale Befreiungskämpfe statt. Österreich schlägt in Italien die Aufstände militärisch nieder, besetzt vorübergehend die gesamte Halbinsel, führt die alte, restaurative Ordnung wieder ein und kann – fürs Erste – den Sieg der Revolution verhindern. In Griechenland aber, wo sich seit 1821 nationale Aufständische gegen die türkische Vorherrschaft zur Wehr setzen, siegt elf Jahre später die Revolution.

Revolution in Frankreich

Dramatischer sind die Vorgänge in Frankreich, wo seit 1824 der Bourbonenkönig Karl X. regiert. Ein Jahr vor seinem Regierungsantritt haben französische Truppen einen Aufstand in Spanien niedergeworfen und den Anhängern einer europäischen Revolution einen heftigen Dämpfer versetzt. Diese Situation nutzt Karl X. aus, indem er unmittelbar nach seiner im Stile eines mittelalterlichen Herrschers inszenierten Krönung die Pressefreiheit einschränkt und drakonische Strafen für eher lächerliche Vergehen verkündet. Das bringt ihm den verdienten Ärger seiner Untertanen ein, die der liberalen Opposition bei den Wahlen 1828 die Mehrheit in der Zweiten Kammer verschaffen. Zwei Jahre später wird die

Opposition so stark, dass sich Karl X. zu einem Staatsstreich verleiten lässt. Als über 200 Abgeordnete dem König das Recht zur Ministererennung streitig machen, kommt es zum Eklat: Karl X. löst am 25. Juli 1830 die eben erst gewählte Zweite Kammer auf. Gleichzeitig schränkt er das Wahlrecht ein, verschärft die Pressezensur ein weiteres Mal und verringert die Zahl der Abgeordneten. Das französische Volk ist damit fast wieder in der Situation, in der es vor Beginn der französischen Revolution schon einmal gewesen ist. Der blutige Aufstand, der daraufhin 48 Stunden später in Paris ausbricht, dauert drei Tage. Am 29. Juli 1830 ist das Königtum der Bourbonen zusammengebrochen, das Militär ebenso aus der Stadt vertrieben wie der König und die französische Republik gerettet. Die bürgerliche Mehrheit der Zweiten Kammer trägt Louis Philippe, dem Herzog von Orléans, unter der Bedingung die französische Krone an, dass er die Errungenschaften der Französischen Revolution akzeptiert. Die Trikolore wird wieder die französische Nationalflagge und die ›Marseillaise‹ die Nationalhymne. Louis Philippe ist der erste französische König, der die Krone aus den Händen des bürgerlich-liberalen Parlaments erhält. Damit ist Frankreich eine konstitutionelle Monarchie, in der König und Parlament nach Recht und Gesetz die Geschicke des Volkes lenken. Die Inthronisierung dieses »Bürgerkönigs« markiert auch das Scheitern der europäischen Nachkriegsordnung. Der König wird durch das Parlament berufen und kann sich nicht mehr auf irgendein »legitimes« Erbfolgerecht seiner Familie berufen, worauf die Garantiemächte des Wiener Kongresses 1815 die europäische Nachkriegsordnung ursprünglich aufgebaut haben.

Nationenwerdung in Europa

Die Auswirkungen der Julirevolution in Paris auf die anderen europäischen Staaten sind enorm. Der Funke springt zunächst nach Belgien über, wo sich die Revolutionäre nach einjährigem Kampf erfolgreich gegen die niederländische Herrschaft durchsetzen. Im Londoner Vertrag vom 15. November 1831 wird Belgien schließlich anerkannt. In der bald darauf erlassenen belgischen Verfassung ist das Volk der Souverän, dessen Vertretung – wie in Frankreich – den König wählt. Auch polnische Nationalisten versuchen sich vom Joch der Politik des russischen Zaren Nikolaus I. zu befreien. Unterstützt vom polnischen Heer wagen Offiziere und Intellektuelle den Aufstand gegen die Besatzer, müssen aber in der Folgezeit militärische Niederlagen hinnehmen. In der Schweiz rühren sich nationale Kräfte und erreichen bis 1848 die Verabschiedung einer neuen Verfassung für die schweizerische Eidgenossenschaft, deren Merkmal die bis heute gültige Referendumsdemokratie ist. Auch Italien bleibt von den revolutionären Ereignissen in Frankreich nicht unberührt. Die ersten nationalen Aufstände sind aber deshalb nicht erfolgreich, weil sich die Revolutionäre nicht auf ein gemeinsames Ziel und eine von allen vertretene Strategie verständigen können. Die nationale Befreiung Italiens wird erst einige Jahrzehnte später erfolgreich sein, aber die Ideen von Giuseppe Mazzini und Giuseppe Garibaldi, die für die nationale Selbstbestimmung aller Völker kämpfen, hinterlassen ihre Spuren.

Die deutschen Nationalisten verfolgen die Vorgänge in Europa aufmerksam, aber eine ähnliche Revolte wie bei den Nachbarn gibt es in Deutschland nicht. Dennoch ist der Wunsch nach Veränderungen auch hier unübersehbar. Am 7. September 1830 stürmen Braunschweiger Bürger das Stadtschloss, zünden es an und übernehmen nach wenigen Tagen die Macht. Gleiches geschieht in Kassel, in Sachsen, in Hannover und in Göttingen, wo im Januar 1831 Studenten und einige Bürger unter Führung von drei Privatdozenten der Universität das Militär vertreiben und die Stadt für einige Tage unter ihrer Kontrolle haben. Wenig später erobern 7000 Soldaten aus Hannover die Stadt wieder zurück und bereiten dem Aufstand in Göttingen ein Ende. Immerhin aber erlässt der englische König Wilhelm IV., der in Personalunion das Inselreich und Hannover regiert, 1833 eine Verfassung, die das Zweikammer-System, das Wahlrecht und die Bauernbefreiung festschreibt. Nach seinem Tod folgt ihm sein Bruder Ernst-August auf dem Königsstuhl in Hannover, während in London die legendäre Queen Victoria den Thron besteigt. Zeitgenossen beschreiben den neuen König von Hannover als jemanden, der schon alle »menschlichen Verbrechen« außer dem Selbstmord begangen habe, und genauso regiert er auch das Land. Er setzt die liberale Verfassung seines Bruders außer Kraft und provoziert damit den Widerspruch von sieben angesehenen Göttinger Hochschullehrern, die auf der

Geltung der Verfassung von 1833 bestehen. König Ernst-August schmeißt sie kurzerhand aus dem Land. Die »Göttinger Sieben« erhalten dennoch überall Zuspruch, weil sie dem Wunsch vieler Menschen nach einem geeinten Staatswesen, das auf einer Verfassung mit Rechtssicherheit basiert, durch ihr mutiges Eintreten gegen die königliche Willkür Ausdruck verliehen haben.

Schwarz-Rot-Gold

Aber die Bekundungen des deutschen Einheitswillens haben weitgehend Volksfestcharakter und sind keineswegs eine Bewegung, die von allen Deutschen getragen wird. Eines dieser Feste findet vom 27. bis zum 30. Mai 1832 vor den Toren des Hambacher Schlosses in der Pfalz statt. Mehrere zehntausend Menschen sind zusammengekommen, um für einen bundesstaatlichen Zusammenschluss Deutschlands zu demonstrieren. Das Fest wird beherrscht von schwarz-rot-goldenen Fahnen, deren Farbkombination an die Uniformen des Freikorps Lützow während der Befreiungskriege gegen Napoleon I. erinnern. Daran knüpfen die Teilnehmer des Hambacher Festes an und deklarieren die Farben des Freikorps zu den »deutschen« Farben. Sie demonstrieren für die Einheit und Freiheit Deutschlands und für eine föderative deutsche Republik, die gleichberechtigter Partner in einem europäischen Staatenbund sein soll. Den Ruf nach einer Abkehr von der reaktionären »Heiligen Allianz« kleidet der Schriftsteller Johann Wirth in eine Klage über die »knechtische« Haltung der Deutschen gegenüber den Unterdrückern der nationalen Freiheit des eigenen Landes:

»Die Regungen der Vaterlandsliebe sind uns unbekannt, was dem Vaterland Not tut, ist Hochverrat. Selbst der leiseste Wunsch, nur erst wieder ein Vaterland, eine freimenschliche Heimat zu erstreben, ist Verbrechen. Wir helfen Griechenland befreien, wir trinken auf Polens Wiederauferstehung, wir zürnen, wenn der Despotismus der Könige den Schwung der Völker in Spanien, in Italien lähmt, (…) wir preisen die Weisheit des Sultans, der sich mit der Wiedergeburt seiner Völker beschäftigt, wir beneiden den Nordamerikaner und sein glückliches Los, das er sich mutvoll selbst erschaffen: Aber knech-

tisch beugen wir den Nacken unter das Joch der eigenen
Dränger (...) Es wird kommen der Tag (...), wo nicht 34 Städte und Städtlein von 34 Höfen das Almosen empfangen, um
den Preis hündischer Unterwerfung, sondern wo alle Städte,
frei emporblühend aus eigenem Saft um den Preis patriotischer Tat ringen (...) und ein selbst gewobenes Bruderband
alle umschließt zu politischer Einheit und Kraft; wo die deutsche Flagge, statt Tribut an Barbaren zu bringen, die Erzeugnisse unseres Gewerbefleißes in fremde Weltteile geleitet und
nicht mehr unschuldige Patrioten für das Henkerbeil auffängt, sondern allen freien Völkern den Bruderkuss bringt.«

Der romantisierende Nationalismus, von dem Johann Wirth und
seine Zuhörer in Hambach schwärmen, verhallt in Deutschland
zwar noch weitgehend ungehört, in der Wiener Staatskanzlei des
österreichischen Außenministers Klemens Fürst von Metternich
aber läuten die Alarmglocken. Nur das Fehlen einer gesamtdeutschen Hauptstadt und die traditionelle Zersplitterung der deutschen Staaten verhindern seiner Meinung nach die Geburt einer
deutschen Nation zu Füßen des Hambacher Schlosses. Damit es
so weit nicht kommt, zwingen Preußen und Österreich die bisher
zurückhaltende bayrische Regierung, mit einem Armeekorps für
Ruhe und Ordnung in der Pfalz zu sorgen. Die Hauptakteure müssen fliehen oder werden verhaftet, und der Funke von Hambach
springt nicht auf die Staaten des Deutschen Bundes über.

In Deutschland breitet sich in diesen Jahren Armut aus. Im Vergleich zu England, wo seit Anfang des Jahrhunderts die Industrialisierung einen ökonomischen Aufschwung bewirkt hat, sind die
Länder des Deutschen Bundes geradezu unterentwickelt. In den
30er Jahren des 19. Jahrhunderts wandern knapp 200 000 Menschen aus, zehn Jahre später wird es fast eine halbe Million sein.
Dahinter steckt die Sorge vor einem nationalen Niedergang, den
man sich lieber aus der sicheren Entfernung des amerikanischen
Kontinents ansehen will. Zahlreiche Städte gehen dazu über, mittellose Zuwanderer von ihrem Gebiet fern zu halten, und erlassen
strenge Vorschriften, mit denen nicht erwünschte Personen aus
der Stadt wieder hinauskomplimentiert werden. Das Problem der
Massenarmut wird damit aufs Land verschoben und lässt dort die
Frage aufkommen, ob ein geeinter Nationalstaat nicht viel besser

mit Landstreicherei und Armut zurecht kommt. Gleichzeitig glauben viele, dass ein ökonomischer Aufschwung nicht nur die wirtschaftlichen Probleme lösen, sondern auch den gemeinsamen deutschen Staat würde schaffen können. Industrielle Fertigung durch den Einsatz moderner Maschinen und Verbindung der einzelnen deutschen Staaten durch die Eisenbahn – das sind die Zauberworte, die eine glückliche Zukunft verheißen.

Voraussetzung dafür ist der 1834 geschaffene deutsche Zollverein, dem neben Preußen die Königreiche Bayern und Sachsen sowie Darmstadt, Hessen und Thüringen beitreten. Während die Ökonomen kühl kalkulierend vor allem die wirtschaftlichen Vorteile für den Transport von Waren und Personen sehen, erkennen die nationalen Revolutionäre im Deutschen Zollverein den Vorläufer zu einem deutschen Staat. Immer mehr Länder treten dem Deutschen Zollverein bei, sodass dieser wirtschaftliche Zusammenschluss tatsächlich eine beträchtliche politische Schubkraft entwickelt. Aber so sehr die deutschen Patrioten es auch wünschen, die Industrieproduktion bleibt weiterhin hinter den Bedürfnissen zurück. Die Verwendung von leistungsstarken und kostengünstigen Maschinen kommt nur schleppend voran, was besonders in der deutschen Stoffindustrie, die sich der starken englischen Konkurrenz zu erwehren hat, zu Verwerfungen führt. Englische Großhändler greifen auf billige Importe aus den Kolonien zurück und können so die deutschen Händler unterbieten. Die Antwort der deutschen Großhändler ist eine gnadenlose Senkung der Einkaufspreise, was in Schlesien zu einem Aufstand der Weber führt, der von preußischen Soldaten blutig niedergeschlagen wird.

Die Repressionen werden in Deutschland inzwischen systematisch durchgeführt. Dafür sorgt ein Register, das mehr als 2000 Namen von nationalen Aktivisten und Verdächtigen enthält. Wer die zweifelhafte Ehre hat, auf diesen Seiten aufgeführt zu werden, wird mit Berufsverbot belegt und darf sich in deutschen Landen nicht mehr sehen lassen. Aber auch das kann nicht verhindern, dass sich eine nationale Bewegung in Deutschland mehr und mehr etabliert. Die Frage ist nur, wie lange es dauert, bis sich diese Bewegung durchsetzt oder ob es Preußen und Österreich gelingt, die Bewegung zu unterdrücken. Am Vorabend des entscheidenden Revolutionsjahres 1848 gibt es in Deutschland einerseits zahllose nationale »Spinner« und Phantasten, die das Land verherrlichen und der eigenen Geschichte unkritisch und irrational gegenüberstehen. Andererseits wollen Teile der Nationalbewegung Deutschland politisch befreien und entwerfen zu diesem Zweck zahlreiche programmatische Zukunftskonzepte.

Am Vorabend der »deutschen Revolution«

Am 12. September 1847 versammeln sich in Offenburg deutsche Liberale unter dem Namen »die Ganzen« – im Gegensatz zu den »Halben«, wie die gemäßigten Liberalen bezeichnet werden – und stellen ein Reformprogramm auf, das die Berufung eines deutschen Parlaments auf der Grundlage des allgemeinen und gleichen Wahlrechts, die Aufstellung eines Volksheeres, die unentgeltliche Schulbildung und den Schutz von Arbeiterrechten fordert. Eine Republik zu fordern, trauen sie sich angesichts der dann sofort drohenden Inhaftierung nicht. Im Oktober 1847 kommen die »Halben«, die gemäßigten Liberalen, in Heppenheim zusammen und fordern eine deutsche Einigung unter preußischer Führung, die Trennung von Verwaltung und Justiz und eine Entlastung des Mittelstands und der Arbeiter. Pressefreiheit, die Einführung von Schwurgerichten und die Ausarbeitung einer konstitutionellen Verfassung gehören ebenso zum Forderungskatalog wie die Berufung eines gesamtdeutschen Parlaments. Die Hoffnungen der liberalen Reformer, unter denen sich der spätere Präsident der Frankfurter Nationalversammlung Heinrich von Gagern befindet, richten sich auf Preußen. Die effiziente preußische Bürokratie und der industrielle Aufschwung des Landes haben für ein hohes Ansehen bei den deutschen Bundesbrüdern gesorgt. Als Friedrich Wilhelm IV. am 7. Juni 1840 sein Amt als König von Preußen antritt, kommt er den Reformern scheinbar entgegen. Aber er wird sie nicht zum letzten Mal enttäuschen. Friedrich Wilhelm IV. gilt den Zeitgenossen als Romantiker auf dem Thron, der von den Idealen einer von »Gottes Gnaden« erteilten Regentschaft ebenso schwärmt wie vom Ständestaat und von der mittelalterlichen Reichsidee.

Zunächst erlässt der neue König einige »Reförmchen«, setzt die inhaftierten Ernst Moritz Arndt, Hermann von Boyen und Friedrich Ludwig Jahn wieder auf freien Fuß und entschärft den Konflikt mit der katholischen Kirche. Aber den Erlass einer gesamt-

staatlichen Verfassung, wie er insbesondere von den liberal ge-
stimmten Landtagen des Rheinlands und Ostpreußens gefordert
wird, lehnt er kategorisch ab. Als Kompromiss lädt er zu einem
»Vereinigten Landtag«, der aus Abgesandten der Provinzial-Land-
tage besteht, und gewährt ihnen das Recht zur Steuerbewilligung.
Unter den Abgeordneten befindet sich ein junger Mann aus dem
märkischen Schönhausen, der vor allem dadurch auffällt, dass er
sich bei allen strittigen Fragen auf die Seite des preußischen Königs
schlägt. Der Mann heißt Otto von Bismarck. Aber dem Abgeordneten bleibt vorerst nichts anderes übrig, als seinem König von jeder Menge Problemen zu berichten. Als es in diesem Gremium zu
heftigen Streitigkeiten kommt, stehen auch in Preußen die Zeichen auf Sturm …

Die gescheiterte Revolution von 1848/49

... zumal aus dem benachbarten Paris erneut revolutionäres Getöse über den Rhein zu hören ist. Seit Anfang 1848 sind französische Oppositionelle heftiger Verfolgung ausgesetzt, sie flüchten sich in so genannte Bankette, wo sie ihre Versammlungen unter dem Deckmantel eines gemeinsamen Essens abhalten. Das Verbot eines solchen Banketts führt am 22. Februar 1848 zum Aufstand in Paris, in dessen Verlauf der »Bürgerkönig« Louis Philippe zur Abdankung gezwungen wird. Die Revolutionäre erklären Frankreich zur Republik, bilden eine provisorische Regierung und schreiben Wahlen zu einer Nationalversammlung aus. In Wien erzwingen Aufständische den Rücktritt des verhassten Staatskanzlers Klemens Fürst von Metternich, in Berlin klettern revoltierende Bürger auf die Barrikaden und liefern sich Straßenschlachten mit dem Militär. In allen deutschen Ländern sind die Zutaten einer revolutionären Situation bereitgestellt: Forderungen nach einer rechtstaatlichen Verfassung, die Sehnsucht nach nationaler Einheit der Deutschen, schwierige wirtschaftliche Verhältnisse mit Hungersnöten in manchen Teilen des Deutschen Bundes und die allgemein verbreitete Meinung, ein Umsturz stehe unmittelbar bevor. Die Obrigkeiten können den Deckel nicht mehr auf dem brodelnden Topf halten und akzeptieren deshalb Teile der so genannten »Märzforderungen«, wodurch in vielen Ländern »Märzregierungen« entstehen. Unterstützt und angeheizt durch Tumulte auf den Straßen machen sich die neuen Regierungen daran, für ihre Länder Presse- und Versammlungsfreiheit zu verkünden, Parteien zu erlauben und eine Volksmiliz zu fordern. Im ganzen Land flattert die schwarz-rotgoldene Fahne der Revolution von Rathaustürmen, sie dort hinaufzubringen stößt auf keinen nennenswerten Widerstand mehr.

In Berlin eskaliert die Situation, die Stadt gleicht Anfang März 1848 einem riesigen Heerlager. Mitte des Monats entlädt sich die aufgestaute Spannung in tumultartigen Ausschreitungen, die derart gewalttätig werden, dass die zusammengezogenen preußischen Truppen sie nicht mehr unterdrücken können. Der sichtlich irritierte preußische König versteht die Welt und seine aufmüpfigen Untertanen nicht mehr: Er resigniert und tritt die Flucht nach vorne an. Mit einer schwarz-rot-goldenen Armbinde – den Farben der

Revolutionäre! – reitet Friedrich Wilhelm IV. durch die Straßen von Berlin und beteuert in seiner Proklamation »An mein Volk«, dass Preußen »fortan in Deutschland« aufgehen werde. Dem Jubel der Straße folgt das klammheimliche Staunen der preußischen Untertanen: ein liberales Ministerium, Presse- und Versammlungsfreiheit, sogar eine preußische Nationalversammlung und dann noch der König mit den Farben des Aufstands – das sollte eine erfolgreiche Revolution werden.

Die Deutsche Nationalversammlung

Im März 1848 reagiert die Bundesversammlung in Frankfurt auf die revolutionären Ereignisse und die zahlreichen Rufe nach einer Reform des Deutschen Bundes. Ein Vorbereitungsausschuss soll sich mit den »Märzforderungen« auseinander setzen und eine Reichsverfassung erarbeiten. Wenige Tage später wird in Frankfurt ein Vorparlament zusammengerufen, dem 500 Männer angehören, die sich vorher in den unterschiedlichsten nationalen Zirkeln einen Namen gemacht hatten. Daraus geht schließlich die Deutsche Nationalversammlung hervor, die am 18. Mai 1848 zusammentritt, um eine Verfassung zu erarbeiten und freie Wahlen vorzubereiten. Für die kommenden 13 Monate wird ihre Tagungsstätte zum entscheidenden Ort für den weiteren Verlauf der deutschen Geschichte. Gelingt es den Abgeordneten, einen deutschen Nationalstaat zu gründen, oder scheitern sie an den Widerständen, die gegen einen deutschen Staat in der Mitte Europas ins Feld geführt werden? Die Ereignisse nehmen einen dramatischen Verlauf.

Am 19. Mai 1848 wird Heinrich von Gagern zum Präsidenten der Frankfurter Nationalversammlung gewählt. Er ist kein Unbekannter. 1815 hat er an der Schlacht von Waterloo teilgenommen, ist einige Jahre später als liberaler Finanzexperte ins hessische Parlament eingezogen. Aber seine erste Personalentscheidung erweist sich als Fehlgriff. Weil er – wie die Mehrheit der Nationalversammlung – an einen gesamtdeutschen Staat unter Einschluss Österreichs glaubt, schlägt Heinrich von Gagern Erzherzog Johann von Österreich für das Amt des Reichsverwesers vor. Der Reichsverweser soll die Zentralgewalt des Deutschen Bundes so lange innehaben, bis nach einer Parlamentswahl eine neue Regierung im

Amt ist. Der liberale Erzherzog wird am 29. Juni 1848 mit überwältigender Mehrheit gewählt. Für die Radikalen in der Nationalversammlung ist er aber ein Vertreter des alten politischen Systems und deshalb nicht akzeptabel. Wie schwer, wenn nicht unmöglich, die Aufgabe des Reichsverwesers ist, zeigt sich schon bald. Angesteckt vom revolutionären Schwung in Berlin und Frankfurt hat sich schon im März 1848 in Schleswig-Holstein eine provisorische Revolutionsregierung gebildet, die gegen ihren Landesherrn, den dänischen König Frederick VII., opponiert. Der schickt daraufhin seine Truppen nach Kiel, was – auf Wunsch der Nationalversammlung – am 2. Mai 1848 den Einmarsch preußischer Truppen in Dänemark zur Folge hat. Als englische Kriegsschiffe im Sommer 1848 ihre Stärke in der Nordsee demonstrieren, russische Truppen an der preußischen Ostgrenze aufmarschieren und schließlich auch der französische Gesandte insistiert, zieht Preußen seine Truppen aus Dänemark zurück und unterzeichnet am 26. August 1848 den Waffenstillstand von Malmö.

Die Revolution gewinnt, wer die Macht hat. Das ist jetzt ebenso klar, wie die Erkenntnis, dass diese Macht nicht in Händen der Frankfurter Nationalversammlung liegt. Seine faktische Machtlosigkeit – ohne eigenes Heer und ohne zentrale Kompetenz – muss auch Erzherzog Johann am 16. September 1848 erkennen, als die Frankfurter Nationalversammlung den Waffenstillstand notgedrungen ratifiziert und damit die Interessen eines Bundesmitglieds – nämlich Schleswig-Holsteins – aufgibt. Einen Tag später bricht deswegen in Frankfurt ein Volksaufstand aus, der die revolutionäre Stimmung auch in anderen Teilen des Deutschen Bundes anheizt. Während der Barrikadenkämpfe vor dem Portal der Paulskirche kommen zwei Abgeordnete ums Leben, über die Stadt wird der Belagerungszustand verhängt, bevor der Aufstand militärisch niedergeschlagen wird. Am nächsten Tag hält der sichtlich erregte Heinrich von Gagern eine Rede vor der Nationalversammlung, in der er die Abgeordneten zu mehr Mut und Entschlossenheit aufruft:

»Wenn man sich bemüht hätte, Verständigung zu suchen, statt die Leidenschaften aufzuregen, und walten zu lassen, statt im Parteigeist sich abzuschließen, wir würden die Ereignisse nicht erlebt haben, wie wir sie haben erleben müssen.

(...) Es sind Maßregeln zur Wiederherstellung der öffentlichen Ruhe von den Reichsministerien getroffen worden, und wir werden gewiss zu allem die Hand bieten, was zur Wiederherstellung der gesetzlichen Ordnung notwendig ist (...) Wollen wir die Freiheit, so müssen wir sie mit Maß wollen und ihr Maß lehren; wollen wir die Einheit, so lassen Sie uns vor allem hier einträchtiger zusammenwirken!«

Aber die Herstellung der Einheit unter den Abgeordneten ist genauso schwierig wie die Herstellung einer staatlichen Einheit. Schnell merken die Delegierten, dass es buchstäblich an allem fehlt. Es gibt keine Hauptstadt, keine nationalen Institutionen, keine nationale Kunst und schon gar keinen Nationalstaat. Alles muss neu geschaffen werden – eine Herkulesaufgabe, die noch dadurch erschwert wird, dass die meisten Abgeordneten Professoren und Akademiker sind. Ihre Neigung, den Dingen mit akribischer Genauigkeit auf den Grund zu gehen, verhindert pragmatische Entscheidungen und lähmt ihre Handlungsfähigkeit. Während in der Frankfurter Paulskirche, dem Tagungsort der Nationalversammlung, die Abgeordneten wochenlang um die Ausgestaltung der Bürgerrechte, die Meinungs- und Pressefreiheit debattieren, werden genau diese Rechte in einigen Staaten des Deutschen Bundes mit Füßen getreten oder außer Kraft gesetzt.

Am 6. Oktober bricht in Wien ein Aufstand aus, der sich gegen den Einsatz österreichischer Truppen gegen ungarische Revolutionäre richtet. Um eine Solidaritätsadresse der Frankfurter Abgeordneten an die Aufständischen zu überreichen, reist der Kölner Delegierte Robert Blum in die österreichische Hauptstadt. Als die Revolte Anfang November 1848 niedergeschlagen wird, gerät er in Haft. Nach kurzem Prozess wird er am 8. November zum Tode verurteilt und einen Tag später standrechtlich erschossen. Ein Aufschrei der Empörung über diese Hinrichtung hallt durch Deutschland, ändert aber nichts daran, dass in Österreich die Revolution beendet, die alte Ordnung wiederhergestellt und Wien von den Revolutionären »befreit« ist. Machtlos ist die Frankfurter Nationalversammlung auch gegen den zeitgleich stattfindenden konservativen Staatsstreich in Preußen, wo die seit Ende Mai 1848 tagende preußische Nationalversammlung kurzerhand nach Brandenburg verlegt wird. Der Traum von einer liberalen Verfassung und einem parlamentarischen Regierungssystem zerplatzt unter den Stiefeln von 40 000 Soldaten, die in Berlin einmarschieren und den revolutionären Tumulten ein Ende machen. Am 11. November 1848 verhängt General Friedrich von Wrangel den Belagerungszustand über die Stadt und löst das Parlament auf. Die konservative Gegenrevolution hat in Deutschland auf ganzer Linie gesiegt, weil die beiden wichtigsten Schaltstellen der Macht wieder in ihren Händen sind. In Wien und Berlin können die Monarchen in aller Gelassenheit die Ideen der Nationalversammlung in Frankfurt erst zur Kenntnis nehmen und dann ablehnen.

Ohne sich davon beeindrucken zu lassen, verabschieden die Abgeordneten in Frankfurt am 28. Dezember 1848 einen Katalog der allgemein gültigen Grund- und Menschenrechte. Das ist ohne Zweifel ein Meilenstein für die deutsche Geschichte, dessen Bedeutung wegen der widrigen Umstände außerhalb der Mauern der Frankfurter Paulskirche dennoch keine rechte Würdigung erfährt: Zum ersten Mal in der deutschen Geschichte sind die Menschenrechte und die Grundprinzipien des Rechtsstaates schriftlich festgehalten und finden Eingang in die später beschlossene Reichsverfassung.

Deutsche Frage III

Ein anderes Thema aber erregt die Gemüter der Frankfurter Abgeordneten sehr viel mehr, denn die leidige –»deutsche« – Frage, wer denn nun zu einem deutschen Nationalstaat gehören müsse, wartet immer noch auf eine befriedigende Antwort. Die Grenzen des zu gründenden neuen Staates sind von einer so überragenden Bedeutung, dass eine Auseinandersetzung darüber eigentlich am Anfang aller Debatten hätte stehen müssen. So aber ist wertvolle Zeit verloren gegangen, in der sich die konservativen Gegenkräfte vom Schock der revolutionären Ereignisse erholt haben.

Ungeachtet dessen streiten die Abgeordneten in Frankfurt hingebungsvoll über die Grenzlinien des neuen Staates in der Mitte des Kontinents. Die einen plädieren für einen großdeutschen Staat mit Österreich und Preußen. Die Befürworter dieser Idee träumen von einem Großdeutschland unter habsburgischer Kaiserkrone, sie schwärmen von dem wieder erwachten alten Kaiserreich des

Mittelalters und ummanteln es mit ein wenig liberalem Zeitgeist. Dabei merken sie kaum, dass sie sich selbst ein Bein stellen, weil sie die Frage nicht beantworten können, wie mit den vielen Millionen Nichtdeutschen umzugehen sei, die im österreichischen Vielvölkerstaat leben. Zudem ist Österreich nur mit einem Teil seines Staatsgebietes im Deutschen Bund. Dann – so ihre Antwort – soll eben nur der »deutsche« Teil Österreichs dem neuen Staat angehören. Was mit dem Rest Österreichs geschehen soll, bleibt unbeantwortet. Das kategorische »Nein« des österreichischen Kaisers Franz Joseph I. auf diesen waghalsigen Plan ist weder erstaunlich noch lässt es lange auf sich warten. Die Annahme dieses Plans würde unweigerlich die Teilung Österreichs nach sich ziehen, weil jene Länder sich abspalten würden, die dem neuen deutschen Reich nicht angehören. Die »Großdeutschen« übersehen auch geflissentlich den Rest der Nationalitäten, die in den Grenzen des von ihnen erdachten Reiches leben: Italiener in Istrien und Tirol, Slowenen in Krain, Tschechen und Polen in Schlesien. Zudem gibt es Länder, in denen die Deutschen eindeutig in der Minderheit sind: in Böhmen und Mähren.

Den »Großdeutschen« halten die »Kleindeutschen« ihren Plan entgegen: Dem neuen deutschen Staat sollen der Deutschen Bund und Preußen angehören. Auch dieser Plan erwirkt den Widerspruch von Franz Joseph I., der Österreich als deutsche Bundesmacht erhalten will. Die Rede des Dichters Ludwig Uhland vom 22. Januar 1849 fasst die Bedenken gegen diese »kleindeutsche« Lösung zusammen:

>»Die deutsche Einheit soll geschaffen werden; diese Einheit ist aber nicht eine Ziffer; sonst könnte man fort und fort den Reichsapfel abschälen, bis zuletzt Deutschland in Liechtenstein aufginge. Eine wahre Einigung muss alle deutschen Ländergebiete zusammenfassen. Das ist eine stümperhafte Einheit, die ein Drittel der deutschen Länder außerhalb der Einigung lässt. Dass es schwierig ist, Österreich mit dem übrigen Deutschland zu vereinigen, wissen wir alle; aber es scheint, manche nehmen es auch zu leicht, auf Österreich zu verzichten. (…) Wie verengt ist unser Gesichtskreis, wenn Österreich von uns ausgeschieden ist!«

Dem Beifall von der einen Seite stehen Buh-Rufe der anderen Seite gegenüber. Die Nationalversammlung ist gespalten, genau wie in einer anderen – ebenfalls entscheidenden – Frage. Soll der neue Staat eine Republik oder eine konstitutionelle Monarchie werden, in der die Macht des Kaisers durch Parlament und Gesetze eingeschränkt ist? Der bayrische Abgeordnete Marquard Barth ist ein glühender Verfechter der erblichen Monarchie, was er in seiner Rede vor den Abgeordneten der Nationalversammlung am 18. Januar 1849 in folgende Worte kleidet:

»Macht ist es, meine Herren, was die Nation von uns verlangt, und als Mittel zur Macht die Einheit, aber nicht jene ideale Einheit, welche sich als loses Band um eine große Ländermasse schlingt, sondern eine praktische Einheit. Nur wenn es klar hervortritt, dass Deutschland aufgehört hat, ein Durcheinander zu sein und ein Bundesstaat geworden ist, nur dann, wenn klar hervortritt, dass das Reich wirklich eine Bedeutung und dass die Reichsgewalt wirklich eine Gewalt (ist), nur dann werden wir Ansehen haben und Kredit. (…) Darum lassen Sie uns nicht zurückschrecken vor dem letzten entscheidenden Schritte, lassen Sie uns nicht stehen bleiben vor dem Throne, den wir nicht vernichten, sondern errichten wollen. (…) Wenn Sie wollen, dass das künftige Oberhaupt des Reiches seine Interessen mit denen des Staates amalgiere, sein eigenes Bestes und das seines Hauses nur wiederfinde in dem allgemeinen Besten des Vaterlandes, dann müssen Sie nicht ein vertragsmäßiges Verhältnis eingehen, dazu bedarf es mehr, dazu bedarf es einer Ehe.«

Und diese Ehe soll am 27. März 1849 geschlossen werden, als nach langem Hin und Her die deutsche Reichsverfassung verabschiedet wird. Deutschland soll eine konstitutionelle Monarchie werden mit dem preußischen König als deutschem Kaiser an der Spitze. Der Kaiser soll nach dem Willen der Nationalversammlung das Land nach außen vertreten, Kriege erklären und Frieden schließen können, oberster Befehlshaber der Streitkräfte sein und den Reichstag einberufen. Gesetze darf er vorschlagen, auf die Arbeit des Parlaments aber keinen Einfluss nehmen. Einen Tag nach der Verabschiedung der neuen Verfassung wählt die Nationalver-

sammlung mit knapper Mehrheit den preußischen König Friedrich
Wilhelm IV. zum deutschen Kaiser.

Friedrich Wilhelm IV.

Mit diesem Votum in der Tasche machen sich am 3. April 1849
mehr als 30 Delegierte der Nationalversammlung auf den Weg zum
preußischen König nach Berlin. Friedrich Wilhelm IV. nimmt seine
Wahl zum deutschen Kaiser mit freundlichen Worten zur Kenntnis
und bittet um Bedenkzeit, ob er sie auch annehmen könne. Aber
diese Bedenkzeit ist nur vorgeschoben. Was er von der ihm durch
das bürgerliche Parlament angetragenen Krone hält, vertraut er
dem Abgeordneten Ernst Moritz Arndt schon kurz vorher an. Hier
ein Auszug aus dem Schreiben seiner Majestät König Friedrich
Wilhelm IV.:

»Das Ding, von dem wir reden, trägt nicht das Zeichen des
heiligen Kreuzes, drückt nicht den Stempel ›von Gottes Gnaden‹ aufs Haupt, ist keine Krone. Es ist das eiserne Halsband
der Knechtschaft, durch welches der Sohn von mehr als 24
Regenten, Kurfürsten und Königen, das Haupt von 16 Millionen, der Herr des treuesten und tapfersten Heeres der Welt
der Revolution zum Leibeigenen gemacht werden würde.«

Weil er nicht von der »Kanaille« zum Kaiser gekrönt werden will,
vergibt der König von Preußen die letzte Chance der Deutschen,
sich friedlich in einem gemeinsamen Staat zu vereinen. Dem Parlament gegenüber verweist Friedrich Wilhelm IV. auf die Ablehnung seiner Regentschaft durch sämtliche europäischen Herrscher,
die in der neuen deutschen Großmacht – nach bekanntem Strick-
muster – nur einen lästigen Konkurrenten sehen und ihn vermutlich alsbald in einen Krieg verwickeln würden. Aber auch das ist
nur vorgeschoben, der preußische König ist nun mal kein Bürger-
monarch. Einer durch das Parlament bewerkstelligten deutschen
Einheit ist der Weg versperrt, jetzt bleibt nur noch die Vereinigung
von oben und die wird der Bruder und Nachfolger Friedrich Wilhelms IV. rund 20 Jahre später mit Hilfe des »eisernen Kanzlers«
Otto von Bismarck ebenso prunkvoll wie gewaltsam inszenieren.

Das Ende

Die frustrierte Abordnung der Nationalversammlung reist in der berechtigten Vorahnung nach Frankfurt zurück, dass mit dieser Entscheidung die deutsche Revolution gescheitert ist. Zwei Tage nach ihrer Rückkehr werden die österreichischen Abgeordneten nach Wien zurückbeordert, gleichzeitig wird die Reichsverfassung von 28 Kleinstaaten des Deutschen Bundes anerkannt. Aber drei der wichtigsten deutschen Staaten, Bayern, Sachsen und Hannover, lehnen die Reichsverfassung ab und signalisieren das Scheitern der Bemühungen, einen deutschen Zentralstaat zu schaffen. Als sich die Zweite Kammer des preußischen Landtags am 21. April 1849 der Verfassung anschließt, wird sie durch einen königlichen Erlass kurzerhand aufgelöst. Obwohl im ganzen Land die revolutionären Aufstände unter den Knüppeln der Reaktion zusammengebrochen sind, rufen die Abgeordneten der Frankfurter Nationalversammlung unbeirrt die Regierungen der Einzelstaaten auf, die Reichsverfassung anzuerkennen. Das Ende dieser bewundernswerten, aber auch grotesken Tragikomödie kommt schnell.

Am 14. Mai 1849 werden die preußischen Abgeordneten aus Frankfurt abberufen, zwei Wochen später weicht das so genannte Rumpfparlament nach Stuttgart aus. Mitte Juni marschieren preußische Truppen unter der Führung des Prinzen Wilhelm von Preußen in der Pfalz ein. Dort tagt seit einigen Wochen eine provisorische Revolutionsregierung, deren Truppen von preußischen Soldaten blutig niedergemacht werden. Am 18. Juni 1849 erringen württembergische Truppen den zweifelhaften Ruf, die letzten Abgeordneten des Stuttgarter Rumpfparlaments auseinander gejagt zu haben. Die verängstigten Männer der Nationalversammlung flüchten in alle Himmelsrichtungen. Den endgültigen Schlussstrich unter die gescheiterte deutsche Revolution ziehen am 23. Juli 1849 die letzten in der Festung Rastatt eingeschlossenen Revolutionstruppen: Sie kapitulieren.

Die Revolution von 1848/49 ist gescheitert, die kühnen Träume der Revolutionäre erfüllen sich nicht. Das liegt zum einen an ihren eigenen Unzulänglichkeiten und an der fehlenden Machtbasis, von der aus sie hätten agieren können. Zum anderen hätte ein großdeutscher Staat das europäische Sicherheitssystem empfindlich gestört, was weder Frankreich noch Russland kommentarlos hingenommen hätte. Einmal mehr müssen die Deutschen zur Kenntnis nehmen, dass ihre Nachbarn ein vitales Interesse daran haben, wie die Mitte des Kontinents politisch gestaltet ist. Eine zersplitterte Mitte Europas sichert den Status Quo der übrigen europäischen Staaten, eine Machtkonzentration aber birgt die Gefahr einer Destabilisierung Mitteleuropas. Beide Argumente sind für die Nachbarn Deutschlands überzeugend und daran hat sich bis zum heutigen Tage wenig geändert. Aber die Frankfurter Abgeordneten sind auch an der Frage der Staatsgrenzen gescheitert. Ein Ausschluss Preußens und Österreichs hätte den faden Beigeschmack hinterlassen, einen deutschen Rumpfstaat etabliert zu haben, der – wie der Deutsche Bund – allein nicht überlebensfähig und vom guten Willen der beiden übrigen Deutschländer abhängig gewesen wäre. Die Einbeziehung Preußens und Österreichs hätte zwangsweise die Auflösung der beiden Staaten nach sich gezogen und die Frage aufgebracht, wie das Verhältnis zwischen diesen beiden Staaten in einem Gesamtverband eigentlich hätte aussehen sollen. Da alle Einigungsversuche gescheitert sind, bleibt zur Mitte des 19. Jahrhunderts ...

Die verspätete Nation
1850–1913

Industrielle Revolution und soziale Frage

… nur noch die militärische Option, um eine Einheit der Deutschen ins Werk zu setzen. Doch zunächst stehen die sozialen Probleme der von England sich allmählich auf den Kontinent ausbreitenden industriellen Revolution im Vordergrund. In den 40er und 50er Jahren des 19. Jahrhunderts steigt die Bevölkerungszahl in Deutschland derart dramatisch an, dass die Ernährung der Menschen mit den herkömmlichen Methoden der Landwirtschaft kaum noch sichergestellt werden kann. Der einzige Ausweg ist die Intensivierung des Ackerbaus durch den Einsatz von Maschinen. Damit steigt zwar die Produktivität, die Zahl der Landarbeiter aber nimmt ab. Die nun nicht mehr benötigten Landarbeiter flüchten in die Städte, wo sie auf Arbeit in der entstehenden Industrie hoffen. Aber auch in den Städten sind die Folgeprobleme der Industrialisierung unübersehbar, denn die neuen maschinellen Produktionsmöglichkeiten treten in Konkurrenz zu dem bis dahin vorherrschenden Kleingewerbe. Dadurch steigen auch in den Städten die Arbeitslosenzahlen. Es herrscht also bei den Landarbeitern und bei den in den Städten nicht mehr benötigten Arbeitern eine doppelte Arbeitslosigkeit. Das Überangebot an Arbeitskräften führt zu extrem niedrigen Löhnen und Arbeitsbedingungen, die jeder Beschreibung spotten. Nicht zum letzten Mal zahlen die Arbeiter den Preis für den industriellen Fortschritt, von dessen segensreichen Folgen sie allerdings nicht profitieren.

■ **Arbeitsbedingungen in Deutschland**
Der Arbeitsalltag wird bestimmt durch den Takt der Maschinen, die an sieben Tagen in der Woche rund um die Uhr laufen. In den 50er Jahren

des 19. Jahrhunderts beträgt die tägliche Arbeitszeit 14 Stunden, die mit einem Hungerlohn, der einer Familie das Überleben nicht sichert, honoriert wird. Kinder bekommen keine Ausbildung, weil sie arbeiten müssen – nicht selten unter Tage, wo sie wegen ihrer Gewandtheit und geringen Körpergröße bestens eingesetzt werden können. Die »Proletarier« – wie die Arbeiterschaft nun heißt – haben keinen Besitz, keine soziale Absicherung und keine Altersversorgung. Auf Gedeih und Verderb sind sie ihren Arbeitgebern ausgeliefert, die es aber an jeglicher Form sozialen Verhaltens missen lassen. Die Hoffnung der Arbeiter, eine möglichst große Kinderzahl könne sie im Alter am Leben halten, führt zu weiterem Bevölkerungswachstum und lässt die Folgen der industriellen Revolution noch drastischer werden. In der Mitte des 19. Jahrhunderts lebt mehr als die Hälfte der Deutschen in diesem Teufelskreis unterhalb des Existenzminimums. Das »Lumpenproletariat«, wie die Ärmsten von ihnen genannt werden, vegetiert in elendigen Slums der Städte vor sich hin, ihre Familienstrukturen sind weitgehend zerstört, Fürsorge kennen sie nicht und Alter oder Krankheit bedeuten eine unmittelbare Existenzbedrohung. Mit dem »Vaterland« und einer irgendwie begründeten »nationalen Identität« haben sie nichts am Hut. Hunger haben sie, arbeiten wollen sie und ein Leben führen, das ihnen die Würde lässt. Die unübersehbare Diskrepanz zwischen einem ungebremsten wirtschaftlichen Aufschwung und der Massenarmut lässt der industriellen Revolution eine dramatische soziale Verelendung folgen, deren Ausmaß erschreckend ist. Wer sich dagegen zur Wehr setzt, riskiert den Verlust seines Arbeitsplatzes, Zusammenschlüsse von Arbeitern sind ebenso streng verboten wie die Verbreitung von revolutionären Parolen.

Proletarier aller Länder, vereinigt euch!

In dieser Zeit lebt in London der deutsche Zeitungsredakteur Karl Marx, dessen aufrührerische Artikel seit einigen Jahren auch in Deutschland zu lesen sind. Die revolutionären Unruhen in seiner Heimat unterstützt er in der Hoffnung, den Anfang einer europäischen Revolte mitzuerleben, an dessen Ende das befreite Proletariat stehen werde. Zu Beginn der deutschen Revolution im Jahr 1848 muss der junge Mann Frankreich verlassen, weil der preußischen Regierung die Zeitungsartikel ein Dorn im Auge sind und sie deswegen Druck auf die französischen Behörden ausübt. Nach seiner Ausweisung übersiedelt Karl Marx nach Brüssel, wo er dem zwei Jahre jüngeren Friedrich Engels begegnet. Friedrich Engels, Sohn eines wohlhabenden Textilfabrikanten aus Wuppertal-Barmen, ist kurz vorher dem »Bund der Gerechten« beigetreten, der in London seinen Sitz hat und später zum »Bund der Kommunisten« umbenannt wird. Gemeinsam machen sie sich daran, ein Manifest zu schreiben, das im Januar 1848 fertig ist und einen Monat später in London erscheint. Sie nennen ihr Werk ›Manifest der kommunistischen Partei‹ und versehen es mit dem Slogan »Proletarier aller Länder, vereinigt euch!«. Wie kaum ein zweites Buch tritt dieses Manifest der »klassenlosen Gesellschaft« einen weltweiten Siegeszug an, weil es den Geknechteten einen Ausweg aus der Krise aufzeigt, der so logisch und zwingend richtig scheint, dass er gar nicht falsch sein kann. Es wird 140 Jahre dauern – bei manchen noch länger –, bis klar wird, dass die Analyse der wirtschaftlichen Situation des industriellen Zeitalters weitgehend zutreffend, die Folgerungen und Prognosen aber ebenso weitgehend falsch sind.

Karl Marx und Friedrich Engels gehen von der These aus, dass die Geschichte aller bisherigen Gesellschaften die Geschichte von Klassenkämpfen gewesen sei. Da das Wirtschaftsbürgertum, die »Bourgeoisie«, allein die Produktionsmittel besitzt, werde die bürgerliche Gesellschaft gezwungen sein, als Konsequenz aus diesen Besitzverhältnissen ein für sie arbeitendes Proletariat hervorzubringen. Um selbst zu überleben, werde die Bourgeoisie weiterhin versuchen, diesen Status quo aufrechtzuerhalten. Immer mehr Reichtum sammele sich deshalb in den Händen weniger an, während der Rest des Volkes in ein besitzloses und verarmtes Proletariat abwandere. Die dann zwangsläufig folgende Massenverelendung führe zum baldigen Zusammenbruch der bürgerlich-kapitalistischen Wirtschaftsordnung. Der Ausweg könne nur darin bestehen, die Produktionsmittel und den durch Arbeit erwirtschafteten »Mehrwert« gerecht an jene zu verteilen, die die Arbeit bewerkstelligen. Da sich die Ungerechtigkeiten der bestehenden Verhältnisse in einer zunehmenden Massenverarmung des Proletariats zeigen werde und die Besitzenden ihre Produktionsmittel nicht freiwillig hergäben, werde sich das geschändete Proletariat eines – nicht allzu fernen – Tages kraftvoll erheben. In dieser proletarischen Revolution werde das Proletariat die Eigentumsrechte an den Produktionsmitteln übernehmen. Damit seien Kapital und Macht in Händen des Proletariats, das anschließend die Klassengegensätze auflösen und eine Gesellschaft der Gleichen gründen werde. Als einen ersten Schritt auf dem Weg in die von ihnen propagierte proletarische Zukunftsgesellschaft erkennen Karl Marx und Friedrich Engels 1848 die bürgerliche Revolution in Deutschland. Sie rufen deshalb die Arbeiter auf, die deutsche Revolution zu unterstützen. Den Widerspruch, eine Revolution des bürgerlichen Klassenfeindes zu unterstützen, erklären die beiden damit, dass zunächst der sehr viel schlimmere Feind – die »Reaktion« – beseitigt werden müsse. Der kommende Kampf gegen die Bourgeoisie werde der letzte Klassenkampf in der Geschichte der Menschheit sein und die Tür zum Paradies auf Erden aufstoßen. Das Konzept von Karl Marx und Friedrich Engels gilt nicht nur für Deutschland, sondern für alle Länder, in denen die von ihnen gebrandmarkten gesellschaftlichen Verhältnisse herrschen. Deshalb rufen sie die Proletarier aller Länder auf, sich zu vereinigen und gemeinsam gegen ihre Unterdrücker zu kämpfen. Die Lehre von Karl Marx und Friedrich Engels ist internationalistisch, weil der zukünftige Kampf um Gerechtigkeit und Freiheit nicht gegen eine Regierung oder ein Land geht, sondern gegen die ökonomischen und sozialen Verhältnisse überall auf der Welt. Damit werden ihre Anhänger einerseits zum Gegner der Besitzenden. Andererseits führt die »internationalistische« Ausrichtung dazu, dass sie als »vaterlandslose Gesellen« abgestempelt werden, weil sie nationale Lösungen als nicht ausreichend ablehnen. Die Lehre von Karl Marx und Friedrich Engels ist in der Folgezeit in einer Weise interpretiert und erweitert worden, die die beiden vielleicht nicht gutgeheißen hätten. Dennoch bleiben sie die Urheber einer in sich geschlossenen und deshalb scheinbar schlüssigen Idee, bei deren Durchsetzung Millionen von Menschen auf der ganzen Welt kämpften und genauso sinnlos wie qualvoll gestorben sind.

In der Mitte des 19. Jahrhunderts jedenfalls ist die soziale Lage eines Großteils der Deutschen derart miserabel, dass sie den Ideen von Karl Marx und Friedrich Engels zunehmend Glauben schenken und den Sinn einer nationalen Gemeinsamkeit mit denen, die sie ausbeuten, nicht erkennen können. Da der Traum des auf

Fairness und Gleichberechtigung beruhenden Verfassungsstaates durch das Scheitern der Revolution von 1848 endgültig geplatzt ist, sind für sie alle Hoffnungen auf eine bessere Zukunft dahin. Und es kommt noch schlimmer. Denn als Antwort auf die gescheiterte Revolution machen die Regierungen des Deutschen Bundes einen verfassungsrechtlichen Salto rückwärts. Im Sommer 1851 werden die Grund- und Menschenrechte, die erst Ende 1848 von der Frankfurter Nationalversammlung beschlossen worden sind, wieder aufgehoben. Die liberalen Verfassungen einiger Bundesländer werden ebenso einer staatsstreichartigen Revision unterzogen wie die Presse- und Versammlungsfreiheit im Deutschen Bund kassiert werden. Deutschland ist offensichtlich wieder dort angelangt, wo es nach der Befreiung von französischer Vorherrschaft schon einmal war – in der Lethargie des Biedermeier. Zwischen 1815 und 1850 ist die Zeit des Biedermeier in Deutschland ein Reflex auf die von vielen Menschen empfundene Entfremdung und Sinnentleerung. Sie sehnen sich nach einem idyllischen, harmonischen Leben, das sie vor Urbanisierung und Industrialisierung schützt, und besinnen sich auf die Natur und elementare Werte, die ihnen Schutz in turbulenten Zeiten gewähren sollen.

Ökonomischer Wandel

Es scheint ein Widerspruch zu sein: Während sich – vergleichbar mit dem Pendelschlag einer Uhr – die politischen Verhältnisse nach den revolutionären Jahren wieder zurückbewegen, erleben die Menschen einen Schwindel erregenden ökonomischen Wandel. Überall entstehen Fabriken, Hütten und Gruben, die auf die neuen Produktionsmittel setzen und Arbeitsplätze schaffen. Wie ein Spinnennetz breitet sich die Eisenbahn über Deutschland aus und bringt nicht nur die Menschen aus verschiedenen Orten schneller zueinander, sondern befördert auch ein Wirtschaftswachstum, das den Konjunktureinbruch der 40er Jahre vergessen lässt. Die Lebensumstände der Arbeiter bleiben dennoch trostlos. Sie verbringen ihre besten Jahre in eintönigen, lärmenden Maschinenhallen und haben nichts als ihre Haut, die sie zu Markte tragen können. Viele von ihnen resignieren und verlassen das Land. Mehr als eine Million Deutsche wandern zwischen 1850 und 1860 nach Amerika aus, wo sie auf eine Teilhabe an dem ungeheuren Wirtschaftsboom des jungen Landes hoffen.

Der Massenexodus hinterlässt in Deutschland eine erhebliche Lücke in der Arbeiterschaft, gleichzeitig reduziert die Abwanderung aber die Zahl der Hungermäuler, die die industrialisierte Gesellschaft Tag für Tag ausspuckt und nicht ernähren kann. Die Menschen müssen der Arbeit folgen, am Ort ihrer Geburt finden sie meist keine Beschäftigung. Die industrielle Revolution fordert Mobilität, die die Eisenbahn gewährleistet. Ländliche Handwerker ziehen in die schnell wachsenden Städte, städtische Unternehmer siedeln sich in den Industriemetropolen an und ein schnell wachsender staatlicher Verwaltungsapparat zieht das neu entstehende Heer von Beamten nach sich. Der rasante Wandel und die massenhafte Mobilität machen das Leben unsicher und vermitteln ein Gefühl dauernder Bedrängnis durch Neuerungen, die diesen Kreislauf noch beschleunigen. Die Trostlosigkeit ihrer Arbeit begleitet das Verschwinden der sozialen Bindungen, die sie bisher hatten. Gleichzeitig merken die Menschen aber auch, dass Deutschland größer ist als die von ihnen überschaubare Region. Sie erfahren, dass der ostelbische Junker, der sich in rheinischen Verwaltungsstuben als Landrat versucht, ebenso Deutscher ist wie der katholische Westfale, der im protestantischen Preußen arbeitet. Die Beschleunigung des Lebens führt nicht nur zum Zusammenbruch der alten Werte, sondern auch zu einem neuen nationalen Zusammengehörigkeitsgefühl.

Sichtbarer Ausdruck ist der schon 1834 gegründete Deutsche Zollverein, dem nach und nach die Herzogtümer Baden, Nassau und Luxemburg und das Königreich Hannover beitreten. Damit sind bis auf Mecklenburg, die beiden Herzogtümer Schleswig und Holstein und die österreichischen Teile Deutschlands alle Staaten des Deutschen Bundes in einem Wirtschaftssystem vereinigt. Vor einer staatlichen Einheit dieser Länder steht allerdings der alte Gegensatz zwischen Preußen und Österreich um die Vorherrschaft in der Mitte des Kontinents. Anfang der 60er Jahre bricht dieser Konflikt mit aller Schärfe aus und beendet das 1815 auf dem Wiener Kongress…

Das Ende des europäischen Sicherheitssystems

... sorgfältig ausgeklügelte europäische Sicherheitssystem. Maßgeblichen Anteil an diesen Umwälzungen im Zentrum Europas hat Otto von Bismarck, der seit dem 22. September 1862 als preußischer Ministerpräsident seinem König Wilhelm I. treu ergeben dient. Wilhelm I. und Otto von Bismarck bilden für die kommenden 26 Jahre ein kongeniales Tandem, das die Deutschen erst in einen Bruderkrieg mit Österreich und dann in die Schlacht gegen Frankreich führt. Die Gründung des Deutschen Reiches, die die beiden nach dem Sieg über den »Erbfeind« Frankreich ins Werk setzen, verändert das Gleichgewicht der Kräfte in der Mitte des europäischen Kontinents. Obwohl König und Kanzler keine nationalen Utopisten sind, ist das von ihnen geschaffene Deutsche Reich der Ausgangspunkt für einen radikalen deutschen Nationalismus, der wenige Jahre nach dem Tod der beiden den europäischen Kontinent in den Abgrund reißen wird. Der Widerspruch zwischen dem eigentlichen Reichsgründer – Otto von Bismarck – und jenen, die in einem starken deutschen Staat die Startrampe für nationalistische Expansionsgelüste sehen, wird zunächst durch die unanfechtbare Stellung des preußischen Ministerpräsidenten bei Wilhelm I. überdeckt.

■ **Wilhelm I.**

Wilhelm I. hat sich den zweifelhaften Ruf eines gewalttätigen Unterdrückers der nationalen Bewegung erworben. Nach der von ihm befehligten, besonders unrühmlichen Niederwerfung der Märzrevolten des Jahres 1848 muss er mit dem Beinamen »Kartätschenprinz« leben und wegen seines ruinierten Rufes auswandern. Das Scheitern der deutschen Revolution erlebt er mit freudiger Erregung im englischen Exil. Nach seiner Rückkehr übernimmt Augusta von Sachsen-Weimar, mit der er seit 1829 verheiratet ist, die Aufgabe, das ramponierte Image des Kronprinzen wieder aufzupolieren, und leitet einen liberalen Gesinnungswandel bei Wilhelm I. ein. Geistig ist sie dem eher schlichten Gemüt ihres Mannes weit überlegen, kann aber nicht verhindern, dass er sich ihrer fürsorglichen Belagerung immer mehr entzieht und wieder das wird, was er immer schon gewesen ist: ein erzkonservativer preußischer Monarch. Da die Ehe seines der geistigen Umnachtung anheim gefallenen Bruders Friedrich Wilhelm IV. kinderlos bleibt, wird Kronprinz Wilhelm 1857 – zu seiner eigenen Überraschung – zunächst mit den Regierungsgeschäften betraut und nach dem Tod seines Bruders am 2. Januar 1861 auch dessen Nachfolger. Aber kaum hat er den Thron bestiegen, will er ihn auch schon wieder verlassen. Den Grund für die königliche Depression bietet das von den Liberalen beherrschte preußische Abgeordnetenhaus, mit dem Wilhelm I. in einen endlosen Streit über eine Heeresreform gerät. Der junge König will dem preußischen Adel wieder mehr Geltung in der Armee verschaffen und verlangt angesichts der hochgerüsteten Nachbarn Preußens eine Verlängerung der Dienstzeit. Die Mehrheit der Abgeordneten stimmt weder dem einen noch dem anderen zu und blockiert die Heeresreform außerdem dadurch, dass sie das benötigte Geld nicht bewilligt.

Otto von Bismarcks politische Karriere beginnt am 8. Mai 1847, als er als Nachrücker für einen erkrankten Abgeordneten in den Vereinigten preußischen Landtag einzieht. Am Beginn der Revolution von 1848 bietet er sich dem preußischen König für konterrevolutionäre Anschläge an und erwirbt sich das Image eines preußisch-konservativen Hardliners. Der frisch gebackene Abgeordnete macht aus seiner Verachtung gegenüber Österreich so wenig Hehl wie aus seiner Ablehnung der deutsch-nationalen Schwärmereien mancher seiner Kollegen. Protegiert von einflussreichen Militärs scheint Otto von Bismarck Anfang der 60er Jahre der Mann zu sein, der den Verfassungskonflikt wegen der Heeresreform zwischen Parlament und König lösen kann. Kurz nach seiner Ernennung zum preußischen Ministerpräsidenten schlägt seine erste große Stunde, indem er die Heeresreform ohne Zustimmung der Abgeordneten durchsetzt und das Land in den kommenden vier Jahren ohne parlamentarisch abgesegneten Haushalt regiert. Dieser Verfassungsbruch beeindruckt König und Parlament gleichermaßen, denn nun ist klar, dass Otto von Bismarck auf juristische »Kinkerlitzchen« keine Rücksicht nimmt. Spätestens jetzt dämmert es den meisten Abgeordneten und der liberal gesinnten Öffentlichkeit, wen sie da vorgesetzt bekommen haben: Die personifizierte Gegenrevolution, ein ultrakonservatives Werkzeug der Militärs steht ihnen nun gegenüber, ein Mann, der mit den mehrheitlich liberalen Abgeordneten nur dann paktiert, wenn es den Belangen des preußischen Königs dient. »Mit der Verwendung dieses Mannes ist der letzte und schärfste Bolzen der Reaktion von Gottes Gnaden verschossen«, ist in einer Zeitung zu lesen und Otto von Bismarck bleibt die Antwort nicht schuldig. Kurze Zeit später hält er in der preußischen Haushaltskommission eine Rede über seine politischen Absichten, die für derart große Aufregung sorgt, dass er seine Überlegungen dem König noch einmal vorträgt:

> »Preußen könne – das war der Sinn meiner Rede –, wie schon ein Blick auf die Landkarte zeige, mit seinem schmalen, lang gestreckten Leibe die Rüstung, deren Deutschland zu seiner Sicherheit bedürfe, allein nicht länger tragen. Diese müsse sich auf alle Deutschen gleichmäßig verteilen. Dem Ziele würden wir nicht durch Reden, Vereine, Majoritätsbeschlüsse näher kommen, sondern es werde ein ernster Kampf nicht zu vermeiden sein, ein Kampf, der nur durch Eisen und Blut erledigt werden könne. Um uns darin Erfolg zu sichern, müssten die Abgeordneten das möglichst große Gewicht von Eisen und Blut in die Hand des Königs von Preußen legen, damit er es nach seinem Ermessen in die eine oder andere Waagschale werfen könne.«

Mit dieser »Blut-und-Eisen«-Rede handelt sich Otto von Bismarck den Beinamen der »Eiserne« ein und legt Deutschland auf einen Kriegskurs gegen Österreich fest, das einer derartigen Machtverschiebung – wie er richtig voraussieht – nicht freiwillig zustimmen wird. Sein Ziel ist es, Preußen auf das Gebiet des Deutschen Bundes auszudehnen und zu einem machtvollen Reich in der Mitte Europas zu machen. Österreich spielt in seinen geostrategischen Überlegungen allenfalls noch die Rolle eines Juniorpartners. Auf dieser Grundlage machen sich Otto von Bismarck und Wilhelm I. daran, die politische Landkarte im Herzen Europas nachhaltig zu verändern. Das deutsche Einigungswerk, das die beiden schließlich zustande bringen, ist die Umkehrung dessen, was einst in der Frankfurter Nationalversammlung geplant worden war. Da eine nationale Identität aller Deutschen offensichtlich nicht vorhan-

den oder besser gesagt nicht politisierbar ist, drehen Otto von
Bismarck und sein König den Spieß um: Gestützt auf die durch
den Deutschen Zollverein von 1834 bewirkte wirtschaftliche
Einheit des Landes wird die staatliche Einheit als ein von oben
übergestülpter, preußischer Obrigkeitsstaat vollendet. Diese »Verpreußung Deutschlands« bringt zwar de facto einen deutschen
Einheitsstaat hervor, kann sich aber nicht auf die souveräne Entscheidung einer vom Volk legitimierten Nationalversammlung
berufen. Im Gegenteil: Europa erlebt einen ausgeklügelten politischen Coup einiger Fürsten und Militärs unter Anleitung des
genialen Strategen Otto von Bismarck.

Deutscher Bruderkrieg

Als Relikt der Wiener Friedensordnung des Jahres 1815 ist ihm der
Deutsche Bund ein Dorn im Auge, der schnellstens von der historischen Bildfläche zu verschwinden hat. Folgerichtig torpediert
der preußische Ministerpräsident alle Reformvorschläge, die auf
eine Lebensverlängerung des Deutschen Bundes abzielen. Erste
Gelegenheit, eine Machtprobe mit Österreich und dieses politische
Ziel miteinander zu verbinden, bietet sich im Sommer 1863. Eine
österreichische Reformakte des Deutschen Bundes scheitert am
Widerspruch Wilhelms I., der auf Anraten Otto von Bismarcks an
den Beratungen erst gar nicht teilnimmt. »Wir werden Amboss,
wenn wir nichts tun, um Hammer zu werden«, lässt Otto von Bismarck seine Mitmenschen wissen und sucht zielstrebig die entscheidende Auseinandersetzung mit dem alten Rivalen Österreich.
Wie tief die Idee eines militärischen Konfliktes bei ihm verwurzelt
ist und wie stark er auf einen Krieg mit Österreich um die Vorherrschaft in Deutschland hinarbeitet, hat Otto von Bismarck schon
Ende Dezember 1853 in einem Brief an den reaktionären Leopold
von Gerlach deutlich gemacht:

> »Österreich bedarf zur Durchführung seiner inneren germa-
> nisierenden Zentralisations-Politik der Belebung seiner Be-
> ziehungen zu Deutschland, d. h. auf Wienerisch: einer straffen
> Hegemonie über den Bund; dabei sind wir ihm im Wege, wir
> mögen uns an die Wand drücken, wie wir wollen, ein Preu-

ßen von 17 Millionen bleibt immer zu dick, um Österreich so viel Spielraum zu lassen, als es erstrebt.

Unsere Politik hat keinen andern Exerzierplatz als Deutschland, schon unserer geographischen Verwachsenheit wegen, und gerade diesen glaubt Österreich dringend auch für sich zu gebrauchen; für beide ist kein Platz nach den Ansprüchen, die Österreich macht, also können wir uns auf die Dauer nicht vertragen. Wir atmen einer dem andern die Luft vor dem Munde fort, einer muss weichen (...), bis dahin müssen wir Gegner sein, das halte ich für eine unignorierbare (verzeihen Sie das Wort) Tatsache, wie unwillkommen sie auch sein mag.«

Leopold von Gerlach ist einflussreicher Berater und Freund des preußischen Königs Friedrich Wilhelm IV. und insofern die richtige Adresse, um den preußischen König auf eine Auseinandersetzung mit Österreich einzustimmen. Während Leopold von Gerlachs politische Analysen den König beeindrucken, ist der von seinem Herrscher so angetan, dass er kurz nach dessen Ableben am 2. Januar 1861 ebenfalls stirbt. Todesursache ist eine Kopfgrippe, die er sich zuzieht, weil er ohne Kopfbedeckung stundenlang hinter den Gebeinen seiner von ihm bewunderten, aber nun verblichenen Majestät hermarschiert.

Der Anlass, das Ende des Deutschen Bundes einzuläuten, ergibt sich 1863, als der dänische Reichsrat beschließt, neben dem Herzogtum Schleswig, das schon zum dänischen Staat gehört, auch das Herzogtum Holstein zu annektieren. König Christian IX. beruft sich dabei auf uralte Rechte, nach denen die beiden Elbherzogtümer niemals voneinander getrennt werden dürften. Mit lautem Pathos erhebt die deutsche Nationalbewegung daraufhin die Selbständigkeit Schleswig-Holsteins zum nationalen Imperativ. Aber die Lage ist komplizierter, als sie zunächst aussieht, denn nur Holstein ist Mitglied des Deutschen Bundes und deshalb darf auch nur Holstein die Hilfe der übrigen Bundesmitglieder gegen den dänischen Angriff in Anspruch nehmen. Da aber beide Landesteile nicht voneinander getrennt werden dürfen, gleicht jeder Lösungsversuch der Quadratur des Kreises. Die Wut der deutschen Nationalbewegung ist groß, als Otto von Bismarck das Herrschaftsrecht des dänischen Königs über Schleswig und Holstein akzeptiert. Das aber ist nur vorgeschoben, denn nun macht sich der preußische

Ministerpräsident seinerseits die alten Bestimmungen über die unteilbaren Herzogtümer zu Eigen und gewinnt sogar Österreich für eine militärische Intervention. Das Erstaunen kennt keine Grenzen, als die beiden Rivalen Seite an Seite im Januar 1864 in die Herzogtümer einmarschieren und das Land erobern. Nach heftigen Kämpfen muss der dänische König am 30. Oktober 1864 im Frieden von Wien akzeptieren, dass Schleswig und Holstein unter die Verwaltung Österreichs und Preußens gestellt werden. Damit sind die Hoffnungen der Nationalbewegten, die darauf gesetzt haben, die beiden befreiten und dann vereinigten Herzogtümer im Deutschen Bund begrüßen zu können, enttäuscht worden. Ihren sofort einsetzenden, lärmenden Zorn ignoriert Otto von Bismarck, denn er verbringt seine Zeit schon längst damit, den nächsten, sehr viel größeren Coup einzuleiten.

Alle Streitigkeiten über die Verwaltung der beiden Herzogtümer müssen Preußen und Österreich untereinander regeln. Als der österreichische Kaiser Franz Joseph I. einen solchen Konflikt aber vor den Frankfurter Bundestag bringen lässt, kündigt Preußen sämtliche Bundesverpflichtungen auf und erklärt seinen Austritt aus dem Deutschen Bund. Österreich sitzt nun in der von Otto von Bismarck erdachten Falle: Preußen braucht sich nicht mehr an die Gesetze des Bundes zu halten und kann Österreich in einen deutsch-deutschen Krieg um die Vorherrschaft in der Mitte des Kontinents zwingen. Dabei sieht das militärische Kräfteverhältnis nicht so aus, als könne sich Preußen berechtigte Hoffnungen auf einen Sieg machen, zumal das preußische Heer, abgesehen von dem kurzen Krieg gegen Dänemark, seit über 50 Jahren nicht im Einsatz gewesen ist. Auf der Seite Österreichs stehen Sachsen, Hannover, Bayern, Württemberg oder Baden, während sich Preußen nur der Unterstützung der norddeutschen und einiger thüringischer Staaten sicher sein kann. Als der deutsche Bruderkrieg am 21. Juni 1866 beginnt, sind die glänzend geführten und sehr gut ausgebildeten preußischen Truppen aber dennoch der österreichischen Vielvölker-Armee weit überlegen. Der preußische Aufmarsch unter der Führung des legendären Generalstabschefs Helmuth von Moltke gelingt in Rekordtempo und mit ungewöhnlicher Präzision, weil zum ersten Mal in der Geschichte der Kriegsführung die Eisenbahn große Truppenkontingente pünktlich und planbar an den Ort des Geschehens bringt.

Die entscheidende Schlacht findet am 3. Juli 1866 im böhmischen Königgrätz am Oberlauf der Elbe statt. An diesem Tag beginnt auch eine der folgenschwersten deutschen Karrieren, denn in Königgrätz erwirbt sich der Kadett Paul von Hindenburg, dessen unseliges Wirken 67 Jahre später das Ende der Weimarer Republik einläutet, seine ersten militärischen Sporen. Die Schlacht von Königgrätz endet mit einem überwältigenden Sieg der preußischen Truppen. Der Weg nach Wien ist frei, jubiliert Wilhelm I. Wenn er nun – wie es seine Militärberater vorschlagen – in der österreichischen Hauptstadt einmarschiert, könnte er dem innerdeutschen Konkurrenten endgültig zeigen, wer Herr im deutschen Haus ist. Aber Otto von Bismarck stoppt diesen Plan, weil er an die Vorstellung einer Komplettierung der deutschen Nation durch die Annektierung der Donaumonarchie nicht glaubt. Für ihn geht es ausschließlich um die Machterweiterung Preußens und nicht um nationalistische Gefühlsduseleien seines Königs, und schon gar nicht um die Großmachtsphantasien der Militärs, die auch ihn im Juli 1866 drängen, in Österreich einzumarschieren.

Im Frieden von Prag, der am 23. August 1866 geschlossen wird, muss Österreich der Forderung der italienischen Befreiungsbewegung nachgeben und der Abtretung Venetiens an Italien ebenso zustimmen wie der Auflösung des Deutschen Bundes. An dessen Stelle tritt am 1. Juli 1867 ein deutscher Bundesstaat, der das gesamte preußische Staatsgebiet und die norddeutschen Staaten des alten Bundes umfasst. Der neue Bundesstaat reicht von der Nord- und Ostsee bis zu einer Linie nördlich des Mains und erstreckt sich von Tilsit im Osten bis Aachen im Westen. Dieser Norddeutsche Bund ist – wenn man es genau betrachtet – weniger ein deutscher Bundesstaat als vielmehr ein vergrößertes Preußen, das vom preußischen König Wilhelm I. und dessen politischer Allzweckwaffe Otto von Bismarck geführt wird. Im politischen Verständnis seines Erfinders ist der Norddeutsche Bund nicht der Beginn einer politisch-militärischen Offensive zur Schaffung eines deutschen Nationalstaates in der Mitte des europäischen Kontinents, sondern lediglich die Verbesserung der preußischen Position. Die nationalen Kräfte in Deutschland stört das wenig, denn für sie ist Otto von Bismarck der Politiker, der ihre Ambitionen Realität werden lässt.

Der Norddeutsche Bund

Der neue Bundesstaat, der mit den süddeutschen Fürsten durch ein geheim gehaltenes »Schutz- und Trutzbündnis« verbunden ist, hat eine liberale Verfassung, in der das allgemeine Wahlrecht festgeschrieben ist. Das aus den freien Wahlen hervorgegangene Parlament bekommt das Budget-Recht zugesprochen und vertritt den Bundesstaat nach außen. Das Parlament des Norddeutschen Bundes hat aber nicht das Recht, aus seiner Mitte den Bundeskanzler zu wählen. Das ist Sache des Königs. Folglich ist der Bundeskanzler auch nur dem König und nicht dem Parlament gegenüber verantwortlich. Diese Verfassung, die fünf Jahre später auch für das Deutsche Reich übernommen wird, ist auf Otto von Bismarck und Wilhelm I. zugeschnitten. Die Macht des Bundeskanzlers, der dem Parlamentarismus aus tiefstem Herzen misstraut, stützt sich ausschließlich auf das Vertrauen des Königs. Das ist nicht nur eine grandiose Missachtung des Parlaments, sondern auch der Pferdefuß dieser Verfassung, denn ohne die Unterstützung des Königs ist der Bundeskanzler handlungsunfähig.

In der Verfassung des Norddeutschen Bundes ist damit ein Prinzip festgelegt, das für den Fortgang der deutschen Geschichte von einiger Bedeutung ist. Es gibt zwar freie Wahlen und ein Parlament, das mit erheblichen Rechten ausgestattet ist. Aber die entscheidende Position hat der König inne. Später wird diese starke verfassungsrechtliche Position auf den Kaiser und noch später auf den Präsidenten der Weimarer Republik übertragen. Der jeweilige Herrscher kann so lange Regierungen scheitern lassen, neue Kanzler und Koalitionen ernennen, wie es seiner Meinung nach notwendig ist. Und wenn das alles nicht ausreicht, dann kann er das Heft des Handelns auch selber in die Hand nehmen, was mit fürchterlichen Folgen auch geschehen wird.

Liberales Dilemma

Damit die nationale Euphorie nicht zu groß wird, startet Otto von Bismarck im Sommer 1867 sofort einen Erpressungsversuch, der die liberalen Abgeordneten im Parlament vor ein Dilemma stellt. Nachdem er ihnen von seinen grandiosen Erfolgen erzählt hat, bittet der Kanzler das Parlament um nachträgliche Billigung seines Verfassungsbruchs bei der Finanzierung der Heeresreform im Oktober 1862. Stimmen die Liberalen diesem Ansinnen zu, verraten sie unweigerlich ihren verfassungsrechtlichen Anspruch. Lehnen sie ab, verraten sie ihre nationalen Ideale, die doch gerade durch Otto von Bismarck Realität geworden sind. Der Kanzler zwingt die Liberalen in diesen Spagat und bewirkt die Spaltung der Partei. Um den Preis der Selbstaufgabe stimmen die meisten Liberalen der nachträglichen Sanktionierung der Heeresreform zu und beenden damit den Verfassungskonflikt. Dieser politische Sieg Otto von Bismarcks hat weitreichende Folgen, denn von der liberalen Deutschen Fortschrittspartei spalten sich die Nationalliberalen ab und gründen eine eigene gleichnamige Partei. Zu ihr stoßen die meisten der 30 000 Mitglieder des Deutschen Nationalvereins, der sich im Siegestaumel des Norddeutschen Bundes aufgelöst hat. Die Nationalliberalen erringen bei den nächsten Wahlen große Erfolge und sind die Partei, auf die sich der Kanzler stützen kann. Otto von Bismarck, der sein politisches Überleben an die Zustimmung des Königs von Preußen bindet, ist ein Meister im Umgang mit den Liberalen. Er wickelt sie dadurch ein, dass er einen politischen Kurs einschlägt, der eigentlich nur der Stärkung Preußens dient, aber zwangsläufig auf die staatliche Einheit der Länder des Deutschen Bundes hinausläuft. Wenn dabei die Verfassung auf der Strecke bleibt, ist das zwar bedauerlich, aber unvermeidbar. Die Belange des Staates oder der Nation sind allemal entscheidender als die Verfassung.

Die Gründung des Norddeutschen Bundes bedeutet eine Wegmarke für die Geschichte des europäischen Kontinents, denn zum ersten Mal haben die Nachbarn Deutschlands nicht eingegriffen, als die Mitte Europas ein neues Gesicht bekommt. Der norddeutsche Bundesstaat verändert das politische Gleichgewicht in Europa, weil nun die Frage auf der Hand liegt, was mit dem südlichen Rest des ehemaligen Deutschen Bundes werden soll. Für die Deutschen ist diese Frage leicht zu beantworten, denn die Königreiche in Bayern, Württemberg und Sachsen gehören ebenso zu einem deutschen Einheitsstaat wie Baden, die Pfalz, Hessen oder die thüringischen Staaten. Viele Deutsche, die in jenen Jahren von der nationalen Glückseligkeit erfasst sind, ziehen eine solche Erweiterung durchaus ins Kalkül und setzen dabei alle Hoffnungen auf den »Blut-und-Eisen«-Kanzler. Wenn sie ihre Blicke über die Grenzen des Norddeutschen Bundes hinausschweifen lassen, können sie feststellen, dass überall in Europa die Völker im Aufbruch sind und um ihre nationale Zukunft ringen. Warum also nicht auch die Deutschen?

Österreich

Österreich steht nach dem deutschen Krieg und dem Ende des Deutschen Bundes vor einer inneren Zerreißprobe, die mit der am 12. Juni 1867 ins Leben gerufenen österreichisch-ungarischen Doppelmonarchie zunächst behoben ist. Der österreichische Kaiser Franz Joseph I. ist zwar nun auch ungarischer König, aber das Königreich Ungarn erhält weitgehende Autonomie. Die beiden Staatshälften sind durch den gemeinsamen Monarchen und eine gemeinsame Außenpolitik miteinander verbunden, alle anderen Entscheidungen werden von unabhängigen Parlamenten getroffen. Russlands Versuch, auf Kosten des Osmanischen Reiches seinen osteuropäischen Führungsanspruch zu erweitern, scheitert. Die russische Besetzung Moldawiens und der Walachei hat einen Krieg provoziert, an dem auch Frankreich und England beteiligt sind. Im Frieden von Paris, der diesen so genannten Krimkrieg am 30. März 1856 beendet, verzichtet Russland auf die beiden annektierten Donaufürstentümer, aus denen 1878 das Königreich Rumänien entsteht. Österreich ist zwar nicht am Kriegsgeschehen beteiligt, hat aber mehrfach sein Eingreifen angedroht und so dafür gesorgt, dass große Teile der russischen Truppen nicht in den Krimkrieg eingreifen können, sondern an der Grenze zu Österreich stationiert bleiben müssen. Diese militärische Schwächung ist entscheidend für den Ausgang des Krieges und der Grund für eine lang anhaltende Feindschaft zwischen Österreich und Russland.

Italienische Befreiung

Österreich hat aber nicht nur ein Problem mit Russland, sondern muss sich auch mit der italienischen Freiheitsbewegung herumschlagen, die vor allem in Norditalien viele Anhänger hat und einen italienischen Einheitsstaat unter der Führung des liberalen Königs Vittorio Emanuele II. von Sardinien-Piemont will. Mentor dieser Freiheitsbewegung ist dessen Ministerpräsident Camillo Graf von Cavour, der schon 1847 eine liberale Zeitung mit dem programmatischen Titel ›Il Risorgimento‹ (›Wiedererstehung‹) gegründet und der Bewegung so ihren Namen gegeben hat. Italien ist in landesfremde Herrschaften aufgeteilt: Österreich regiert in der Toskana, in Modena, Venetien und der Lombardei, Frankreich herrscht über Parma und das Königreich Sizilien. Der Kirchenstaat und das Königreich Sardinien-Piemont sind unabhängig. Es gibt keine gesamtstaatlichen Institutionen und die Sozialstruktur ist rückständig. Nur das Königreich Sardinien-Piemont hat eine liberale Verfassung. Mit Unterstützung des französischen Kaisers Napoleon III. gelingt es Camillo Graf von Cavour, Österreich in einen Krieg zu verwickeln. Am 24. Juni 1859 besiegen italienische und französische Truppen das österreichische Heer bei Solferino in der Lombardei. Dieses Gemetzel am Gardasee beobachtet eher zufällig der Schweizer Schriftsteller Henry Dunant, der das Geschehen in seinen ›Erinnerungen an Solferino‹ festhält und noch während der Kampfhandlungen Hilfsaktionen für die verwundeten Soldaten veranlasst. Daraus geht das »Rote Kreuz« hervor, dessen Zeichen das Negativ der Flagge seiner Schweizer Heimat ist: rotes Kreuz auf weißem Grund. Aber trotz der Niederlage bleibt Österreichs Vorherrschaft in Italien weitgehend erhalten. Das Ziel der italienischen Freiheitsbewegung, einen eigenen Nationalstaat zu gründen, rückt in weite Ferne. Doch die Untergrundbewegung »Società nazionale« gibt nicht auf und ruft zu lokalen Revolten auf, bei denen die Aufständischen den Kampfruf »Vittorio Emanuele Rei d'Italia« auf den Lippen haben. Die Anfangsbuchstaben ihres Slogans sind zufällig identisch mit dem Namen des damals schon berühmten Komponisten Giuseppe Verdi, der – vom revolutionären Pathos der Zeit beeinflusst – manche seiner Werke in den Dienst des Befreiungskampfes stellt. Im Januar 1860 kann Ministerpräsident Cavour den französischen Kaiser zu einem Kuhhandel überreden: Frankreich erhält Nizza und Savoyen, dafür erklärt sich Napoleon III. bereit, die Angliederung von Parma, Modena, der Toskana und der päpstlichen Territorien Ferrara und Bologna an Sardinien stillschweigend zu tolerieren.

Aber damit sind die italienischen Revolutionäre noch nicht zufrieden, denn im Königreich Sizilien regiert Franz II., der seine reaktionäre Herrschaft gegen den nun geeinten Rest Italiens um jeden Preis aufrechterhalten will. Im April 1860 beginnt ein Aufstand in Palermo, der das Ende der Regentschaft von Franz II. einläutet. Ein Freiwilligenheer, der so genannte »Zug der Tausend«, das unter der Führung Giuseppe Garibaldis einen Monat später in Palermo landet, verstärkt die Aufständischen. Da Franz II. keine Unterstützung aus Frankreich oder Österreich bekommt, ist er den Revolutionstruppen, die im Sommer 1860 die Kontrolle über die Südspitze Italiens erlangen, hoffnungslos unterlegen. Anfang September 1860 wagt Giuseppe Garibaldi schließlich den Angriff auf das sizilianische Festland, der mit der Einnahme Neapels am 7. September erfolgreich abgeschlossen ist. Sizilien gehört nun zum befreiten Teil Italiens, aber das Verhältnis zum Norden des Landes ist kompliziert. Der unter der Führung Sardinien-Piemonts stehende Norden will den Süden zentralisieren, erhöht die Steuern und sorgt so immer wieder für Unmut unter der sizilianischen Bevölkerung, der sich in der Folgezeit in mehreren erfolglosen Aufständen niederschlägt.

Der Eifer der siegreichen Revolutionäre richtet sich vor allem gegen den verhassten Papst Pius IX., der sich als notorischer Antisemit einen Namen gemacht hat. Der apostolische Oberhirte hat im Kirchenstaat ein Judenghetto einrichten, den Talmud auf die Liste der verbotenen Bücher setzen lassen und den Juden Zugang zu den meisten Berufen verweigert. Die Liste der Verfehlungen dieses Mannes ist lang und erklärt den Zorn der Zeitgenossen, die ihn 1860 aus dem Patrimonium Petri vertreiben wollen, um in Rom die italienische Republik auszurufen. Cavour zwingt Giuseppe Garibaldi unter Androhung militärischer Gewalt, von diesem Plan abzulassen, und lässt stattdessen im Januar 1861 freie Wahlen abhalten. Das Ergebnis ist überwältigend: Mit klarer Mehrheit spricht sich – außer in Venetien und im Kirchenstaat – die Bevölkerung für einen Anschluss der italienischen Teilstaaten an das Königreich Sardinien-Piemont aus. Am 17. März 1861 ist es schließlich so weit: Vittorio Emanuele II. wird zum König von Italien ausgerufen. Venetien gliedert sich dem italienischen Staat an und nach dem Abzug der französischen Truppen im Sommer 1870 wird der Kirchenstaat ebenfalls italienisches Territorium. Am 9. Oktober

1870 erklärt Vittorio Emanuele II. Rom zur Hauptstadt des italienischen Königreiches. Pius IX. hat für die Feierlichkeiten dieses Tages wenig übrig. Bis zu seinem Tod am 7. Februar 1878 kann er im Vatikan zwar ungestört agieren, betrachtet sich aber als Gefangener und Opfer seiner Zeit. Welche Gedanken Papst Johannes Paul II. getrieben haben, ausgerechnet diesen seiner Vorgänger am 3. September 2000 heilig zu sprechen, wird das Geheimnis des 2005 verstorbenen Papstes aus Polen bleiben.

Während die meisten kontinentaleuropäischen Länder in revolutionäre Konflikte verwickelt sind, beginnt in England die legendäre Ära von Queen Victoria, in der sich das Inselreich zur ersten Industrienation und größten Kolonialmacht der Welt aufschwingt. Als Queen Victoria, die mit dem liebevollen Beinamen »Großmutter Europas« versehen worden ist, am 22. Januar 1901 im Alter von 91 Jahren in Osborne stirbt, herrscht England über Indien, Malaysia, einige Karibikinseln, weite Teile Afrikas und einige Länder im heutigen Saudi-Arabien. Australien und Kanada sind als Krondomänen dem englischen Königshaus angegliedert. Das Commonwealth hat seine größte Ausdehnung erreicht, die parlamentarisch kontrollierte englische Monarchie ist auf dem Höhepunkt ihres Ansehens und ihrer Macht. Frankreich, der große Konkurrent um die koloniale Vorherrschaft in der Welt, ist dagegen seit langem in innenpolitischen Wirren versunken.

Napoleon III.

Nach einer Revolution im Februar 1848 in Paris muss der »Bürgerkönig« Louis Philippe am 24. Februar 1848 abdanken. Die meisten Franzosen stimmen einer Verfassung zu, in der das Land von einem Präsidenten geführt werden soll, der von der Nationalversammlung gewählt wird. In dieser eher konservativen Stimmung gelingt es Louis Napoleon, einem Neffen Kaiser Napoleons I., eine Legende zur erfolgreichen Wahlkampfparole zu machen: Wie einst Kaiser Napoleon I. soll nun ein anderer Träger dieses großen Namens das Land in eine bessere Zukunft führen. Der Coup gelingt und die Nationalversammlung wählt ihn am 10. Dezember 1848 zum Präsidenten der französischen Republik. Fortan nutzt er die seinem Amt zustehenden Möglichkeiten, knüpft enge Kontakte zu führenden Militärs und wagt mit deren Hilfe am 2. Dezember 1851 schließlich den Staatsstreich. Nach dem erfolgreichen Putsch wird er am 2. Dezember 1852 – dem Jahrestag der Inthronisierung seines Onkels – als Napoleon III. zum französischen Kaiser gekrönt. Nach einigen Reformen, die ihm die Zustimmung des Volkes einbringen, beginnt sein Stern Anfang der 60er Jahre wieder zu sinken. Als Napoleon III. am 11. Mai 1867 mit dem Versuch scheitert, Luxemburg zu annektieren, muss er feststellen, dass seine biologische Familienzugehörigkeit nicht automatisch auch die Weitergabe von Talenten bedeutet. Preußen setzt die Unabhängigkeit Luxemburgs durch und verhindert auch den Griff des französischen Kaisers nach Belgien. Das Verhältnis zwischen Frankreich und Preußen ist zerrüttet. Eine Gelegenheit, es noch weiter zu verschlechtern, bietet sich Ende der 60er Jahre in Spanien.

Machtkampf in Spanien

Dort ist Königin Isabella II. seit Jahren in Machtkämpfe am Hof verwickelt. Ihre erzwungene Verbindung mit einem unansehnlichen Verwandten bleibt kinderlos, was Isabella dazu veranlasst, alle Schranken von Sitte und Anstand weiträumig zu überspringen und sich eine Vielzahl von Günstlingen und Liebhabern am Hofe zu halten. Zahlreiche Umsturzversuche wollen diese Verhältnisse beenden, bleiben aber ohne Erfolg. Während Isabella II. im Juli 1868 gerade bei einem Treffen mit dem französischen Kaiser in Paris ist, vereinigen sich in Spanien unterschiedliche Oppositionsgruppen und verkünden die Absetzung der Königin. Am 3. Oktober 1868 marschieren die Aufständischen in Madrid ein. Die provisorische Regierung in Madrid beschließt die Errichtung einer konstitutionellen Monarchie und begibt sich auf die Suche nach einem geeigneten Kandidaten für den zu vergebenden Job des spanischen Königs. Nachdem der portugiesische König ebenso dankend abgelehnt hat wie der Herzog von Genua, lässt sich der Erbprinz Leopold von Hohenzollern-Sigmaringen – ein Verwandter des preußischen Königs Wilhelm I. – am 1. Juli 1870 zur Annahme der spanischen Krone überreden. Am 4. Juli 1870 wird die Kandidatur offiziell dem spanischen Parlament mitgeteilt und von diesem akzeptiert. Nun überschlagen sich die Ereignisse.

Dem armen Prinzen wird nicht klar gewesen sein, was er da anrichtet, aber seine Entscheidung bewirkt eine Kettenreaktion, die erst zum Deutsch-Französischen Krieg und anschließend zur Gründung des Deutschen Reichs führt. Für Napoleon III. ist ein Deutscher auf dem spanischen Königsstuhl der größte aller möglichen Albträume, denn dann wäre Frankreich umzingelt. Vorsorglich erklärt er also den Krieg, falls Prinz Leopold tatsächlich die spanische Krone auf den Kopf gesetzt bekommen sollte. Wilhelm I. steht der Kandidatur Leopolds skeptisch gegenüber. Otto von Bismarck hingegen ermutigt den zögernden Hohenzollernprinzen, auf dem spanischen Königsstuhl Platz zu nehmen. Nach intensiven Gesprächen mit Wilhelm I. lehnt der Hohenzollernprinz am 12. Juli 1870 das ehrenvolle Angebot aber doch ab und verzichtet auf die spanische Krone.

Wilhelm I. weilt in diesem Sommer – wie jedes Jahr – in Bad Ems zur Kur, als er am 13. Juli 1870 Besuch vom französischen Botschafter Vincent Graf Benedetti bekommt. Der Botschafter verlangt von ihm eine Erklärung, mit der Wilhelm I. Frankreich gegenüber klar machen soll, dass nie wieder ein Hohenzollernspross den spanischen Königsstuhl anstreben werde. Verärgert, aber höflich weist Wilhelm I. dieses Ansinnen zurück, telegraphiert die Zusammenfassung seiner Unterredung mit Vincent Graf Benedetti an den Kanzler in Berlin und erlaubt ihm sowohl die französische Forderung als auch seine Antwort zu veröffentlichen. Das lässt sich Otto von Bismarck nicht zweimal sagen. Mit einigen Federstrichen redigiert und kürzt er das Telegramm so, dass die französische Öffentlichkeit die Unterredung von Bad Ems als nationale Schmach empfinden muss. Im Original erklärt Wilhelm I., dass eine nochmalige Unterredung mit dem französischen Botschafter sich schon allein deshalb erübrige, weil Leopold von Hohenzollern-Sigmaringen seine Kandidatur ja zurückgezogen habe. In dem redigierten Telegramm klingt die französische Forderung wie ein Ultimatum, dem nur ein Abbruch der diplomatischen Beziehungen folgen kann. Außerdem erweckt die seither berühmt gewordene »Emser Depesche« den Eindruck, als habe der Botschafter Frankreichs sämtliche diplomatischen Gepflogenheiten außer Acht gelassen, indem er den preußischen König während einer Kur und nicht bei einer offiziellen Audienz angesprochen hat.

Wie gewünscht verursacht die »Emser Depesche« in Frankreich nationale Empörung und Zorn auf die Unfähigkeit Napoleons III., der durch den preußischen König öffentlich brüskiert worden ist. Nun steht der französische Kaiser genau dort, wo Otto von Bismarck ihn haben will: in der Ecke mit dem Rücken zur Wand. In dieser Situation entschließt sich Napoleon III. am 19. Juli 1870 ...

Deutsch-Französischer Krieg und Gründung des Deutschen Reichs

... gegen den Norddeutschen Bund in den Krieg zu ziehen. Für Otto von Bismarck ist seine Entscheidung keine Überraschung, schließlich hatte er sie ja provoziert. Eilig erinnert er die süddeutschen Staaten an das bis dahin geheim gehaltene Schutz- und Trutzbündnis aus dem Jahr 1866 und fordert sie auf, an der Seite des Norddeutschen Bundes in den Krieg einzutreten. Die Abstimmungen in den Landesparlamenten bringen knappe Entscheidungen für den Krieg. Von Kriegsbegeisterung oder gar Siegeszuversicht ist keine Rede, denn die französische Armee genießt den Ruf, die beste ihrer Zeit zu sein. Aber der preußische Generalstab führt einen »Blitzkrieg« und lässt sich durch einige verlustreiche Gefechte in Lothringen, die zu Beginn des Deutsch-Französischen Krieges stattfinden, von dieser Strategie auch nicht abbringen.

Die Schlacht von Sedan

Am 1. September 1871 gelingt es deutschen Truppen im Nordosten Frankreichs, die Festung in Sedan zu erobern. Unter den Siegern befindet sich der mittlerweile zum Hauptmann und Adjutanten des dritten Garde-Regiments aufgestiegene Paul von Hindenburg. Der Sieg von Sedan ist für den 24-Jährigen ein zeitlebens prägendes Erlebnis. Diese und andere Schlachten bringen ihm den Ruhm ein, der ihn erst zum »Helden von Sedan« und nahezu 60 Jahre später zum Präsidenten der ersten deutschen Republik macht. Die entscheidende Schlacht beginnt in den frühen Morgenstunden dieses folgenschweren ersten Septembertages. Der französische Oberbefehlshaber Patrice Maurice Marquis de MacMahon wird schwer verwundet und muss das Oberkommando abgeben. Die Schlacht dauert noch an, als Napoleon III. selbst erscheint und die aussichtslose Lage seiner Armee erkennt. Es bleibt nichts anderes, als die weiße Fahne zu hissen und zu kapitulieren. In der Nacht werden die Kapitulationsverhandlungen geführt, am 2. September 1870 erhält König Wilhelm I. ein Schreiben des französischen Kaisers:

»Da es mir nicht vergönnt war, inmitten meiner Soldaten zu sterben, bleibt mir nichts, als meinen Degen in die Hände Eurer Majestät zu legen.«

Sein zukünftiges Domizil ist das Gefängnis auf Schloss Wilhelmshöhe bei Kassel. Die Auswahl dieses Gefängnisses geschieht nicht ohne Hintersinn, denn in den Gemäuern dieses Schlosses hat sein Onkel Jérôme Bonaparte, der zwischen 1807 und 1813 auf Befehl seines Bruders und damaligen Kaisers Napoleon I. König von Westfalen gewesen ist, ausschweifende Feste gefeiert. Nun bekommt der Neffe Napoleon III. den Zorn der Geschmähten zu verspüren und verschwindet hinter den Mauern, die einst die fröhlichen Saufgelage des Oheims vor den Augen einer empörten Öffentlichkeit verborgen haben. Mit ihm gehen 83 000 französische Soldaten in Gefangenschaft. Napoleon III. wird bald wieder entlassen, was aber nicht an der besonderen Gnade seiner Häscher liegt, sondern an der in Paris ausgerufenen Revolution, die ihn für abgesetzt erklärt. Der nun vollkommen machtlose Napoleon geht ins englische Exil, wo er zwei Jahren später stirbt. Am 1. und 2. September 1871 verliert die französische Armee 100 000 Soldaten durch Tod oder Gefangennahme, in Paris kommt es zu einem Aufstand, in dessen Verlauf – nach 1793 und 1848 – die inzwischen dritte französische Republik proklamiert wird.

■ **Der »Tag von Sedan«**

Mit der Niederlage von Sedan und der Gefangennahme Napoleons III. endet auch das französische Kaisertum. Als die Nachricht von der schmählichen Niederlage Paris erreicht, macht sich neben der Erkenntnis, dass es mit den Fähigkeiten ihres Kaisers nicht weit her ist, auch der Wille breit, sich der Herrschaft eines Kaisers ein für alle Mal zu entledigen. Aufgebrachte Bürger lösen die gesetzgebende Versammlung auf und rufen am 4. September 1870 die Republik aus. Während der »Tag von Sedan« in Frankreich die Gründung der Republik, die als Staatsform nie wieder in Frage gestellt wird, symbolisiert, hat dieser Tag in Deutschland ganz andere Folgen. Der »Tag von Sedan« ist für die nächsten 50 Jahre der deutsche Nationalfeiertag und alljährlicher Anlass, den Hass zwischen Deutschen und Franzosen wieder aufleben zu lassen. Paraden,

Schulfeiern, landesweite Beflaggung und national-patriotische Reden machen den 2. September zu einem Gedenktag, an dem nicht nur deutsche Heldenhaftigkeit und Stärke, sondern vor allem auch ein verachtender Hass gegenüber Frankreich gepredigt werden. Es ist wohl zu Recht festgestellt worden, dass es keinen anderen Nationalfeiertag in der deutschen Geschichte gegeben hat, der mit mehr Hingabe und innerer Anteilnahme zelebriert worden ist, als dieser beschämende »Tag von Sedan«.

Obwohl Anfang September die Entscheidung schon gefallen ist, geht der Krieg noch einige Wochen weiter. Die siegreichen deutschen Truppen ziehen vor die Tore von Paris und beginnen mit der Belagerung der Stadt. Am 7. Oktober gelingt dem Innen- und Kriegsminister Léon Gambetta die Aufsehen erregende Flucht aus der belagerten Stadt in einem Ballon. Er erklärt Tours zur provisorischen Hauptstadt und organisiert auf dem Land den militärischen Widerstand gegen die Deutschen. Während die Soldaten noch in Kämpfe verwickelt sind, macht sich Otto von Bismarck daran, den Norddeutschen Bund um die süddeutschen Staaten zu erweitern, die bis dahin zwischen dem preußisch dominierten Norden und dem österreichischen Süden »eingeklemmt« sind.

Die nun folgende Gründung des deutschen Kaiserreichs ist ein Lehrstück für eine erfolgreiche Diplomatie, die mit den nationalen Empfindungen des Volkes ebenso meisterhaft zu spielen weiß wie mit Souveränitätsbestrebungen der Landesfürsten und auch vor Bestechung nicht zurückschreckt. Das Parlament ist nicht beteiligt, die staatliche Einigung wird als feudaler Akt der Fürsten und Könige zelebriert. Das deutsche Volk wird weder gefragt noch darf es über die Verfassung des Reichs diskutieren oder gar abstimmen. Das Kaiserreich wird nicht von den Liberalen, die es so sehnlich herbeiwünschen, gemacht, sondern von den Landesfürsten, die es eigentlich gar nicht wollen. Sie gründen einen Obrigkeitsstaat, der unter preußischer Führung steht und mehr einer »Verpreußung« Deutschlands gleicht als einem nationalstaatlichen Zusammenschluss gleichberechtigter Landesteile.

Reichsgründung von oben

Die Verhandlungen über einen Beitritt von Bayern, Württemberg, Hessen und Baden sind schwierig und dauern den ganzen Winter 1870. Dabei erweist sich der bayrische König Ludwig II., eine schon zu Lebzeiten ebenso verehrte wie umstrittene Figur, als besonders harter Brocken. Von seinen Untertanen heiß und innig geliebt, wird er von seinen Kritikern als Spinner mit homoerotischen Neigungen abgetan. Scheu vor Menschen, motorische Auffälligkeiten, Halluzinationen sowie die Neigung zu Gewalttätigkeiten und unvorhersehbaren Wutausbrüchen bilden die eine Seite des Charakters dieses Mannes, der auf der anderen Seite ein unverbesserlicher Romantiker und kritikloser Schwärmer für das untergegangene absolutistische französische Sonnenkönigtum ist. Die Verhandlungen über die Gründung eines deutschen Kaiserreichs finden in den prunkvollen Sälen des Schlosses von Versailles statt. Im Schloss des von ihm so verehrten Ludwig XIV. kann er unmöglich an Verhandlungen teilnehmen, die einer Selbstaufgabe der bayrischen Krone gleichkommen. Schließlich ist es der schnöde Mammon, der Ludwig II. einlenken lässt.

In Hannover regiert der seit seinem 13. Lebensjahr erblindete Georg V. mit reaktionär harter Hand. Im Gegensatz zum preußenfreundlichen Kurs seines Vaters König Ernst-August lehnt sich Georg V. politisch an Österreich an und gerät so zwangsweise während der Krise um den Deutschen Bund 1866 in einen schweren Konflikt mit Otto von Bismarck. Nach der Schlacht von Langensalza, die die preußischen Truppen gewinnen, wird das Königreich Hannover von Preußen annektiert. König Georg V. flieht mit Marie, Königin von Hannover, und den drei Kindern ins Exil nach Österreich. Bis zu seinem Tod im Jahr 1878 kämpft der schwerkranke Welfenspross vergebens darum, das Königreich Hannover und den nicht unerheblichen Staatsschatz zurückzubekommen. Das Geld fällt Preußen zu und wird nun zweckentfremdet. Denn Otto von Bismarck entnimmt diesem Staatsschatz im Dezember 1870 fünf Millionen Goldmark und bietet sie dem bayrischen König Ludwig II., der wegen seiner kostspieligen Prunkbauten permanent in finanziellen Nöten steckt, als Schmiergeld an. Als Gegenleistung soll Ludwig II. dem preußischen König das »offizielle« Ansinnen der deutschen Fürsten und Könige vortragen, die Kaiserwürde zu übernehmen. Einer solch standesgemäßen Anbietung der Krone – so die Spekulation Otto von Bismarcks – kann sich Wilhelm I. nicht wie sein Vorgänger Friedrich Wilhelm IV. im April 1849 entziehen.

Mit einem von Otto von Bismarck, der vor einem derartigen Rückzieher seines Königs panische Angst hat, entworfenen Brief in der Tasche eilt sein Mittelsmann Maximilian Graf von Holnstein nach Hohenschwangau, wo sich Ludwig II. von den Strapazen des höfischen Lebens erholt. Im Anblick des verschwitzten Grafen zieht es seine königlich-bayrische Majestät jedoch vor, Zahnschmerzen zu bekommen, und lässt den Mann sechs Stunden warten. Nun fügt Graf von Holnstein, der eine 10-prozentige Provision für das Geschäft zu erwarten hat, der Bestechung durch Otto von Bismarck noch eine Erpressung hinzu. Er lässt den König wissen, dass er Punkt sechs Uhr den Ort des Geschehens verlassen werde und man sich in Versailles dann anders zu helfen wüsste. Darauf wird er vorgelassen und macht dem irritierten Ludwig II. klar, warum er dem Deutschen Reich beitreten solle. Jene Unterhaltung zwischen Maximilian Graf von Holnstein und dem bayrischen König ist später festgehalten worden:

»Der König sei gewiss vollkommen frei, zu tun und zu lassen, was er wolle, aber Holnstein, als des Königs treu ergebener Diener, müsse seiner Majestät zu bedenken geben, dass das Infragestellen des vom deutschen Volke verlangten Kaisertums durch Übelwollen des Königs von Bayern, dessen Truppen vor Paris ständen und dort vielleicht den Kaiser ohne Befehl ausrufen würden, den widerstrebenden König dem eigenen Volk gegenüber in eine Lage bringen müsste, welcher Seine Majestät sich am besten durch einen Aufenthalt in der Schweiz entziehen würde. Der König sei nun aufgestanden und an den Schreibtisch gegangen und (…) habe geschrieben, ohne ein Wort zu sagen.«

Mit der königlichen Unterschrift unter dem als »Kaiserbrief« bekannt gewordenen Schreiben ist der Graf nach abenteuerlicher Reise am 3. Dezember 1870 wieder in Versailles. Als der Deal unter den Abgesandten der in Versailles verhandelnden Staaten bekannt wird, toben die bayrischen Patrioten und lassen ihrem Zorn ein wütendes »Finis bavariae« folgen. Sie fühlen sich durch den Preußen über den Tisch gezogen, fortan ist der Main eine Art ideologische Trennlinie, dessen nördliche Bewohner samt und sonders »Saupreußen« sind. Maximilian Graf von Holnstein lässt sich aber die Stimmung nicht verderben und leert mit Otto von Bismarck einige Flasche besten französischen Champagners, die den beiden in ein Zimmer gestellt werden, aus dem sie in dieser Nacht nicht wieder herauskommen. Grund zum Feiern haben sie allemal, denn mit dem Einverständnis von Ludwig II. ist das größte Hindernis auf dem Weg zum Deutschen Reich ausgeräumt. Noch bevor die Kämpfe gegen die französischen Truppen rund um Paris beendet sind, kommt es auf den Tag genau 170 Jahre nach der Gründung des Königreichs Preußen durch den damaligen Kurfürsten Friedrich III. am 18. Januar 1871 in dem wegen einer fehlenden Heizung eiskalten Spiegelsaal von Versailles zur Proklamation Wilhelms I. zum deutschen Kaiser, der im Mai 1871 die formelle Gründung des Deutschen Reichs folgt.

Unter dem Eindruck des nahen Kriegslärms vor Paris und den Hochrufen auf den neuen Kaiser ist den meisten Teilnehmern bewusst, dass Preußen – nicht Deutschland – mit diesem Tag an die Spitze der europäischen Großmächte getreten ist. Manch einem mag dies als Erfüllung einer seit 170 Jahren währenden Sehnsucht vorkommen, anderen schwant Böses. Der Deutsch-Französische Krieg bringt in Frankreich die Republik und in Deutschland das Kaiserreich hervor. Während in Frankreich die Republik das Land in die Moderne führt, bleibt das Deutsche Reich ein antidemokratischer Obrigkeitsstaat, der knapp 50 Jahre später – ebenfalls in einem Krieg – wieder verschwindet.

■ **Kaiserkrönung im Spiegelsaal von Versailles**
Am Mittag des 18. Januar 1871 finden sich einige hundert preußische Offiziere und Generale im bitterkalten Spiegelsaal ein. Es ist eine groteske Ansammlung von teilweise hochbetagten Vertretern der alten monarchistischen Weltordnung, die sich mitten in Feindesland und in Hörweite des Kriegsgeschehens in Versailles eingefunden hat. Das allgemeine Gemurmel der freudigen Erregung über das bevorstehende Ereignis bricht abrupt ab, als Wilhelm I. nebst dem Kronprinzen gefolgt von den

Fürsten und Königen den Saal betritt. Wilhelm I. geht nicht nur wegen der klirrenden Kälte mit zitternden Knien dem ihm zugewiesenen Platz am Kopf des Saales entgegen. Zwei Seelen schlagen in seiner Brust, die den 18. Januar 1871 zu seinem »unglücklichsten Tag« machen. Ihn plagt der Gedanke, dass mit seiner Kaiserproklamation das Königreich Preußen beendet sein wird. Unter Tränen – wird behauptet – habe er dem Drängen Otto von Bismarcks nachgegeben und sich gefügt. Nun steht er mit entgleisten Gesichtszügen im Spiegelsaal von Versailles und blickt in die Augen der vor ihm aufgestellten preußischen Offiziere und Generale. Nachdem der Militärpfarrer mit Gebet und Choral seinen Beitrag zum Gelingen des Reiches beigetragen hat, ruft – wie verabredet – Ludwig II. von Bayern im Namen der deutschen Fürsten seinen preußischen Amtskollegen zum deutschen Kaiser aus.

Kronprinz Friedrich Wilhelm vertraut seinem Tagebuch an, dass ein »donnerndes, mindestens sechs Mal wiederholtes Hurra« den Raum durchbebt habe, bevor es mit einem schmetternd vorgetragenen »Heil dir im Siegerkranz« weitergegangen sei. Trotz dieses »mächtig ergreifenden und wunderbar schönen« Augenblicks vergisst er nicht zu erwähnen, dass kurz vorher eine ziemlich »taktlose Strafrede auf Ludwig XIV.«, den Erbauer des Schlosses, gehalten worden ist. Die Ortswahl der Kaiserproklamation ist eine gezielte Provokation und Demütigung Frankreichs, die aber auch bei anderen europäischen Nachbarn misstrauisches Erstaunen hervorruft.

Otto von Bismarck nimmt an der Zeremonie im Spiegelsaal mit versteinerter Mine teil. Zornig registrieren die anwesenden Fürsten, dass der Konstrukteur des Deutschen Reiches die nationale Begeisterung mit ihnen nicht teilt. Grimmig verstimmt habe er die kaiserliche Ansprache an das deutsche Volk verlesen, berichten Teilnehmer der Zeremonie. Für den Kanzler ist die Kaiserproklamation ein diplomatisches Planspiel mit wenigen Unbekannten. Taktik hat ihn nach Versailles geführt und nicht nationales Pathos. Der Mann hat nicht national, sondern rational gehandelt, und deshalb findet für ihn an diesem Tag nur der Endpunkt einer sorgfältig und meisterlich geplanten Diplomatie statt. Eigentlich sind die Beitritte der vier süddeutschen Staaten zum Norddeutschen Bund und die Erhebung des Königs von Preußen zum deutschen Kaiser eher formale Akte. Aber Otto von Bismarck will dem Nationalgefühl Befriedigung anbieten und den Eindruck vermitteln, als handele er ganz im Sinne der bürgerlichen Liberalen und Nationalen, die seit der Revolution von 1848/49 von einem deutschen Nationalstaat träumen.

Das Deutsche Reich wird von den deutschen Fürsten nach fast mittelalterlichem Ritual geschaffen. Es entsteht zwar ein Nationalstaat, aber der Weg zu einem deutschen bürgerlichen Verfassungsstaat, wie ihn die Liberalen wollen, ist damit versperrt. Das Oberhaupt dieses Reiches wird nicht von einer Nationalversammlung oder einem Parlament gekürt, sondern von der reaktionären Elite der deutschen Königs- und Fürstenhäuser. Wie im Norddeutschen Bund ist der Reichskanzler nur dem Kaiser gegenüber verantwortlich, er wird von ihm ernannt und entlassen. Der Kaiser ist der eigentliche Herrscher, das aus freien Wahlen hervorgegangene Parlament bleibt dagegen weitgehend machtlos. Weil das Parlament ihn weder stürzen noch wählen kann, ist der Reichskanzler dem Kaiser und dessen politischem Willen ausgeliefert. Unter diesen Voraussetzungen ist es nicht möglich, dass sich im Deutschen Reich eine politische Kultur entwickelt, in der Parlament und Regierung in einem wechselseitigen Rollenspiel erste demokratische Erfahrungen sammeln können.

Mehr noch: Dieser deutsche Nationalstaat beruht nicht auf dem Konsens der Menschen, die innerhalb seiner Grenzen wohnen. Der Reichsgründung liegt weder eine freie Willensentscheidung seiner Bürger noch eine revolutionäre Befreiung zu Grunde, sondern das Prinzip der Unterordnung unter den preußischen Führungsanspruch. Eine gewisse innere Homogenität, die für das Gedeihen eines jeden Staates notwendig ist, kann unter diesen Umständen nicht entstehen. Das alles ist von Otto von Bismarck bewusst und gewollt herbeigeführt worden, weil er dem Volk und seiner Vertretung – dem Reichstag – misstraut und sie von jeder Entscheidung fern halten will. Das Wohl des Staates – man kann auch sagen der »deutschen Nation« – steht über der Verfassung dieses Staates und den Rechten seiner Bürger. Fortan ist es nicht so schlimm, eine Verfassung zu brechen, als vermeintlichen »nationalen Verrat« zu begehen. Wer sich in Zukunft auf die Belange der »Nation« beruft, kann sicher sein, dass die verfassungsrechtlichen Bedenken nicht ausreichen werden, um ihn von seinen Vorhaben abzuhalten. Durch die eindeutige Machtverteilung zu Gunsten von Kaiser und Kanzler wird das Deutsche Reich ein Obrigkeitsstaat, der unter der Fuchtel der Militärs steht. Das Fehlen jeglicher demokratischer Struktur macht das Deutsche Reich anfällig für nationalistische und radikale Parolen, die das Land und den ganzen Kontinent schließlich in einen verheerenden Krieg führen. Das ist das Erbe des Jahres 1871, das dem Kaiser und seinem Kanzler zwar Ruhm und Ehre bei den meisten ihrer Zeitgenossen einbringt. Die von ihnen neu gestaltete politische Ordnung in der Mitte Europas wird aber bis weit ins 20. Jahrhundert hinein Anlass dafür bieten, dass der Boden ein ums andere Mal mit erheblichen Folgen zum Beben gebracht wird.

Zunächst muss der Krieg gegen Frankreich beendet werden. Während in der französischen Hauptstadt noch die Pariser Kommune das Regiment ausübt, beginnen die Friedensverhandlungen mit der konservativen Regierung. Der Friedensvertrag, den der französische Ministerpräsident Adolphe Thiers am 10. Mai 1871 in Frankfurt unterzeichnet, wird von den deutschen Siegern diktiert. Die dort festgelegten Bestimmungen reißen alte Wunden zwischen Deutschen und Franzosen wieder auf. Sie eitern noch lange und sorgen für politische Instabilität in der Mitte des europäischen Kontinents. Auch wenn es französische Revanchegelüste provoziert, will Otto von Bismarck die süd-westlichen Teile der Rheinprovinz, die Pfalz und Baden gegen zukünftige französische Interventionen durch einen territorialen Puffer schützen. Die Annexion von Elsass-Lothringen rechtfertigt er in einer Reichstagsrede am 2. Mai 1871:

»Es blieb (…) nichts anderes übrig, als diese Landstriche mit ihren starken Festungen vollständig in deutsche Gewalt zu bringen. (…) Der Verwirklichung dieses Gedankens der Befriedigung dieses unabweisbaren Bedürfnisses zu unserer Sicherheit stand in erster Linie die Abneigung der Einwohner selbst, von Frankreich getrennt zu werden, entgegen. (…) Tatsache ist, dass diese Abneigung vorhanden war, und dass es unsere Pflicht ist, sie mit Geduld zu überwinden. (…) Wir Deutsche haben im Ganzen die Gewohnheit, wohlwollender, (…) und menschlicher zu regieren, als es die französischen Staatsmänner tun; es ist ein Vorzug des deutschen Wesens, der in dem deutschen Herzen der Elsässer bald anheimeln und erkennbar werden wird.«

Dieser schwer erträglichen deutschen Überheblichkeit wird zu allem Überfluss noch eine Reparationszahlung in Höhe von 5 Milliarden Francs hinzugefügt, sodass die Demoralisierung Frankreichs perfekt ist. Dieser schmachvolle Frieden führt zu einer sich dramatisch verschärfenden innenpolitischen Krise, die schließlich Ende Mai 1871 in den Straßen der französischen Hauptstadt zu einem beispiellosen Gemetzel unter den Anhängern der Pariser Kommune führt. Regierungstruppen erobern in einem sieben Tage dauernden Barrikadenkampf die von den Kommunarden regierte Stadt zurück. Mit äußerster Brutalität werden die Aufständischen gejagt und ermordet. Massenerschießungen, die auch vor Frauen, Kindern und Greisen nicht Halt machen, sind an der Tagesordnung. Am Ende der »blutigen Woche« sind fast 20 000 Tote zu beklagen. Das Massaker an der »Pariser Kommune« bringt eine so unglaubliche Brutalität an den Tag, dass diese Tat bis heute in der Erinnerung haften geblieben ist.

Kulturkampf

Im Deutschen Reich zeigen sich derweil gesellschaftliche Zerwürfnisse, die durch den nationalen Überschwang, der sich nach der Reichsgründung breit macht, nicht verdeckt werden können. Zwei Bevölkerungsgruppen ziehen sich den Zorn des immer eigenwilliger werdenden Reichskanzlers zu: die Katholiken und die Sozialdemokraten. Beide Gruppen sind mit politischen Parteien – dem Zentrum und der SPD – im Reichstag vertreten. Besonders die Katholiken sind am Beginn der 70er Jahre Zielscheibe der Politik des Reichskanzlers. Otto von Bismarck entfacht einen Kulturkampf gegen sie, der seine Begründung nicht darin hat, dass er selbst Protestant ist. Vielmehr fürchtet er den Einfluss von Pius IX. Der Papst – so die Vorstellung – könnte seine Schäfchen in Deutschland gegen die Regierung aufwiegeln und seinen traditionell guten Kontakt zum katholischen Österreich verstärken, um das junge Kaiserreich zu gefährden. Natürlich entspricht das nicht den tatsächlichen Möglichkeiten von Pius IX., aber der Versuch der katholischen Kirche, mehr Einfluss auf die weltliche Politik zu bekommen, ist seit einigen Jahren unübersehbar. Würde es dem Papst tatsächlich gelingen, die Katholiken aller Länder unter seinem Führungsanspruch zu vereinen, könnte die von Gottes Gnaden verliehene Unfehlbarkeit den Heiligen Vater zu einer ernstzunehmenden politischen Kraft werden lassen. So weit will es Otto von Bismarck keinesfalls kommen lassen und beginnt katholische Organisationen und Personen aus dem öffentlichen Leben zu verdrängen.

Die liberalen Bewegungen haben überall in Europa dafür gesorgt, dass der enorme Einfluss der katholischen Kirche spürbar zurückgegangen ist. Die zwar begründeten, aber auch respektlosen Attacken der italienischen Aufständischen haben nicht einmal vor dem Papst Halt gemacht. Der ist natürlich entsetzt und besorgt und sucht nach einem Weg, der Kirche seines Herrn wieder die richtige Geltung zu verschaffen. Der Ausweg soll auf einem Konzil gefunden werden, zu dem Pius IX. im Dezember 1869 nach Rom einlädt. Dieses erste Vatikanische Konzil hätte sicher länger als ein Jahr gedauert, wenn nicht die italienische Revolution im Oktober 1870 gesiegt und dem Konzil ein vorzeitiges Ende bereitet hätte. Aber die Aufständischen kommen dennoch zu spät, um den Papst vor der Veröffentlichung eines der wohl größten Fehler der katholischen Kirche zu bewahren. Das im Juli 1870 verkündete Dogma der Unfehlbarkeit befreit den Papst nicht nur von der Möglichkeit eines Irrtums, sondern erhebt ihn auch zum obersten Richter aller Gläubigen. Die zu erwartende Reaktion hätte Pius IX. in den Archiven des Vatikans nachlesen können, wo sich der ›Dictatus Papae‹ von Gregor VII. aus dem Jahr 1075 befindet. Genau wie ihm ist es Gregor VII. um den Einfluss der geistlichen Macht auf die weltliche Herrschaft gegangen und genau wie damals erzeugt auch das Unfehlbarkeitsdogma von Pius IX. erheblichen Widerspruch.

Die ersten Opfer des Kulturkampfes, der zeitweise Formen einer religiösen Verfolgung annimmt, sind die Priester. Sie dürfen unter Androhung von Gefängnisstrafen keine politischen Kommentare mehr von der Kanzel abgeben. Katholische Schulen und andere Einrichtungen werden an die Leine genommen und unter staatliche Aufsicht gestellt. Karitative Organisationen erhalten keine finanziellen Hilfen mehr und bei der Priesterausbildung ist ein staatliches Kulturexamen abzulegen, das die Staatstreue des Kandidaten zu belegen hat. Die katholische Bevölkerung ist entsetzt und irritiert zugleich. Wie soll sie in einem Land heimisch werden, das sie in der Ausübung ihrer Religion derart behindert? Viele von ihnen befinden sich im passiven Widerstand und werden darin von Pius IX. unterstützt, der im Sommer 1873 dem deutschen Kaiser einen Brief schreibt:

»Sämtliche Maßregeln, welche seit einiger Zeit von Eurer Majestät Regierung ergriffen worden sind, zielen mehr und mehr auf die Vernichtung des Katholizismus ab. Wenn ich mit mir selbst darüber zu Rate gehe, welche Ursachen diese sehr harten Maßregeln veranlasst haben mögen, so bekenne ich, dass ich keine Gründe aufzufinden imstande bin. (...) Ich rede, um meine Pflichten zu erfüllen, welche darin bestehen, allen die Wahrheit zu sagen, auch denen, die nicht Katholiken sind. Denn jeder, welcher die Taufe empfangen hat, gehört in irgendeiner Beziehung oder auf irgendeine Weise, welche hier näher darzulegen nicht am Orte ist, gehört, sage ich, dem Papste an.«

Wilhelm I. lässt das päpstliche Schreiben einige Tage liegen und antwortet dem Heiligen Vater am 3. September 1873 mit folgenden Zeilen:

»Zu meinem tiefsten Schmerz hat ein Teil meiner katholischen Untertanen seit zwei Jahren eine politische Partei organisiert, welche den in Preußen seit Jahrhunderten bestehenden konfessionellen Frieden durch staatsfeindliche Umtriebe zu stören versucht. Leider haben höhere katholische Geistliche diese Bewegung nicht nur gebilligt, sondern sich ihr bis zur offenen Auflehnung gegen die bestehenden Landesgesetze angeschlossen. (...) Eine Äußerung in dem Schreiben Eurer Heiligkeit kann ich nicht ohne Widerspruch übergehen, (...) dass jeder, der die Taufe empfangen habe, dem Papst angehöre. Der evangelische Glaube, zu dem ich mich, wie Eurer Heiligkeit bekannt sein muss, (...) bekenne, gestattet uns nicht, in dem Verhältnis zu Gott einen anderen Vermittler als unseren Herrn Jesum Christum anzunehmen.«

Der Hinweis auf katholische Umtriebe ist natürlich ebenso maßlos übertrieben, wie der Konflikt mit dem Machtanspruch des Papstes, der die preußischen Kirchengesetze in einer Enzyklika am 5. Februar 1875 für ungültig erklärt, unübersehbar ist. Aber weder der Briefwechsel noch die Enzyklika ändern etwas an dem Dilemma, in dem die deutschen Katholiken stecken. Da ihnen von den Kanzeln keine Hilfe gegeben werden darf, findet ihre Verbitterung zunehmend Ausdruck in der Unterstützung der Zentrumspartei, die bei den Wahlen zum Deutschen Reichstag mehr und mehr Stimmen bekommt. Zwischen März 1871 und Oktober 1881 wächst die Zahl der Zentrumsabgeordneten im Deutschen Reichstag von 61 auf 100. Damit läuft der politisch organisierte Katholizismus innerhalb von zehn Jahren den Nationalliberalen den Rang ab. Die Nationalliberalen schrumpfen im gleichen Zeitraum von zeitweilig 155 Sitzen auf magere 47. Als groteskes Ergebnis des Kulturkampfes ist die politische Vertretung der katholischen Minderheit innerhalb von nur 10 Jahren zur stärksten Partei im Reichstag geworden.

Für das allmähliche Ende der Katholikenverfolgung gibt es einen politischen Anlass, der Otto von Bismarck um die Gunst der Zentrumsabgeordneten buhlen lässt. Deren Stimmen benötigt er für ein neues Zollgesetz zum Schutz der heimischen Agrarprodukte, zu dem ihn die ostelbischen Junker drängen. Otto von Bismarck und der neue Papst Leo XIII., der als Begründer der christlichen Soziallehre in die Geschichte der katholischen Kirche eingeht, verhandeln 1878 und 1879 über eine schrittweise Lockerung der antikatholischen Gesetze und beenden so den Konflikt zwischen Regierung und katholischer Kirche im Deutschen Reich.

Sozialistengesetze

Die nächsten, die den Zorn des Reichskanzlers zu spüren bekommen, sind die Sozialdemokraten. Insbesondere die 1869 in Eisenach gegründete »Sozialdemokratische Arbeiterpartei« ist für Otto von Bismarck eine Ansammlung von Verrätern und vaterlandslosen Gesellen. Der prominenteste Vertreter der SDAP ist der Reichstagsabgeordnete und Parteigründer Wilhelm Liebknecht, der das »Bismarck'sche Preußen-Deutschland« dem Untergang geweiht sieht. Das Kaiserreich sei »auf dem Schlachtfeld geboren, das Kind eines Staatsstreichs, des Krieges und der Revolution von oben.« In Zukunft werde dieses Land »von Krieg zu Krieg eilen und entweder auf dem Schlachtfeld zerbröckeln oder der Revolution von unten erliegen.« Wilhelm Liebknecht fügt hinzu, dass dieser von ihm aufgezeigte Weg einem Naturgesetz folge und deshalb unausweichlich sei. Es ist klar, dass eine derartige von den Sozialisten getragene Auffassung über das Wesen des Staates eine gedeihliche Zusammenarbeit mit den Organen dieses Staates nahezu unmöglich macht.

Seit Anfang der 60er Jahre haben die Arbeiter eine politische Partei, die ihre Interessen mit klugen Köpfen und brillanten Rednern vertritt. Aber gegen die politischen Tricksereien, mit denen Otto von Bismarck regiert, helfen deren Reden nicht. Wirkungsvoll wird ihnen immer wieder das politische Totschlag-Argument entgegengehalten, als »Internationalisten« seien sie vaterlandslose Gesellen, die der Irrlehre der Herren Marx und Engels anhingen und dem deutschen Volk nichts als Barrikadenkampf und sozialistische Gleichmacherei zu bieten hätten. In dieser politischen Stimmung verübt der 20-jährige geistesgestörte Gelegenheitsarbeiter Max Hödel am 11. Mai 1878 in Berlin ein Revolverattentat auf den mittlerweile 81-jährigen Kaiser Wilhelm I., der den Anschlag aber unverletzt überlebt. Der Täter hat zahlreiche Mitgliedsausweise sozialdemokratischer Vereine bei sich, was den Verdacht begründet erscheinen lässt, die SPD könne hinter dem Anschlag stecken. Diese weder beweis- noch haltbare Theorie und ein zweites Attentat am 2. Juni 1878, bei dem der Kaiser mit Schüssen aus einer Schrotflinte schwer verletzt wird, nimmt Otto von Bismarck zum Anlass, das »Gesetz gegen die gemeingefährlichen Bestrebungen der Sozialdemokratie« vorzubereiten. Drei Tage nach dem zweiten Anschlag kommt es im Kronrat zu einer Diskussion zwischen dem Innenminister, dem Kronprinzen, der seinen verletzten Vater vertritt, und Otto von Bismarck, der seit 1873 nicht nur Reichskanzler, sondern auch preußischer Ministerpräsident ist. Das Protokoll vom 5. Juni 1878 liest sich wie ein Zitat aus dem Handbuch für Verschwörungstheoretiker:

»Der Kronprinz fragte, worin die allseitig anerkannte Gefahr zu erblicken sei. Der Innenminister: Er sehe diese Gefahr in der abnehmenden Achtung vor der Autorität; in der Familie, in der Gemeinde, im Staate, überall trete Opposition nicht als berechtigte Kritik, sondern als Auflehnung gegen menschliches und göttliches Gesetz, unter Verhöhnung der Religion auf. Der Kronprinz: (…) ob eine Verschwörung anzunehmen sei, der man (…) entgegentreten könne. Der Minister: (…) eine Verschwörung, der durch Verhängung des Kriegszustandes (…) entgegenzutreten sei, bestehe nicht, wohl aber ein Komplott (…) Der Kronprinz: (…) eine Gefahr für den Staat sei also vorhanden, (…) die Verhängung des Kriegszustands jedoch nicht zu empfehlen. Was sei zu tun? Der Ministerpräsident: Es sei gegen die Sozialdemokratie, ohne die übrigen Parteien sich zu verfeinden, einen Vernichtungskrieg zu führen durch Gesetzesvorlagen, welche die sozialdemokratischen Vereine, Versammlungen, die Presse, die Freizügigkeit (durch die Möglichkeit von Ausweisungen und Internierung), vielleicht den Waffenbesitz und das Waffentragen träfen. Es sei die Frage, ob diese Entwürfe noch dem jetzigen Reichstage vorzulegen oder ob unter dem Eindruck der neuesten Ereignisse derselbe aufzulösen und zu Neuwahlen zu schreiten sei. (…) Der letztere Weg sei der allein richtige (…) Von einer neu gewählten Versammlung sei der Beschluss eines ›Sozialistengesetzes‹ eher zu erwarten.«

Der »Vernichtungskrieg« gegen die Sozialdemokraten beginnt am 21. Oktober 1878, als mit den Stimmen der Konservativen und der Nationalliberalen das »Sozialistengesetz« verabschiedet wird. Die Abgeordneten des Zentrums, der Fortschrittpartei und natürlich der SPD stimmen dagegen. Von nun an sind alle sozialdemokratischen Organisationen verboten, Versammlungen dürfen nicht mehr stattfinden und sozialdemokratische Zeitungen mit wenigen Ausnahmen nicht mehr erscheinen. Sämtliche Aktivitäten der SPD unterstehen einer besonderen polizeilichen Kontrolle.

Aber so merkwürdig halbherzig der Kulturkampf gegen die Katholiken geführt worden ist, so unentschlossen ist auch die Verfolgung der Sozialdemokraten. Zwar werden alle Organisationen verboten oder der polizeilichen Kontrolle unterstellt, die SPD aber darf weiter bei Wahlen antreten und das Rednerpult des Reichstags als Agitationsbühne benutzen. Neben Wilhelm Liebknecht wird August Bebel zum Aushängeschild der Sozialdemokraten im Reichstag. Beide bieten den Konservativen und Liberalen genügend Anlässe, sie zu Feinden des Deutschen Reiches, die sie in gewisser Weise auch sind, abzustempeln. August Bebel macht zeitlebens kein Hehl daraus, dass er »Todfeind dieser bürgerlichen Staatsordnung« ist. Er will sie »untergraben und beseitigen«, wird er noch auf dem Dresdener Parteitag der SPD im Jahr 1903 sagen. Wilhelm Liebknecht stimmt im Sommer 1870 mit August Bebel gegen die Kredite für den Deutsch-Französischen Krieg. Beide lassen wenig später die Pariser Kommune hochleben, in der sie die »Diktatur des Proletariats« zu erkennen glauben. Wegen Vorbereitung zum Hochverrat und Majestätsbeleidigung werden beide 1872 zu fast drei Jahren Festungshaft verurteilt, was ihnen – wie immer in solchen Fällen – Ruhm und Anerkennung bei den eigenen Anhängern einbringt. Aber die Rededuelle im Reichstag lindern nicht die Not vieler sozialdemokratischer Funktionäre, die mit Bestimmungen des Sozialistengesetzes in Konflikt geraten und zu Tausenden hinter den Mauern von Gefängnissen und Polizeistationen verschwinden. Otto von Bismarck will eine politisch organisierte Arbeiterbewegung im Deutschen Reich verhindern und versucht die Arbeiter von der SPD zu entfremden. Am 12. Juni 1882 ist von ihm in einer Reichstagsrede zu hören, der Staat müsse sich etwas mehr »Sozialismus angewöhnen«, womit er auf die in den folgenden Jahren eingeführte Sozialgesetzgebung anspielt.

Zwischen 1883 und 1889 werden die von Arbeitern und Unternehmern paritätisch zu bezahlenden Kranken-, Unfall-, Renten- und Invaliditätsversicherung eingeführt. Damit hat das Deutsche Reich am Ende des 19. Jahrhunderts als erstes europäisches Land eine Sozialgesetzgebung, die diesen Namen auch verdient. Auch wenn der Antrieb, diese Gesetze zu beschließen, nicht einer sozialen Ader entstammt, sondern dem Ziel dient, der SPD die Gefolgschaft streitig zu machen, so ist das Ergebnis doch aller Ehren wert. Zum ersten Mal sind die Arbeiter bei Krankheit oder Unfall und im Alter nicht mehr auf die Almosen der Unternehmer angewiesen, sondern können auf eine Versicherung zurückgreifen. Aber das Ziel, sowohl die Gewerkschaften als auch die SPD aus der Politik zu verdrängen, erreicht Otto von Bismarck weder mit dem Sozialistengesetz noch mit der von ihm initiierten Sozialgesetzgebung. Im Gegenteil: Genau wie bei der Zentrumspartei kann die SPD ihre Stimmenanteile bei den Reichstagswahlen zwischen 1878 und 1890 verdreifachen. Unmittelbar nach der Aufhebung der Sozialistengesetze erreichen die Sozialdemokraten bei der Reichstagswahl am 20. Februar 1890 19,7 % der abgegebenen Stimmen und werden erstmals stärkste Fraktion im Parlament.

■ Düstere Ahnungen

Genauso zerstritten wie die Parteien im Parlament ist auch die Bevölkerung. Die innenpolitischen Attacken Otto von Bismarcks gegen die Katholiken und die organisierte Arbeiterschaft bewirken, dass zumindest diese gesellschaftlichen Gruppen dem Staat skeptisch oder gar ablehnend gegenüberstehen. Die seit Anfang der 80er Jahre eingeführten Sozialversicherungssysteme schützen die Arbeiter zwar gegen die schlimmsten Gefahren ihres proletarischen Daseins, sind aber nicht Ausdruck eines sozialen Gewissens, sondern Schutzmaßnahmen des Staates vor einer Armutsrevolution. Otto von Bismarck, selbst von schweren Depressionen gepeinigt, malt das Menetekel des Staatsuntergangs oft genug an die Wand. Einer fassungslosen Tischgesellschaft offenbart er 1884, dass »die Hungrigen uns fressen werden« und fügt hinzu, er sehe schwarz für Deutschlands Zukunft. Kassandrarufe, die eine düstere Gegenwart und eine finstere Zukunft voraussagen, sind auch aus anderen Mündern zu vernehmen. Der Komponist Richard Wagner findet das Deutsche Reich »unausstehlich«. Friedrich Nietzsche, Philosoph von Rang, sagt Kriege von einem Ausmaß voraus, wie sie die Welt noch nicht gesehen habe. Andere sehen die Zukunft Deutschlands in einer riesigen sozialistischen Kaserne und warnen unablässig vor dem drohenden Militärstaat. Auch die politischen Parteien erheben mahnend und ängstlich zugleich ihre Stimmen. Die Liberalen fürchten sich vor der roten Revolution, Katholiken und Protestanten sehen gleichermaßen Sittenlosigkeit und Materialismus heraufziehen, und die Sozialdemokraten haben Abgeordnete in ihren Reihen, die das Deutsche Reich bis aufs Messer bekämpfen wollen. Die später so oft beschworene »gute, alte Kaiserzeit« gibt es allenfalls in den umnebelten Köpfen jener, die von all diesen Konflikten verschont bleiben – viele dürften es nicht gewesen sein.

Das Deutsche Reich wird von Preußen dominiert. Der Kaiser fühlt sich mehr als preußischer König denn als deutscher Kaiser und so herrscht er auch. Nach wie vor ist Deutschland oder die Nation ein merkwürdig leerer Begriff geblieben, den die wenigsten mit Inhalt und Emotionen füllen können. Für die europäischen Nachbarn ist in der Mitte des Kontinents ein mächtiger Staat entstanden, der das bis dahin so sorgsam ausgeklügelte Gleichgewicht der Kräfte durcheinander gebracht hat. Es ist Otto von Bismarcks außenpolitische Meisterleistung...

Das Kaiserreich und Europa

... dass es ihm gelingt, ein Bild der Friedfertigkeit des Deutschen Reichs zu vermitteln. Das Deutsche Reich ist als Ergebnis eines Waffengangs mit Frankreich entstanden, deshalb will er verhindern, dass die Nachbarn diesen neuen Staat als Bedrohung empfinden und ihrerseits zu den Waffen greifen. Daraus entwickelt sich im letzten Drittel des 19. Jahrhunderts eine ausgeklügelte Bündnispolitik, die der deutsche Reichskanzler zweifellos meisterhaft beherrscht. Das Hauptaugenmerk richtet Otto von Bismarck dabei auf die politische und militärische Isolierung Frankreichs, das daran gehindert werden soll, eine andere europäische Großmacht als Bündnispartner gegen das Deutsche Reich zu finden. Um das zu erreichen, schließt der deutsche Kanzler mit Freund und Feind Bündnisverträge, mischt sich als Schlichter in Konflikte zwischen anderen europäischen Staaten ein und erreicht damit eine relativ lange Periode des Friedens auf dem europäischen Kontinent. Kaum ein anderer Politiker kennt alle Details und geheimen Absprachen, die sich im Dickicht seiner Außenpolitik verbergen. Solange er die Zügel in der Hand behält, funktioniert dieses System. Schwierig wird es in dem Moment, in dem ihm diese Zügel allmählich entgleiten.

Europäische Bündnisse

Während des Berliner Kongresses, der vom 13. Juni bis zum 13. Juli 1878 tagt, nimmt das Deutsche Reich die Rolle eines Maklers zwischen Ost und West ein. In Berlin gelingt es dem Reichskanzler, die Orientkrise, die sich nach dem Sieg der Truppen Zar Alexanders II. im türkisch-russischen Krieg zu einem gefährlichen Konflikt ausgeweitet hat, zu bereinigen. Alexander II. will die Vorherrschaft der Türken über Konstantinopel und den Balkan beenden und ist nur durch Androhung eines Krieges gegen eine überlegene englisch-österreichische Koalition davon abzubringen, militärisch zu intervenieren. Otto von Bismarck vermittelt in Berlin einen Kompromiss, der für den russischen Zaren einen immensen Prestigeverlust im eigenen Land nach sich zieht und das deutsch-russische Verhältnis schwer belastet. Die Berliner Konferenz beschäftigt sich auch mit der Afrikapolitik der europäischen Großmächte, die auf dem »schwarzen« Kontinent neue Absatzmärkte und billige Rohstoffquellen für sich ausschöpfen wollen. Wer sich in Afrika dauerhaft ausbreiten und die Rohstoffe ausbeuten kann, verschafft sich einen kaum zu überbietenden Vorteil im Rennen um die Weltherrschaft.

■ Afrika den Europäern!

In der zweiten Hälfte des 19. Jahrhunderts ist der afrikanische Kontinent bis auf Äthiopien und Liberia unter den europäischen Staaten aufgeteilt. Im Norden, auf Madagaskar und in Französisch-Äquatorialafrika herrscht Frankreich; England besitzt den Sudan, Kenia, Nigeria, Gambia und Rhodesien; der Kongo gehört zu Belgien; Italien beherrscht Libyen, Eritrea und Somalia; Spanien hat sich das heutige Südafrika unter den Nagel gerissen; Portugal herrscht über Teile von Guinea, über Angola und Mozambique, und das Deutsche Reich besitzt Südwestafrika, Ostafrika und Kamerun. Der schwarze Kontinent wird hemmungslos ausgeplündert und unterdrückt, die Bevölkerung ist rechtlos, das Land gehört weißen Europäern, die sich nicht selten als »Herrenmenschen« aufführen und die Einheimischen als Menschen zweiter Klasse bezeichnen. Die Brutalität, mit der die besetzten Staaten Afrikas unterdrückt werden, kennt keine Grenzen. Anfang des 20. Jahrhunderts wird Oberstleutnant Lothar von Trotha als Oberbefehlshaber der deutschen Truppen nach Deutsch-Ostafrika geschickt. Am 4. Oktober 1904 berichtet er über seine »genauen Kenntnisse vieler zentralafrikanischer Stämme«, die in die Erkenntnis münden, dass sich der »Neger keinem Vertrag beuge, sondern nur der rohen Gewalt.« Lothar von Trotha schlägt vor, »dass die (afrikanische) Nation in sich untergehen« solle und dass der von ihm niedergeschlagene Aufstand der »Anfang eines Rassenkampfes« sei. Lothar von Trotha ist kein abseitiger Spinner oder Außenseiter, im Gegenteil: Am 19. August 1905 wird er für seine Tätigkeit in Deutsch-Ostafrika mit dem Orden »Pour le Mérite« ausgezeichnet.

Die Probleme, die Afrika bis heute hat, haben hier ihren Ursprung, und die Verantwortung dafür tragen jene europäischen Länder, die sich im Zeitalter des Imperialismus auf dem afrikanischen Kontinent breit gemacht haben. Rund 100 Jahre dauert die Besetzung des afrikani-

schen Kontinents, bis sie in blutigen Aufständen und einem allgemeinen politischen Chaos untergeht. Bis dahin ist Afrika Schauplatz für den
Kampf um die beste Ausgangsposition im Ringen um die Weltmachtstellung. Die europäischen Großmächte – und zunehmend auch die Vereinigten Staaten von Amerika – wollen diesen »Platz an der Sonne« für
sich erobern und nehmen dabei keinerlei Rücksicht auf die Folgen ihres
Handelns.

Für Otto von Bismarck ist der Kampf um die Kolonien eher zweit-
rangig, sein außenpolitisches Augenmerk richtet er vor allem auf
den »alten« Kontinent. Hier gilt es, die Position des Deutschen
Reiches zu stärken und durch ein Bündnissystem vor Angriffen zu
schützen. Seine Außenpolitik ist vom »Albtraum der Koalitionen«
geprägt, in dem das von Feinden umzingelte Deutsche Reich wehr-
los untergeht. 1879 schließt er den deutsch-österreichischen Zwei-
bund, der die russischen Ambitionen auf dem Balkan eindämmen
soll. Gleichzeitig hält Otto von Bismarck aber engen Kontakt zum
russischen Zaren, um das seit dem Berliner Kongress von 1878 ge-
störte Verhältnis zu Russland zu verbessern. 1881 trägt seine Diplomatie im so genannten »Dreikaiserbündnis« zwischen Österreich-Ungarn, Russland und dem Deutschen Reich Früchte, das
1884 noch einmal um drei Jahre verlängert wird. Aber der Balkan
ist – damals wie heute – ein ständiger Unruheherd, und der Streit
um die Vorherrschaft zwischen Österreich-Ungarn, Russland und
der Türkei ist mit diplomatischen Mitteln kaum zu bewältigen. Als
es 1887 zu einer erneuten schweren Balkankrise kommt, schließt
Otto von Bismarck mit österreichischem Einverständnis den
streng geheim gehaltenen »Rückversicherungsvertrag« mit Russland. Darin sichert Russland dem Deutschen Reich Neutralität im
Falle eines französischen Angriffs zu. Umgekehrt erhält Russland
deutsche Waffenhilfe, wenn es von Österreich angegriffen würde.
Gleichzeitig schließen England und Österreich eine Mittelmeer-
entente, um den Status quo im Mittelmeer und die Unabhängigkeit
der Türkei zu garantieren.

Dieses – zugegeben komplizierte – Bündnissystem ist im letzten
Viertel des 19. Jahrhunderts die offensichtlich einzige Möglichkeit,
die unterschiedlichen Interessen der Großmächte zu bewahren.

Und wenn es nicht anders geht, werden sie gegeneinander ausgespielt. So merkwürdig das auch klingt, aber es ist erfolgreich, denn zwischen 1871 und 1914 findet auf dem europäischen Kontinent kein Krieg statt. Das ist sicher auch Verdienst der verschlungenen Außenpolitik Otto von Bismarcks, dem es – nahezu nebenbei – gelingt, die zweite nachhaltige Veränderung der Kräfteverhältnisse im Herzen des europäischen Kontinents durchzuführen, ohne dass die Nachbarn zur Waffe greifen. Es ist noch keine 30 Jahre her, da haben die Armeen Österreichs und Preußens die Gründung eines deutschen Nationalstaats im Jahre 1849 verhindert. Seither hat es 1866 erst den Norddeutschen Bund und 1871 dann das Deutsche Reich gegeben. Beide Staatsgründungen haben allen Anlass geboten, die alten Befürchtungen einer militärisch und wirtschaftlich starken Mitte Europas heraufzubeschwören, die mit Waffengewalt verhindert werden muss. Die friedliche Einbettung des Deutschen Reiches in das europäische Mächtesystem ist der Außenpolitik Otto von Bismarcks zu verdanken, die aber auch eine entscheidende Schwäche hat: Sie ist abhängig von seiner Person.

Das Dreikaiserjahr

Das politische Schicksal Otto von Bismarcks entscheidet sich nicht an seiner Außenpolitik und auch nicht an den bisweilen brutalen Methoden, mit denen er seine innenpolitischen Gegner fertig macht. Nein, der Reichskanzler scheitert an der von ihm selbst erdachten Verfassung des Deutschen Reiches. Diese Verfassung verschafft ihm zwar eine unumstrittene Position, macht ihn aber auch abhängig vom Kaiser. Ist das Verhältnis zu ihm gut, dann kann er uneingeschränkt herrschen. Ist es schlecht, sind ihm deshalb die Hände gebunden, weil er sich in einer solchen Situation nicht auf das Parlament stützen kann. Denn die Volksvertretung ist – mit seiner Hilfe – von der Wahl des Kanzlers ausgeschlossen und kann ihn damit in schwierigen Zeiten auch nicht wirkungsvoll stützen.

Die Krise kommt im so genannten »Dreikaiserjahr« 1888. Wilhelm I., der es nicht leicht hatte, unter Otto von Bismarck Kaiser zu sein, stirbt am 9. März 1888 zwei Wochen vor seinem 91. Geburtstag in Berlin. Nachfolger wird sein Sohn Kronprinz Friedrich Wilhelm, der als Friedrich III. am gleichen Tag die Krone annimmt. Friedrich III. ist ein liberaler Mann und aus diesem Grund schon öfters mit Otto von Bismarck wegen dessen rüder Innenpolitik aneinander geraten. 1858 hat Friedrich III. Victoria, die Tochter der legendären gleichnamigen englischen Königin, geheiratet. Von ihr wird er bestärkt in seinen liberalen Ansichten, die ihn zum Hoffnungsträger für die Liberalen werden lassen. Aber Friedrich III. ist am Tage seines Amtsantritts schon vom Tod gezeichnet, nur 99 Tage später stirbt er. In seinem Sarg ruht nicht nur der Leichnam dieses beliebten Monarchen, sondern auch die Hoffnung auf eine Liberalisierung des Landes. Seine Witwe Victoria trägt fortan den Ehrennamen »Kaiserin Friedrich« und symbolisiert so, wie stark historische Entwicklungen auch von Zufälligkeiten abhängen. Denn Nachfolger Friedrichs III. wird sein Sohn Wilhelm, und der reitet das Deutsche Reich in den kommenden Jahrzehnten so richtig in das hinein, wofür die deutsche Sprache nur unanständige Ausdrücke bereithält.

■ **Kaiser Wilhelm II.**

Wilhelm wird am 27. Januar 1859 geboren. Es muss eine schwere Geburt gewesen sein, denn sein linker Arm wird so unglücklich in Mitleidenschaft gezogen, dass er zeitlebens mit einer Lähmung der Hand zu kämpfen hat. Diese körperliche Behinderung ist der Keim seines Minderwertigkeitskomplexes, den er mit Arroganz und Selbstherrlichkeit überspielt. Mit seinen Eltern verbindet ihn ein unpersönliches, von Zeitgenossen als kalt bezeichnetes Verhältnis. Den liberalen Ansichten seines Vaters Friedrich kann Wilhelm nichts abgewinnen, er wendet sich seinem erzkonservativen Großvater zu, der die eigentliche Erziehung des Knaben übernimmt. Wilhelm studiert in Bonn zwei Jahre Rechts- und Staatswissenschaften und schlägt dann eine militärische Karriere ein, die ihn aber nicht sehr weit nach oben bringt. Am 15. Juni 1888 übernimmt der 29-jährige Wilhelm nach dem rasch aufeinander folgenden Dahinscheiden seines Großvaters und seines Vaters die Regierungsgeschäfte.

Am Anfang seiner Regentschaft ist Wilhelm II. von der sozialen Lage der Arbeiter in den größer gewordenen Industriezentren des Reiches so stark beeindruckt, dass er sich für ein Ende der Sozialistengesetze ausspricht. Im Ruhrgebiet treten im Mai 1889 mehr als 140 000 Bergleute in den Streik. Die Energieversorgung ist gefährdet, Truppen stehen ihnen gegenüber und signalisieren, dass eine Katastrophe unmittelbar bevorsteht. Otto von Bismarck setzt auf eine – für ihn offenbar unausweichliche – innenpolitische Konfrontation mit den Streikenden, während der junge Kaiser eine Arbeiterdelegation empfängt und dieser mitteilt, dass er nicht beabsichtige, seine ersten Regierungsjahre mit dem Blut seiner Untertanen zu färben. Damit ist das Ende der Ära des alternden Reichskanzlers eingeläutet, seine Demission erfolgt am 17. März 1890. Bis zu seinem Tod am 30. Juli 1898 lebt Otto von Bismarck auf Gut Friedrichsruh, wo er seine mit niederträchtigen Äußerungen gespickten Erinnerungen schreibt, die an seinen Nachfolgern kein gutes Haar lassen.

Otto von Bismarck

Die Beurteilung dieses Mannes ist sehr unterschiedlich. Für die einen ist er ein nationaler Kotzbrocken, die anderen sehen in ihm den Helden der deutschen Staatsgründung und verzeihen ihm, dass er dabei auf Luxemburg und Österreich verzichtet hat. An beiden Einschätzungen ist etwas dran. Er schwächt mit erstaunlicher Härte und Unversöhnlichkeit das Parlament, er entmachtet es geradezu. Die Liberalen missbraucht er zu politischen Ränkespielen und treibt sie in die Spaltung. Sozialdemokraten und Gewerkschafter sind für ihn miese Gesellen und Vaterlandsverräter. Ihnen hält er sein vom Kaiser abgesegnetes Machtmonopol als Peitsche entgegen, um mit den Sozialversicherungen den Arbeitern ein Stück Zucker zu reichen. Das alles spaltet die deutsche Gesellschaft und verhindert den Weg ihrer allmählichen Demokratisierung. Die Folgen seiner autoritären Politik sind verheerend. Das Austricksen politischer Gegner, die Ausgrenzung gesellschaftlicher Gruppen und die Einführung von Lüge und Bestechung in die Politik – all das lernen die Menschen in der langen Amtszeit Otto von Bismarcks kennen. Die Deutschen richten sich in diesem preußisch-deutschen Obrigkeitsstaat ein und werden anfällig gegenüber autoritären Strukturen, die sich im Deutschen Reich ausbreiten.

Aber ebenso unzweifelhaft ist seine auf Friedenserhaltung in Europa angelegte Außenpolitik angetan, ihn in die Reihe großer deutscher Politiker zu stellen. Otto von Bismarck macht das Deutsche Reich für die Nachbarn berechenbar. Es gelingt ihm, Konflikte von der Mitte des Kontinents an seine Ränder zu verdrängen. Er verbündet das Deutsche Reich mit den europäischen Großmächten und verlegt das Spielfeld des Zanks nach Afrika, dessen Schicksal ihm egal ist. Er widersteht Weltmachtsphantasien und verhindert den Aufbau einer Flotte, die das Deutsche Reich unweigerlich in einen Konflikt mit England gebracht hätte. Die Nationalisten, die für den Erwerb von Kolonien durchaus auch einen Waffengang in Erwägung ziehen, weist er in die Schranken und speist sie mit den unbedeutenden afrikanischen Besitzungen ab. Die wohl wichtigste Weichenstellung seiner Außenpolitik ist die Vermittlerrolle, die das Deutsche Reich zwischen Ost und West, zwischen Russland und Österreich einnimmt, ohne sich für den einen oder anderen zu entscheiden.

Vielleicht wäre die deutsche Geschichte anders verlaufen, wenn 1888 Friedrich III. nicht nur für 99 Tage die Nachfolge Wilhelms I. angetreten hätte. Vermutlich hätte Friedrich III. die innere Liberalisierung mit dem außenpolitischen Kurs Otto von Bismarcks verbunden und so – vielleicht – einen friedlicheren Weg geebnet. Aber sein Sohn Wilhelm II. will sich der um Jahrzehnte reiferen Autorität des Reichsgründers nicht unterordnen und wünscht nichts sehnlicher, als sein eigener Kanzler zu sein. Obwohl von seinem Großvater Wilhelm I. erzogen, übernimmt er nicht dessen Fähigkeit, bei der Führung der Staatsgeschäfte die eigene Person zurückzustellen. Wilhelm II. will selbst regieren und versammelt zu diesem Zweck in seiner langen Regentschaft nur noch Menschen um sich, die ihn in seinen Absichten bestärken und seinem aufgeblasenen Gehabe schmeicheln. Dazu passt, dass er seine öffentlichen Auftritte mit Gloria und Größenwahn inszeniert, schließlich sollen seine Untertanen zu ihm aufblicken. Er ist der oberste Festveranstalter des Reiches, unablässig auf Achse, um Denkmäler einzuweihen, Staatsempfänge zu geben oder gesellschaftlichen Ereignissen seine kaiserliche Aufwartung zu machen. Wilhelm II. wird zum meistfotografierten Monarchen seiner Zeit. Man könnte ja den Mantel des historischen Schweigens über den Mann decken, wenn seine durch Eitelkeit und Selbstherrlichkeit geprägte Politik das Deutsche Reich nicht erst in die Isolation und dann in den Krieg getrieben hätte.

Der Weg in den Ersten Weltkrieg

Den außenpolitischen Umschwung beschreibt der erste von insgesamt acht Reichskanzlern, die Wilhelm II. in seiner Amtszeit verschleißt. Leo von Caprivi fordert in seiner Antrittsrede vor dem Reichstag am 12. Mai 1890 ein Ende des »Phäakendaseins« des Deutschen Reichs. In der griechischen Mythologie hat das Inselvolk der Phäaken sich stets nur auf eine Insel beschränkt und keine weiteren Gebietsforderungen gestellt:

»Das Phäakendasein eines kleinen europäischen Staates hat ein Ende, wir werden mit Mächten jenseits des Meeres rechnen müssen, die über ganz andere Schätze an Menschen und Geld verfügen wie wir; und wenn man überhaupt nur zugibt, dass Zeiten kommen werden, wo deutsche Macht und deutscher Geist sich stärker außerhalb Deutschlands dokumentieren müssen als bisher, so folgt weiter, dass wir dann zur See eine gewisse Kraft zu entwickeln imstande sein müssen. (...) Wir müssen selbst in den Besitz wenigstens einiger Punkte gelangen, in denen deutsche Kohlen von deutschen Behörden an deutsche Schiffe gegeben werden können. Das Dasein von Kohlenstationen ist für einen zukünftigen Krieg die Bedingung jeder Wirksamkeit der Marine.«

Das ist nach dem Geschmack des Kaisers, der fortan dem Auf- und Ausbau der Flotte Vorrang einräumt. Die Bündnispolitik Otto von Bismarcks empfindet Wilhelm II. als Einschränkung seiner eigenen, von ihm völlig überschätzten politischen Gestaltungsmöglichkeiten. Als Erstes wird der Rückversicherungsvertrag mit Russland nicht verlängert. Russland nimmt daraufhin Kontakt mit Frankreich auf und schließt im August 1892 einen gegenseitigen Beistandspakt. Damit ist das Deutsche Reich im Osten und Westen von verbündeten Mächten umgeben, die im Falle einer militärischen Auseinandersetzung unweigerlich einen Zweifrontenkrieg gegen das Deutsche Reich inszenieren. Aber Kaiser Wilhelm II.

geht seinen irrationalen Weg unbeirrt weiter und stößt Anfang Januar 1896 mit der so genannten »Krüger-Depesche«, in der er dem Präsidenten von Transvaal Ohm Krüger zur erfolgreichen Abwehr britischer Invasionstruppen gratuliert, auch noch England vor den Kopf. Das bringt selbst seine Großmutter, die englische Königin Victoria, in Rage. Das Verhältnis zu England ist durch diesen offenen Affront schwer gestört, und die Zahl der Freunde Deutschlands nimmt weiter ab, als am 6. Dezember 1897 der Staatssekretär im Auswärtigen Amt, Bernhard von Bülow, ans Rednerpult des Reichstags tritt und einer aggressiven deutschen Außenpolitik – in diesem Fall in China – das Wort redet:

»Die Zeiten, wo der Deutsche dem einen Nachbarn die Erde überließ, dem anderen das Meer und sich selbst den Himmel reservierte, diese Zeiten sind vorbei. (…) Die Entsendung unserer Kreuzerdivision nach der Kiautschoubucht und die Besetzung dieser Bucht ist erfolgt einerseits, um für die Ermordung deutscher und katholischer Missionare volle Sühne, andererseits für die Zukunft größere Sicherheit als bisher gegen die Wiederkehr solcher Vorkommnisse zu erlangen. (…) Wir könnten aber nicht zugeben, dass sich in China die Ansicht festsetze, uns gegenüber sei erlaubt, was man sich anderen gegenüber nicht herausnehmen würde. (…) Wir wollen niemand in den Schatten stellen, aber wir verlangen auch unseren Platz an der Sonne. In Ostasien wie in Westindien werden wir bestrebt sein, getreu den Überlieferungen der deutschen Politik, ohne unnötige Schärfe, aber auch ohne Schwäche unsere Rechte und Interessen zu wahren.«

Abgesehen von der Frage, welche »Rechte« das Deutsche Reich in Ostasien und Westindien zu verteidigen haben könnte, spricht die Rede des Mannes, der drei Jahre später selbst Reichskanzler wird, Bände. Die aggressive deutsche Außenpolitik geht in China, dessen Küstengebiete und Häfen schon seit längerem unter europäischer Kontrolle sind, aber noch weiter. Eine vollständige Aufteilung des Riesenreichs unter den Europäern, den Vereinigten Staaten und Japan steht unmittelbar bevor. Anfang 1900 kommt es deswegen zum so genannten »Boxer-Aufstand«, der das ganze Land erfasst und auch vor ausländischen Niederlassungen und Diplomaten nicht zurückschreckt. Als der deutsche Gesandte Klemens Freiherr von Ketteler am 20. Juni 1900 auf ziemlich bestialische Weise von Aufständischen umgebracht wird, stellen England, Frankreich, Deutschland, Österreich-Ungarn, Russland und Italien sowie die USA und Japan ein Expeditionsheer zusammen. Am 27. Juli 1900 werden die in Reih und Glied angetretenen deutschen Soldaten von Bremerhaven mit folgenden kaiserlichen Worten in den Kampf nach China geschickt:

»Große überseeische Aufgaben sind es, die dem neu entstandenen Deutschen Reiche zugefallen sind, Aufgaben weit größer, als viele meiner Landsleute es erwartet haben. Das Deutsche Reich hat seinem Charakter nach die Verpflichtung, seinen Bürgern, sofern diese im Ausland bedrängt werden, beizustehen. Die Aufgaben, welche das alte Römische Reich Deutscher Nation nicht hat lösen können, ist das neue Deutsche Reich in der Lage zu lösen. Das Mittel, das ihm dies ermöglicht, ist unser Heer. Ihr wisst es wohl, ihr sollt fechten gegen einen verschlagenen, tapferen, gut bewaffneten, grausamen Feind. Kommt ihr vor den Feind, so wird derselbe geschlagen! Pardon wird nicht gegeben! Gefangene werden nicht gemacht! Wer euch in die Hände fällt, sei euch verfallen! Wie vor tausend Jahren die Hunnen unter ihrem König Etzel sich einen Namen gemacht haben, der sie noch jetzt in Überlieferung und Märchen gewaltig erscheinen lässt, so möge der Name Deutscher in China auf 1000 Jahre durch euch in einer Weise bestätigt werden, dass es niemals wieder ein Chinese wagt, einen Deutschen scheel anzusehen!«

Die außenpolitischen Machtdemonstrationen werden von einer inneren Militarisierung des Deutschen Reiches begleitet. Militärisches Denken und die Umgangsformen von Kasernenhöfen durchdringen das zivile Leben. Das im Matrosenanzug gekleidete Kind gehört ebenso zum Straßenbild wie säbelrasselnde Soldaten. In militärischen Paraden wird die Macht des Deutschen Reiches zur Schau gestellt, was den wohl unvermeidlichen nächsten Krieg jedem Betrachter vor Augen führt. Kaiser Wilhelm II. ist Mittelpunkt dieses Militarismus. Auch in Friedenszeiten benimmt er sich wie ein Oberbefehlshaber, der in prächtiger Uniform und mit militärischem Gehabe die Geschicke seiner Untertanen lenkt. Der Soldat ist nun das Maß aller Dinge, der Militärdienst wird zur »Schule der Nation«, und wer beruflich weiterkommen will, muss eine soldatische Karriere nachweisen. In Schulbüchern wimmelt es von militärischen Stereotypen, die die Kinder auf ein Leben zwischen militärischem Drill und preußischer Ordnung vorbereiten. Neben dem sprichwörtlichen »wilhelminischen Militarismus«, der die europäischen Nachbarn in besorgte Aufregung versetzt, tritt um die Jahrhundertwende ein übersteigerter Nationalismus, der für das Deutsche Reich eine Weltmachtstellung fordert.

■ Radikaler Nationalismus

1890 gibt das Deutsche Reich die ostafrikanische Insel Sansibar im Tausch gegen Helgoland an England ab. Als Reaktion auf diesen Vertrag gründet sich ein Jahr später der »Alldeutsche Verband«, der schnell zur Zentralagentur eines wütenden Nationalismus wird. Immer dann, wenn irgendwo auf der Welt vermeintlich »deutsche« Interessen missachtet werden, melden sich die alldeutschen Agitatoren besonders laut zu Wort. Die politische Rhetorik des »Alldeutschen Verbandes« nimmt vieles von dem vorweg, was in einigen Jahren – während des »Dritten Reiches« – die Welt erschrecken lässt. Wie später die nationalsozialistische Propaganda verkünden sie einen völkischen Nationalismus, der die Eroberung von Lebensraum im Osten Europas, die Zerschlagung Russlands und die Gründung eines deutschen Riesenreichs anstrebt. Die »Germanisierung« Osteuropas soll durch die Versklavung der dort lebenden Bevölkerung ins Werk gesetzt werden. Im Juli 1894 bemächtigt sich Alfred Hugenberg des Verbandes und macht ihn zum Sprachrohr eines Annexionsprogramms, das eine deutsche Hegemonie in Europa, Afrika und dem Nahen Osten fordert. Die Alldeutschen beeinflussen die öffentliche Meinungsbildung in erheblichem Umfang, ihr Anführer Alfred Hugenberg wird zum ideologischen Mentor der Nationalisten und Rechtsradikalen, die 1933 als Steigbügelhalter Adolf Hitlers fungieren.

Dem Nationalismus dieser Jahre kann sich die Mehrheit des Bürgertums nicht entziehen. Ist die junge deutsche Nation nicht im Recht, wenn sie ihren Anteil an Kolonien fordert? Ist es nicht so, dass die Mitte des Kontinents lange genug von ihren Nachbarn unterdrückt worden ist; und ist es dann nicht gerecht, diesen Zustand – falls nötig auch mit militärischer Gewalt – zu beenden? Und schließlich: Ist es nicht das Recht eines jeden Staates, eine eigene Flotte zu unterhalten, die seine Interessen überall schützen kann? Wilhelm II. lässt kaum eine Gelegenheit aus, diesen Nationalismus zu bedienen. Im Dezember 1905 stattet er dem Sultan von Marokko einen Besuch ab, weil er gegen die französische Intervention in dessen Land protestieren will. Seine Mission endet im Fiasko, da Frankreich sich vorher in England und Italien Rückendeckung geholt hat. In einem Schreiben an seinen Reichskanzler Bernhard von Bülow erörtert Kaiser Wilhelm II. die Möglichkeiten eines Krieges gegen den »Erbfeind«, der ihm gerade eine diplomatische Niederlage beigebracht hatte:

»Wenn Sie, lieber Bülow, mit der Aussicht einer Kriegsmöglichkeit, die sich aus Frankreichs Verhalten auf der Marokkokonferenz ergeben könnte, rechnen, so müssten Sie dann doch energisch sich nach unseren Verbündeten umsehen. Diese müssten unbedingt zur Mithilfe aufgefordert werden, denn ihre Existenz steht dann auch auf dem Spiel, da es ein Weltkrieg würde. Vor allem aber müsste sofort eine Allianz mit dem Sultan gemacht werden, die die mohammedanischen Kräfte in weitester Weise unter preußische Führung – zu meiner Verfügung stellen. (…) Also ich möchte dringend raten, die Sachen so zu dirigieren, dass, so weit als irgend möglich, uns für jetzt die Kriegsentscheidung erspart werde. Zudem kann ich in einem solchen Augenblick wie jetzt, wo die Sozialisten offen Aufruhr predigen und vorbereiten, keinen Mann aus dem Lande ziehen, ohne äußerste Gefahr für Leben und Besitz seiner Bürger. Erst die Sozialisten abschießen, köpfen und unschädlich machen – wenn nötig per Blutbad – und dann in den Krieg nach außen! Aber nicht vorher.«

Diese abenteuerlichen Zeilen sind natürlich nicht für die Öffentlichkeit oder den Reichstag bestimmt. Dort sitzen die von Wilhelm II. so gehassten Sozialdemokraten mit 81 Abgeordneten und stellen die stärkste Fraktion. Der Parteivorsitzende August Bebel führt die SPD revolutionär redend, aber keineswegs revolutionär handelnd und erwirbt sich alsbald den Ruf des »Arbeiter-Bismarcks«.

Ihm sind die nationalistischen Töne von Kaiser und Regierung zuwider, er schwört die Abgeordneten auf einen Antikriegskurs ein. Kurz bevor Wilhelm II. seinen Brief an den Reichskanzler abfasst, hat die Regierung im Reichstag zum dritten Mal Geld für den Ausbau der Flotte gefordert. Dieser Antrag und die dahinterstehende Politik ruft bei vielen Abgeordneten und Funktionären der SPD helle Empörung hervor. Die SPD-Fraktion lehnt die Bewilligung der Gelder für das Flottenbauprogramm ab und bietet damit genügend Gründe für maßlose Angriffe der Nationalisten. Die junge Aktivistin Rosa Luxemburg attackiert im Parteiorgan ›Vorwärts‹ die Provokation, die die Flottennovelle in ihren Augen darstellt. Fleißige Arbeiter müssten Fleischabfälle essen und seien zu »chronischem Verhungern« verurteilt. Sie erwarteten von der Regierung Notstandsgesetze zur »Rettung einer Unzahl bedrohter proletarischer Existenzen« und nicht die Forderung von einer halben Milliarde Mark für Panzerkreuzer. Und außerdem – fügt sie an – sollte die deutsche Politik ihr Augenmerk gen Osten richten, von wo »die schönsten Blitze und das herrlichste Donnerwetter der russischen Revolution in die dumpfe Dunkelkammer der preußisch-deutschen Rückständigkeit« herüberleuchteten. Ihre Hoffnungen auf einen Sieg der russischen Aufständischen erfüllen sich noch nicht, denn der bewaffnete Aufstand, der im Dezember 1905 in Moskau stattfindet, wird von zaristischen Truppen brutal unterdrückt. Dennoch deutet sich 1905 an, was in einigen Jahren Realität werden wird: die erfolgreiche Revolution in Russland.

Am Beginn des 20. Jahrhunderts hat die anmaßende Politik Wilhelms II. alles verspielt, was in den Jahren davor aufgebaut wurde. Das Deutsche Reich ist isoliert, der einzige Verbündete ist Österreich-Ungarn, das in die politischen Wirren des Balkans verstrickt ist. Die restlichen europäischen Staaten, die vorher durch die komplizierte Bündnispolitik Otto von Bismarcks mit dem Deutschen Reich verbunden gewesen sind, stehen dem neuen Deutschland skeptisch gegenüber. England verlässt seine traditionelle Politik der »splendid isolation« und geht ein militärisches Bündnis mit Frankreich ein, das am 8. April 1904 unterzeichnet und »Entente cordial« genannt wird. Damit sind die kolonialen Streitereien zwischen den beiden Staaten ausgeräumt und die Mächtekonstellation in Europa entscheidend verändert. Als am 31. August 1907 die so genannte »Tripelentente« zwischen Frankreich, England und

Russland hinzukommt, beklagt das nationalistische Lager im Deutschen Reich die Umzingelung. Ausgelöst durch die unentwegten Machtdemonstrationen des deutschen Kaisers verdichten sich die Gewitterwolken über dem europäischen Kontinent immer mehr. England und das Deutsche Reich rüsten um die Wette. Die deutsche Flotte wird in einem rasanten Tempo ausgebaut und stellt für den Rest des Kontinents allmählich eine ernsthafte Bedrohung dar. »Rule the waves« (»Herrsche über die Meere«) lautet seit Jahrhunderten das Motto englischer Politik. Nun ist ihnen in der deutschen Flotte eine ernsthafte Konkurrenz erwachsen und ihre beherrschende Stellung auf den Weltmeeren gefährdet. Während seit 1909 auch die englische Flottenrüstung hochgefahren wird, verhandeln beide Seiten ohne Erfolg über deren Begrenzung. Als der englische Lordkanzler Richard Burdon Haldane im Februar 1912 die letzte Verhandlungsrunde ohne Ergebnis beendet, ist endgültig jede Chance auf Verständigung verstrichen und die Signale zeigen nun vollends auf Sturm. Das Bündnissystem Otto von Bismarcks hat sich innerhalb von 22 Jahren in sein Gegenteil verkehrt. Anstelle von europäischen Staaten, die in einem gegenseitigen Bündnissystem miteinander verknüpft sind, stehen sich zwei hochgerüstete und nationalistische Phrasen dreschende Blöcke gegenüber: Die so genannten Mittelmächte Deutschland und Österreich-Ungarn auf der einen sowie Frankreich, England und Russland auf der anderen Seite. Obwohl der Krieg noch gar nicht begonnen hat, weiß jeder, wer gegen wen ins Feld ziehen wird – aus der Friedenspolitik ist eine Vorkriegspolitik geworden. Das rhetorische Vorspiel zum europäischen Krieg können die Menschen jeden Tag in der Zeitung lesen.

Antisemitismus

Dem geistigen Säbelrasseln der Zeitungen folgt die Ausgrenzung jener, die sich davon nicht anstecken lassen. Obwohl die meisten von ihnen patriotisch gesinnte Deutsche sind, spüren die Juden die antisemitischen Denkmuster ihrer Mitbürger. Gleichzeitig machen in diesen Jahren die Bücher des Evolutionstheoretikers Charles Darwin die Runde. Die Versuchung, seine »Selektionstheorie« zu missbrauchen, ist groß. Im Stile einer scheinbar wissenschaftlichen

Abhandlung kann man seit der Jahrhundertwende im »konservativen Handbuch« nachlesen, wie weit sich der Antisemitismus in
allen Schichten des deutschen Volkes ausgebreitet hat:

>»Immer allgemeiner wird die Klage, dass der Jude, sei es als
>Wucherer und Ausbeuter oder umgekehrt als sozialdemokra-
>tischer Agitator, vorzugsweise immer dort zu finden sei, wo
>man an der Zersetzung und Vernichtung unseres Volkstums
>arbeitet. (…) Man sollte meinen, (die antisemitischen Kla-
>gen) hätten unsere Juden allmählich auf den Weg der Selbst-
>einkehr verwiesen, sie einer ehrlichen Prüfung und Abstel-
>lung antisemitischer Beschwerden geneigt gemacht. Leider
>zeigen unsere Juden diesen Beschwerden gegenüber bisher
>nur eine Empfindlichkeit, die auf einer Verkennung der Stel-
>lung ihrer Gemeinschaft in unserem Volks- und Staatsleben
>beruht. (…) Mitten unter uns (besteht) eine Gemeinschaft, die
>sich in (…) ihrer ganzen Eigenheit wie ein fremder Körper
>von dem deuchten Volkstum abhebt und dieses in wirt-
>schaftlich-sozialer wie in sittlicher Hinsicht überwiegend
>ungünstig beeinflusst. Streit kann heute nur noch über die
>Mittel zur Lösung jener Frage sein. (…) Wir haben in jahr-
>hundertelanger, schwerer Arbeit unser Haus für uns und
>nicht für den bequemen Einzug gewandter Fremdlinge herge-
>richtet. (…) Wir sind nicht verpflichtet, uns (einem) sinnfällig
>verschiedenen Volksstamm auszuliefern und so gewisserma-
>ßen einen jüdischen Kopf auf unseren germanischen Leib zu
>setzen.«

Besonders in unruhigen Zeiten wie am Vorabend des Ersten Weltkriegs sind derartige verbale Ungeziefervorstellungen geeignet,
den Menschen Sündenböcke vor Augen zu führen, denen sie all
das in die Schuhe schieben können, was nach ihrer Meinung falsch
und ungerecht ist. Aber das Bild des Monsters, das die Deutschen
in diesen Jahren abgeben, kommt nicht allein durch den weit verbreiteten Antisemitismus zustande – den gibt es auch in anderen
Ländern. Das wilhelminische Bürgertum kann den ungeheuren
wirtschaftlichen und militärischen Machtzuwachs des Deutschen
Reiches offensichtlich nicht ohne ein vollkommen übersteigertes
Selbstbewusstsein verkraften. Die Militarisierung des öffentlichen

Lebens, der zum Alltag gehörende Kommandoton, der zackige Drill in Schulen und Hochschulen und schließlich die national-pathetischen Phrasen ihres durchgeknallten Kaisers tragen Früchte. Für die Nachbarn der Deutschen hat es den Anschein, als rüste sich die Mitte des europäischen Kontinents zu einem fürchterlichen Schlag für die vorher erlittene Schmach der Unterdrückung.

Der mentalen Aufrüstung liegt nicht nur bei den politischen Eliten des Deutschen Reiches das Gefühl zu Grunde, bei allem zu spät gekommen zu sein und den Anschluss im Wettlauf um die Weltherrschaft verpasst zu haben. Mit der Reichsgründung im Januar 1871 haben die Deutschen zwar nachgeholt, was in anderen Ländern schon längst geschehen ist. Aber das Deutsche Reich ist kein Nationalstaat, der sich auf eine demokratische Idee und auf den Anspruch der nationalen Selbstbestimmung berufen kann. Im Gegenteil: Das Deutsche Reich ist die »kleindeutsche« Lösung der »deutschen Frage«, die den Kontinent schon seit Jahrhunderten beschäftigt. Die Grenzen des Deutschen Reiches sind das Ergebnis einer Machbarkeitsstudie, jede andere Lösung hätte die Nationen Europas mit einiger Sicherheit zu den Waffen greifen lassen, um in einem Krieg die »großdeutsche« Lösung zu verhindern. Dennoch beunruhigt der preußisch-militante Kraftprotz in der Mitte Europas seine Nachbarn. Es hat nur eine Generation gedauert, bis das deutsche Kaiserreich politisch, wirtschaftlich und schließlich auch militärisch zur Führungsmacht auf dem Kontinent aufgestiegen ist, die nur noch von England übertroffen wird. Im Inneren des Deutschen Reiches halten die preußische Militärmonarchie, der obrigkeitsstaatliche Verwaltungsapparat und die reaktionären Führungseliten alle Macht in ihren Händen.

Die gesellschaftliche Entwicklung des Deutschen Reiches ist seit der Reichsgründung von Wachstum und Bewegung geprägt. Der rasante Auf- und Umbruch hat das Gefühl von Stolz und Verunsicherung gleichermaßen vermittelt. In die beeindruckende Bilanz eines scheinbar endlosen Fortschritts haben sich Statussorgen der Mittelschichten, Armutsängste der Arbeiter, weit verbreitete Krisengefühle und ein unüberhörbarer Kulturpessimismus gemischt. Das Gesicht der bis dahin agrarisch geprägten Gesellschaft ist in wenigen Jahren urbanisiert worden, aber die Menschen haben diesen atemberaubenden Wandel nicht in der gleichen Geschwindigkeit nachvollziehen können. Im Inneren gespalten, nach außen machtvoll protzend und neidisch auf die Nachbarn blickend, denen es angeblich besser geht als ihnen: Das ist die Grundstimmung der Deutschen zu Beginn des 20. Jahrhunderts. Und dann ist da noch das ungute Gefühl, die eigene Nation sei nicht komplett. Dabei wird geflissentlich übersehen, dass die deutschen Fürsten und Könige es gewesen sind, die den einheitlichen deutschen Gesamtstaat immer verhindert haben. Selbst zur Reichsgründung im Januar 1871 sind sie mit sanfter Gewalt in den Spiegelsaal von Versailles geschleppt worden. Die Einzelinteressen der Territorialherren haben über viele Jahrhunderte einen deutschen Einigungsprozess verhindert. Zudem haben die europäischen Nachbarn der Deutschen das Ihre dazu beigetragen und lange dafür gesorgt, dass sich im Herzen des Kontinents ein politischer Flickenteppich herausbildet, der ihren eigenen Machtinteressen nicht gefährlich werden konnte.

Doch jetzt zählt nur, der verspäteten deutschen Nation einen angemessenen Platz – und der kann nur der erste sein – im Konzert der Weltmächte zu verschaffen. Zu spät gekommen fühlen sich viele Deutsche auch bei der Verteilung der Kolonien, die England, Frankreich, Portugal, den Niederlanden und Spanien einen so unermesslichen Reichtum verschafft haben. Schlimmer noch: England hat es jahrelang verhindern können, dass die Deutschen sich eine Flotte bauen, die die Basis für koloniale Eroberungen hätte sein können. Deshalb darf Deutschland im Rennen um die Kolonien nur die zweite Geige spielen. Das Deutsche Reich in der Mitte des Kontinents ist zwar ein großer, wirtschaftlich starker Staat, aber er ist weder »komplett« noch entspricht die militärische Stärke seiner tatsächlichen Bedeutung. In diesem Gebräu von Halbwahrheiten und nationalistischen Phrasen greifen Aggressionen auf jene um sich, die für die angeblich schmachvolle Lage der Deutschen haftbar gemacht werden können. Was früher wegen militärischer Machtlosigkeit ertragen worden ist, soll nun den Nachbarn mit militärischer Stärke heimgezahlt werden. Aus den Menschen sind Maschinen geworden, die den Nachbarn das Fürchten beibringen und dort das entsprechende Entsetzen hervorrufen. Der Boden ist bereitet, auf dem der Wunsch gedeihen kann, dem Deutschen Reich nun endlich den »Platz an der Sonne« gewaltsam zu erstreiten, der ihm so lange verwehrt worden ist.

Gelegenheit, diesen Wunsch in die Tat umzusetzen, bietet sich im Sommer 1914. Das mit dem Deutschen Reich verbündete Ös-

terreich-Ungarn ist seit Jahren in den Flächenbrand von Befreiungskriegen auf dem Balkan verwickelt. Im ersten Balkankrieg
haben sich 1912 Serbien, Montenegro und Bulgarien von der türkischen Herrschaft befreit. Ein Streit um die Aufteilung der Beute
hat ein Jahr später zu einem zweiten Waffengang geführt, aus dem
Serbien, das fortan die Vorherrschaft auf dem Balkan für sich beansprucht, als Sieger hervorgegangen ist. Die serbische Agitation
richtet sich auch gegen die slawischen Brüder und Schwestern, die
in der österreichisch-ungarischen k. u. k.-Monarchie leben. Der
serbische Nationalismus macht aus dem Balkan ein Pulverfass, auf
das am 28. Juni 1914 der Funke trifft ...

Vorwärts, wir marschieren zurück!
1914–1933

Erster Weltkrieg

… der den Ersten Weltkrieg auslöst. An diesem schönen Sommertag besucht der österreichische Thronfolger Erzherzog Franz Ferdinand mit seiner Frau die bosnische Hauptstadt Sarajevo. Unmittelbar nach ihrer Ankunft fliegt in der Nähe des Bahnhofs eine Bombe durch die Luft. Sie landet auf dem Dach des Autos, in dem der Erzherzog sitzt, und rollt auf die Straße. Ihre Explosion zerfetzt den nachfolgenden Wagen mit den Begleitern von Franz Ferdinand, die teilweise schwer verletzt werden. Eigentlich hätte dieser Vorfall ihn warnen müssen, aber der Thronfolger und seine Frau setzen ihre Fahrt fort. Eine verhängnisvolle Entscheidung, denn nach einem Empfang im Rathaus drängt sich ein junger Mann aus der Menge nach vorne und feuert aus unmittelbarer Nähe zwei Schüsse auf sie ab. Franz Ferdinand stirbt sofort, seine Frau erliegt ihren Verletzungen auf dem Weg ins Krankenhaus. Die Nachricht vom Attentat in Sarajevo verbreitet sich ebenso schnell wie das Motiv des im Polizeigefängnis von Sarajevo verhörten 20-jährigen serbischen Täters. Er gibt sich als Anhänger der von Russland unterstützten Panslawisten-Bewegung zu erkennen, die einen von Österreich unabhängigen serbischen Nationalstaat anstrebt, und verleiht dem Anschlag damit eine politische Dimension, die zu einer sofortigen Kettenreaktion führt.

Die österreichische Militärführung drängt Kaiser Franz Joseph I. zum sofortigen Vergeltungsschlag gegen Serbien, um ein ebenso rasches Eingreifen Russlands zu verhindern. Auch der deutsche Generalstab hält eine solche Maßnahme für richtig, weil ein unmittelbar einsetzender Präventivkrieg der russischen Regierung die Entscheidung in die Schuhe schieben würde, ob es selbst mobil machen oder Serbien seinem Schicksal überlassen will. Würde sich Zar Nikolaus II. für die Verteidigung serbischer Interessen entscheiden, könnte man ihn vor der Weltöffentlichkeit als Verursacher des dann unausweichlich folgenden Krieges brandmarken.

In Berlin verfasst derweil Reichskanzler Theobald von Bethmann-Hollweg ein Telegramm an den österreichischen Kaiser, das einem Freibrief für einen Krieg gegen Serbien gleichkommt. Seine Majestät, der deutsche Kaiser, so schreibt er, stehe »im Einklang mit seinen Bündnispflichten und seiner alten Freundschaft« treu und tapfer an der Seite Österreichs. Trotz dieser kriegstreiberischen Einflüsterung von Wilhelm II. wäre noch Zeit, den europäischen Flächenbrand zu verhindern, aber die Regierungen setzen auf erfolglose diplomatische Spielchen, die den Kontinent in die Ur-Katastrophe des 20. Jahrhunderts stürzen.

Am 23. Juli 1914 wird in Belgrad ein auf 48 Stunden befristetes österreichisches Ultimatum übergeben, das neben der rigorosen Verfolgung des Attentäters und seiner Hintermänner auch die Einbeziehung österreichischer Ermittlungsbehörden fordert. Als die serbische Regierung diese eigentlich unannehmbaren Forderungen weitgehend akzeptiert, scheint der Krieg noch einmal verhindert werden zu können. Doch die Regierung in Wien hält die serbische Antwort für nicht ausreichend und wird darin von ihrem mittlerweile 84-jährigen Kaiser Franz Joseph I. unterstützt. Für den greisen Franz Joseph I. ist die Ermordung des Erzherzogs der dritte schwere Schlag in seinem Leben. Erst hat sich 1889 sein Sohn Rudolph im kaiserlichen Jagdschloss Meyerling eine tödliche Kugel gegeben, dann ist 1898 seine Frau, Kaiserin Elisabeth, der Nachwelt als »Sisi« bekannt, von einem italienischen Anarchisten mit einer Feile auf offener Straße gemeuchelt worden, und nun das Attentat auf das Thronfolgerpaar. Der alte Mann versteht die Welt nicht mehr und rät zur Kriegserklärung an Serbien, woraufhin die Ereignisse nicht mehr aufzuhalten sind.

Trotz vielfältiger diplomatischer Bemühungen, die in diesen Wochen der so genannten »Juli-Krise« unternommen werden, erklärt Österreich-Ungarn am 28. Juli 1914 Serbien den Krieg. Einen Tag später reagiert Russland und macht seine Streitkräfte mobil. Am 31. Juli 1914 stellt das Deutsche Reich ein Ultimatum an Frankreich, es solle sich im Falle eines Krieges zwischen Deutschland und Russland neutral verhalten. Gleichzeitig wird Zar Nikolaus II. – ebenfalls mit einem Ultimatum – aufgefordert, die russische Mobilmachung wieder einzustellen. Als dieses Ultimatum verstreicht und die russische Regierung keinerlei Anstalten erkennen lässt, den Aufmarsch ihrer Streitkräfte rückgängig zu machen, drängen die deutschen Militärs zu einer Kriegserklärung an Russland, die am Abend des 1. August 1914 von Kaiser Wilhelm II. auch tatsächlich unterzeichnet wird.

Europa im August 1914

Durch das Land schwappt eine Welle der nationalen Begeisterung, überall versammeln sich am folgenden Tag große Menschenmengen, die der über Lautsprecher verbreiteten Kriegserklärung lauschen. Unter denen, die nicht ahnen, was auf sie zukommt, steht ein schlecht gekleideter, unscheinbarer, magerer Mann, der an diesem Tag etwas findet, das er später seine Vorsehung nennen wird. Sein Name ist Adolf Hitler. Zwei Wochen danach meldet sich diese bis dahin auf ganzer Linie gescheiterte Existenz als Kriegsfreiwilliger und zieht die graue Uniform des Bayrischen Reserve-Infanterie-Regiments Nr. 16 an. Er werde diesen »Rock erst wieder ausziehen, wenn der Endsieg errungen ist«, wird das deutsche Volk in einigen Jahren unentwegt zu hören bekommen. Das »Weltkriegserlebnis« traumatisiert ihn und viele Millionen Soldaten, die weder den Beginn des Krieges noch sein Ende und schon gar nicht die vier Jahre, die dazwischenliegen, je wieder aus ihrem Gedächtnis werden löschen können.

Zunächst aber kommt das europäische Bündnissystem, aus dem seine kaiserliche Hoheit Wilhelm II. das Deutsche Reich hinauskatapultiert hat, zum Tragen. Frankreich ist mit Russland verbündet und sieht sich am 3. August 1914 mit einer vorsorglichen deutschen Kriegserklärung konfrontiert. Die deutsche Generalität drängt dazu, weil sie die Vorstellung entwickelt hat, man könne Frankreich überrennen, militärisch besetzen und so den Rücken im Osten frei haben. Einen Tag später marschieren deutsche Truppen in Belgien ein und lösen die Kriegserklärung Englands aus, das seit der Gründung des belgischen Staates 1831 dessen Garantiemacht ist. Am 4. August erklärt Belgien dem Deutschen Reich den Krieg. Von nun an stehen sich die hochgerüsteten Mittelmächte Deutschland und Österreich-Ungarn und der nicht minder gerüstete Rest Europas gegenüber. Mehr noch:

Durch den Kriegseintritt Englands befindet sich das gesamte britische Empire im Krieg gegen das Deutsche Reich und Österreich-Ungarn.

Der Erste Weltkrieg beginnt an einem heißen Sommertag Ende Juni 1914 in Sarajevo mit zwei Schüssen, einem jugendlichen, ideologisch verbohrten Täter serbischer Nationalität, einer toten Prinzessin und einem ebenfalls toten österreichischen Thronfolger. Das Attentat auf den Erzherzog Franz Ferdinand ist zweifellos ein Verbrechen und das Motiv seines Mörders zeigt mahnend auf einen schwelenden Konflikt, der leicht über die Grenzen des Balkans hinausschwappen kann. Aber der Anlass für diesen Krieg ist an den Haaren herbeigezogen. Einen Grund für einen Krieg, von dem jede beteiligte Regierung weiß, dass er zu einem Weltkrieg ausarten wird, liefert das Attentat nicht. Die Aufregung um den Mord ist vorgeschoben – auf allen Seiten.

■ **Europas Absturz**

Leichtfertig und sinnlos vernichten die Regierungen der europäischen Großmächte das, was sich auf dem europäischen Kontinent so mühsam entwickelt hat. Relativer Wohlstand und eine kulturelle Hegemonie Europas über weite Teile der Welt prägen die Anfangsjahre des 20. Jahrhunderts. In allen europäischen Staaten haben sich einigermaßen stabile politische Strukturen gebildet, und dieses merkwürdig bunte Gebilde namens Europa steht auf dem Höhepunkt seiner Macht. Aus einem im Verhältnis zu den Folgen geradezu nichtigen Anlass geben Staatsmänner und gekrönte Häupter Europas fast wie in geheimer Absprache all das auf und beginnen mit atemberaubender Geschwindigkeit den Kontinent in ein Schlachtfeld ungeahnten Ausmaßes zu verwandeln. Sie sind benebelt von der Vorstellung, die eigene Macht am Ende des Krieges ausbauen zu können, und überhören die mahnenden Stimmen, die vor ihrem eigenen Untergang warnen. Wenige Monate bevor in Europa die Lichter ausgehen, treffen sich die beiden Vettern George V., König von England, und Wilhelm II. mit dem russischen Zaren Nikolaus II. in einem englischen Badeort und bewundern die Schönheit der Küstenlandschaft – in aller Freundschaft! Wenig später stürzen sie sich und ihre Völker in den Abgrund. Das englische Königshaus verflucht seine deutsche Verwandtschaft und ändert den Namen der Dynastie, die nun nicht mehr von Sachsen-Coburg-Gotha, sondern – wie die Residenz der Familie – Windsor heißt. Der Vetter des englischen Königs Prinz Louis Battenberg bleibt davon ebenfalls nicht verschont und wird unter seinem neuen Namen Mountbatten große Berühmtheit erlangen.

Kaiser Wilhelm II. gehört sicher zu den aktiven Kriegstreibern, indem er seinen offensichtlich schwermütigen österreichischen Amtskollegen Franz Joseph I. zum Krieg geradezu überredet. Nach außen mimt der deutsche Kaiser Urlaubsstimmung, um im entscheidenden Moment von den Ereignissen überrascht zu erscheinen. Mit diesem kaiserlichen Versteckspiel will er die Sozialdemokraten im Reichstag überzeugen, dem Krieg und den bald notwendigen Kriegskrediten zuzustimmen. Bei seiner Thronrede am 4. August 1914 vor dem Parlament in Berlin stellt er sich jedenfalls als Unschuldslamm hin:

»Mein hoher Verbündeter, der Kaiser und König Franz Joseph, war gezwungen, zu den Waffen zu greifen, um die Sicherheit seines Reichs gegen gefährliche Umtriebe aus einem Nachbarstaat zu verteidigen. Bei der Verfolgung ihrer berechtigten Interessen ist der verbündeten Monarchie das Russische Reich in den Weg getreten. An die Seite Österreich-Ungarns ruft uns nicht nur unsere Bundespflicht. Uns fällt zugleich die gewaltige Aufgabe zu, mit der alten Kulturgemeinschaft der beiden Reiche unsere eigene Stellung gegen den Ansturm feindlicher Kräfte zu schirmen. Mit schwerem Herzen habe ich meine Armee gegen einen Nachbarn mobilisieren müssen, mit dem sie auf so vielen Schlachtfeldern gemeinsam gefochten hat. Mit aufrichtigem Leid sah ich eine von Deutschland treu bewahrte Freundschaft zerbrechen. Die kaiserlich russische Regierung hat sich, dem Drängen eines unersättlichen Nationalismus nachgebend, für einen Staat eingesetzt, der durch Begünstigung verbrecherischer Anschläge das Unheil dieses Krieges veranlasste. Dass auch Frankreich sich auf die Seite unserer Gegner gestellt hat, konnte uns nicht überraschen. (…) Sie haben gelesen, meine

Herren, was ich zu meinem Volke vom Balkon des Schlosses aus gesagt habe. Hier wiederhole ich: Ich kenne keine Partei mehr, ich kenne nur Deutsche!«

Wenig später fügt er diesem Unsinn eine Lüge hinzu und erklärt, der »Feind (habe) uns mitten im Frieden« überfallen, weshalb jedes Zögern »Verrat am Vaterlande« sei. Die Phrasendrescherei dieses Mannes entfacht eine Kriegsbegeisterung, die Millionen junger Männer zu den Meldestellen für Kriegsfreiwillige und damit in den sicheren Tod treibt. Zu Beginn des Krieges greift der Chef des deutschen Generalstabs Helmuth von Moltke in eine Schublade seines Schreibtisches und zieht einen vollständig ausgearbeiteten Angriffsplan gegen Frankreich hervor. Der schlummert dort schon seit 1905 und ist vom damaligen Chef des Generalstabs Alfred Graf von Schlieffen erarbeitet worden. Der nach seinem Erfinder benannte Schlieffen-Plan sieht einen Zweifrontenkrieg gegen Frankreich und Russland vor. Während der für die russische Mobilmachung notwendigen Zeit soll Frankreich unterworfen werden, um anschließend die Truppen von der West- an die Ostfront zu verlegen. Mit vereinten Kräften wird dann – laut Plan – Russland besiegt. Anfang August 1914 ist diese Idee zum verhängnisvollen Dogma geworden. Am 3. August marschieren 1,5 Millionen Soldaten des Deutschen Reichs in Luxemburg und Belgien ein. Die größte Streitmacht, die je in einen Krieg geschickt worden ist, eröffnet den Ersten Weltkrieg. Aber schon in den ersten Tagen erweisen sich die Annahmen des Schlieffen-Plans als falsch: Zum einen lässt sich Frankreich nicht ohne erhebliche Gegenwehr niederwerfen und zum anderen geht der russische Aufmarsch sehr viel schneller vonstatten als erwartet.

Bis zum 30. August erreichen die deutschen Truppen die Ufer des kleinen Flusses Marne rund 60 Kilometer vor Paris, doch die Einnahme der Hauptstadt gelingt nicht, weil sich ein eilig zusammengesetztes französisch-englisches Heer den Deutschen entgegenstellt und nach der Marneschlacht deren Rückzug erreicht. Damit ist schon wenige Tage nach Beginn des Krieges die Taktik der Deutschen über den Haufen geworfen. Anstelle eines »fröhlichen Krieges«, wie es der deutsche Kaiser seinen Soldaten versprochen hat, wird es eine Schlacht auf Biegen und Brechen. Weder gelingt es den Deutschen, die für den englischen Nachschub so wichtigen Kanalhäfen an der französischen Küste zu erobern, noch bewirken die Vorstöße der alliierten Streitkräfte irgendeine Veränderung der Frontlinien. Im Westen beginnen sich die Soldaten in die morastige Erde Belgiens und Frankreichs einzugraben. Sie ahnen nicht, dass diese Erdlöcher für die nächsten vier Jahre ihr Zuhause sein werden. Von einem »fröhlichen« Krieg kann auch an der Ostfront keine Rede sein, denn die russischen Truppen besetzen ohne nennenswerte Gegenwehr Ostpreußen und sind nahe davor, die deutsche Armee aufzureiben. Die schlechten Nachrichten drücken in Deutschland auf die Stimmung der Bevölkerung, deren Siegeszuversicht schnell der traurigen Gewissheit weicht, am Beginn eines langen Krieges zu stehen.

In diesem Moment entschließt sich die deutsche Heeresleitung, einen alten Bekannten zu reaktivieren. Paul von Hindenburg, seit 1911 im Rang eines Generals pensioniert, wird zum Oberbefehlshaber der 8. Armee ernannt. Chef des Generalstabs wird der Haudegen Erich Ludendorff. Wenige Tage nach ihrer Ernennung stellen sie die Truppen neu auf und greifen die russische Armee trotz zahlenmäßiger Unterlegenheit in einer waghalsigen Schlacht an. Zwischen Ende August und Mitte September 1914 werden die russischen Truppen südlich von Danzig bei Tannenberg und an der masurischen Seenplatte zweimal geschlagen. Bei relativ geringen deutschen Verlusten lassen 90 000 russische Soldaten ihr Leben, knapp 140 000 gehen in Kriegsgefangenschaft. Nach diesen beiden Siegen entsteht um Paul von Hindenburg ein Personenkult. Er ist der »Held von Tannenberg« und Retter des Vaterlandes, dem nun folgerichtig das Oberkommando aller Truppen an der Ostfront übertragen wird. Später wird ihm noch die Oberste Heeresleitung angetragen, was dieser beispiellosen militärischen Karriere die vorläufige Krone aufsetzt. In den Augen der Militärs und der deutschen Öffentlichkeit ist Paul von Hindenburg die perfekte Verkörperung des deutschen Soldaten. 1866 in der Schlacht von Königgrätz gegen Österreich und fünf Jahre später in der Schlacht von Sedan gegen Frankreich hat er für die deutsche Sache gekämpft. 48 Jahre nach seinem ersten Kriegseinsatz steht der mittlerweile 67-Jährige an der Spitze der deutschen Truppen. Aber die wieder aufflammende Zuversicht, die der »Sieger von Tannenberg« bei der deutschen Bevölkerung hervorruft, ist nicht von langer Dauer.

Stellungskrieg

Der Krieg an der Westfront entwickelt sich zu einem erbarmungslosen Stellungs- und Zermürbungskrieg. Im Winter 1914 stehen – besser gesagt – liegen sich auf einer Länge von 700 Kilometern zwischen der belgischen Küste und der schweizerischen Grenze die alliierten und deutsch-österreichischen Heere in einem dichten Netz von Schützengräben gegenüber. Die Gräben sind in drei miteinander verbundenen Linien gezogen, von denen die vordere Reihe mit Brustwehren ausgerüstet ist. Dahinter schlängeln sich Versorgungs- und Lazarettgräben, die im Falle des Rückzugs, aber auch zur Verteidigung genutzt werden können. Wer seinen Kopf zu weit aus diesen Erdlöchern herausragen lässt, wird von Scharfschützen der Gegenseite unter Beschuss genommen. Die Truppen beider Seiten verwandeln die gesamte Frontlinie in eine Ansammlung riesiger Maulwurfshügel, hinter und unter denen sich vor Angst schlotternde Soldaten verbergen. Wenn es regnet, stehen sie kniehoch im Schlamm. Nach Angriffen liegen die zerfetzten Reste menschlicher Körper auf dem Schlachtfeld, deren Anblick Entsetzen und Ohnmacht genauso hervorruft wie Zorn und Rachegelüste. Mitunter werden sinnlose Ausbruchsbefehle gegeben, bei denen es die Verteidiger immer leichter haben als die Angreifer, denen nichts bleibt, als ihr Leben den Geschossen der Gewehre und Granatwerfer entgegenzuhalten.

■ Langemarck

Ein Aufschrei des Entsetzens geht durch die deutsche Bevölkerung, als am 10. November 1914 das Schicksal der mehr als 2000 Schüler und Studenten bekannt wird, die bei dem Versuch, eine Hügelkette bei Langemarck nahe der belgisch-französischen Grenze zu erobern, von den oben postierten Schützen regelrecht niedergemäht werden. Die aufwärtsstürmenden Jugendlichen geben nicht nur leichte Ziele für die Scharfschützen ab, sondern werden auch Opfer einer gnadenlosen Propaganda, die Heldenmut und Tapferkeit selbst dann fordert, wenn der Erfolg eines Unternehmens ausgeschlossen ist. Der offizielle Heeresbericht des nächsten Tages lässt verlauten, die tapferen Jugendlichen hätten das Deutschlandlied auf den Lippen gehabt, während ihren heldenhaften Körpern die tödlichen Kugeln aus den gegnerischen Gewehren entgegengeflogen sind. Alles Propaganda: Sie sind verheizt worden.

Zum ersten Mal werden in diesem Krieg Waffen eingesetzt, die auf beiden Seiten der Front verheerende Zerstörungen anrichten. Das neu entwickelte Maschinengewehr, mit dem die englischen Soldaten ausgerüstet sind, kann 600 Schuss in der Minute abfeuern. Ohne zu zielen, schwenken die Schützen die Gewehre hin und her und jagen ihre Kugeln über das Schlachtfeld. Ein Entrinnen gibt es nicht. Neuartige Granatwerfer werden eingesetzt und richten genauso wie Kanonen, die bis zu 10 Kilometer weit fliegen können, entsetzliche Verwüstungen am Ort ihres Einschlags an. Flammenwerfer verwandeln ganze Frontabschnitte in eine Feuerwalze, der alles erliegt, was nicht schnell genug flüchten kann. Auf beiden Seiten der Front werden die Soldaten nicht nur mit neuen Waffen ausgerüstet, sondern lernen am Schicksal ihrer Kameraden auch die grauenhaften Folgen des Einsatzes dieser Waffen kennen. Hat es früher Schlachten gegeben, die nach einigen Tagen mit einem eindeutigen Sieger endeten, liegen sich die Armeen nun schon seit Monaten in ihren Schützengräben gegenüber, ohne auch nur einen einzigen Meter an Boden zu gewinnen. Ihre Generäle nennen das »Erschöpfungskrieg«. Tatsächlich werden Soldaten auf beiden Seiten der Front quasi industriell verheizt. In den Gräben spielen sich grauenhafte Szenen ab, weil die Soldaten mit dem Schrecken dieses Krieges nicht fertig werden. Das Inferno fördert die animalischen Triebe des Menschen zu Tage. Die Angst um das nackte Überleben schwebt über dem Kriegsalltag der bedauernswerten Soldaten. Viele von ihnen treibt es in den Wahnsinn. Den Tag über dröhnen die Kanonen, detonieren Geschosse und verbreiten einen nicht endenden Lärm, in dem das Geschrei der Lebenden und das Wimmern der Sterbenden untergehen.

Gaskrieg

Als ob das nicht schon schlimm genug ist, kommt im Frühjahr 1915 noch der Einsatz von Giftgas hinzu, dessen Wolken sich mit dem Qualm der Kanonen über den Schlachtfeldern des Ersten Weltkriegs vermischen. Am 22. April 1915 lässt die deutsche Armee im nordfranzösischen Ypern Chlorgas ab, das der Wind in die Schützengräben der Franzosen trägt. Die Soldaten, die dieses Gas einatmen, erleiden ein Lungenödem, an dessen Folgen sie binnen kurzer Zeit qualvoll ersticken. An diesem Tag sind 15 000 Giftgasopfer zu beklagen. Wenig später wird Senfgas, das eigens für diesen Krieg entwickelt worden ist, eingesetzt. Dagegen hilft auch keine Gasmaske, weil das Senfgas über die Haut in den Körper eindringt, Blasen und Entzündungen hervorruft, die Lunge und das Herz-Kreislauf-System kollabieren lässt. Senfgas bleibt an Gräsern, Sträuchern und Bäumen haften, ein einziger Tropfen genügt, um die Erblindung eines Menschen herbeizuführen. Kurz vor dem Ende des Ersten Weltkriegs gerät der Meldegänger Adolf Hitler in einen Giftgasangriff, der ihn zeitweilig erblinden lässt. Er wird zu einem Lazarettaufenthalt nach Pasewalk nahe der polnischen Grenze verlegt und nach sechs Wochen als körperlich genesen entlassen. Seele und Gehirn aber sind nachhaltig zerstört – das Trauma des Gasangriffs bringt ihn, wie er später unaufhörlich predigen wird, zu dem Entschluss »Politiker zu werden«.

Als im Februar 1916 der deutsche Angriff auf die Festung von Verdun beginnt, soll die französische Armee in einer gewaltigen Schlacht besiegt werden. Zehn Monate später stellt das deutsche Oberkommando nicht nur das Scheitern dieses Plans fest, sondern muss obendrein berichten, dass dem mörderischen Ringen 700 000 deutsche Soldaten zum Opfer gefallen sind! Die Überlebenden dieses von wahnsinnig gewordenen Militärs inszenierten Infernos werden den Geruch des Todes und die Schreie der Sterbenden nie wieder loswerden. In ihren schlaflosen Nächten durchleben sie – manchmal für den Rest ihres Lebens – den Albtraum der Schützengräben noch einmal. Sie sind Augenzeugen der bis dahin größten Materialschlachten der Menschheitsgeschichte geworden und aus ihren Erdlöchern haben sie der Hölle direkt ins Antlitz geblickt. Aber was ihre Augen sehen, können ihre Seelen ein Leben lang nicht verarbeiten.

Die Spaltung der SPD

Mit Ausnahme der Sozialdemokraten plädieren alle Parteien für eine Kriegszielpolitik, die auf Gebietserweiterungen aus ist. Die SPD hingegen tritt für einen Verständigungsfrieden ein, der auf Annektionen verzichtet. Dieser Krieg stellt die Sozialisten nicht nur in Deutschland, sondern in allen Krieg führenden Ländern vor ein schier unlösbares Problem. An allen Fronten stehen Arbeiter, die sich – nach der Lehre von Karl Marx und Friedrich Engels – »vereinigen« und nicht gegenseitig erschießen sollen. Der Erste, der dieses Dilemma im Reichstag als Grund für die Ablehnung von Kriegskrediten anführt, ist Karl Liebknecht. Ein klangvoller Name der Linken im Parlament, denn sein Vater Wilhelm hat 1872 an gleicher Stelle prophezeit, dass das Deutsche Reich »von Krieg zu Krieg eilen oder auf dem Schlachtfeld zerbröckeln« werde. Zunächst bleibt Karl Liebknecht der einzige Sozialdemokrat, der Anfang Dezember 1914 die Courage aufbringt, sich der nationalen Euphorie entgegenzustellen. Die anderen SPD-Parlamentarier stimmen den Kriegskrediten zu. Ein Jahr später sieht das schon ganz anders aus. Am 21. Dezember 1915 stimmen 20 Abgeordnete der SPD gegen die Bewilligung weiterer Kriegskredite, um ein Zeichen gegen die Fortführung und die Ziele des Krieges zu setzen. Aber der Preis, den die sozialdemokratische Partei für diese Aufsplitterung ihrer Stimmen bezahlen muss, ist hoch.

Am 24. März 1916 werden die abtrünnigen Abgeordneten aus der Fraktion ausgeschlossen, am 18. Januar 1917 folgt ihr Ausschluss aus der Partei. Daraufhin gründen die sozialdemokratischen Dissidenten am 6. April 1917 im thüringischen Gotha die »Unabhängige Sozialdemokratische Partei Deutschlands« (USPD), der sich wenig später der kommunistische Spartakusbund anschließt, aus dem 1918 die Kommunistische Partei Deutschlands hervorgeht. Fortan sieht sich die Mehrheits-SPD, wie die traditionelle SPD nun genannt wird, heftiger Agitation ausgesetzt, die ihr vorwirft, den Sozialismus verraten zu haben. Die USPD sieht sich als die wahre Erbin der revolutionären deutschen Arbeiterbewegung. Diese Spaltung hat weitreichende Folgen für die Sozialdemokratie. Die SPD ist zwar revolutionären Ursprungs, aber keine revolutionäre Partei. Bei aller Kritik an der bürgerlichen, kapitalistischen und deshalb ungerechten Gesellschaftsordnung ruft die SPD zukünftig auch dann nicht zu einem Generalstreik oder gar zu einer Revolution auf, wenn für den Staat allergrößte Gefahren drohen. Das macht sie einerseits zu einem berechenbaren und stabilen politischen Faktor, andererseits aber versagt sie in Situationen, in denen eine geschlossene und kampfbereite Arbeiterbewegung Schlimmeres hätte verhindern können.

Kriegsziele

Während Soldaten aus aller Herren Länder auf den Schlachtfeldern verbluten, tun sich im Deutschen Reich immer neue Ziele auf, die es in diesem nicht zu gewinnenden Krieg zu erreichen gelte. Seit Beginn des Krieges sind die Befürworter eines »Siegfriedens« in der Mehrheit, sie fordern eine politische und wirtschaftliche Hegemonialstellung für das Deutsche Reich in Europa. Die lukrativen Erzvorkommen im belgisch-französischen Grenzgebiet sollen annektiert und Belgien unter deutsche Vorherrschaft genommen werden. Im Osten Europas soll sich das Deutsche Reich weite Teile Polens und das Baltikum einverleiben. Noch radikalere Forderungen verkündet Heinrich Claß, der Vorsitzende des unsäglichen »Alldeutschen Verbandes«, der mittlerweile zu einem antisemitischen Radauhaufen verkommen ist. Eine aggressive Großmachtpolitik – so Heinrich Claß – soll auch vor einer rigorosen Vertreibung der Völker im Osten Europas keinen Halt machen. Derartige Annektionspläne werden im Verlauf des Krieges immer irrationaler und wahnsinniger, bis 1917 auch der Balkan nach einem erfolgreichen Feldzug gegen Rumänien und dem Rückzug der russischen Truppen ins Visier großdeutscher Allmachtsphantasien gerät.

Nicht nur in Deutschland wird über Kriegsziele debattiert. Frankreich fordert neben der Rückgabe von Elsass-Lothringen die Annektion des Saarlands und einen entmilitarisierten Status für die linksrheinischen Gebiete. Außerdem soll die Souveränität Belgiens wiederhergestellt und der Vielvölkerstaat Österreich-Ungarn in seine Einzelteile zerlegt werden. England wünscht die vollständige Vernichtung der deutschen Flotte und will die deutschen Kolonien übernehmen. Russland schließlich will nach einem siegreichen Kriegsende das Gebiet um Konstantinopel beherrschen.

Besonders in Russland klaffen Wunsch und Wirklichkeit weit auseinander. Denn nachdem die Türkei auf Seiten der Mittelmächte im Herbst 1914 in den Krieg eingetreten ist, wird die Lage für Russland immer dramatischer. Türkische Truppen versperren die Dardanellen und damit die Verbindung zu den Verbündeten Russlands. Alle Versuche, diese Umklammerung zu öffnen, scheitern. Im Juni 1916 versuchen russische Truppen in einem verzweifelten Kampf die österreichischen Linien in Galizien zu überwältigen, was ihnen zunächst auch gelingt. Im Winter 1916 werden sie allerdings in blutigen Schlachten, bei denen die russischen Verluste die Millionengrenze übersteigen, von deutschen und österreichischen Armeen wieder zurückgeschlagen. Die Moral der russischen Soldaten ist jetzt endgültig gebrochen. Zumal ihre russische Heimat immer mehr im Strudel wirtschaftlicher Schwierigkeiten versinkt, die Versorgung der Städte mit Lebensmitteln nicht mehr gesichert werden kann und immer mehr Menschen Gefallen an revolutionären Ideen finden, die eine grundlegende Änderung der ökonomischen und politischen Verhältnisse fordern.

Revolution in Russland

Ende Februar 1917 treten deshalb in Petrograd mehr als 100 000 Arbeiter in den Streik, zwei Tage später wird ein Generalstreik ausgerufen, dem sich die Soldaten der städtischen Garnison anschließen. 48 Stunden danach ist die russische Hauptstadt Moskau in ihren Händen, was den Zaren Nikolaus II. am 2. März 1917 dazu veranlasst, schleunigst abzudanken. Die Revolutionäre richten überall so genannte Sowjets ein, zu denen Dörfer, Stadtbezirke, Betriebe und Truppeneinheiten Delegierte entsenden, die die Geschicke der Region lenken. Aber in den folgenden Wochen und Monaten zeigt sich sehr rasch, dass die drängenden ökonomischen Probleme Russlands so nicht zu lösen sind. Das Land droht im Chaos unterzugehen, die Lebensmittelversorgung verbessert sich nicht, eine Agrarreform wird ebenso vertagt wie der Friedensschluss mit den Mittelmächten.

Zu dieser Zeit lebt ein exilierter russischer Revolutionär in der Schweiz, der die Umwälzungen in seiner Heimat mit großer Aufmerksamkeit verfolgt. Wladimir Iljitsch Uljanow hat 1887 die Hinrichtung seines Bruders mit ansehen müssen, was ihn ein Leben lang prägt und zu einem unversöhnlichen Gegner des zaristischen Russland werden lässt. Wladimir Iljitsch Uljanow legt sich das Pseudonym Lenin zu, das er später als Namen annimmt, und studiert Jura. Nach einem ersten Aufenthalt in der Schweiz gründet Lenin im November 1895 den »Kampfbund zur Befreiung der Arbeiterklasse« und verfasst seine ersten Kampfschriften, die ihn als geschliffenen Theoretiker der Lehren von Karl Marx und Friedrich Engels ausweisen. Wegen politischer Agitation und Verschwörung gegen den Zaren wird er 1897 verhaftet und für drei Jahre in die Verbannung nach Sibirien geschickt. Als der erste Versuch einer russischen Revolution 1905 scheitert, kehrt Lenin in die Schweiz zurück.

Die deutsche Militärführung hat den Weg des russischen Revolutionärs schon lange beobachtet. Nach den Ereignissen im Februar 1917 wird der Mann interessant für sie. In der Hoffnung, dass Lenin die russische Revolution stärken und den russischen Kriegsgegner damit schwächen kann, statten sie ihn mit jeder Menge Geld aus und lassen den begabten Revolutionär durch das Kriegsgebiet nach Russland fahren. Dort findet Lenin in zwei Lager gespaltene Revolutionäre vor. Die einen suchen nach Kompromissen mit der alten Regierung, während die anderen den radikalen Sturz des politischen Systems wollen. Lenin, der sofort die Unterstützung der Menschen in Petrograd erfährt, ist der Einzige von ihnen, der ein klares Konzept und vor allem ein Strategie im Kopf hat, die für eine erfolgreiche Revolution notwendig ist. Lenin schlägt sich auf die Seite der radikalen, Bolschewiki genannten »Mehrheitler«, die sich im Juli 1917 an die Spitze des Arbeiter- und Soldatenaufstands stellen. Als dieser Aufstand durch Regierungstruppen niedergeschlagen wird, muss Lenin erneut ins Exil fliehen – dieses Mal nach Finnland.

Aber der Sieg der Revolution ist nur aufgeschoben, denn das alte System ist im Inneren reformunfähig und steht außenpolitisch wegen der bedrohlichen Lage an der Ostfront vor einer unlösbaren Situation. Aus seinem finnischen Exil drängt Lenin zu einem bewaffneten Aufstand, der nach einigem Hin und Her unter den Bolschewiki schließlich am 25. Oktober 1917 auch beginnt. Neben Lenin ist Leo Bronstein, genannt Trotzki, die wichtigste Figur der russischen Revolution. Unter seinem militärischen Kommando besetzen Arbeiter und Soldaten alle wichtigen Gebäude in Petrograd und verhaften die Mitglieder der Regierung. Der eilig zusammengerufene allrussische Sowjetkongress billigt den Umsturz und die politischen Ziele: Enteignung der Grundbesitzer und Friedensschluss mit den Mittelmächten. Leo Trotzki wird Volkskommissar für Äußeres und beginnt unmittelbar nach dem Sieg der russischen Revolution mit den Deutschen über einen Friedensvertrag zu verhandeln. Eine zweite Gestalt erscheint in diesen Revolutionstagen an der Seite Lenins: Josef Wissarionowitsch Dschugaschwili. Er nennt sich Stalin und wird Kommissar für Nationalitäten, von denen es im russischen Vielvölkerstaat nicht wenige gibt.

■ Der Frieden von Brest-Litowsk

Die deutsche Regierung sieht den Umsturz in Russland mit Vergnügen, nicht nur, weil ihr Protegé Lenin den Putsch zu einem erfolgreichen Ende gebracht hat. Viel wichtiger ist der ersehnte Waffenstillstand mit der russischen Armee, der schon am 22. November 1917 zustande kommt. Unmittelbar nach Beendigung der Kampfhandlungen legt die deutsche Seite ihre Bedingungen für einen Friedensvertrag auf den Tisch, die den Forderungen jener entsprechen, die auf einen »Siegfrieden« setzen und dem Deutschen Reich große Gebiete in Osteuropa einverleiben wollen. Die Gespräche beginnen am 9. Dezember 1917 in Brest-Litowsk, einer kleinen Stadt östlich von Warschau. Die russische Delegation unter Leitung Leo Trotzkis ist über die Forderungen derart empört, dass sie es nach dem Motto »Weder Krieg noch Frieden« bei einem Waffenstillstand belassen möchte. Die Verhandlungen werden am 28. Januar 1918 ergebnislos abgebrochen. Daraufhin greifen die Deutschen und ihre Verbündeten wieder zu den Waffen und zwingen die russische Delegation an den Verhandlungstisch zurück. Am 3. März 1918 wird der Friedensvertrag von Brest-Litowsk schließlich unterzeichnet. Die Ukraine und Finnland werden souveräne Staaten, Russland verzichtet auf territoriale Ansprüche gegenüber Polen und dem Baltikum, Armenien wird der Türkei zugeschlagen. Mit diesem Diktatfrieden wird Russland entscheidend geschwächt: 60 Millionen Einwohner verliert das Land, außerdem rund 1,4 Millionen km^2 seines Staatsgebietes. In der wirtschaftlichen Lage, in der Russland steckt, ist der Verlust der ukrainischen Kornkammer und der dort beheimateten Kohle- und Eisenindustrie aber fast noch schlimmer.

Das Ende des Ersten Weltkriegs kommt, nachdem der von den Deutschen begonnene U-Boot-Krieg weder die englische Seeblockade, die seit Kriegsbeginn gegen das Deutsche Reich verhängt worden ist, beenden noch die englische Niederlage herbeiführen kann. Zudem tritt im April 1918 mit den Vereinigten Staaten ein weiterer Gegner auf Seiten der Alliierten an, sodass der obersten Heeresleitung in diesen Tagen außer Panik nur noch die Flucht nach vorne sinnvoll scheint. Aber die deutsche Offensive an der Westfront bleibt nach anfänglichen Erfolgen im wahrsten Sinn des Wortes stecken. Die deutsche Generalität hat nun ein Einsehen und erklärt am 29. September 1918, der Krieg sei nicht mehr zu gewinnen. Neben sofortigen Waffenstillstandsverhandlungen fordern die Generäle von Hindenburg und Ludendorff eine Umbildung der Regierung, der zukünftig jene Parteien, die im Reichstag die Mehrheit stellen, angehören sollen. Für die Soldaten an der Front ist diese Erklärung ein Schock. Erst hat man ihnen monatelang erzählt, der Sieg stünde unmittelbar bevor, und nun erklärt die oberste Heeresleitung das krasse Gegenteil, obwohl die Frontlinien nicht eingebrochen sind. Die meisten Soldaten wollen und können nicht wahrhaben, dass der Krieg verloren ist. Bald macht ein Gerücht die Runde, nachdem das »im Feld ungeschlagene« Heer durch einen Dolchstoß aus der Heimat, in der »Juden und Bolschewiken« die Macht an sich gerissen hätten, geschlagen worden sei. Als Kaiser Wilhelm II. abdankt, in Berlin die Republik ausgerufen und ein Sozialdemokrat zum ersten Präsidenten ernannt wird, erhalten solche Parolen so viel neue Nahrung …

Es lebe die Republik

... dass der Start in eine friedliche Zukunft gründlich misslingt. Ab Anfang Oktober 1918 verhandeln die Siegermächte hinter den Kulissen über die Neuordnung Europas. In einem Brief macht die amerikanische Regierung klar, dass für die Deutschen »erträgliche Waffenstillstandsbedingungen« nur dann zu erwarten sind, wenn Kaiser Wilhelm II. auf den Thron für sich und seine Nachkommen verzichtet. Der Kaiser ist nicht abgeneigt, hofft allerdings weiterhin preußischer König bleiben zu können. Seine Hoffnung erweist sich als trügerisch, denn Reichskanzler Max von Baden schätzt die politische Lage, die sich von Tag zu Tag zuspitzt, richtig ein und macht eigenmächtig Nägel mit Köpfen.

9. November 1918

Es ist ein verregneter Novembermorgen, als Max von Baden eine einsame Entscheidung trifft. Ohne Rücksprache mit Wilhelm II. verkündet er um 12.00 Uhr mittags die Demission seiner Majestät und – an seiner eigenen Stelle – die Berufung des SPD-Abgeordneten Friedrich Ebert zum neuen Reichskanzler. Einen Tag später flieht Wilhelm II. ins holländische Spa, wo er unter der Bedingung, auf jede politische Betätigung zu verzichten, eine Aufenthaltsgenehmigung bekommt. Kurz darauf erwirbt der geschasste Kaiser ein Haus in Doorn bei Utrecht, in dem er bis zu seinem Tod am 4. Juni 1941 auch lebt.

Die Erkenntnis, dass Kaiser Wilhelm II. genug Unheil in der deutschen Geschichte angerichtet hat, ist einer der Gründe für das eigenmächtige Handeln Max von Badens. Beeindruckt haben ihn vor allem Gerüchte, Karl Liebknecht wolle eine sozialistische Republik ausrufen und könne mit Zustimmung weiter Teile der Bevölkerung rechnen. Nun überschlagen sich die Ereignisse. Kaum ist die Abdankung des Kaisers bekannt gegeben, eilt das SPD-Vorstandsmitglied Philipp Scheidemann in den Reichstag nach Berlin. Angesteckt von einer revolutionären Atmosphäre sind zwischen dem Berliner Schloss und dem Reichstag Hunderttausende auf den Beinen. In der Wandelhalle des Parlaments stehen Gewehrtürme, aufgebrachte Menschen schreien und gestikulieren wild durcheinander. »Liebknecht will die Sowjetrepublik ausrufen!«, schallt es ihm entgegen. Der glühende Antikommunist Philipp Scheidemann wird von der panischen Angst getrieben, Karl Liebknecht könne ihm zuvorkommen. Er lässt sich auch von Unstimmigkeiten in seiner eigenen Partei nicht aufhalten, die noch mit sich und dem richtigen politischen Kurs für Deutschland ringt. Nach einem erregten Wortwechsel zwischen ihm und dem designierten Reichskanzler Friedrich Ebert, der zu diesem Zeitpunkt gegen die Ausrufung einer deutschen Republik ist, betritt Philipp Scheidemann um 14.00 Uhr – zwei Stunden nach der Abdankung des Kaisers – den Balkon der Berliner Reichskanzlei. Von unten recken sich ihm viele Arme und Hüte entgegen, lautes Geschrei fordert ihn auf, das Wort zu ergreifen. Es wird still und Philipp Scheidemann beginnt seine kurze Rede:

»Die Feinde des werktätigen Volkes, die wirklichen ›inneren‹ Feinde‹, die Deutschlands Zusammenbruch verschuldet haben, sind still und unsichtbar geworden. (…) Diese Volksfeinde sind hoffentlich für immer erledigt. Der Kaiser hat abgedankt. Er und seine Freunde sind verschwunden. Über sie alle hat das Volk auf ganzer Linie gesiegt! (…) Seid euch der geschichtlichen Bedeutung dieses Tages bewusst. Unerhörtes ist geschehen. (…) Alles für das Volk. Alles durch das Volk! Nichts darf geschehen, was der Arbeiterbewegung zur Unehre gereicht. Seid einig, treu und pflichtbewusst! Das Alte und Morsche, die Monarchie ist zusammengebrochen. Es lebe das Neue! Es lebe die Deutsche Republik!«

So sehr es Philipp Scheidemann sich auch wünschen mag, aber weder sind die »Volksfeinde still und unsichtbar« geworden, noch sind sie verschwunden. Im revolutionären Überschwang spielt das keine Rolle und die Menschen, die seinen Worten gelauscht haben, gehen in dem Bewusstsein auseinander, einen wahrhaft historischen Moment miterlebt zu haben. Zwei Stunden später wird die Zerstrittenheit des Volkes sichtbar, als Karl Liebknecht vom Balkon des Berliner Schlosses die »Freie sozialistische Republik« ausruft und ebenso viel Applaus bekommt wie vorher Philipp Scheidemann. Aber eins ist erreicht: Die Monarchie ist gestürzt

und die Republik ausgerufen – beides ist für den Moment unumkehrbar.
Am Abend dieses dramatischen 9. November 1918 bildet Friedrich Ebert die Regierung, nennt sie »Rat der Volksbeauftragten« und beruft neben SPD-Politikern auch Parteigänger der radikalen »Unabhängigen Sozialdemokraten« in sein vorläufiges Kabinett.
Die Führung der USPD setzt auf eine Zerschlagung der militärischen und administrativen Strukturen des untergegangenen Kaiserreichs, will die Vorherrschaft des Großkapitals brechen und die verhassten ostelbischen Großgrundbesitzer verjagen. Die Zauberworte zur Durchsetzung dieser Ziele lauten »Räterepublik« und »Basisdemokratie«. Die SPD hingegen tritt für eine parlamentarische Demokratie ein, die weder mit der Räterepublik noch mit einer Basisdemokratie etwas am Hut hat. Nachvollziehbar ist die Installierung dieser Koalition der Gegensätze dennoch, weil die dringlichste Aufgabe nur gemeinsam zu bewältigen ist: die Einberufung einer Nationalversammlung, die eine neue Verfassung erarbeiten soll.
In diese aufgeregte Stimmung platzt am 11. November 1918 die Nachricht von der Unterzeichung eines Waffenstillstands-Abkommens durch den Zentrumspolitiker Matthias Erzberger. In einem Salonwagen des alliierten Verhandlungsführers Marschall Ferdinand Foch, der nördlich von Paris im Wald von Compiègne aufgestellt ist, setzt Staatssekretär Matthias Erzberger seine Unterschrift unter ein Dokument, über das mit ihm und seiner Delegation nicht verhandelt worden ist. Die Unterzeichner werden in Deutschland von der nationalen Rechten als »Novemberverbrecher« beschimpft, weil sie die Schmach der Bedingungen dieses Waffenstillstands ohne Widerworte hingenommen hätten. Tatsächlich bekommen sie dazu keine Gelegenheit, denn die Alliierten wollen aus Furcht vor der Wiederaufnahme der Kämpfe über den Waffenstillstand nicht verhandeln – das soll einem später auszuhandelnden Friedensvertrag vorbehalten bleiben.

■ **Waffenstillstands-Abkommen**

Das Waffenstillstands-Abkommen sieht vor, dass die Deutschen nicht nur alle besetzten Gebiete, sondern auch das linke Rheinufer unverzüglich räumen. Auf der rechten Seite des Rheins wird eine Sicherheitszone eingerichtet. Sämtliche U-Boote und ein großer Teil der Hochseeflotte muss abgeliefert werden. Die alliierten Kriegsgefangenen sind sofort auf freien Fuß zu setzen, während die Blockade gegen Deutschland bestehen bleibt. Außerdem wird der Friedensvertrag von Brest-Litowsk annulliert. Auch die mit Deutschland verbündeten Mittelmächte unterschreiben derartige Verträge: Bulgarien am 30. September 1918 und Österreich-Ungarn am 3. November 1918. Nachdem britische Truppen, die von Thomas E. Lawrence, besser bekannt als »Lawrence von Arabien«, unterstützt werden, bis Damaskus und Beirut vorrücken, löst sich die türkische Regierung von den Mittelmächten, öffnet die Wasserwege wieder und unterschreibt ein Waffenstillstands-Abkommen am 30. Oktober 1918.

Die junge Republik steht von ihrem ersten Tage an vor fast unüberwindlichen Schwierigkeiten. Von den Fronten strömen frustrierte und von den politischen Umwälzungen im Lande keineswegs überzeugte Soldaten zurück. Vielen fällt der Übergang ins zivile Leben schwer.

Ihre Seelen sind zerstört, das Kriegsgeschehen können sie nicht verarbeiten, sie sind traumatisiert. Ihr altes soziales Umfeld existiert nicht mehr, ihre Familien bieten keinen Halt, sondern kämpfen ums nackte Überleben. Sie glauben an die so genannte »Dolchstoßlegende«, nach der die angeblich schwache »Heimatfront« der kämpfenden Truppe in den Rücken gefallen sei und so die Niederlage der »im Felde unbesiegten Armee« herbeigeführt habe. Derartige Verschwörungstheorien machen in Bierstuben genauso die Runde wie bei Industriellen, Hochschullehrern oder Intellektuellen und sorgen dafür, dass das neue politische System auf wenig Akzeptanz stößt. Die »Dolchstoßlegende« ist die schwerste Hypothek, die auf der Republik lastet.

Januaraufstand

Gerade von der Front zurückgekommen schließen sich viele Soldaten radikalen und gewaltbereiten Freikorps oder paramilitärischen Verbänden an, die weder vor politisch motivierten Mordanschlägen noch vor Barrikadenkämpfen zurückschrecken. Diese überall im Land angezettelten bewaffneten Aufstände und Unruhen zwingen die regierenden Sozialdemokraten in eine missliche Lage: Der Aufstand muss militärisch unterdrückt werden, um den Bestand der Republik nicht schon am Anfang aufs Spiel zu setzen. Am 4. Januar 1919 verfügt die preußische Regierung die Absetzung des Berliner Polizeipräsidenten Emil Eichhorn, dem die Unterstützung eines revolutionären Matrosenaufstands vorgeworfen wird. Die Absetzung bewirkt bei der politischen Linken ohnmächtigen Zorn, denn Emil Eichhorn ist Mitglied der »Unabhängigen Sozialdemokraten«. Jene USPD und die kurz zuvor gegründete Kommunistische Partei entfesseln einen Tag später in Berlin einen bewaffneten Aufstand. Am 6. Januar 1919 erklärt ein Revolutionsausschuss den »Rat der Volksbeauftragten« für abgesetzt und verkündet die baldige Übernahme der Regierungsgeschäfte. Ihr politisches Ziel ist die Verhinderung der Wahl einer Nationalversammlung und die Errichtung einer Räterepublik. Als Verhandlungen zwischen der Regierung und den Aufständischen scheitern, schlägt die Stunde eines Mannes, der erst kurz vorher in den »Rat der Volksbeauftragten« aufgenommen worden ist: Der Sozialdemokrat Gustav Noske organisiert mit Hilfe rechtsradikaler Freikorps die Niederschlagung des Aufstands.

Der Aufstand ist gewaltsam beendet, hat aber noch ein empörendes Nachspiel: Eine aufgehetzte Freikorps-Soldateska und Angehörige von Regierungstruppen machen Jagd auf die beiden bekanntesten kommunistischen Funktionäre – Karl Liebknecht und Rosa Luxemburg. Sie werden als Urheber und Agitatoren des Aufstands gebrandmarkt, am Abend des 19. Januar 1919 nach einem brutalen Verhör ermordet und in das trübe Wasser des Berliner Landwehrkanals geworfen. Obwohl die Täter bekannt sind, werden sie nur halbherzig verfolgt. Eine klammheimliche Freude über die Hinrichtung dieser beiden kommunistischen Ikonen innerhalb des Justizapparates ist ebenso wenig zu übersehen wie die Empörung, die diese ruchlose Tat hervorruft.

Der Todestag von Rosa Luxemburg und Karl Liebknecht fällt zusammen mit der ersten allgemeinen, gleichen und freien Wahl in Deutschland, die ebenfalls am 19. Januar 1919 abgehalten wird. Die SPD erreicht mehr als 38 Prozent und wird stärkste Fraktion im Reichstag. Radikale rechte und linke Parteien, die die Republik ablehnen, erreichen zusammen nur 15 Prozent, sodass der Erfolg jener, die die Republik unterstützen, überwältigend ist. Einen Monat später wählt die Nationalversammlung, die wegen der unruhigen politischen Lage nicht in Berlin, sondern in Weimar tagt, Friedrich Ebert zum ersten Reichspräsidenten. Die nach ihrem Tagungsort benannte Weimarer Republik ist geboren. Sie steht von ihrem ersten Tag an vor schweren Belastungen.

Der Vertrag von Versailles

Die erste politische Krise lässt nicht lange auf sich warten. Sie erschüttert das Parlament, als die Konditionen des Friedensvertrags bekannt werden, die von den alliierten Siegern in Versailles festgelegt worden sind. Die Wahl des Ortes lässt tatsächlich wenig Gutes erwarten, denn Rache spielt bei den Friedensbedingungen eine mindestens so große Rolle wie der Wille, die Deutschen in der Mitte des Kontinents so an die Kandare zu nehmen, dass sie auf absehbare Zeit nicht mehr in der Lage sein werden, ein weiteres Inferno in Europa zu entfachen. Wo 48 Jahre zuvor das deutsche Kaiserreich unter den Hurra-Rufen einer elitären, reaktionären Clique aus der Taufe gehoben worden ist, richten nun die Alliierten über ebendiese Deutschen. Aber den Alliierten entgeht die Sprengkraft, die dem Vertrag von Versailles innewohnt. Deutschland trägt die alleinige Kriegsschuld. Elsass-Lothringen wird Frankreich zugeschlagen, Posen und Westpreußen gehören zukünftig zu Polen, das Hultschiner Ländchen zur Tschechoslowakei. Die Alliierten übernehmen die Kontrolle über das Memelgebiet, während das zur »freien Stadt« erklärte Danzig dem Völkerbund unterstellt und dem polnischen Zollsystem eingegliedert wird. Der Völkerbund ist nach einer Initiative des amerikanischen Präsidenten Thomas Woodrow Wilson am 28. April 1919 gegründet worden und soll, wie später die Vereinten Nationen, bei Konflikten zwischen Staaten vermitteln und den Frieden sichern. Nach einer Volksabstimmung fällt Eupen-Malmedy zu Belgien und Nordschleswig wird zwischen Deutschland und Dänemark geteilt. Das linke Rheinufer wird für 15 Jahre besetzt, im entmilitarisierten Rheinland unterhalten die Alliierten Brückenköpfe. Neben diesen territorialen Verlusten muss die deutsche Delegation der Reduzierung des Heeres auf 100 000 Mann zustimmen. Schwere Waffen werden ebenso verboten wie der Besitz von Flugzeugen. Zur Überwachung der Entwaffnungsbestimmungen wird eine internationale Kontrollkommission eingesetzt. Die von beiden Staaten angestrebte Vereinigung Deutschlands mit Deutsch-Österreich wird verboten.

Statt der beabsichtigten Ausdehnung des Staatsgebietes bis nach Flandern, nach Nordfrankreich und im Osten Europas verliert Deutschland ein Siebtel seines Territoriums. Die Grenzen in der Mitte Europas werden so gezogen, dass deutsche Minderheiten in Polen und der Tschechoslowakei bleiben und unter Regierungen zu leiden haben, die auf nationale Belange keine Rücksicht nehmen. Außerdem weisen die Alliierten den Deutschen die Alleinschuld am Ersten Weltkrieg zu und belegen sie mit Reparationsforderungen, deren Abzahlung bis zum Ende der 70er Jahre des 20. Jahrhunderts gedauert hätte. Angesichts dieser demütigenden Sanktionen sind sich alle Parteien einig: Das ist ein aufgezwungener »Diktat- und Schandfrieden«, den man nur ablehnen kann. Insbesondere wegen des Kriegsschuldartikels geht ein Schrei der Empörung durch die Republik, verbunden mit einem Fluch auf deutsche Politiker, die ihre Unterschrift unter dieses Machwerk setzen. Dennoch rechnet niemand damit, dass die Deutschen den Vertrag nicht unterzeichnen – weder die Alliierten noch die Deutschen selbst.

Aber besteht Ende Juni 1919 wirklich keine andere Möglichkeit, als diesen Vertrag, der in seinen historischen Folgen eine Katastrophe bis dahin ungeahnten Ausmaßes nach sich ziehen wird, zu unterschreiben? Was geschieht, wenn die deutsche Regierung ihre Unterschrift verweigert? Die Militärs prüfen die Möglichkeit, den Krieg wieder aufzunehmen, denn noch sind die Waffen nicht deportiert, noch sind die Kommandostrukturen vorhanden. Immerhin sind im Sommer 1919 etwa 400 000 Soldaten zwar des Kämpfens müde, aber unter Waffen und sicher in der Lage Widerstand zu leisten. Aber das Ergebnis der militärischen Führung ist negativ, sie rät von kriegerischen Aktionen ab. Also bleibt nur die Möglichkeit, die Unterschrift zu verweigern und die Alliierten begleitet von passivem Widerstand als Besatzungsmacht ins Land zu lassen. Das würde die Alliierten vor erhebliche Probleme stellen. Ohne eine deutsche Unterschrift unter dem Vertrag von Versailles müssten sie in Deutschland einmarschieren, das Land besetzen und die Verantwortung übernehmen.

Damit stünden die westlichen Alliierten selbst an der Frontlinie zum bolschewistischen Russland, was bei den meisten von ihnen albtraumartige Vorstellungen auslöst. Abgesehen von den hohen Kosten, die die Besetzung Deutschlands nach sich ziehen würde, ist dieser Zustand bestens geeignet, ein deutsches Nationalbewusstsein gegen die als Schmach empfundene Besetzung des Landes zu provozieren. Das wäre nicht im Sinne der alliierten Siegermächte und es kommt auch nicht dazu, weil die Androhung einer alliierten Intervention und ein Ultimatum zwar die erste Regierung der Republik unter Philipp Scheidemann am 20. Juni 1919 zurücktreten lässt, aber doch bewirkt, dass der Friedensvertrag am 28. Juni 1919 im Spiegelsaal des Schlosses von Versailles unterzeichnet wird – dort, wo am 18. Januar 1871 der erste Hohenzollern-Kaiser gekrönt worden ist. Der Versailler Vertrag wird neben der »Dolchstoßlegende« zur zweiten, nahezu unüberwindbaren Hypothek der Weimarer Republik. Die »Fesseln von Versailles« zu sprengen gehört fortan zum ständig wiederholten Repertoire jener Parteien und Verbände, die sich nichts sehnlicher als ein Ende der ersten Demokratie auf deutschem Boden wünschen. Während die Deutschen mit den Schwierigkeiten der Republikgründung zu tun haben ...

Zwischenkriegszeit

… kämpfen auch die übrigen Länder Europas mit den Folgen des Krieges. Auf dem gesamten – einst blühenden – Kontinent sind die Volkswirtschaften in Mitleidenschaft gezogen, droht eine galoppierende Inflation, herrschen Hunger und Not. Den europäischen Nachkriegspolitikern wird allmählich klar, dass Europa die weltweite Hegemonie der Vorkriegszeit verloren hat. Der amerikanische Präsident Woodrow Wilson signalisiert mit seiner Idee eines Völkerbunds, in dem Streitigkeiten zwischen den Völkern friedlich beigelegt werden sollen, dass ein neues weltweites Sicherheitssystem notwendig ist. Zugleich kehren die Vereinigten Staaten von Amerika zu ihren Wurzeln zurück, denn das von europäischen Einwanderern geprägte Land wird in den ersten beiden Nachkriegsjahren zur entscheidenden politischen Größe auf dem alten Kontinent, macht England den Rang der führenden Weltmacht streitig und wird fortan ein wichtiges Wort in Europa mitzureden haben.

Russland

Dramatische Umwälzungen erschüttern vor allem Russland, wo der Frieden von Brest-Litowsk vom März 1918 den russischen Revolutionären nur eine kurze Atempause verschafft hat. Seit Mai 1918 ist die Rote Armee unter der Führung von Leo Trotzki in einen Bürgerkrieg verwickelt, der dem Land weitere Verwüstungen beschert. Leo Trotzki gelingt es, nicht nur Anhänger der Bolschewisten, sondern auch Bauern zu mobilisieren. Seinen Truppen stehen die als »Weiße« bezeichneten antikommunistischen Einheiten gegenüber, die mit Unterstützung aus Japan, Frankreich, England und den USA die bestehende Gesellschaftsordnung in Russland erhalten wollen. Aber den konterrevolutionären »Weißen« mangelt es an Geschlossenheit und einem überzeugenden politischen Konzept für die Zeit nach dem Bürgerkrieg. Mit Beginn des polnisch-sowjetischen Krieges verschlechtert sich die Lage in Russland. Nach anfänglichen Erfolgen der Roten Armee gelingt den polnischen Truppen am 16. August 1920 in einer Schlacht an der

Weichsel der entscheidende Sieg, der im Frieden von Riga am 18. März 1921 festgeschrieben wird. Polen kann territoriale Gewinne erzielen und wird unter der autoritären Führung von Klemens Piłsudski ein zentralistischer Nationalstaat. Obwohl sie hohe Verluste hinnehmen muss und auf einer Vielzahl von Kriegsschauplätzen kämpft, kann sich die Rote Armee schließlich behaupten. Aber innenpolitisch wirken sich die Kriege verheerend aus. Dem russischen Volk fehlt es an allem, die Versorgung ist nur mühsam aufrechtzuerhalten und der immer größer werdende Einfluss des sowjetischen Geheimdienstes sorgt für zusätzliche Unruhe. Wegen des – oft unsinnigen – Vorwurfs, sie hätten sich mit Konterrevolutionären verbündet, werden zahlreiche Parteien verboten, andere in ihrer Arbeit behindert. Eigentlich soll ein Sozialismus aufgebaut werden, in dem in uneingeschränkter Selbstverwaltung eine vollständige Bedürfnisbefriedigung aller Bürger gewährleistet ist. Aber die Kriege und die wirtschaftlichen Folgen bewirken das Gegenteil: Nahrungsmittel müssen auf dem Land teilweise gewaltsam eingetrieben werden, die ökonomische Leistung der Sowjetunion ist auf dem Tiefstand und die Menschen in den großen Metropolen leben in unerträglichen Armutsverhältnissen.

Trotz dieser spektakulären Missstände genießt die bolschewistische Revolution ungeheure Anziehungskraft. Das liegt auch daran, dass die russischen Revolutionäre den »unterdrückten Massen« in Europa die Befreiung aus dem Joch des Kapitalismus versprechen. In allen europäischen Ländern werden geheime Organisationen aufgebaut, die unter dem strikten Kommando der Moskauer Zentrale die Weltrevolution vorbereiten sollen. Die Kommunistische Internationale verkündet Neujahr 1920, dass »in Berlin und Warschau, in Paris und London Arbeiter- und Soldatenräte« eingesetzt seien und »die Macht der Sowjets sich daraufhin über die ganze Welt erstrecken werde«. Und tatsächlich gibt es in Deutschland lokale »Sowjetrepubliken«, in Bayern gar eine »Räterepublik« und im Ruhrgebiet herrscht für einen kurzen Zeitraum die »Arbeiter- und Soldatenrepublik«. Zwar brechen die Versuche, das europäische Kernland zu sowjetisieren, schnell in sich zusammen, für ein apokalyptisches Szenario eines drohenden Untergangs des Abendlandes aber reicht das Geschrei aus Moskau allemal.

Ein weiterer wirtschaftlicher Einbruch, weit verbreitete Unzu-
friedenheit mit den Lebensverhältnissen und ein Aufstand der
Kronstädter Matrosen im Winter 1921 lassen die Hoffnungen auf
Verbesserung der ökonomischen Lage in der Sowjetunion zerplat-
zen. Den führenden Genossen wird klar, dass das Land auf Dauer
nicht gegen den Willen der Menschen zu regieren ist. Eine »neue
politische Ökonomie« wird deshalb beschlossen, die einerseits
staatliche Lenkung vorsieht, andererseits aber auch eigenverant-
wortliches Wirtschaften ermöglicht. Mehr als ein Strohfeuer bewirkt der neue Kurs jedoch nicht, unzufriedene Bauern spekulieren auf höhere Preise und legen ihr Getreide zurück. Sie schaufeln
sich damit im wahrsten Sinne des Wortes ihr eigenes Grab, denn
der linke Flügel der Kommunistischen Partei fordert ein hartes
Vorgehen gegen die »Kulaken«, wie die Bauern genannt werden.
Ab 1929 werden die Bauern in der Sowjetunion einer zwangsweisen Kollektivierung unterworfen, als »Klasse« – so heißt es im Par-
teijargon – werden sie liquidiert. Vorsichtige Schätzungen gehen
davon aus, dass in den kommenden drei Jahren etwa 3,5 Millionen
Menschen diesem Ausrottungsbefehl zum Opfer fallen, weitere 2
Millionen werden deportiert.

Anfang 1924 geht ein Schock durch das Land, denn Lenin, der
legendäre Führer der Kommunistischen Partei, stirbt. Nach zwei
Schlaganfällen ist er zwar schon lange nicht mehr regierungsfähig,
formal steht er aber noch an der Spitze von Staat und Partei. Lenins
Leichnam wird einbalsamiert und bis heute in einem Mausoleum
auf dem Roten Platz in Moskau aufbewahrt. Trotz seiner einge-
schränkten Arbeitsmöglichkeiten hat Lenin in seinen letzten Le-
bensmonaten den unguten Einfluss erkannt, den ein Mann ausübt,
den er selbst 1912 ins Zentralkomitee der Bolschewiken geholt hat:
Josef Wissarionowitsch Dschugaschwili, der sich seit diesem Tag,
an dem seine steile Karriere beginnt, Stalin, der »Stählerne«, nennt.

■ **Stalin**

Am 21. Dezember 1879 wird er im georgischen Gori geboren, besucht
später ein Priesterseminar in Tiflis, wo er sich erstmals mit den Schriften von Karl Marx und Friedrich Engels beschäftigt. Von den frommen
Priestern wird der junge Mann 1899 hinausgeworfen, weil er die Revo-

lution nicht nur predigt, sondern sie auch hinter den Klostermauern rea-lisieren will. Stalin ist ein Mann der Tat und schreckt in den kommenden Jahren nicht vor einer Serie von Raubüberfällen zurück. Am 25. Juni 1907 gelingt ihm ein spektakulärer Banküberfall in Tiflis, der ihm zwar 250 000 Rubel an Beute bringt, seine Frau Jekatarina aber das Leben kostet. Stalin wird zum ersten Mal verhaftet, kann sich jedoch befreien, weil er gute Kontakte zur Geheimpolizei unterhält. 1913 wird er nach Sibirien verbannt, wo er bis zur siegreichen russischen Revolution auch bleibt.

In der bolschewistischen Regierung Lenins wird er zunächst Volks-kommissar für Nationalitätenfragen und gliedert in dieser Funktion die abgefallenen Kaukasusvölker in den sowjetischen Herrschaftsbereich ein. Der endgültige Aufstieg an die Spitze der kommunistischen Nomen-klatura gelingt ihm, als 1919 die Partei neu organisiert wird und er zum Mitglied sowohl des Polit- als auch des Organisationsbüros aufsteigt. Nun sitzt der Georgier an der Schaltstelle der Macht, denn Stalin ist der Einzige, der beiden Gremien angehört. Er zögert keinen Augenblick, die-se Macht auch einzusetzen. 1922 übernimmt er außerdem das Amt des Generalsekretärs, das er bis zu seinem Lebensende nicht mehr abgibt. Von hier aus beginnt er mit der Liquidation seiner Gegner innerhalb und außerhalb der Partei. Nach Lenins Tod baut Stalin seine Machtposition skrupellos aus, vernichtet tatsächliche oder vermeintliche Gegner in gro-ßer Zahl und wird später auch nicht davor zurückschrecken, seinen ei-genen Sohn umbringen zu lassen, weil Spionagevorwürfe gegen ihn er-hoben werden. Selbst die erste Garde der Bolschewiken ist vor seinem Verfolgungswahn nicht sicher, in groß angelegten »Säuberungsaktio-nen« vernichtet er alles und jeden, der seinen Herrschaftsanspruch in Frage stellt. Als Stalin am 5. März 1956 in Moskau stirbt, liegen 34 Jah-re Terrorherrschaft hinter dem sowjetischen Volk, das ihn zeitlebens als »Väterchen« und »Befreier« vom Faschismus gefeiert hat. Erst nach sei-nem Tod werden seine Verbrechen öffentlich gemacht.

Italien

Am 23. März 1919 findet in Rom eine denkwürdige Tagung statt, an der auch der 36-jährige Benito Mussolini teilnimmt. Die Versammlung gründet die »fasci di combattimento«, eine rechtsgerichtete Partei, die bei den nächsten Wahlen im Mai 1921 auf Anhieb 34 Mandate erringt. Benito Mussolini steigt schnell zum unangefochtenen Führer der zur »nationalfaschistischen Partei« umbenannten Gruppierung auf. Die Forderungen der Faschisten sind so einfach wie unerfüllbar: Die europäische Nachkriegsordnung soll zu Gunsten Italiens verändert, der Versailler Friedensvertrag aufgehoben und neu verhandelt werden. Italien hat zwar auf der Seite der Siegermächte im Ersten Weltkrieg gestanden, aber viele Italiener fühlen sich dennoch als Verlierer, weil ihr Wunsch nach Kolonien genauso unerfüllt bleibt wie die Annexion von Dalmatien und Albanien. Diese Ressentiments und die katastrophale wirtschaftliche Lage spricht der »Duce«, wie sich Benito Mussolini nun nennt, an. Hohe Arbeitslosigkeit und die Unfähigkeit der anderen Parteien sind die Parameter seines Aufstiegs. Unterstützung erfährt er auch von Beamten und Unternehmern und aus Armee- und Polizeikreisen. Sie sehen in dem zur Theatralik neigenden dicklichen Mann den besten Schutz vor einer politischen Umwälzung, wie sie gerade erst in Russland stattgefunden hat.

Ende Oktober 1922 wird das Land von einem Streik überzogen, die Angst vor einem Bürgerkrieg geht um. Das ist der Augenblick, auf den Benito Mussolini gewartet hat. Er sammelt seine paramilitärischen Verbände in den sumpfigen Gebieten vor den Toren Roms und peitscht sie mit revolutionärem Geschrei auf. Am 28. Oktober 1922 beginnt der »Marsch auf Rom«, der einem gewagten Staatsstreich gleicht, die »ewige« Stadt im Sturm erobert und den Anführer der revolutionären Schwarzhemden zum Ministerpräsidenten macht. So jedenfalls will es die Legende, die sofort kolportiert wird. In Wirklichkeit hat der »Marsch auf Rom« nie stattgefunden. Die schlecht bewaffneten und wenig motivierten Verbände des »Duce« bleiben nach starken Regenfällen in den Pontinischen Sümpfen stecken und Benito Mussolini reist zwei Tage später von Mailand mit dem Schlafwagen nach Rom. Aber diese höchst unrevolutionäre Geschichte taugt nicht als Gründungslegende des faschistischen Italien, ebenso wenig wie die unspektakuläre Ernennung Benito Mussolinis zum Ministerpräsidenten. König Viktor Emanuel III. sieht in der prekären Lage, in der sich Italien Ende 1922 befindet, keinen anderen Ausweg, als den Führer der Faschisten mit den Regierungsgeschäften zu beauftragen. Von einem Sturz oder einem militärischen Staatsstreich jedenfalls kann keine Rede sein. Damit die Welt aber trotzdem an die Legende vom erfolgreichen »Marsch auf Rom« glaubt, lässt der zum Ministerpräsidenten ernannte Benito Mussolini seine Schwarzhemden in Sonderzügen nach Rom kommen, wo er mit ihnen eine gewaltige »Siegesparade« abhält.

Italien ist nun ein faschistischer Staat, in dem konkurrierende Parteien und Organisationen verboten, individuelle Grundrechte und Gewaltenteilung beseitigt sowie Justiz und Verwaltung gleichgeschaltet werden. In diesem totalitären Staat gilt das Führerprinzip. Repräsentiert wird Italien durch den »Duce«, dessen öffentliche Auftritte Kabarett-Reife erlangen, die Menschen der Zeit aber in einen emotionalen Höhenflug versetzten. Dem »Duce« gelingt es, wie später dem »Führer« der Deutschen, die Menschen für sich einzunehmen, sie zu begeistern und ihnen die Fähigkeit zum kritischen Denken abzugewöhnen. Adolf Hitler, der zu dieser Zeit als Agitator einer kleinen nationalistischen Partei durch Bierkeller und üble Spelunken zieht, erkennt in dem kleinen Italiener sein Vorbild, das er allerdings bei weitem übertreffen wird.

Österreich

Die Niederlage im Ersten Weltkrieg bedeutet auch das Ende der österreichisch-ungarischen Doppelmonarchie. Nach dem Tod seines Onkels Kaiser Franz Joseph I. wird Karl I. am 21. November 1916 zum österreichischen Kaiser und fünf Wochen später zum ungarischen König gekrönt. Ende März 1917 versucht Karl I. über Verwandte einen Sonderfrieden mit den Alliierten auszuhandeln, was ihm aber außer dem Zorn seines kaiserlichen deutschen Waffenbruders Wilhelm II. nichts einbringt. Am 20. März 1918 versucht er es bei den Amerikanern noch einmal, aber deren Bedingungen eines Sonderfriedens sind unannehmbar. Mehr noch: Der amerikanische Präsident Woodrow Wilson fordert unmissverständlich zum Sturz der Monarchien in Österreich und Ungarn auf. Als im Oktober und November 1918 die Doppelmonarchie innerhalb weniger Tage zusammenbricht, zeigt sich Karl I. wenig einsichtig. Die Starrköpfigkeit seiner Majestät wird nicht belohnt, die Alliierten schicken ihn in die Verbannung auf die portugiesische Atlantikinsel Madeira, wo er am 1. April 1922 an einer Lungenentzündung stirbt. Ende 1918 erklären sich Ungarn und die Tschechoslowakei unabhängig und gründen eigene Staaten. Daraufhin proklamiert eine provisorische Nationalversammlung in Wien am 12. November 1918 die Republik Deutsch-Österreich. Der bald darauf verkündete Wunsch, sich mit Deutschland zu vereinigen, wird durch den Friedensvertrag von Versailles verhindert. Die nationalen Verbände schäumen vor Wut. Wie in Deutschland treten viele der frustrierten Soldaten des Ersten Weltkriegs paramilitärischen oder rechtsradikalen Verbänden bei, was die regierenden Sozialdemokraten veranlasst, mit dem »Republikanischen Schutzbund« eine regelrechte Armee aufzustellen. Die Bewaffnung weiter Teile der Gesellschaft geht mit der Gründung von katholisch konservativ geprägten »Heimwehr-Verbänden« weiter und lässt das Land bei der nächsten Krise mehrheitlich nach rechts driften. 1927 kommt es in Wien zu gewalttätigen Unruhen der sozialistisch gesinnten Arbeiter, die von den »Heimwehr-Verbänden« niedergeschlagen werden. Fortan haben diese Verbände einen erheblichen Einfluss auf die Innenpolitik des Landes, sie lehnen jede Form der Demokratie ab und sehen im italienischen Faschismus den einzigen Ausweg aus den Beschwerlichkeiten der Zeit.

Im Mai 1932 ist es so weit: Die Auswirkungen der Weltwirtschaftskrise haben Österreich in eine derart desolate Situation getrieben, dass Regierungschef Engelbert Dollfuß die Zerstrittenheit der großen Parteien nutzt, um einen rechtsgerichteten Staatsstreich zu inszenieren. Gestützt auf die »Heimwehr-Verbände« werden im März 1933 die parlamentarische Verfassung suspendiert sowie Parteien und Verbände aufgelöst und verboten. Engelbert Dollfuß gründet als Sammelbewegung stattdessen die »Vaterländische Front«, die eine politische Monopolstellung innehat. Österreich ist jetzt ein autoritärer Ständestaat, der mit dem Begriff »Austrofaschismus« treffend gekennzeichnet ist.

Frankreich

Für Frankreich ist der Sieg im Ersten Weltkrieg mit großen Verlusten verbunden. Knapp zwei Millionen Menschen haben ihr Leben verloren, materiell büßt der Staat rund ein Viertel seines Vermögens ein. Neben der traditionellen Feindschaft zu den deutschen Nachbarn sind das die Gründe für die harte Haltung der französischen Delegation bei den Beratungen über den Versailler Friedensvertrag. In den folgenden Jahren achtet die französische Regierung peinlich genau auf die Einhaltung der Reparationszahlungen durch Deutschland. Als die alliierte Reparationskommission Ende 1922 eine geringfügige Abweichung der deutschen Holz- und Kohlelieferungen an Frankreich feststellt, nimmt Ministerpräsident Raymond Poincaré im Januar 1923 diesen nichtigen Anlass zum Grund, die schon lange geplante Besetzung des Ruhrgebietes anzuordnen.

Belgische und französische Truppen besetzen am 11. Januar 1923 das gesamte Ruhrgebiet, unterstellen die Industrieproduktion und die Verwaltung ihrer Kontrolle. Aber die Besetzung bewirkt das Gegenteil des Gewünschten, denn zum einen leisten die Deutschen erheblichen passiven Widerstand und zum anderen sieht sich Frankreich durch diese Aktion außenpolitisch isoliert. Die Entrüstung in Deutschland ist groß:»Deutsche arbeiten nicht für Frankreich!« heißt es auf Plakaten, was die Besatzer aber nicht zur Umkehr, sondern zur Abriegelung des Ruhrgebiets veranlasst. Die deutsche Regierung stellt daraufhin sämtliche Reparationszahlungen an Frankreich ein und übernimmt neben den Lohnausfällen der Arbeiter auch die Einnahmeverluste der Arbeitgeber – aber sie hat das Geld dazu nicht. Also werden wider jede Vernunft die Druckmaschinen angeworfen und das benötigte Geld gedruckt. Diese finanzielle Überbelastung ist der Treibsatz, der in Deutschland der ohnehin schon großen Inflation einen schwindelerregenden Schub versetzt. Im Herbst 1923 wird der höchste Wert auf einen Geldschein gedruckt: 100 Billionen Mark!

Die unnachgiebige Haltung Raymond Poincarés und die Inflation geben schließlich den Ausschlag dafür, dass die deutsche Regierung unter Gustav Stresemann im September 1923 den Ruhrkampf aufgibt, die Reparationszahlungen wieder aufnimmt und so dafür sorgt, dass die Besatzungstruppen abziehen. Innenpolitisch geht Frankreich nun turbulenten Jahren entgegen, wirtschaftliche Krisen und soziale Konflikte wechseln in schneller Abfolge. Außenminister Aristide Briand ist es schließlich, der trotz weitgehender Ablehnung in der französischen Bevölkerung den Versuch einer Aussöhnung mit den deutschen Kriegsgegnern unternimmt. Der Vertrag von Locarno, den er im Oktober 1925 mit seinem deutschen Amtskollegen Gustav Stresemann und dem britischen Außenminister Austen Chamberlain aushandelt, bestätigt die Gültigkeit der bestehenden Grenzen sowie die Entmilitarisierung des Rheinlands, dafür wird Deutschland in den Völkerbund aufgenommen. Alle Beteiligten sind sich einig, in der Idylle des schweizerischen Locarno einen Vertrag zur dauerhaften Befriedung Europas unterschrieben zu haben – ihre Architekten werden deshalb 1926 mit dem Friedensnobelpreis ausgezeichnet. In Frankreich verursacht der Vertrag aber Aufruhr, weil sich die französischen Truppen aus dem Rheinland zurückziehen, während Gustav Stresemann genau diese Tatsache der bedrohlich wachsenden rechtsextremen Opposition entgegenhalten kann.

England

Die vor dem Ersten Weltkrieg dominierende See- und Kolonialmacht England muss nach dem Krieg erkennen, dass es zwar auf Seiten der Sieger steht, diesen aber nur durch das Eingreifen amerikanischer Truppen errungen hat. Zwar schicken die Länder des Commonwealth Soldaten in den Krieg, aber ihr Wunsch nach Unabhängigkeit von England ist nicht zu überhören. Noch bevor die Kampfhandlungen beendet sind, werden Kanada, Australien, Neuseeland und die Südafrikanische Union als gleichberechtigte Länder im britischen Empire anerkannt und später in den Völkerbund aufgenommen. Auch Indien unter der Führung des legendären Mahatma Ghandi strebt nach einer Loslösung von England. Während der indische Befreiungskampf bis 1947 dauert, versucht die britische Regierung den Konflikt in Irland schneller zu lösen. Nach heftigen Kämpfen wird die Grüne Insel am 6. Dezember 1921 geteilt: Die überwiegend von Protestanten bewohnten Grafschaften von Ulster im Norden bleiben bei England, der Süden wird als Freistaat Irland abgetrennt. Der irische Konflikt hat eine bis ins 12. Jahrhundert zurückreichende Geschichte. Die mehrheitlich katholische

Bevölkerung ist über Jahrhunderte von der durch England unterstützten protestantischen Minderheit unterdrückt und ausgebeutet worden. Nun soll die staatliche Trennung dem Land Frieden bringen. Aber das Gegenteil tritt ein: Der Norden Irlands ist bis zum Beginn des 21. Jahrhunderts Schauplatz eines bisweilen mörderischen Untergrundkampfes zwischen Katholiken und Protestanten.

Deutschland

Die im November 1918 aus der Taufe gehobene Weimarer Republik hat von Anfang an einen schweren Stand. Vor allem die erdrückenden Reparationslasten, die Deportationen von Industriegütern und die im Versailler Vertrag festgeschriebene Alleinschuld der Deutschen am Ersten Weltkrieg lassen den Start in eine friedliche Zukunft nicht gelingen. Nach der erzwungenen Abdankung der Kaisers haben die Sozialdemokraten das politische Ruder der jungen Republik in die Hand genommen und eine Weichenstellung vorgenommen, für die sie einen hohen Preis bezahlen müssen. In der Kontroverse, ob Deutschland eine Räterepublik oder eine parlamentarische Demokratie werden soll, hat sich die SPD – um den Preis der Spaltung der Partei – für Letzteres entschieden. Nun muss die parlamentarische Demokratie gegen die Linken verteidigt werden. Dafür paktiert die SPD mit dem kaiserlich geprägten Heer und versichert sich der Dienste einer Beamtenschaft, die der untergegangenen Monarchie nachtrauert. Diese Symbiose ist nicht sehr belastbar und die Sorge, dass die Republik unter diesen Voraussetzungen nicht lange würde überleben können, ist vom ersten Tag spürbar.

Wie berechtigt diese Sorgen sind, zeigen radikalisierte paramilitärische Verbände, die vor Fememorden an Politikern nicht zurückschrecken. Sie ziehen unbehelligt durch die Straßen und machen jedem Zuschauer klar, dass sie die kaiserliche Herrlichkeit der »nationalen Schmach« einer »sozialistischen Republik« vorziehen. Ihr Hassobjekt ist die demokratische Regierung in Berlin, die sie, so schnell es geht, zum Teufel jagen wollen. Dabei kommt ihnen die desaströse wirtschaftliche Situation entgegen. Bis 1922 ist der 1000-Mark-Schein der höchste Wert, wenig später werden elf Nullen hinzugefügt, aber die Kaufkraft ist dennoch geringer als vorher. Das Geld wird in Kartons gepackt, weil es keine Portemonnaies gibt, die groß genug sind. Die Reichsdruckerei verpflichtet im Herbst 1923 mehr als 130 Firmen, die Tag und Nacht Geldscheine drucken, aber es reicht immer noch nicht. Viele Gemeinden und Städte, auch Unternehmen, geben eigenes Geld heraus, was den atemberaubenden Wertverlust der Reichsmark weiter vorantreibt. Gleichzeitig kostet der Kampf gegen die französische Besatzung des Ruhrgebiets immens viel Geld. Der »Ruhrkampf« wird am 26. September 1923 beendet, drei Wochen später tritt eine Währungsreform in Kraft, mit der die alte Währung auf ein Billionstel abgewertet wird. Die Inflation ist damit schlagartig beendet. Da es nicht genügend Goldreserven gibt, um die neue Währung zu sichern, wird der Grundbesitz von Landwirtschaft, Industrie und Gewerbe mit einer Hypothek von mehr als drei Milliarden Rentenmark belastet. Ein Jahr später löst die Reichsmark diese Übergangswährung ab, die Hypotheken werden gelöscht. Durch eine strikte Haushaltspolitik beginnt daraufhin eine wirtschaftliche Konsolidierung. Gleichzeitig erkennen die alliierten Siegermächte, dass die Reparationsforderungen gelockert werden müssen, um der deutschen Wirtschaft eine Erholungs- und Aufbauphase zu ermöglichen. Am 29. August 1924 stimmt der Reichstag dem nach einem amerikanischen Banker benannten Dawes-Plan zu. Die Reparationsleistungen werden für die nächsten fünf Jahre gesenkt, dafür stehen Reichsbahn und Reichsbank unter internationaler Kontrolle.

Neben der Bewältigung der wirtschaftlichen Folgen des Ersten Weltkriegs steht die Auseinandersetzung mit rechtsextremen Parteien, die gegen das politische System der »November-Verbrecher« mobilmachen, auf der Tagesordnung. Für die zahlreichen rechtsextremen und nationalistischen Gruppierungen sind die Bemühungen der Regierung nichts als Beweise ihrer Unfähigkeit, weil sie nicht auf nationale Stärke, sondern auf Ausgleich mit den Siegermächten setzen. Um den von den Alliierten angeblich betriebenen Untergang des Deutschen Reiches abzuwenden, fordert die rechtsextreme Propaganda unablässig einen völkischen und autoritären Staat. Besonders lautstark tut sich dabei eine kleine völkische Partei hervor, die einen Agitator in ihren Reihen hat, dem es mühelos gelingt, Bierkeller und öffentliche Versammlungen mit einem kreischend vorgetragenen Antibolschewismus zu füllen. Nationalistische Phrasen und ein auf Rache sinnender Antisemitismus komplettieren die Reden des Mannes, der bald den Ruf eines »Trommlers« genießt, der durch das Land zieht und die Menschen aus ihrer Lethargie holt, um das angeblich dem Abgrund geweihte Deutschland zu retten. Der Mann heißt Adolf Hitler. Auf den Tag genau fünf Jahre nach der Ausrufung der Republik – am 9. November 1923 – betritt er die politische Bühne der Weimarer Republik mit dem festen Ziel, diese von ihm gehasste Staats- und Regierungsform schnellstens wieder abzuschaffen.

Am Abend des 8. November 1923 hat die konservative bayrische Landesregierung zu einer öffentlichen Veranstaltung im Münchner Bürgerbräukeller eingeladen. Während der Kundgebung besetzen Adolf Hitler und sein Mitstreiter, der ehemalige Chef des Generalstabs Erich Ludendorff, das Podium und erklären die »November-Regierung« in Berlin für abgesetzt. Anschließend teilen sie dem grölenden Publikum mit, es werde eine provisorische Regierung aufgestellt, der die Herren Hitler und Ludendorff angehören würden. Am Morgen des 9. November 1923 nimmt der so genannte »Hitler-Putsch« seinen dilettantischen Fortgang. Nationalsozialistische Sturmtrupps und andere rechtsextreme Verbände formieren sich – nach italienischem Vorbild – zu einem »Marsch auf die Feldherrnhalle« in München. Aber die Polizei stellt sich dem teilweise bewaffneten Mob entgegen. Adolf Hitler fordert sie auf, sich ihnen anzuschließen, was einige auch tun. Die anderen schießen in die Reihen der Putschisten. Nach kurzer Zeit liegen 19 Leichen auf dem Münchner Straßenpflaster, die Marschierer sind verwirrt und suchen ihr Heil in der Flucht. Der »Marsch auf die Feldherrnhalle« ist nach 250 Metern gescheitert und damit auch der Sturz der Regierung in Berlin. Erich Ludendorff und Adolf Hitler werden verhaftet und einem lächerlichen Gerichtsverfahren ausgesetzt. Fünf Jahre Festungshaft lautet der Urteilsspruch für Adolf Hitler. Er verbüßt seine Strafe – allerdings nur für zehn Monate – auf der Festung Landsberg, wo er Zeit und Muße findet, eines der niederträchtigsten je geschriebenen Bücher zu verfassen: ›Mein Kampf‹. Darin kann man fortan lesen, wie er sich die Zukunft des europäischen Kontinents vorstellt: Unter deutscher Vorherrschaft, befreit von Juden, Bolschewisten sowie sonstigen missliebigen Elementen und umgeben von einem Netz unterdrückter Völker, die für das Wohl der Deutschen zu arbeiten haben.

Bevor er diese Vision in die Tat umzusetzen versucht, erlebt die Weimarer Republik das, was später die »goldenen zwanziger Jahre« genannt wird. Das Leben normalisiert sich, die Metropolen – allen voran Berlin – nehmen internationales Flair an, die Gesellschaft gewöhnt sich an die Republik und genießt ihre Vorteile. Aber wer genau hinsieht, kann die Boten der Zukunft erkennen. Am 25. Februar 1925 stirbt der erste Reichspräsident Friedrich Ebert an den Folgen einer verschleppten Blinddarmentzündung. Zwei Monate später wird der Kandidat der Rechtsparteien, der pensionierte General Paul von Hindenburg, im zweiten Wahlgang zu seinem Nachfolger gewählt. Mit Paul von Hindenburg steht nun ein überzeugter Monarchist an der Spitze des Staates, der von Demokratie und Republik wenig versteht und entsprechend wenig von beidem hält.

Die erste Regierungskoalition ist im Januar 1919 von der SPD mit dem katholischen Zentrum und der Deutschen Demokratischen Partei mit einer Dreiviertel-Mehrheit im Reichstag gebildet worden. Bei keiner der darauf folgenden Wahlen kann die Weimarer Koalition dieses Ergebnis auch nur annähernd erreichen. Bis Anfang der 30er Jahre sinkt der Anteil von SPD, Zentrum und DDP auf rund 30 Prozent. Im gleichen Zeitraum nehmen die Stimmen für die radikalen Parteien von rechts und links erheblich zu. Zwischen 1928 und 1932 legt die NSDAP Adolf Hitlers von 2,6 Prozent auf über 37 Prozent zu, während die KPD Ernst Thälmanns um vier auf knapp 15 Prozent ansteigt. Damit vereinigen die beiden demokratie- und republikfeindlichen Parteien bei der ersten von zwei Reichstagswahlen im Jahr 1932 mehr als die Hälfte der Stimmen und der Abgeordneten auf sich. Die Gewinner der Weltwirtschaftskrise, die Ende 1929 die Vereinigten Staaten und den europäischen Kontinent trifft, sind die radikalen Parteien am rechten und linken Rand der politischen Geographie.

■ **Die Weltwirtschaftskrise**
Die Zeichen stehen im Oktober 1929 auf Sturm. In fast allen Ländern stagniert die Wirtschaft. Eine Überproduktion füllt die Lager, aber die Waren sind nicht verkäuflich, weil immer mehr Menschen arbeitslos werden und dementsprechend wenig Geld zur Verfügung haben. Der

Kreislauf von Überproduktion und Absatzrückgang paart sich mit zwangsweisen Sparmaßnahmen der Unternehmen und produziert so eine massenhafte Arbeitslosigkeit. Am Morgen des 29. Oktober stellen die New Yorker Börsenmakler fest, dass ihren Verkaufsoptionen keine entsprechenden Käufer gegenüberstehen. Innerhalb weniger Minuten stürzen die Kurse in den Keller und lösen weitere Panikverkäufe aus. Für viele Aktionäre bedeutet dieser Kurssturz das Ende, weil sie ihre Aktienkäufe durch Kredite finanziert haben. Aus dem Traum vom kleinen Glück wird binnen Stunden die Angst vor der großen Katastrophe. In ihrer Verzweiflung stürzen sich Menschen von Hausdächern oder begehen auf andere Weise Selbstmord. Wenige Tage später erreicht der Börsencrash Europa. Amerikanische Kredite in Europa werden zurückgerufen, der für die deutsche Wirtschaft dringend benötigte Kapitalstrom versiegt von einem auf den anderen Tag. Die Märkte versuchen sich abzuschotten, was aber nicht gelingt. Das Welthandelsvolumen nimmt in den nächsten drei Jahren um 25 Prozent ab, der deutsche Warenexport sinkt im gleichen Zeitraum von mehr als 13 auf unter 6 Milliarden Reichsmark. Die Industrieproduktion geht um 40 Prozent zurück. In Deutschland sind die Konsequenzen dieser Weltwirtschaftskrise brutal. Täglich müssen Firmen schließen oder Arbeiter entlassen. Banken können den Zahlungsverkehr nicht mehr organisieren, Massenarbeitslosigkeit und Verelendung der Menschen sind die Folgen. Zwischen 1929 und 1932 steigt die Arbeitslosigkeit von 1,3 auf mehr als sechs Millionen Arbeiter und Angestellte, deren Familien nun vor dem Nichts stehen. Armut und Kriminalität nehmen ungeahnte Ausmaße an, begleitet von einer Weltuntergangsstimmung und lauter werdenden Rufen nach einem »starken Mann«, der alldem ein Ende bereitet.

Die Weltwirtschaftskrise stellt nicht nur in Deutschland, sondern in ganz Europa die kapitalistische Wirtschaftsordnung und die politischen Lösungsangebote der verschiedenen Parteien auf den Prüfstand. Wie reagiert dieses Wirtschaftssystem auf die rasant steigende Arbeitslosigkeit und damit einhergehende Verarmung weiter Teile der Bevölkerung? Die Krise schreit nach radikalen Lösungen. Die politische Linke strebt nach der Sowjetisierung Deutschlands, während die politisch eher rechts orientierten Eliten den Ausweg in Formen der autoritären Machtausübung sehen.

Seit 1930 regieren Präsidialkabinette, die vom Parlament unabhängig sind und durch den Reichspräsidenten eingesetzt werden. Aber die Krise ist größer, und die mit der Verelendung einhergehende Radikalisierung der politischen Ränder schreitet derart schnell voran, dass für viele Menschen die Lösung ebenfalls nur in radikalen Maßnahmen bestehen kann. Die nun sichtbar werdenden gesellschaftlichen Konflikte sind bis dahin nur mühsam unter der Decke gehalten worden, jetzt treten sie mit voller Wucht wieder zu Tage. Mehr noch: Die Politik der autoritären Präsidialkabinette wälzt die Krisenlasten immer mehr auf die von Arbeitslosigkeit und Verelendung betroffenen Schichten ab. Deren Radikalisierung ist die nahezu logische Folge.

Die Krise zu Beginn der 30er Jahre bewirkt auch eine erhebliche Verschiebung der politischen Kräfteverhältnisse. Die Reichstagswahlen am 14. September 1930 bringen nicht nur die bis dahin größte Wahlbeteiligung von knapp 82 Prozent, sondern auch den höchsten Zuwachs für die NSDAP. Von mageren 2,6 Prozent kann sie ihren Stimmenanteil auf mehr als 18 Prozent steigern und sitzt fortan als zweitstärkste Fraktion mit 107 Abgeordneten im Deutschen Reichstag. Auch bei den Wahlen der folgenden Jahre strömen der NSDAP immer neue Wählerschichten zu, sodass sie schließlich die stärkste Fraktion stellen kann. Die Gründungsparteien der Weimarer Republik verlieren im gleichen Zeitraum immer mehr an Einfluss, das Ende der ersten Republik auf deutschem Boden scheint nur noch eine Frage der Zeit zu sein.

■ **Adolf Hitler und die NSDAP**
Der Sohn eines österreichischen Zollbeamten wird am 20. April 1889 in Braunau am Inn geboren. Er besucht die Realschule, bricht den Schulbesuch nach dem Tod seines Vaters ab und lebt bis zu deren Tod 1907 bei seiner Mutter in Linz. Die Wiener Kunstschule weist ihn zweimal ab, woraufhin Adolf Hitler ein mehr als unstetes Leben erst in Wien, dann in München führt. Mit Gelegenheitsarbeit, einer Waisenrente und dem Verkauf selbst gemalter Postkarten verdient er seinen Lebensunterhalt, treibt sich in Kaffeehäusern und Kneipen herum und gerät in Kontakt mit rechtsradikalen, antisemitischen Zeitungen und Büchern. Er verschlingt diese Lektüre und entdeckt dabei seine Fähigkeit, das Gelesene

in Kneipenrunden einer größeren Zuhörerschaft überzeugend wiederge-
ben zu können. Die Vorstellung einer »jüdisch-bolschewistischen« Weltverschwörung gegen Deutschland setzt sich in ihm fest. In den Ersten
Weltkrieg zieht er mit Begeisterung, wird Meldegänger, erhält das »Eiserne Kreuz«, macht aber trotzdem keine militärische Karriere. Das
Ende des Ersten Weltkriegs erlebt er als Verwundeter in einem Lazarett.
1919 als »Deutsche Arbeiterpartei« gegründet, wird sie zwei Jahre
später in »Nationalsozialistische Deutsche Arbeiterpartei« umbenannt.
Seit 1921 ist Adolf Hitler Vorsitzender der NSDAP. Unter seinem Einfluss entwickelt sie sich zu einer rechtsradikalen, antisemitischen und
antibolschewistischen Partei, die das parlamentarisch-demokratische
System der Weimarer Republik erbittert bekämpft. Nach dem Scheitern
des »Hitler-Putsches« am 9. November 1923 wird die Partei verboten,
Adolf Hitler zu fünf Jahren Festungshaft verurteilt. Nach kurzer Zeit wieder entlassen, reorganisiert er die Partei. SA und SS werden straff ge-
führte paramilitärische Kampfgruppen, die sich in den letzten Jahren
der Weimarer Republik Straßenschlachten mit kommunistischen und
sozialdemokratischen Verbänden liefern. Seit den Reichstagswahlen des
Jahres 1924 sitzt die NSDAP mit einer zunächst kleinen, dann aber rasant wachsenden Zahl von Abgeordneten im Reichstag. Deren einzige
Aufgabe ist es, die Arbeit des Parlaments zu stören oder lächerlich zu
machen und auf den Sturz des »Systems der Novemberverbrecher« hinzuarbeiten. Bei den Präsidentschaftswahlen 1932 erreicht der Kandidat
der NSDAP Adolf Hitler mehr als ein Drittel der abgegebenen Stimmen,
im gleichen Jahr wird die NSDAP stärkste Fraktion im Reichstag. Er fordert die Kanzlerschaft, doch Reichspräsident Paul von Hindenburg
lehnt dieses Ansinnen ab. Ende 1932 sinken das Ansehen Hitlers und
der NSDAP, erstmals seit langer Zeit müssen Wahlniederlagen hingenommen werden. Die NSDAP rechnet nicht mehr damit, auf legalem
Weg an die Macht zu kommen.

Demokratie ohne Demokraten

Der Treibsatz für die Radikalisierung der Massen am Beginn der
30er Jahre ist die Weltwirtschaftskrise, die Deutschland sehr viel
härter trifft als die übrigen europäischen Staaten. Nach dem

»Schwarzen Freitag« an der New Yorker Wall Street werden innerhalb kürzester Zeit amerikanische Auslandskredite zurückgerufen, woraufhin die schwächelnde deutsche Wirtschaft endgültig zusammenbricht. Aber das allein bewirkt nicht das Ende der ersten deutschen Republik, die Gründe für das Scheitern liegen tiefer und beginnen früher. Der verlorene Erste Weltkrieg hat der Weimarer Republik auch eine verlorene Generation hinterlassen, die sich zu keiner Zeit mit den neuen Verhältnissen abfinden kann. Die zurückströmenden Soldaten stellen mit Entsetzen fest, dass alle überkommenen moralischen Vorstellungen über Bord geworfen werden: Kaiser und Reich, der Vorrang für alles Militärische, die Großmannssucht der Kaiserzeit, das Streben nach der Vorherrschaft zumindest in Europa – wenn schon nicht in der Welt. All das wird binnen weniger Wochen eingetauscht gegen »demokratisches Gequatsche«, gegen einen »sinnlosen Debattierclub« namens Reichstag und gegen ein politisches System, das von den so genannten »Novemberverbrechern« angeführt wird. Die bei vielen verhassten Sozialdemokraten haben das Sagen im Land. Sind sie nicht die Vorboten eines ideologischen Weltbürgerkriegs, den die bolschewistische Revolution im einst zaristischen Russland gerade erfolgreich eingeleitet hat? Würde nicht Deutschland das nächste Ziel der Revolutionäre sein? Diese Angst wird von rechts wie links befördert: Die NSDAP propagiert einen radikalen Antibolschewismus, greift damit diese Sorgen auf und kann sie in Wählerstimmen ummünzen. Die KPD schürt diese Ängste, indem sie einen eng an die Moskauer Zentrale angebundenen politischen Kurs fährt. Die Gesellschaft der Weimarer Republik ist gespalten und in ihrer politischen Mitte haltlos. Es gibt keinen republikanischen und demokratischen Konsens, der als Ausweg aus diesem Dilemma dienen kann. Es fehlt der bindende demokratische Konsens einer bürgerlichen Mehrheit, den alle Gesellschaften benötigen, wollen sie nicht den vielfältigen Verlockungen der Selbstzerstörung erliegen. Die Republik von Weimar krankt von ihrem ersten Tage daran, dass sie weder bei den Eliten noch bei der Bevölkerung auf eine mehrheitliche Unterstützung bauen kann. Mit Ausnahme weniger Jahre ist die Demokratie im Verfall begriffen. Als die Wirtschaftskrise das Land ruiniert, kann die Politik weder Brot noch Arbeit sichern oder Vertrauen und Zuversicht verbreiten. Jetzt, wo die Republik so dringend Unterstützung bräuchte, wird sie – von den Freunden kaum verteidigt – zur leichten Beute der Feinde.

Es herrscht keine Einigkeit über Sinn und Wert der politischen Ordnung von Weimar, sie wird den Menschen übergestülpt. Die im Widerstreit liegenden Interessensgruppen akzeptieren kein gemeinsames Leitbild, das unangefochten über ihren zerstörerischen Streitigkeiten steht. Es gibt nichts, um dessen Willen sie einen Kompromiss mit dem politischen Gegner eingehen würden. Keiner der Kombattanten verzichtet auf die zerstörerische »Alles-oder-nichts«-Formel und keiner erweist Andersdenkenden Respekt und eine sich daraus ergebende Toleranz. Mit diesem Ballast im Gepäck hat die Republik von Weimar keine Überlebenschance.

Zerlegt wird die Republik auch auf der Straße, wo sich die militanten Kampforganisationen der NSDAP, KPD und später auch der SPD bürgerkriegsähnliche Schlachten liefern. Es vergeht kaum ein Tag ohne brutale Gewalt auf offener Straße, begleitet von einer lautstarken Propaganda. Obwohl SA und SS oft genug Initiatoren dieser Straßenkämpfe sind, spielen sie ihrer Partei in die Hände. Denn die Propagandisten der NSDAP verkünden auf Plakaten und Wurfzetteln und bei unzähligen Demonstrationen, dass diese Situation nur die starke Hand eines Mannes retten könne. Der »Führer« Adolf Hitler füllt mühelos Hallen und Marktplätze und lässt sich als Heilsbringer aus der Not feiern. Er schreit die Sehnsucht nach neuer Gemeinschaft der Deutschen heraus, die ungestört sein soll von Juden und Bolschewisten. Er brüllt seine Zuhörer geradezu an, wenn er die Vernichtung der »jüdisch-bolschewistischen Weltverschwörung« ankündigt. Wie in einem Gottesdienst predigt er die neue »Volksgemeinschaft«, der anzugehören nur Deutsche die Ehre haben – der Rest soll erst fortgejagt und dann vernichtet werden. Geschickt verankert er seinen »nationalen Sozialismus« in den Herzen jener, die – wie er – von der Kameradschaft der Schützengräben des Ersten Weltkriegs geprägt sind. Ganz im Sinne der alten Kameraden verspricht er die »Schmach von Versailles« zu revidieren und Deutschland in neuem Glanz erstrahlen zu lassen.

Erst folgen ihm die Deklassierten und Frustrierten, die in SA-oder SS-Gruppen nicht nur Gemeinschaft finden, sondern auch noch durch Spenden und Mitgliedsbeiträge finanziertes Essen bekommen. Sie – so verspricht er ihnen – sind das Rückgrat eines kommenden nationalsozialistischen Staates, der dann mit ihrer Hilfe Bolschewisten, Juden und andere »Verschwörer« verjagen werde. Dann findet er bei Industriellen und anderen einflussreichen Kreisen Zuspruch. Auch ihnen serviert Adolf Hitler mundgerecht, was sie hören wollen: Staatsgelder für die militärische Aufrüstung, Brechung der Knechtschaft durch die alliierten Siegermächte, Schluss mit dem bolschewistischen Spuk in Gestalt der KPD. Es ist ein Sammelsurium von abstrusen und hasserfüllten Tiraden, die Vorurteile und Ängste weiter Teile der Bevölkerung aufnehmen, die ihm und damit auch der NSDAP massenhaften Zulauf bringen.

Dahlemer Tage

Dennoch scheint die NSDAP Ende 1932 auf dem absteigenden Ast zu sein. Adolf Hitler ist frustriert. Er und seine Mitstreiter haben die Hoffnung aufgegeben, an die Macht zu gelangen. In der Münchener Parteizentrale herrscht in diesen Wochen Weltuntergangsstimmung, die Parteikasse ist leer, die Mitglieder sind unzufrieden und es tobt ein interner Richtungsstreit. Da kommt der Vorschlag des Kölner Bankiers Kurt Baron von Schroeder genau zum richtigen Moment: Der »Freundeskreis der Wirtschaft«, dem der Baron an führender Stelle angehört, lädt Adolf Hitler sowie den ehemaligen Reichskanzler Franz von Papen und führende Mitglieder der NSDAP zu einem informellen Treffen in sein Haus ein. Kurt Baron von Schroeder ist kein Unbekannter, sein Bankhaus verwaltet das Sonderkonto »S«, auf das die Mitglieder des Freundeskreises jährlich eine Million Reichsmark einzahlen, die Heinrich Himmler, dem Reichsführer SS, zur freien Verfügung stehen. An jenem 4. Januar 1933 bereiten die in einer Kölner Villa versammelten Herren die Regierungsübernahme durch die NSDAP und damit die Kanzlerschaft Adolf Hitlers vor. Die amtierende Regierung solle schnellstens gestürzt und eine Koalition von rechts unter Adolf Hitler, Franz von Papen und dem Zeitungsmillionär Alfred Hugenberg gebildet werden. Das Ziel der Verabredung wird schriftlich fixiert:

»Die Entfernung aller Sozialdemokraten, Kommunisten und Juden von führenden Stellungen in Deutschland (...) die

Wiederherstellung der Ordnung im öffentlichen Leben, die Abschaffung des Vertrages von Versailles (...) und die Wiederherstellung eines sowohl in militärischer als auch in wirtschaftlicher Hinsicht starken Deutschlands.«

Umgesetzt wird dieser Plan unter Beteiligung des Reichspräsidenten, der sich bis dahin geweigert hatte, den »böhmischen Gefreiten« Adolf Hitler zum Reichskanzler zu machen. Der bekennende Monarchist Paul von Hindenburg ist in diesem entscheidenden Moment nicht mehr im vollen Besitz seiner geistigen und körperlichen Kräfte. Seit seiner Wiederwahl hat er sich mit einer »Kamarilla« umgeben, die aus dem Kreis seiner Freunde und Weggefährten der politischen Rechten stammt. Zu diesen merkwürdigen Beratern gehört auch sein – wie es ironisch heißt – »in der Verfassung nicht vorgesehener« Sohn Oskar. In maßloser Selbstüberschätzung, zerfressen von persönlichem Ehrgeiz und ohne politischen Sachverstand überreden sie den greisen Präsidenten schließlich, mit einem Kreis von Verschwörern Kontakt aufzunehmen, die sich seit Anfang Januar regelmäßig in einer schmucken Villa in Berlin-Dahlem treffen. Diese Villa gehört dem Emporkömmling und späteren Außenminister Joachim von Ribbentrop, der durch die Heirat mit Anneliese Henkell, der Erbin des gleichnamigen Sektimperiums, zu viel Geld gekommen ist.

Frau Anneliese serviert unentwegt belegte Brote und reichlich Cognac, die Villa ist durchzogen von Rauchschwaden, erregte Wortfetzen sind zu hören. Adolf Hitler und seine Gefolgsleute sind extremen Stimmungsschwankungen ausgesetzt, ab und an schreit er seine wütenden Hasstiraden auf den Reichspräsidenten heraus. Emissäre berichten von der jeweiligen Gemütslage Paul von Hindenburgs, die anfangs nicht dazu tendiert, dem Wunsch der Verschwörer zu entsprechen. Die Entscheidung zu Gunsten Adolf Hitlers fällt, nachdem der amtierende Reichskanzler General Kurt von Schleicher mit dem Versuch gescheitert ist, den sozialrevolutionären Flügel der NSDAP um Gregor Strasser auf seine Seite zu ziehen. Als auch die Gewerkschaften Ende Januar 1933 seinen Versuch torpedieren, der Regierung eine breite Basis in der Bevölkerung zu sichern, schlägt er dem Reichspräsidenten Neuwahlen vor. In der Dahlemer Villa wird die Nachricht, dass Paul von Hindenburg Neuwahlen ablehnt, mit Jubel quittiert, denn eingedenk der schlechten Wahlergebnisse vom November des Vorjahres rechnen sich die NSDAP-Strategen dabei kaum Chancen aus. Kurt von Schleicher, der ein enger Freund Paul von Hindenburgs ist, tritt enttäuscht über die Haltung des Reichspräsidenten am 28. Januar von seinem Amt zurück und schlägt Adolf Hitler als seinen Nachfolger vor. Nun bricht hektische Betriebsamkeit in der Dahlemer Villa aus, beinahe stündlich gibt es neue Meldungen. In aller Eile werden Absprachen über Ministerposten und erste Gesetzesmaßnahmen hin- und hergeschickt, zu denen auch das so genannte Ermächtigungsgesetz gehört, mit dem das Parlament ausgehebelt werden soll. Angesichts der desolaten Lage des Landes und wohl auch seines Amtes müde gibt Paul von Hindenburg am Abend des 29. Januar seinen Widerstand auf und lädt Adolf Hitler um 10.00 Uhr des nächsten Morgens zu sich.

Am Morgen des 30. Januar 1933 übergibt der Reichspräsident dem Führer der NSDAP die Macht. Es ist keine »Machtergreifung«, wie bald darauf unentwegt propagiert wird, sondern eine legale …

Europa unter dem Hakenkreuz
1933–1945

Das Kreuz mit den Haken

…»Machtübertragung«, die sich in den Räumen des Reichspräsidenten abspielt. Am Abend des 30. Januar 1933 zieht ein scheinbar endloser Fackelzug an der Reichskanzlei vorbei, Radioreporter berichten von diesem Ereignis mit bebender Stimme. Adolf Hitler, der sich ab und an mit erhobenem Arm am Fenster zeigt, will sich aus diesen Räumen nicht mehr verdrängen lassen. Er stellt sich dar als der Retter vor der Bolschewisierung Deutschlands, die von der moskautreuen KPD propagiert wird. Die Kommunisten in der Sowjetunion versprechen den »Proletariern aller Länder« einen Feldzug gegen das zerrüttete »Ausbeutersystem des Monopolkapitalismus«. Diese »geschichtlich vorbestimmte« Weltrevolution werde nicht mehr lange auf sich warten lassen und in der Mitte Europas beginnen. Das löst bei den einen freudige Erwartungen und bei den anderen Panik aus. Die NSDAP greift die Angst vor der bolschewistischen Weltrevolution auf und präsentiert Adolf Hitler als jenen Erlöser, der die Menschen vor ebendieser Revolution bewahren kann. Der Aufstieg des »braunen Trommlers« ist Ausdruck des Zerfalls einer Gesellschaft, die ihren Mitgliedern keine Antwort auf die Frage, wie sie ihr Überleben sichern sollen, geben kann. Die NS-Bewegung nutzt dieses Dilemma aus, steckt die Deklassierten, die sozial Schwachen und die, die sich benachteiligt fühlen, in eine Uniform und lässt sie aus der Masse der Frustrierten heraustreten. Dafür sind die Menschen dankbar. Sie fühlen sich wichtig, sie gehören dazu, wenn das neue Deutschland gebaut wird. In Kameradschaftsabenden entsteht eine Gruppendynamik, die das elitäre Gefühl vermittelt, »Bannerträger« der deutschen Zukunft zu sein. Die »Braunhemden« leben mit Massenaufmärschen, Paraden und Kundgebungen jene »Volksgemeinschaft« vor, die es nun aufzubauen gilt.

Ist diese »Volksgemeinschaft« nicht die Vervollkommnung des Sozialismus, denken viele Arbeiter und schließen sich den braunen Kolonnen an, die im Gleichschritt durch Deutschlands Straßen trampeln, Lieder von »gefallenen Kameraden« singen und dem politischen System der Weimarer Republik nicht nur Rache, sondern Untergang schwören. Ist das nicht die Wiederherstellung der deutschen Nation, hofft das nationalistische Deutschland und streift sich das braune Hemd der »Bewegung« über. Der Zorn über die hohe Arbeitslosigkeit, über das »Parteiengezänk« im Reichstag, über den »Schandfrieden von Versailles«, über die Bedrohung durch die bolschewistische Sowjetunion und schließlich die Juden, die seit jeher an allem Übel schuld sind: All das spricht Menschen weit über die NS-Bewegung hinaus an. »Ja«, schreien sie, der Mann hat Recht, lasst uns diese Zustände abschaffen! Ihre Rufe werden aufgenommen und in eine mörderische Kampagne gegen all jene umgelenkt, die nicht ebenso laut und bedingungslos »Ja« schreien.

Adolf Hitler verfügt über hohe Suggestionskraft, seine Zuhörer hängen ihm an den Lippen und saugen die meist stakkatoartig vorgetragenen Worte in sich auf. Er ist ein Virtuose der Selbstinszenierung, seine Auftritte sind genau geplant, er setzt Pausen und Gesten ein, um die Spannung zu steigern. Je länger er spricht, je mehr redet er sich in Rage und versetzt die meisten seiner Zuhörer in Trance. Seine Reden sind wie Gottesdienste aufgebaut. Aber der neue Messias hält gleichzeitig eine merkwürdige Distanz zu den Menschen. Er scheint ihnen zu misstrauen, versteckt sich lieber hinter der Maskerade eines stets gleich und korrekt gekleideten Soldaten. Er ist der erste Schauspieler des Landes, dem keiner zu nahe kommen darf, um den Nimbus des von der »Vorsehung« Auserwählten nicht zu zerstören. Die Menschen sitzen vor den Radiogeräten – »Volksempfänger« genannt – und lauschen der sich überschlagenden Stimme des »Führers«, dessen Botschaft ihnen aus dem Herzen spricht. Seine Worte werden sie zu Taten treiben, die in der ganzen Welt Entsetzen auslösen.

Nur wenige Tage nach Amtsantritt geben sich Lobbyisten beim neuen Reichskanzler die Klinke in die Hand. Als Erstes versammelt Adolf Hitler die Generalität um sich und kündigt ihnen eine milliardenschwere Aufrüstung an, um in absehbarer Zeit Angriffskriege führen zu können. Das Ziel der zukünftigen deutschen Außenpolitik müsse die »Gewinnung von Lebensraum im Osten« sein, verkündet er. Sein Entschluss sei »unabänderlich«, seine Geduld mit den westlichen Demokratien am Ende. Die Herren im Militärrock sind beeindruckt: Der Mann weiß, was er will. Den Industriellen sagt er die Zerschlagung der Gewerkschaften und die Auflösung des Parteienstaats zu. Parteipolitische Spielchen – so verheißt er ihnen – wird es mit ihm nicht mehr geben. Die Industriellen sind hocherfreut über die glänzenden Aussichten, zumal sie sich in Sicherheit wähnen, weil eine konservative Mehrheit der Deutsch-Nationalen Volkspartei die Regierung der »nationalen Konzentration« steuern und unerwünschte Aktionen des »Führers« und der nationalsozialistischen Minister Wilhelm Frick und Hermann Göring verhindern kann. Aber sie täuschen sich, denn Adolf Hitler und seine Mitstreiter fegen die konservativen »Aufpasser« kurzerhand vom Kabinettstisch. Die Zeit des Debattierens ist vorbei, allein das »Führer-Wort« zählt. Adolf Hitler führt Gespräche nur zum Schein, denn das Ergebnis steht schon vorher fest: Die anderen haben sich seiner Meinung zu unterwerfen, die Unterredungen gleichen einem Monolog, an dessen Ende die uneingeschränkte Zustimmung seines Gegenübers zu stehen hat. Andernfalls kommt es in rascher Folge zu martialischem Gebrüll und Sanktionen, die später auch vor militärischen Raubzügen nicht Halt machen.

Am 5. März werden Reichstagswahlen abgehalten, bei denen die NSDAP zwar Zugewinne verbuchen kann, die absolute Mehrheit aber verfehlt. Gemeinsam mit der Deutschnationalen Volkspartei verfügt die Koalition der extremen Rechten aber über eine satte Mehrheit, mit der Adolf Hitler die nächsten vier Jahre bequem regieren kann. Trotzdem verlangt der »Führer des neuen Deutschlands« ein Gesetz, das es ihm erlaubt, ohne – und wenn es sein muss – gegen das Parlament zu regieren.

Gleichschaltungen

Für das von ihm eingebrachte »Ermächtigungsgesetz« braucht er bei der Abstimmung am 23. März 1933 eine Zweidrittelmehrheit, die eine Verfassungsänderung erst möglich macht. Die Regierungskoalition verfügt nur über einen Stimmenvorsprung von 33 Sitzen und kann diese Mehrheit allein nicht erreichen. Aber an diesem Tag geschieht etwas Unglaubliches im Deutschen Reichstag. Eingeschüchtert von SA-Männern, die mit grimmiger Miene vor dem Eingang zum Reichstag stehen, stimmen die bürgerlichen Oppositionsparteien dem »Ermächtigungsgesetz« zu. Sie machen damit den 23. März 1933 zum schwärzesten Tag der deutschen Parlamentsgeschichte. Die Abgeordneten entmachten sich freiwillig und ebnen der Diktatur den Weg. Einzig die Sozialdemokraten verweigern dem Gesetz ihre Stimmen. Die Abgeordneten der KPD haben dazu keine Chance, weil sie vorher verhaftet worden sind. Sehenden Auges übergeben die bürgerlichen Oppositionsparteien den Staat in die Hände Adolf Hitlers, der sich rühmen kann, auf legalem Weg nicht nur in das Amt des Reichskanzlers gekommen zu sein, sondern in gleicher Weise auch die Demokratie abgeschafft zu haben. Es ist ein für den Fortgang der europäischen Geschichte katastrophales Ereignis.

Am 31. März folgt die Gleichschaltung der Länderparlamente. Am 2. Mai stürmen SA-Einheiten die Gewerkschaftshäuser im Land, die Bankkonten werden gesperrt und das Vermögen eingezogen. Wenige Tage später müssen sich die Gewerkschaften in die »Deutsche Arbeitsfront« eingliedern. Dort sitzen sie nun mit den Arbeitgebern in einer gemeinsamen Organisation und müssen zur Kenntnis nehmen, dass deren erste Amtshandlung darin besteht, das Streikrecht abzuschaffen. Nach den Gewerkschaften werden die Parteien aufgelöst. Das Gesetz gegen die Neubildung von Parteien vom 14. Juli 1933 legt fest, dass es in Deutschland nur noch »eine einzige politische Partei, die Nationalsozialistische Deutsche Arbeiterpartei«, gibt. Wer dagegen verstößt, wird »mit Zuchthaus bis zu drei Jahren oder mit Gefängnis von sechs Monaten bis zu drei Jahren bestraft«. Damit ist innerhalb weniger Wochen aus der parlamentarischen Demokratie ein nationalsozialistischer Einheitsstaat geworden. Bald ist niemand mehr da, der gegen Auswüchse dieser Machtkonzentration einschreiten kann, denn parallel zu den Gleichschaltungen von Vereinen, Verbänden und Parteien beginnt die Verfolgung von Kommunisten, Gewerkschaftern, Sozialdemokraten, Juden und Intellektuellen. Über das Land zieht eine Verhaftungswelle. Literaten von Weltrang werden denunziert, ihre Bücher unter dem Gejohle eines aufgebrachten Mobs ins Feuer geworfen. Ihre Vorstellungen von Freiheit und Menschenrechten, von Kunst und Kultur passen nicht in die neue Zeit. Politiker, Gewerkschafter, aufrechte und unbeugsame Christen, aber auch »einfache« Menschen, die sich nicht uniformieren lassen wollen, werden weggeschlossen und nicht selten umgebracht. Die Gleichschaltungswut macht vor niemandem Halt. Die bunte Welt der Jugendbünde, in denen viele Tausend Jungen und Mädchen ihre Freizeit gestalten, wird aufgelöst und in die Hitlerjugend überführt. Die Organisationen von Lehrern, Ärzten, Rechtsanwälten oder Künstlern werden verboten und in das Heer der Braunhemden eingegliedert. Widerstand regt sich kaum, die nationale Euphorie hat nahezu alle erfasst.

Am 1. April 1933 organisiert die SA einen landesweiten Boykott jüdischer Geschäfte. Vor den Eingangstüren stehen bewaffnete SA-Männer und hindern Kunden daran, die Geschäfte zu betreten. Wer es dennoch tut und mit den »Volksschädlingen« sympathisiert, wird entsprechend angepöbelt. Am Abend dieses Tages stehen Tausende jüdischer Geschäftsleute vor den Scherben ihrer Schaufenster, manche von ihnen haben eine böse Vorahnung. Einige packen die Koffer und verlassen das Land, das sie genauso lieben, wie jene es vorgeben, die gerade ihre Läden zertrümmert haben. Sie sind deutsche Juden, haben als Soldaten des Ersten Weltkriegs ihr Leben eingesetzt. Für die neue deutsche Volksgemeinschaft aber gilt nur noch die arische Blutsgemeinschaft, und zu der gehören sie nicht, wie der rassistische Antisemitismus angeblich »wissenschaftlich« bewiesen hat.

Der Vernichtungswille Adolf Hitlers und seiner Helfer macht – wenn es sein muss – auch vor den eigenen Leuten nicht Halt. Am 30. Juni 1934 wird die SA-Führung umgebracht, weil sie angeblich eine zweite »sozialistische Revolution« plant. Die »Nacht der langen Messer« dauert bis zum 2. Juli, da nicht alle Personen, derer sich der »Führer« zu entledigen gedenkt, in einer Nacht zu greifen sind.

■ **Der Röhm-Putsch**

Die Sturmabteilungen (SA) der NSDAP werden anfangs als Saalschutz für Adolf Hitler aufgebaut und genießen den Ruf einer dem »Führer« treu ergebenen Truppe. Nach den Reichstagswahlen im März 1933 laufen der Partei und der SA jede Menge neue Mitglieder zu – spöttisch »Märzgefallene« genannt. Unter der Führung des »alten Kämpfers« Ernst Röhm entwickelt sich die straff organisierte SA zu einem Machtfaktor im NS-Staat. Nach Ernst Röhms Vorstellungen soll »seine« SA der Grundstock einer neu zu bildenden Volksmiliz werden. In diese Miliz müsse auch die Reichswehr eingegliedert werden, was den Argwohn Adolf Hitlers erregt. Mit der Reichswehr hat er anderes im Sinn: Er braucht sie als Machtinstrument für seine Aufrüstungs- und Kriegspläne. Bald kursieren Gerüchte, die SA plane eine »Zweite Revolution«, die dem wahren nationalen Sozialismus zum Durchbruch verhelfen soll. Die ebenfalls um die Gunst des »Führers« buhlende, von Heinrich Himmler angeführte Schutzstaffel (SS) sorgt für weiteres Gerede, nach dem ein Staatsstreich der SA unmittelbar bevorstehe. Nun handelt Adolf Hitler und lässt bei einer Tagung am 30. Juni 1934 sämtliche Führer der SA verhaften und umbringen. Die Reichswehr, der er damit den Beleg liefert, dass sie alleiniger Waffenträger der Nation ist, nimmt hin, dass im Zuge dieser Mordaktion auch gleich einige unliebsame Generäle ermordet werden – unter ihnen zusammen mit seiner Frau der ehemalige Reichskanzler Kurt von Schleicher. Adolf Hitler nutzt die Gunst dieses Überraschungscoups und entledigt sich auch noch des innerparteilichen Kritikers Gregor Strasser. Drei Tage nach den Morden präsentiert Adolf Hitler der Öffentlichkeit ein vom Reichspräsidenten unterschriebenes Gesetz, das die Aktion als »Staatsnotwehr« rechtfertigt.

Diese deutsche Bartholomäusnacht sorgt in der Bevölkerung und bei der Reichswehr für Zufriedenheit. Zum einen sind die Menschen den Straßenterror und das martialische Auftreten der SA leid und zum anderen empfiehlt sich Adolf Hitler als Politiker, der durchgreift. Dabei beseitigt er nur ein Problem, das er selber geschaffen hat. Anschließend ziehen die Killer Anzüge an und führen sich als große Staatsmänner auf. Als wenige Wochen später Reichspräsident Paul von Hindenburg stirbt, übernimmt Adolf Hitler auch noch den Oberbefehl über die Wehrmacht. Einen Reichspräsidenten gibt es fortan nicht mehr, alle Macht liegt in den Händen eines Mannes, der dem Wahnsinn verfallen ist – und die Mehrheit des deutschen Volkes liegt ihm zu Füßen.

Europa wird braun

In den beiden Jahrzehnten seit dem Ende des Ersten Weltkriegs setzen sich überall in Europa antiparlamentarische und antidemokratische politische Systeme durch: In Italien herrscht Benito Mussolini, in Spanien obsiegt ein kleiner General namens Franco, der das Land bis 1975 regiert. In Portugal verkündet António de Oliveira Salazar den »Estado Novo«, den »neuen Staat«, der autoritär und klerikalfaschistisch organisiert ist. In Griechenland ist die »Megali Idea« (»Die große Idee«), die ein Großgriechenland anstrebt, Staatsräson. In Bulgarien, Jugoslawien, im Baltikum und in Polen sind demokratische Staatsformen gescheitert und durch autoritäre Regierungen ersetzt worden. In Österreich leitet Anfang der 30er Jahre Engelbert Dollfuß den Umbau des Landes in einen autoritären Ständestaat ein, der am italienischen Vorbild ausgerichtet ist und sich auf die austrofaschistischen Heimwehren stützt. Mit diesen politischen Kurskorrekturen ist eine der Grundfragen des politischen Schicksals Europas beantwortet. Die bürgerlich-liberalen Demokratien mit ihren Schutznormen für Individualität und dem freien Wettbewerb der Interessengruppen haben den Kampf gegen totalitäre Ideologien und deren zynische Verachtung für Menschenrechte verloren. Nun bleibt nur noch die Wahl zwischen Pest und Cholera – zwischen den von Moskau nach Europa schallenden Plänen einer marxistisch-leninistischen Weltrevolution und dem in Berlin brüllend verkündeten militant rassistischen Faschismus. Der in Genf tagende Völkerbund kann diesen radikalen Wandel nicht aufhalten. Hilflos müssen die Regierungen der Welt den militärischen Abenteuern des italienischen Diktators Benito Mussolini in Afrika zuschauen. Keine Hand regt sich, als schwer bewaffneten Truppen des kommunistischen Russland, einiger westlicher Demokratien und des nationalsozialistischen Deutschland im Spanischen Bürgerkrieg gegeneinander kämpfen und der Welt einen ersten Eindruck von dem vermitteln, was einige Jahre später überall auf dem Kontinent geschehen wird. Niemand schreitet ein, als Adolf Hitler die Bestimmungen des Versailler Friedensvertrags in ihr Gegenteil verkehrt. Das Deutsche Reich tritt im Oktober 1933 aus dem Völkerbund aus und lenkt ab 1935 alle staatlichen Aktivitäten auf die Vorbereitung eines Angriffskriegs: Erst wird die Wehrpflicht wieder eingeführt, gleichzeitig beginnt die Aufrüstung der Wehrmacht. Im gleichen Jahr verschafft die britische Regierung Adolf Hitler internationale Reputation, als sie ein Abkommen unterzeichnet, das den Ausbau der deutschen Flotte zulässt. Dann marschieren im März 1936 deutsche Soldaten in das entmilitarisierte Rheinland ein. Aber mehr als vage formulierte Protestnoten verfassen die demokratischen Regierungen nicht. Sie unterschätzen den brutalen Durchsetzungswillen Adolf Hitlers.

Deutsche Frage IV

Mit der Machtübertragung an die Nationalsozialisten zeigt sich ein Problem wieder die politische Weltbühne, von dem die europäischen Nachbarn gehofft haben, es sei mit dem Versailler Friedensvertrag in der historischen Mottenkiste verschwunden: die deutsche Frage. Seit Anfang der 30er Jahre ist sie immer brisanter geworden, weil die nationalsozialistische Rhetorik unentwegt von einer Wiederherstellung des Reichskörpers redet und von der Vision, dass Deutschland da sei, wo Deutsche leben. Es sei dringliche Angelegenheit deutscher Außenpolitik, die Interessen der deutschen Minderheiten zu schützen, die unter dem Joch fremdenfeindlicher Regierungen lebten. Mehr noch: Die Deutschen im Ausland müssten nicht nach Deutschland kommen, vielmehr komme »das Reich« zu ihnen. Diese »Heim-ins-Reich«-Ideologie wird nun zur Maxime der nationalsozialistischen Außenpolitik und es beginnt in der Mitte des Kontinents offensichtlich zu brodeln. Die Kriegslüsternheit des Obersten aller Deutschen ist nicht zu übersehen, sie lässt nur eine Interpretation zu: Die Deutschen wollen erst den europäischen Kontinent und dann die Welt neu aufteilen – und zwar nach ihren Vorstellungen. Den Deutschen, so tönt es aus Berlin, sei schreiendes Unrecht widerfahren, und es sei ihr gutes Recht, sich von dieser Unterjochung endlich zu befreien. Es sei nicht hinzunehmen, dass die Deutschen am Katzentisch der Weltpolitik sitzen, während die anderen über ihr Schicksal entscheiden. Mit einer merkwürdigen Ignoranz gehen die europäischen Nachbarn über dieses Gezeter hinweg, sie glauben Adolf Hitler mit Verträgen und Zugeständnissen im Zaum halten zu können und begehen damit den größten Irrtum des 20. Jahrhunderts.

Der erste Schritt zur »Komplettierung des deutschen Volkskörpers« ist die Wiedergewinnung des Saarlands, das seit dem Versailler Vertrag von französischen Kolonialtruppen besetzt ist. Bei einer Volksabstimmung am 13. Januar 1935 entscheidet sich eine deutliche Mehrheit der Saarländer für den Anschluss an das Deutsche Reich. Gut ein Jahr später – am 7. März 1936 – rücken deutsche Truppen in einem militärisch riskanten Unternehmen in das entmilitarisierte Rheinland ein. Auch das gelingt und die Untätigkeit der europäischen Mächte verschafft dem »Führer« in Deutschland einen großen Prestigegewinn. Die meisten Deutschen sind begeistert und schwenken bei jedem Anlass ein Hakenkreuz-Fähnchen. Das Land verwandelt sich zu einem rot-weiß geschmückten Festsaal, in dessen Mitte der Mann bejubelt wird, der scheinbar mühelos die Souveränität der Deutschen wiederherstellt, ohne dass ihm jemand in den Arm fällt.

Die nächste Kostprobe seiner Skrupellosigkeit liefert er Anfang 1938. Am 12. Februar zitiert Adolf Hitler den österreichischen Bundeskanzler Kurt von Schuschnigg zu sich auf den Obersalzberg. In der Idylle der bayrischen Berge droht er seinem Amtskollegen mit dem Einmarsch deutscher Truppen, falls er nicht unverzüglich das Parteiverbot für die österreichische NSDAP aufhebe, ihnen volle Agitationsfreiheit gewähre und das Innenministerium übergäbe. Der verängstigte Kurt von Schuschnigg gibt nach und beruft den Adolf Hitler treu ergebenen Parteigenossen Arthur Seyß-Inquart in das Amt des Innenministers. In der Hoffnung, die Unabhängigkeit Österreichs damit gesichert zu haben, reist er wieder ab. Als der Druck auf die österreichische Regierung dennoch immer mehr zunimmt, ordnet Kurt von Schuschnigg schließlich eine Volksabstimmung über den zukünftigen Status des Landes an. Um zu verhindern, dass ein solches Referendum die Eigenstaatlichkeit Österreichs zementiert, erzwingt Adolf Hitler am 11. März 1938 den Rücktritt Kurt von Schuschniggs und die Amtsübergabe an Arthur Seyß-Inquart. Am Tag seiner Amtseinführung erreicht den neuen österreichischen Bundeskanzler ein Telegramm von Hermann Göring. Darin schreibt er im Namen der österreichischen Regierung, dass zur Aufrechterhaltung der inneren Sicherheit des Landes deutsche Truppen angefordert werden. Arthur Seyß-Inquart unterschreibt diesen von Hermann Göring formulierten Brief und schickt ihn an die deutsche Reichskanzlei zurück. Das »Hilfeersuchen Österreichs« wird in Berlin veröffentlicht und als Vorwand genommen, in Österreich einzumarschieren. Die meisten Österreicher jubeln den deutschen Soldaten zu, als diese am 12. März 1938 mit Panzerwagen und schwerem Gerät nach Wien rollen. Einen Tag später folgt der »Führer« im offenen Mercedes. Vor einer enthusiastischen Menge verkündet er auf dem Wiener Heldenplatz den »Eintritt meiner Heimat in das Deutsche Reich« und die Rückkehr der einst von Otto dem Großen geschaffenen »Ostmark« nach Deutschland. Und wieder regt sich keine Hand in Europa, die dem deutschen Diktator in den Arm fällt. Großbritannien und Frankreich senden Protestnoten und halten fest, dass gegen geltendes Recht des Versailler Vertrags verstoßen worden ist, der ein Anschlussverbot ausgesprochen hatte. Adolf Hitler findet derlei diplomatische Floskeln allenfalls belustigend, zumal die ›Times‹ in diesen Tagen schreibt, dass sich auch Schottland vor rund 200 Jahren England angeschlossen hätte, was also sei gegen den Anschluss Österreichs einzuwenden?

Adolf Hitlers Popularität ist jetzt auf dem Höhepunkt. Dieser Mann, so tönt es unentwegt aus den Radios, ist Deutschlands Heilsbringer. Der »geliebte Führer« zieht die großen Nationen am Nasenring durch die politische Manege Europas und verschafft den Deutschen wieder einen Platz an der Sonne, lautet eine meisterhaft inszenierte Propaganda. Die Menschen sind blind vor Begeisterung und ignorieren die mahnenden Stimmen, die allerdings erst immer leiser werden und dann gar nicht mehr zu hören sind. Sie ignorieren auch die Brutalität, mit der das NS-Regime gegen Andersdenkende vorgeht. Überall im Land sind Konzentrations- und Arbeitslager entstanden, in denen all jene verschwinden, die nicht ins Konzept passen: Kommunisten, Sozialdemokraten, Roma und Sinti, Gewerkschaftsfunktionäre, so genannte »Asoziale«, Homosexuelle und Juden. Sie werden aus dem öffentlichen Leben entfernt, eingesperrt und schließlich umgebracht, weil sie angeblich nicht in die deutsche »Volksgemeinschaft« passen. Diese Aussonderung ist der letzte Schritt auf dem Weg in die formatierte Gesellschaft. Menschen, die anders denken, haben darin keinen Platz. Störenfriede, die Kritik üben oder gar Widerstand leisten, werden eliminiert. Stattdessen halten geistlose »Thingspiele« Einzug in den braunen Alltag der Volksgenossen. Sie sollen die germanischen Wurzeln, die heidnische Herkunft der Deutschen suggerieren und von den Verbrechen ablenken, die das NS-Regime vor den Augen des eigenen Volkes Tag für Tag begeht. Jetzt rächt es sich, dass es weder im wilhelminischen Kaiserreich noch in der Weimarer Republik gelungen ist, ein Demokratiebewusstsein herauszubilden. Es gibt keinen demokratischen Grundkonsens in der deutschen Gesellschaft, der die braunen Auswüchse verhindern kann. Die Deutschen sind orientierungslos, sie haben keine ideologischen Eckpfeiler, an denen sie fest- und innehalten können. »Führer befiehl, wir folgen dir!«, steht an vielen Hauswänden. Und die Deutschen folgen, weil sie immer gefolgt sind: erst dem Kaiser, dann den Generälen und jetzt eben Adolf Hitler.

Der jüdische Bevölkerungsanteil in Deutschland beträgt Ende Januar 1933 etwas über 0,7 Prozent. Trotzdem baut die Propaganda »den Juden« als monströsen Popanz auf, dessen Fähigkeiten denen der anderen Menschen bei weitem überlegen seien. Außerdem seien Juden undeutsch und parasitär, würden die Länder, in denen sie »als Gäste« wohnten, »aussaugen« und lähmen. Ihr »schlechtes« Blut dürfe sich nicht mit dem der Arier vermischen, weil dadurch das »gute« Blut ebenfalls »schlecht« würde. Das Ziel des »ewigen Juden« sei die Weltrevolution, mit der er in der Sowjetunion schon begonnen habe. Damit so etwas in Deutschland nicht geschieht, wurde bereits am 7. April 1933 ein Gesetz verabschiedet, das »Nichtarier« aus der Beamtenschaft ausschließt. Zu Bürgern ohne Recht werden die deutschen Juden am 15. September 1935, als das »Gesetz zum Schutz des deutschen Blutes und der deutschen Ehre« erlassen wird. Ab sofort dürfen Juden keine ehelichen oder außerehelichen Beziehungen mit Nichtjuden unterhalten. Auf der Grundlage dieses juristischen Machwerks sind Juden fortan falschen Anschuldigungen und Diskriminierungen ausgesetzt, die ihr Leben in Deutschland zur Qual machen. Die Verfolgung der Juden hat mit diesem Gesetz eine juristische Grundlage erhalten, gegen die sich niemand wehren kann. Aber auch das ist erst der Anfang.

Als Ende Oktober 1938 damit begonnen wird, Tausende deutscher Juden nach Polen abzuschieben, obwohl die polnische Regierung die Aufnahme der Menschen ablehnt, erschießt ein junger Mann, dessen Eltern von der Abschiebung betroffen sind, den deutschen Gesandten in Paris. Daraufhin zünden von der NS-Propaganda gesteuerte SA-Männer im ganzen Land die Synagogen an, demolieren jüdische Wohn- und Geschäftshäuser und verhaften über 30 000 jüdische Männer. Die meisten verschwinden in Konzentrationslagern, aus denen sie erst wieder herauskommen, nachdem sie ihrer Ausreise zugestimmt haben. Einige Hundert werden in diesen Tagen zu Tode geprügelt oder erschossen. Der Sachschaden dieser zynisch »Reichskristallnacht« genannten Terroraktion beträgt mehrere Hundert Millionen Reichsmark, der den geschädigten Juden als Buße auferlegt wird. Spätestens an diesem Tag hört das jüdische Leben in Deutschland auf zu existieren. Mit der Einverleibung Österreichs ist zwar die Schaffung des »Großdeutschen Reiches« gelungen, die Annexionswut des deutschen Diktators aber noch keineswegs gestillt. Da die europäischen Nachbarn erneut tatenlos geblieben sind, rückt nun die Tschechoslowakei in den Blickpunkt »großdeutscher Interessen«. Seine paneuropäischen Expansionspläne hat Adolf Hitler schon am 5. November 1937 der deutschen Generalität mitgeteilt. Sie weiß nach diesem Treffen, worum es geht: Eroberung von Lebensraum im Osten Europas, Krieg gegen England und Frankreich und Vertreibung der Bewohner jener Länder, die der »Führer« zu annektieren gedenkt. Den Teilnehmern ist ebenfalls klar, dass sie gerade das Szenario eines Weltkriegs vernommen haben, auf den ihr oberster Befehlshaber zielstrebig zusteuert. Den nächsten Schritt auf dem Weg dorthin macht Adolf Hitler mit der Verkündung seines »unabänderlichen Entschlusses, die Tschechoslowakei in absehbarer Zeit durch eine militärische Aktion zu zerschlagen«. Dabei setzt er auf seine nach wie vor ungebrochene Popularität im deutschen Volk, das seinen Beutezug mit Staunen und Begeisterung verfolgt. Gut zwei Wochen nach dem so genannten »Anschluss« Österreichs befiehlt Adolf Hitler am 28. März 1938 dem Führer der Sudetendeutschen Partei, Konrad Henlein, die tschechoslowakische Regierung mit unannehmbaren Forderungen unter Druck zu setzen. Da diese Ansprüche das faktische Ende des tschechoslowakischen Staates bedeuten, spekulieren die beiden Brandstifter auf Ablehnung ihrer Forderungen. Die wunschgemäße Zuspitzung der Lage nimmt der deutsche Reichskanzler zum Anlass, die Abtretung des an Bayern und Sachsen grenzenden Sudetenlandes zu fordern. Nun überstürzen sich die Ereignisse, weil die entnervte Regierung in Prag in Erwartung eines deutschen Überfalls am 20. Mai 1938 die Armee mobilmacht. Daraufhin versetzt Adolf Hitler die Wehrmacht für Anfang Oktober in Bereit-schaft. Im Herbst soll der Krieg mit einer raschen Niederwerfung der Tschechoslowakei beginnen. Die Propaganda fängt nun gezielt damit an, die Bevölkerung auf einen »unausweichlichen« Krieg einzustimmen, wenn diese »letzte territoriale Forderung« nicht er-füllt werde.

Aber Adolf Hitler bekommt seinen Krieg nicht, weil der briti-sche Premierminister Neville Chamberlain hofft, durch Zuge-ständnisse gegenüber dem Deutschen Reich den Frieden in Europa bewahren zu können. Als der »Führer des großdeutschen Reiches« Anfang September 1938 öffentlich mit einem Einmarsch in der Tschechoslowakei droht, macht sich der britische Premier-minister am 15. und am 22. September auf den Weg erst auf den Obersalzberg und dann nach Bad Godesberg, wo er die Abtretung des Sudetenlands an das Deutsche Reich akzeptiert. Adolf Hitler will aber mehr und fordert unmittelbar nach diesem Zugeständnis ultimativ den Einmarsch deutscher Truppen für den 28. Septem-ber und eine Volksabstimmung über die staatliche Zugehörigkeit in einem über das Sudetenland hinausgehenden Territorium. Diese grobe Unverschämtheit ist selbst für den entgegenkommen-den Neville Chamberlain zu viel. Entsetzt bricht er jede weitere Unterhaltung ab und bittet ausgerechnet den italienischen Fa-schistenführer Benito Mussolini um Vermittlung. Daraufhin kommt es am 29. September in München zu einer Konferenz, an der neben den deutschen Kriegstreibern der französische Regie-rungschef Edouard Daladier, Benito Mussolini und eben Neville Chamberlain teilnehmen. Vertreter der tschechoslowakischen Re-gierung sind weder erwünscht noch anwesend. Es wird ein Ab-kommen ausgehandelt, das die Eingliederung des Sudetenlands in das Deutsche Reich festlegt. Ohne eine genaue Grenzziehung zu verabreden, sollen deutsche Truppen Anfang Oktober das Land besetzen. Gleichzeitig garantieren England und Frankreich den Bestand des tschechoslowakischen Reststaates. Die tschechoslo-wakische Regierung unter Edvard Beneš in Prag muss sich diesem Abkommen fügen, ohne ein einziges Wort dazu sagen zu können. Bis heute ist dieser Tag für Tschechen der Tiefpunkt ihrer Ge-schichte. Sie fühlen sich von den europäischen Mächten verraten und dem deutschen Expansionsdrang ausgeliefert. Folgerichtig sucht Edvard Beneš eine engere Bindung an die Sowjetunion, die im Münchener Abkommen den Beweis erbracht sieht, dass die Westmächte sogar mit den Nationalsozialisten zusammenarbeiten, um die Sowjetunion zu isolieren. Der britische Regierungschef reist nach London zurück und lässt sich, einen Zettel, auf dem das Abkommen festgehalten ist, schwenkend, als Friedensretter feiern. Das aber ist er leider nicht, denn während er in London gefeiert wird, tobt in München Adolf Hitler. Er kann es nicht ertragen, dass ihm der Krieg verwehrt worden ist. Der Hinweis, dass die deutsche Bevölkerung trotz aller Propaganda keineswegs auf einen baldigen Krieg eingestimmt sei, bringt ihn zur Raserei und zu dem festen Vorsatz, sich die nächste Gelegenheit weder von den eigenen Leuten noch von anderen verderben zu lassen.

Und diese Gelegenheit kommt. Das Münchener Abkommen ist für den deutschen Reichskanzler allenfalls eine ärgerliche Verzögerung, denn die »Zerschlagung der Rest-Tschechei« ist für ihn die Vorbedingung für einen Angriff auf Polen und für die »Eroberung von Lebensraum« im Osten Europas. Im Frühjahr 1939 sagt sich die Slowakei vom tschechoslowakischen Staatsverband los und unterstellt sich als Vasallenstaat dem Deutschen Reich. Am 14. März 1939 wird der neue Präsident der abfällig »Rest-Tschechei« genannten Tschechoslowakei Emil Hacha nach Berlin einbestellt. In einer dramatischen Nachtsitzung setzen Hermann Göring und Adolf Hitler den schwer herzkranken Mann derart unter Druck, dass dieser einen Herzanfall erleidet. In äußerst elender Verfassung bleibt dem armen Mann nichts weiter übrig, als sich dem Druck zweier Männer zu beugen, die selbst seinen Tod in Kauf nehmen würden, wenn er nicht der Besetzung seines Landes zustimmt. Adolf Hitler schiebt ihm einen Zettel über den Tisch, auf dem steht, dass er »das Schicksal des tschechischen Volkes und Landes vertrauensvoll in die Hände des Führers des Deutschen Reichs« legt. Emil Hacha unterschreibt mit zitternder Hand, andernfalls hätte er diese Nacht nicht überlebt.

Am 15. März 1939 marschieren deutsche Truppen unter den fassungslosen Blicken der Bewohner in Prag ein. Der restliche Teil der Tschechoslowakei heißt nun »Protektorat Böhmen und Mähren« und wird in das Deutsche Reich eingegliedert. Emil Hacha darf als Staatspräsident weiter fungieren, hat allerdings nichts mehr zu sagen. Mit der Besetzung der Tschechoslowakei sind die vorbereitenden Maßnahmen zum gewünschten Krieg beendet.

Das Aufmarschgebiet für die Wehrmacht ist bereinigt. Deutsche Grenzpatrouillen stehen zwischen Flensburg und Freiburg im Westen, an den österreichischen Grenzen zu Italien, Jugoslawien und Ungarn, an den ehemaligen tschechischen Grenzen zu Rumänien und im Osten an der Grenze zu Polen. Die Wehrmacht hat sich für den »Kampf um Lebensraum« in Mittelost- und Südosteuropa einen strategischen Vorteil verschafft. Mit dem Einmarsch in der Tschechoslowakei haben die Deutschen aber zum ersten Mal ein fremdes Volk unterworfen und damit den Rubikon der Tolerierung durch die europäischen Mächte überschritten. Und noch etwas beunruhigt die europäischen Regierungen. Die deutschen Besatzer belassen es nicht einfach bei der Annektierung fremder Länder. Die Industrieproduktionen werden der auf Kriegswirtschaft umgestellten deutschen Industrie einverleibt und Rohstoffe nach Deutschland geschafft, um die Aufrüstung der Wehrmacht auszuweiten. Aber auch das ist nicht alles, denn in den besetzten Ländern gelten die deutschen Gesetze, nach denen Juden aus dem öffentlichen Leben entfernt werden. Überall beginnt gleich nach dem Einmarsch deutscher Truppen die Hatz gegen Juden und andere »missliebige Subjekte«.

Rassenpolitik

Die Nationalsozialisten haben bei ihren Herrschaftsplänen nicht nur geostrategische Ziele vor Augen. Das Hauptaugenmerk liegt auf einer rassehygienischen Durchforstung des Kontinents, an deren Ende die germanische Rasse über alle anderen, »minderwertigen« Rassen herrschen soll. Es sind Ungeziefervorstellungen, die sie bei ihrem Feldzug leiten: Wie in der Natur soll das schwache, deformierte oder nur durch die Hilfe anderer lebensfähige Leben ausgerottet werden. Der gute Rassenanteil würde übrig bleiben und durch Reproduktion nahezu von alleine eine immer stärkere Rasse entwickeln. Im Interesse der »Höherentwicklung« der eigenen Rasse werden auch die »Minderwertigen« des eigenen Volkes »ausgemerzt«. Für »unnütze Esser« und »Ballastexistenzen« ist im neuen Staat kein Platz mehr. Eine erbarmungslose Kosten-Nutzen-Rechnung kommt zu dem Schluss, diesen Menschen entweder die Fortpflanzungsmöglichkeit zu nehmen oder sie der Ermordung durch willfährige Schergen des Systems anheim zu stellen. Vernichtung »lebensunwerten Lebens« werden diese Mordaktionen genannt, die hinter Krankenhaus- oder Anstaltsmauern verübt werden.

Durch Auslese soll die Züchtung des Höherwertigen und durch Vernichtung des Minderwertigen der Bestand der eigenen Rasse garantiert werden. Die 1935 erlassenen »Nürnberger Gesetze« definieren sexuelle Beziehungen zwischen »Ariern« und Juden dementsprechend als »Rassenschande«, die mit Zuchthaus bestraft wird. Rassismus und Antisemitismus sind die Fundamente der nationalsozialistischen »Weltanschauung«, nach der die »nordische« Rasse dazu auserkoren sei, als »Herrenmenschen« über den Kontinent zu herrschen. Und das ginge nur, wenn die anderen Menschen entweder umgebracht oder versklavt würden. »Artfremde« Völker, vor allem Slawen, Juden und »Zigeuner« seien »minderwertig« und als »Untermenschen« zum Abschuss freigegeben. So oder so ähnlich lesen es die Menschen in nationalsozialistischen Hetzblättern, die zu Rassenhass und Mordlust aufrufen. Als zukünftige Herren des »rassereinen« europäischen Raums seien die Deutschen dazu auserlesen, über die anderen Völker und Rassen zu herrschen. Diejenigen, die am Leben gelassen werden, sind keineswegs gleichberechtigt, sondern stehen in einer Rassenhierarchie weit unterhalb der »deutschen Herrenmenschen«. Sie erhalten ihr Überlebensrecht allein deshalb, weil sie als Arbeitssklaven für das neue »großdeutsche Reich« benötigt werden.

Die letzte und höchste Steigerung menschlicher Barbarisierung kommt im Antisemitismus zum Ausdruck. »Die Juden« sind das Feindbild schlechthin, ihre Anwesenheit muss – wie im finstersten Mittelalter – für alle Probleme und Nöte der Gegenwart herhalten. Die gleich mitgelieferte »wissenschaftliche« Begründung ist ebenso irrsinnig wie brutal. Die Juden, lautet der erste Vorwurf, »nisten« sich bei ihren »Wirtsvölkern« ein, um sie von innen zu zerstören. Deshalb sei es ein Gebot der Vernunft, wenn man sich dieser »Parasiten« ein für alle Mal entledige. Zwar sind die nationalsozialistischen Rassetheoretiker alles andere als Christen, aber zur Herleitung des nächsten Vorurteils bemächtigen sie sich kurzerhand der Leidensgeschichte des christlichen Religionsstifters. Der Jude Ahasverus habe angeblich dem schwer am Kreuz tragenden Jesus von Nazareth auf dessen letztem Gang durch die Via Dolorosa in Jerusalem eine kurze Rast verweigert. Dafür sei er verflucht worden bis ans Ende aller Tage und müsse nun unstet über den Erdball wandern. Dieser »ewige Jude« habe sich überall in Europa breit gemacht und sei zu einer kontinentalen Plage geworden, der es nun an den Kragen gehen werde. Aus diesen Vorstellungen entwickeln sich die Handlungsrichtlinien der deutschen Politik. Unter arischer Herrschaft soll die »Festung Europa judenfrei« werden. Dieser den Massenmord am europäischen Judentum einschließende Antisemitismus wird mit dem Kampf sowohl gegen den »ausplündernden« Kapitalismus als auch gegen die Sowjetunion verknüpft. Denn der Bolschewismus sei die »jüdische Attacke« gegen das christliche Abendland und der Kapitalismus die von »den Juden« inszenierte Ausbeutung der Menschen.

Hitlers Judenhass

Diesem abstrusen Weltbild hängt Adolf Hitler persönlich an. Zwischen 1908 und 1912 wohnt er in Wien und erlebt das unselige Wirken des damaligen Bürgermeisters Karl Lueger mit. Karl Lueger, einer der glühendsten Antisemiten seiner Zeit, gründet Ende des 19. Jahrhunderts eine Partei, deren erklärtes Ziel die Ausschaltung der Juden aus dem öffentlichen Leben ist. An Wiener Stammtischen werden die »minderwertigen« Juden als »Fremdkörper in Europa und die gefährlichsten Feinde des deutschen Volkes« gebrandmarkt. Adolf Hitler blüht in dieser Kneipenatmosphäre auf, saugt den dort gepflegten Antisemitismus in sich auf. Einer seiner anfänglichen Weggefährten ist der Musikwissenschaftler und spätere Präsident des Danziger Senats Hermann Rauschning. Er hat zahlreiche Gespräche mit Adolf Hitler aufgeschrieben und veröffentlicht, deren Authentizität mitunter bezweifelt wird. Auch wenn manches vielleicht nachträglich niedergeschrieben worden ist, geben sie doch Denkweise und Einstellungen des braunen Diktators wieder. Aus dem Jahr 1934 hat Hermann Rauschning folgenden »Führermonolog« festgehalten:

»Die moderne Wirtschaft ist eine Schöpfung der Juden. Sie wird von ihm ausschließlich beherrscht. Das ist ihr Überreich, das sie über alle Reiche der Welt und ihre Herrlichkeit ausgespannt haben. Aber nun sind wir es, die mit der Weltanschauung der ewigen Revolution ihnen Konkurrenz machen. (...) Der Jude ist als Feind gar nicht zu überschätzen. Ich habe immer sehr viel von meinen Gegnern gelernt. (...) Von den so genannten »Protokollen der Weisen von Zion« habe ich die politische Intrige, die Technik, die Konspiration, die revolutionäre Zersetzung, die Verschleierung und Irreführung übernommen. (...) Es kann nicht zwei auserwählte Völker geben. Wir sind das Volk Gottes. (...) Zwei Welten stehen einander gegenüber! Der Gottesmensch und der Satansmensch! Der Jude ist der Gegenmensch, der Antimensch. Der Jude ist das Geschöpf eines anderen Gottes. Er muss einer anderen Wurzel des menschlichen Stammes entwachsen sein. Der Arier und der Jude sind so weit voneinander wie das Tier vom Mensch.«

Hermann Rauschning berichtet, Adolf Hitler habe sich bei diesem Monolog derart verausgabt, dass ihm anschließend die Stimme versagt und er mit krampfartig verzerrtem Gesicht den Raum verlassen habe.

Der Pakt der Diktatoren

Seit dem deutschen Einmarsch in Prag ist den Regierungen in England und Frankreich klar, dass ihre Hoffnungen auf einen Frieden durch Verhandlungen getrogen haben. Jetzt erkennen sie, dass sie Adolf Hitler die Stirn bieten müssen, wollen sie nicht selbst dem Machthunger des deutschen Diktators zum Opfer fallen. Am 31. März 1939 geben die Regierungen Frankreichs und Englands eine Garantieerklärung für Polen ab, falls die Deutschen nach Prag nun in Warschau Einzug halten wollen. Die polnische Hauptstadt ist tatsächlich in den Mittelpunkt der Begehrlichkeiten Adolf Hitlers gerückt. Von dort aus – so sein Plan – lässt sich der Krieg gegen den eigentlichen Feind – die Sowjetunion – am ehesten führen und gewinnen. Während er die britisch-französische Garantieerklärung nach Einflüsterungen seines einfältigen Außenministers Joachim von Ribbentrop für einen Bluff hält, steht die polnische Regierung vor einem Dilemma. Briten und Franzosen haben beim

Münchner Abkommen die Tschechoslowakei den Deutschen ans Messer geliefert. Wer garantiert Polen, dass Derartiges nicht ein zweites Mal geschehen könnte – dann aber zu Lasten Polens. Da die Warschauer Regierung die Sowjetunion nicht weniger als Deutschland fürchtet, versucht sie es mit einer Politik der Stärke. Das missglückt gänzlich, denn die polnische Regierung übersieht die Möglichkeit einer Allianz zwischen den beiden Diktatoren in Berlin und Moskau.

Die Frage des Sommers 1939 lautet: Wird der sowjetische Diktator Josef Stalin die Demütigungen und Anfeindungen des Westens vergessen und gemeinsam mit den ideologischen Gegnern ein Abwehrbündnis gegen das nationalsozialistische Deutschland und dessen Verbündete schließen, zu denen seit dem am 25. November 1936 unterzeichneten »Antikomintern-Pakt« auch der unmittelbare Nachbar Japan gehört? Das erscheint den westlichen Regierungen eher wahrscheinlich, denn das von Adolf Hitler geschmiedete Bündnis ist ja – wie der Name »Antikomintern« schon sagt – zur Bekämpfung der kommunistischen Internationale aufgestellt worden. Deshalb schließen die Regierungen in London und Paris ein Bündnis des roten mit dem braunen Diktator zur Aufteilung Ostmitteleuropas aus. Die diplomatischen Bemühungen der westlichen Regierungen um die Gunst Josef Stalins laufen schon auf Hochtouren, als Adolf Hitler die Gefahr erkennt, die ein erfolgreicher Abschluss für seine Pläne bedeuten könnte. Würden sich die Westmächte und die Sowjetunion der polnischen Sache gemeinsam annehmen, wäre bei einem deutschen Überfall ein Zweifrontenkrieg unvermeidbar – und den will er vermeiden. Also schickt er am 20. September 1939 ein Telegramm an Josef Stalin, in dem er von einer Krise spricht, die »jederzeit ausbrechen kann«. Die Sowjetunion, so Adolf Hitler telegraphisch weiter, könnte darin verwickelt werden, falls man sich nicht auf einen Nichtangriffspakt einigen könnte. Josef Stalin wartet die letzte der schleppend verlaufenden Verhandlungsrunden mit einer englisch-französischen Delegation ab. Dann lädt er den deutschen Außenminister Joachim von Ribbentrop in den Kreml ein. Als er die Antwort aus Moskau in Händen hält, vollführt Adolf Hitler ein kleines Tänzchen auf der Terrasse des Obersalzbergs, schlägt dem verdutzten Außenminister aufmunternd auf die Schulter und schickt ihn zu seinem größten Widersacher nach Moskau.

Eigentlich erscheint es undenkbar, dass der deutsche Diktator mit dem von ihm als Menschheitsfeind Nr.1 deklarierten sowjetischen Diktator ein Abkommen zu schließen bereit ist. Adolf Hitler aber verfolgt ein anderes Ziel. Er will nicht einfach Großmachtspolitik betreiben wie unzählige seiner Vorgänger. Nein, er will die europäische Geschichte revolutionieren, die Landkarte vollkommen neu abstecken und den Deutschen einen weder aus der Luft noch von der See streitig zu machenden »Lebensraum« schaffen – koste es, was es wolle. Das braune Großreich soll sich über ganz Europa erstrecken, im Inneren nach der nationalsozialistischen Rassenutopie organisiert sein, der germanischen Rasse für immer die Vorherrschaft, den anderen die Knechtschaft und den Juden die Vernichtung garantieren. Für dieses Ziel ist ihm jedes Mittel recht – auch ein Bündnis mit dem Anführer jener slawischen »Untermenschen«, die in der nationalsozialistischen Rassentheorie auf der untersten Stufen stehen.

Joachim von Ribbentrop wird am 23. August 1939 in Moskau mit allen Ehren begrüßt. Die Gespräche mit dem sowjetischen Außenminister Wjatscheslaw Michailowitsch Molotow beginnen sofort in den Arbeitsräumen Josef Stalins. Sie gehen zügig voran, schließlich wollen beide Seiten Beute machen. Adolf Hitler bleibt die ganze Nacht wach, bekommt jede Textänderung über die deutsche Botschaft in Moskau mitgeteilt. Als sich abzeichnet, dass die Besprechung zum gewünschten Ziel eines Nichtangriffspakts führt, erleben die Mitarbeiter auf dem Obersalzberg einen geradezu euphorischen »Führer«, der aus dem Schwadronieren über die Weitsicht seiner Politik nicht mehr herauskommt. Um 2 Uhr morgens ist der Vertrag fertig, beide Seiten schließen einen Nichtangriffspakt und unterzeichnen das sehr viel wichtigere geheime Zusatzprotokoll. Darin stecken die beiden Diktatoren ihre jeweiligen Interessengebiete ab, verabreden einen gemeinschaftlichen Überfall auf Polen und garantieren sich gegenseitig bei etwaigen Kriegshandlungen Neutralität. Deutschland signalisiert sein Desinteresse an Finnland, Estland und Lettland, erhebt aber Anspruch auf Litauen, weil hier eine »Komplettierung« Ostpreußens möglich ist. Die Sowjetunion bekundet Interesse an Bessarabien, das zwischen der Ukraine und Rumänien liegt, und den anderen baltischen Staaten, die der Sowjetunion einverleibt werden sollen. Polen soll zum vierten Mal in seiner Geschichte aufgeteilt werden; dieses Mal nicht zwischen Preußen, Österreich und Russland, sondern zwischen Deutschland und der Sowjetunion. Die Demarkationslinie, an der sich nach dem Einmarsch der Truppen deutsche und sowjetische Soldaten treffen sollen, stellen die Flüsse Weichsel, Narew und San dar. Ihren Coup zeichnen Josef Stalin und Joachim von Ribbentrop auf der Karte, über der sie die ganze Nacht gehangen haben, schwungvoll mit ihren Unterschriften ab. Dieser Tat folgt ein Umtrunk im Kreml. Wodka und Kanapees gibt es ebenso reichlich wie Trinksprüche des Gastgebers auf den »Führer«.

Die Reaktion in Deutschland ist blankes Staunen. Hat der »Führer« nicht eben noch gegen die bolschewistische Weltverschwörung gewettert, hat nicht die Parteipresse jahrelang Moskau als Hort allen Übels ausgemacht und entsprechend beschimpft? Jetzt aber feiert das Propagandaministerium den so genannten »Hitler-Stalin-Pakt« als politisches Meisterstück. Der Vertrag ist tatsächlich ein Coup, denn die europäischen Regierungen sind ...

Der Zweite Weltkrieg

… vollkommen überrascht, als sie von der Unterzeichnung dieses fatalen Paktes hören. Das Inferno über Europa beginnt am 1. September 1939 mit dem Überfall deutscher Truppen auf Polen, obwohl seit dem 26. Januar 1934 ein zehnjähriger Nichtangriffspakt zwischen den beiden Ländern besteht. Hat Adolf Hitler damals noch der Welt seinen Friedenswillen vorgaukeln wollen, lässt er nun seine wahren Absichten zum Vorschein kommen.

Der Sender Gleiwitz

Im deutsch-polnischen Grenzgebiet liegt das deutsche Städtchen Gleiwitz, das einen Rundfunksender beherbergt, der aber kein eigenes Programm, sondern das des benachbarten Senders Breslau ausstrahlt. Am Abend des 31. August 1939 stürmen sechs als polnische Soldaten verkleidete SS-Männer in das Gebäude des Senders Gleiwitz, brechen Schränke und Schreibtische auf und verwüsten das restliche Mobiliar. Der Überfall ist dilettantisch geplant, denn das eigentliche Ziel der Unternehmung droht zu scheitern, als ein Rundfunkspezialist feststellt, dass kein eigenes Programm ausgestrahlt wird, welches er unterbrechen könnte. Erst mit Hilfe eines »Gewittermikrofons«, das über einen speziellen Anschluss verfügt, der im Falle eines Gewitters in das Programm geschaltet werden kann, gelingt es die laufende Sendung zu unterbrechen. Auf Deutsch und Polnisch wird ein angeblicher Aufstand der polnischen Minderheit ausgerufen, der als erste Handlung den Sender Gleiwitz in Besitz genommen habe. Nach vier Minuten endet die Rede mit dem Aufruf: »Die Stunde der Freiheit ist gekommen! Hoch lebe Polen!« Anschließend wird ein toter KZ-Häftling – intern als »Konserve« bezeichnet – in deutscher Uniform als Beweis für den angeblichen polnischen Überfall vor die Tür des Sendergebäudes gelegt. Die Täter verschwinden im Dunkel der Nacht, die Nachricht ihrer Tat verbreitet sich blitzartig.

Am nächsten Morgen findet in Berlin eine Reichstagssitzung statt, bei der Adolf Hitler das Wort ergreift und den Versammelten mitteilt, dass die polnische Provokation der vergangenen Nacht nicht hinnehmbar sei. Seit 5 Uhr 45 werde nun zurückgeschossen. Während die Anwesenden dem »Führer« frenetischen Beifall spenden, erfahren die Matrosen der »Schleswig-Holstein« vor der Danziger Westerplatte schon in den ersten Minuten des Krieges, was auf sie und viele Millionen ihrer Kameraden zukommen wird: ein gnadenloser Kampf auf Leben und Tod, in dem keine der beteiligten Seiten nachgibt. 205 polnische Soldaten können die Garnison gegen mehr als 2500 deutsche Soldaten sieben Tage halten. Auf beiden Seiten gibt es schwere Verluste, bevor die deutsche Übermacht die erste Schlacht des Zweiten Weltkriegs zu ihren Gunsten entscheiden kann. Erst am 7. September kapitulieren die polnischen Soldaten, dieses Datum gilt fortan als Symbol des Widerstands gegen die Okkupanten aus Deutschland. Gleichzeitig beginnt auch der Luftkrieg. Zum ersten Mal können neue Kampfflugzeuge ihre tödliche Last über viele hundert Kilometer transportieren und abwerfen. Am Himmel über Polen entsteht ein infernalischer Heulton, wenn Jagdflugzeuge im Sturzflug ihren Zielen entgegenfallen. Spezielle Pfeifen an den Tragflächen erzeugen dieses Angst und Schrecken verbreitende Geräusch, das jene, die es gehört haben, nie mehr vergessen. Tausende solcher »Stukas« stürzen wie Hornissenschwärme auf polnische Städte herab und bringen Tod und Verwüstung. Die Piloten haben zuerst die jüdischen Viertel im Visier. Die polnische Armee kann den deutschen Vormarsch nicht stoppen, weil ihre Flugzeuge schon am Boden zerstört werden und sie der deutschen Panzerübermacht nichts entgegenzusetzen haben. Die polnische Kavallerie tritt gegen deutsche Panzer an, es hat den Anschein, als träfe der Erste auf den Zweiten Weltkrieg.

Am 3. September 1939 erklären England und Frankreich als polnische Garantiemächte dem Deutschen Reich den Krieg. In der Reichskanzlei löst die Nachricht Ratlosigkeit und einen Tobsuchtsanfall Adolf Hitlers aus, der seinen Außenminister Joachim von Ribbentrop für dessen gründlich misslungene Analyse der britischen Außenpolitik beschimpft. England werde im Falle eines Angriffs auf Polen stillhalten, hatte der Chefdiplomat vorausgesagt und sich dabei offensichtlich auf falsche Quellen gestützt. Jetzt steht er vor »seinem Führer« und versucht ihn erfolglos zu beschwichtigen. Die Kriegsziele werden aber davon nicht berührt. Hinter den schnell vorrückenden Truppen durchsuchen Säuberungskommandos das Land nach polnischen Intellektuellen, Gewerkschaftern und Widerstandskämpfern. Diese SS-Sonderkommandos verüben hinter der immer weiter ins polnische Hinterland vordringenden Frontlinie den ersten Massenmord des Zweiten Weltkriegs. Polnische Eliten und Juden werden vor die von ihnen selber ausgehobenen Gräber getrieben und erbarmungslos erschossen. Die Lage Polens verschlimmert sich am 17. September 1939, als die Rote Armee – wie im »Hitler-Stalin-Pakt« vom 23. August verabredet – im Osten des Landes einfällt und sich nicht besser als die vom Westen eingedrungenen Deutschen verhält: Bei Smolensk bringen sowjetische Kommissare des berüchtigten Geheimdienstes NKWD mehr als 4100 polnische Offiziere um. Während die Rote Armee schnell ins Landesinnere vorstößt, beginnt wenige Tage später der deutsche Großangriff auf Warschau, der nach einer dreitägigen Bombardierung vom Boden und aus der Luft zu Ende ist. Adolf Hitler reist an die Front bei Warschau und betrachtet in sicherer Entfernung, wie die Stadt in Schutt und Asche gelegt wird. Am 27. September 1939 ist mit der Kapitulation Warschaus der Krieg gegen Polen beendet. Adolf Hitler nimmt in der Stadt eine gewaltige Militärparade ab, lässt dieses Spektakel von der begabten Regisseurin Leni Riefenstahl meisterhaft ins Bild setzen und unverzüglich in deutschen Kinos ausstrahlen. Mit unbewegter Miene lässt der »Führer« die endlosen Kolonnen von Panzern und Soldaten an sich vorbeiziehen, während zur gleichen Zeit die Stadt von SS-Leuten auf der Suche nach Widerstandskämpfern durchkämmt wird. Dieser Mann ist durch nichts aufzuhalten, suggerieren die Bilder aus Warschau.

Das Generalgouvernement

Am 28. September 1939 legen deutsche und sowjetische Unterhändler in Brest-Litowsk den genauen Grenzverlauf fest. Zentralpolen mit der Hauptstadt Warschau wird der deutschen Militärverwaltung unterstellt. Die baltischen Staaten und das vorwiegend von Weißruthenen und Ukrainern bewohnte Ostpolen werden in den sowjetischen Machtbereich eingegliedert. Mit den sowjetischen Besatzern kommt auch Nikita Sergejewitsch Chruschtschow, der spätere Staats- und Regierungschef der UdSSR, nach Polen. Hinter der Frontlinie organisiert er nach Moskauer Vorbild die polnische Landwirtschaft neu und stellt die Weichen für die wirtschaftliche Ausplünderung des Landes. Zwei Wochen später werden die meisten der von Deutschen besetzten Gebiete im »Generalgouvernement für die besetzten polnischen Gebiete« zusammengefasst und dem Leiter des Rechtsamtes der NSDAP, Hans Frank, unterstellt. Jener Hans Frank ist fortan für die sofort einsetzende brutale Besatzungspolitik verantwortlich, die durch Vernichtung der polnischen Intelligenz das Volk verunsichern und »kopflos« machen soll, damit Platz für den von der »germanischen Herrenrasse« beanspruchten »Lebensraum« frei wird. Unterstützt wird Hans Frank durch die Todeskommandos der SS, die unter der Leitung Heinrich Himmlers ihr Unwesen im Land treiben. Heinrich Himmler ist von Adolf Hitler zum »Reichskommissar für die Festigung deutschen Volkstums« ernannt worden, was ihn dazu antreibt, mit rücksichtslosen Terrormaßnahmen das polnische Volk zu drangsalieren.

Die westlichen, ebenfalls von Deutschen besetzten Gebiete werden von Polen abgetrennt und als »Warthegau« und »Reichsgau Danzig-Westpreußen« mit dem Deutschen Reich vereint. Die polnische Bevölkerung wird ihrer Heimat verwiesen, ins »Generalgouvernement« abgeschoben und die deutsche Bevölkerungsminderheit mit der Landwirtschaft betraut. Im »Generalgouvernement« erleben die Menschen in den kommenden fünf Jahren einen erbarmungslosen Terror gegen das europäische Judentum. Die jüdische Bevölkerung wird zusammengetrieben und in Ghettos gepfercht, hinter deren Mauern unbeschreibliche Zustände herrschen. Sie müssen einen gelben Judenstern tragen, werden täglichen Schikanen ausgesetzt, dürfen nicht mehr arbeiten und sind dem allmählichen Hungertod anheim gestellt. Auch der Anblick halbnackter, vor Hunger schreiender kleiner Kinder erweicht kein Herz der »Herrenmenschen«. Im Gegenteil: Die entstellten Körper der Gequälten dienen in der Heimat als »Beleg« für die körperlich und geistig »minderwertige Rasse« der Juden. Die Hetzfilme der Deutschen Wochenschau markieren einen Grad an Verrohung der Spezies Mensch, wie man es sich bis dahin nicht hatte vorstellen können. Die antijüdische Ausrottungspolitik beginnt im »Generalgouvernement« und endet erst fünf Jahre später mit der Befreiung der Vernichtungslager, die ebenfalls hier erbaut werden, durch die Rote Armee. Es regt sich kaum eine Hand für die Juden, weder bei den politischen Eliten in Deutschland noch bei den Kirchen, den Offizieren, den Universitätsprofessoren oder den Wirtschaftsbossen. Auch wenn sie mit dem »Herrenmenschen«-Gefasel der braunen Machthaber wenig anfangen können, ist ihnen das Schicksal der Juden egal. Sie geben sich ohnmächtig, obwohl sie es nicht sind. Sie tun so, als könne man das Schicksal nicht beeinflussen, und zeigen damit nur den Grad ihrer seelischen Abstumpfung an, der den Weg in eine Barbarei unermesslichen Ausmaßes frei macht.

Während die deutsche Besatzungsmacht im »Generalgouvernement« ein Terrorregime aufzieht, werden so genannte »Volksdeutsche« aus den baltischen Staaten, der Ukraine und Weißrussland ins Deutsche Reich zwangsweise umgesiedelt. Um die Wahnvorstellung eines »komplettierten Reichskörpers« in die Tat umzusetzen, werden bis 1944 mehr als 900 000 »Volksdeutsche« aus ihren Heimatgebieten evakuiert, in denen sie zum Teil seit Jahrhunderten leben. Ihnen werden in der neuen deutschen Heimat Grundstücke und Agrarland übergeben, die vorher den ins »Generalgouvernement« vertriebenen Polen abgenommen worden sind. Die deutsche »Lebensraum«-Politik gibt eine fürchterliche Parole aus: Auf die Lebensmöglichkeiten der durch die »jüdisch-bolschewistische Ideologie« verseuchten »minderwertigen« Menschen sei nur insoweit Rücksicht zu nehmen, als die auszubeutende Arbeitskraft der »Untermenschen« erhalten bleibe. Diese Überheblichkeit provoziert erbitterten Widerstand gegen die »großgermanischen« Eroberer und führt dazu, dass am Ende des Zweiten Weltkriegs Millionen Deutsche mit dem Verlust ihrer Heimat und der Vertreibung aus den ehemaligen deutschen Ostgebieten einen herben Preis für diesen Größenwahnsinn »ihres Führers« bezahlen müssen.

Blitzkriege

Zunächst aber sind die Deutschen begeistert von ihrem »Führer« und dem unerwartet schnell beendeten Feldzug gegen Polen. Adolf Hitler will den Siegestaumel nutzen und sofort gegen Frankreich zu Felde ziehen. Der für Anfang November 1939 geplante Angriffstermin muss aber mehrfach verschoben werden, weil die Generäle aus Erfahrungen des Ersten Weltkriegs vor dem französischen Verteidigungswall, der »Maginot-Linie«, warnen. Nachdem die ersten Monate des Jahres 1940 nahezu friedlich verlaufen sind, ordnet Adolf Hitler für den 9. April einen Feldzug gegen Dänemark und Norwegen an. Er will damit englischen Invasionstruppen zuvorkommen, die wenige Stunden später gelandet wären, um in Skandinavien einen Brückenkopf auf dem europäischen Festland zu errichten. Auch diese beiden Länder werden binnen weniger Tage besiegt, was die Deutschen an die militärischen Erfolge der Wehrmacht beim »Blitzkrieg« gegen Polen erinnert. Der »Führerkult« geht weiter, das Staunen über sein »militärisches Genie« ebenfalls. Nachdem sich die Lage in Norwegen und Dänemark stabilisiert hat, startet am 10. Mai 1940 der deutsche Angriff im Westen. Vier Tage nach Beginn dieses Feldzugs – am Morgen des 14. Mai 1940 – beginnt das zweite Flächenbombardement auf eine Stadt. Genau wie Warschau knapp acht Monate zuvor ist die holländische Metropole Rotterdam am Ende dieses Tages nicht mehr wiederzuerkennen. Die gesamte Innenstadt liegt in Schutt und Asche, unter ihren rauchenden Ruinen finden mehr als 30 000 Menschen einen qualvollen Tod. Einen Tag später kapituliert die holländische Regierung, Gleiches geschieht am 28. Mai in Belgien.

Der deutschen Armee gelingt ein schneller Durchbruch in den Ardennen, wodurch die alliierten Streitkräfte in zwei Teile auseinander brechen. Die zurückströmenden Einheiten des englischen Expeditionsheeres und eine 100 000 Mann starke französische Armee können sich in einer ebenso beeindruckenden wie glücklichen militärischen Operation vor der Gefangennahme durch deutsche Truppen retten und vom belgischen Dünkirchen nach England übersetzen. Für die deutsche Wehrmacht ist nun der Weg zur französischen Hauptstadt frei, sie wird am 14. Juni erreicht und nahezu kampflos besetzt. Am gleichen Tag flieht die französische Regierung nach Bordeaux. Drei Tage streiten die Minister, ob der Kampf gegen die Deutschen weitergeführt werden soll. Als sich am Ende eine Mehrheit dagegen entscheidet, tritt Regierungschef Paul Reynaud zurück und übergibt am 18. Juni 1940 die Amtsgeschäfte dem 84-jährigen Marschall Henri Philippe Pétain. Der lehnt weiteren Widerstand gegen die Deutschen ab und will möglichst schnell Waffenstillstandsverhandlungen aufnehmen. Einer seiner Widersacher, General Charles de Gaulle, flieht daraufhin nach England und veröffentlicht über Radio London einen Tag später einen Aufruf an die französische Nation, an der Seite der Alliierten weiter gegen die deutschen Besatzer zu kämpfen.

Sechs Wochen und drei Tage dauert dieser »Blitzkrieg« im Westen. Er fordert den Tod von über 135 000 alliierten und 46 000 deutschen Soldaten. Beendet wird er am 22. Juni 1940 mit der Unterzeichung des Waffenstillstands im Wald von Compiègne. Adolf Hitler hat dafür eigens jenen Salonwagen herbeibringen lassen, in dem am 11. November 1918 die deutsche Delegation den von den Alliierten befohlenen Waffenstillstand des Ersten Weltkriegs hat unterzeichnen müssen. Nun diktiert Adolf Hitler dem greisen französischen Marschall Henri Philippe Pétain die Bedingungen des Waffenstillstands: Der Norden und der Westen werden von den Deutschen besetzt, der Süden des Landes steht unter französischer Verwaltung. Dem Sitz dieser Regierung im südfranzösischen Vichy entsprechend heißt die von Henri Philippe Pétain geleitete Verwaltung »Vichy-Regime«. Das »Vichy-Regime« ist kein Glanzpunkt der französischen Geschichte, hat aber immerhin verhindert, dass das gesamte Land besetzt wird. Für Adolf Hitler ist mit dieser Unterzeichung die »Schmach von Versailles« getilgt und die Schande der »Novemberverbrecher« aus den deutschen Geschichtsbüchern gelöscht. Entsprechend gelöst nimmt der gutgelaunte »Führer« an den kurzen Verhandlungen teil. Adolf Hitlers Ansehen bei den Menschen ist kaum noch zu steigern. Seine Entscheidung unter Umgehung der »Maginot-Linie« durch die Ardennen in Frankreich einzufallen, holt ihn endgültig aus der Sphäre menschlicher Irrtümer heraus, und die Generalität glaubt nun auch an sein »Feldherrngenie«. Der »Führer« entwickelt in diesen Tagen ein Unfehlbarkeitsbewusstsein, das ihm eingibt, in Zukunft auf die Ratschläge anderer verzichten zu können.

■ Die Luftschlacht um England

England gehört in der abstrusen Ideologie Adolf Hitlers zum Kreis jener Länder, die über die anderen zu herrschen haben. An der Seite der »Arier« soll England gemeinsam mit Deutschland Front gegen das »bolschewistische Russland« und die »jüdische Weltverschwörung« machen. England soll die weltweit führende Seemacht werden und dafür die deutsche Vorherrschaft auf dem europäischen Festland akzeptieren. Aber diese Vorstellungen Adolf Hitlers treffen in London auf eisige Ablehnung. Premierminister Neville Chamberlain gibt angesichts der französischen Niederlage am 18. Mai 1940 sein Amt an Winston Churchill ab, der als Erstes die auf Beschwichtigung setzende »Appeasement«-Politik seines Vorgängers beendet. Mit dem gemütlich wirkenden, Zigarre rauchenden Winston Churchill betritt ein Mann die politische Bühne Europas, der zum unerbittlichen Widersacher des deutschen Diktators wird, auch wenn er den sowjetischen Regierungschef Josef Stalin für kaum weniger bekämpfenswert hält. Adolf Hitler ist frustriert über die Nichtbeachtung seiner Friedens- und Verständigungsangebote, die er der englischen Regierung übermittelt, sodass er am 13. August 1940 den Befehl zum Angriff auf England gibt. Ziel ist, die für eine geplante Invasion notwendige Lufthoheit. In völlig falscher Einschätzung der britischen Flugabwehr hatte Hermann Göring das Bild einer in allen Belangen überlegenen deutschen Luftwaffe gezeichnet. Die Realität aber sieht anders aus, wie sich in den folgenden Tagen herausstellt. Die Angriffe konzentrieren sich auf britische Flottenverbände, Rüstungsindustrien und Stützpunkte der Royal Air Force in Südengland. Innerhalb weniger Wochen soll Großbritannien so zur Kapitulation gezwungen werden. Doch der Fehlschlag widerlegt nicht nur die vollmundigen Ankündigungen Hermann Görings, sondern offenbart auch deutsche Rüstungs- und Ausbildungsmängel. Am 15. September 1940 – dem Höhepunkt der »Luftschlacht um England« – verliert die deutsche Luftwaffe an einem Tag 56 Maschinen und die dazugehörigen Besatzungen. Die Luftangriffe richten – wie in Coventry – in vielen englischen Städten zwar verheerende Verwüstungen an, das Ziel, die Lufthoheit zu erringen, wird aber nicht erreicht. Als sich nach wenigen Wochen die erste Niederlage im Zweiten Weltkrieg abzeichnet, gibt Adolf Hitler seine Invasionspläne auf. Der Luftkrieg dauert noch bis zum Frühjahr 1941 und kostet die deutsche Luftwaffe nahezu 2300 Flugzeuge und deren Besatzungen.

Der deutsch-sowjetische Nichtangriffspakt und das Schweigen Josef Stalins haben die deutschen Überfälle im Westen überhaupt erst möglich gemacht. Nun fordert der rote Diktator den Preis seines Stillhaltens und drängt am 17. Juni 1940 die drei baltischen

Staaten Estland, Lettland und Litauen dazu, sich »freiwillig« der »Union der sozialistischen Sowjetrepubliken« anzuschließen.

Zehn Tage später annektiert er das fruchtbare, zu Rumänien gehörende Bessarabien und schiebt dadurch die Sowjetunion näher an die rumänischen Ölfelder heran. Unaufhaltsam prallen nun die territorialen Machtansprüche der beiden Diktatoren aufeinander, Wehrmacht und Rote Armee stehen sich in Polen und im Baltikum direkt gegenüber. Ist im Sommer 1939 die Öffentlichkeit vom »Hitler-Stalin-Pakt« noch überrascht worden, werden gut ein Jahr später jene enttäuscht, die erneut auf ein Arrangement zwischen den beiden hoffen.

Am 12. und 13. November 1940 gastiert der sowjetische Außenminister Wjatscheslaw Michailowitsch Molotow zu einem Staatsbesuch in Berlin. Was er im Auftrag Josef Stalins den Deutschen zu sagen hat, klingt allerdings nicht nach einem friedlichen Ausgleich. Die Sowjetunion will ganz Rumänien, Bulgarien und die türkische Meerenge unter ihre Kontrolle bringen. Wjatscheslaw Michailowitsch Molotow erhebt darüber hinaus im Namen seines Chefs den Anspruch, die Ostsee zu einem sowjetischen Meer zu machen, Finnland und sämtliche Ostseezugänge sollen dazugehören. Nachdem die Verhandlungen ergebnislos enden, wird klar, gemeinsame Sache werden die beiden Diktatoren in Zukunft nicht mehr machen. Die Frage ist, wer greift zuerst zu den Waffen – einen anderen Ausweg scheint es im November 1940 nicht mehr zu geben.

Adolf Hitler ist seit den »Blitzsiegen« im Westen auch bei seinen Skeptikern zum »Führer« mit überragendem militärischem Genie geworden. Die Generalität, die besonders beim Krieg gegen Frankreich vor Risiken gewarnt hat, hängt ihrem obersten Befehlshaber an den Lippen. »Führerbefehle« werden nicht mehr kommentiert, sondern befolgt. Die deutsche Bevölkerung liegt ihm zu Füßen, der Personenkult erreicht ungeahnte Dimensionen. Seine »Vorsehungen« sind Realität geworden, er ist mit den »schlappen« Demokraten Schlitten gefahren und hat den »Lebensraum« der Deutschen erheblich erweitert. Ohne nennenswerten Widerstand hat die Wehrmacht Frankreich, Norwegen, Dänemark, die Benelux-Staaten, Polen und die Tschechoslowakei erobert. Deutschland ist mit Italien und Japan in einem antikommunistischen Militärpakt vereint und der Krieg gegen England ist in vollem Gange.

Seine Kritiker im Inneren sind entweder ermordet oder verhaftet worden, der Rest hat das Land verlassen. Soll er in diesem Moment nicht doch den Griff nach einem von Deutschen beherrschten Großeuropa wagen? Das Außenministerium entwickelt die Vision von einem »Großwirtschaftsraum« mit mehr als 200 Millionen Menschen. Der siegestrunkene Hitler aber will mehr als klassische Machtpolitik, wie sie der europäische Kontinent Jahrhunderte vorher schon er- und überlebt hat. Er will den finalen Rassenkampf um die Vorherrschaft der »Arier«. Er will neuen »Lebensraum im Osten« und den gibt es nur auf Kosten der zur Vernichtung freizugebenden Sowjetunion.

Unternehmen »Barbarossa«

Nach dem Einmarsch in Jugoslawien und Griechenland und dem Beginn des Afrikafeldzugs im Frühjahr 1941 hat er auf diese Weise die dem Mittelmeer zugewandten Teile Libyens, ganz West- und Nordeuropa mit Ausnahme Schwedens, der Schweiz und dem zwar nicht verbündeten, aber doch wohlwollenden Spanien des Diktators Franco unterworfen. In Südosteuropa stehen neben dem besetzten Jugoslawien und Griechenland die verbündeten Staaten Ungarn, Rumänien, Bulgarien und die Slowakei an der Seite Deutschlands. Zudem ist das Deutsche Reich im »Antikomintern-Pakt« mit Italien, das den jugoslawischen Küstenstreifen und Albanien kontrolliert, und der Pazifik-Großmacht Japan – den beiden so genannten »Achsenmächten« – verbunden. In Europa ist nur England übrig geblieben, das weder durch Luftangriffe noch durch Verhandlungen zum Einlenken bereit ist. In der Hoffnung, auch gegen die Sowjetunion einen »Blitzsieg« landen zu können, wird im Frühsommer 1941 unter dem Kennwort »Unternehmen Barbarossa« der Befehl für den Überfall erteilt.

In den Morgenstunden des 22. Juni überschreiten 149 deutsche Divisionen die sowjetische Grenze. Die Nachricht vom Krieg gegen die Sowjetunion nimmt die deutsche Bevölkerung eher gedrückt zur Kenntnis. Aber anfängliche Erfolge lassen Erinnerungen an die »Blitzkriege« im Westen wach werden, was die nationalsozialistische Propaganda geschickt mit der Unfehlbarkeit des »größten Feldherrn aller Zeiten« verbindet. Wie in Polen und auf dem Balkan folgen der kämpfenden Truppe so genannte Einsatzkommandos, die im Rücken der Front einen Massenmord organisieren, der alle bisherigen Dimensionen bei weitem überschreitet. Diese Blutorgien gehen auf einen Befehl Adolf Hitlers vom 13. Mai 1941 zurück, der die Richtlinien der Kriegsgerichtsbarkeit im »Raum Barbarossa« festlegt. Standrechtliche Erschießungen, Massenhinrichtungen und kollektive Vernichtung ganzer Dörfer bleiben straffrei. »Freischärler« sollen »auf der Stelle mit den äußersten Mitteln bis zur Vernichtung niedergemacht« werden. Gegen Ortschaften, aus denen die Wehrmacht »hinterhältig oder heimtückisch« angegriffen wird, sollen »kollektive Zwangsmaßnahmen durchgeführt« werden. Ein kurz vor Beginn des Angriffs erlassener »Kommissarbefehl« stempelt die sowjetischen Parteifunktionäre – die so genannten »Kommissare« – zu »Trägern des Widerstands«, von denen »eine hasserfüllte, grausame und unmenschliche Behandlung unserer Gefangenen zu erwarten« sei. Diese »Elemente« seien »grundsätzlich sofort mit der Waffe zu erledigen«. Der »für die Kriegsgefangenen völkerrechtlich geltende Schutz findet bei ihnen keine Anwendung. Sie sind nach durchgeführter Absonderung zu erledigen«, heißt es weiter. Adolf Hitlers Truppen sollen keinen »normalen« Eroberungskrieg führen, sondern die Vernichtung und Versklavung Osteuropas durchsetzen.

Die sowjetische Führung ist am Morgen des deutschen Überfalls von den Ereignissen überrascht. Erst am 29. Juni meldet sich Josef Stalin in einer Rundfunkansprache zu Wort. Mit gebrochener Stimme ruft er den »Großen Vaterländischen Krieg« aus, der die Menschen der Sowjetunion eint und zum erbitterten Widerstand gegen die Deutschen auffordert. Dieser Aufruf und die Erbarmungslosigkeit, mit der die »Sonderkommandos« hinter der Front wüten, lassen auch jene zu Feinden der Deutschen werden, die den Einmarsch der Wehrmacht mit Brot und Salz begrüßt haben. Die Versklavungspolitik gegenüber den Völkern Osteuropas und die bald darauf einsetzende physische Vernichtung des europäischen Judentums lassen die eigentlichen Absichten dieses Krieges zu Tage treten: Die nationalsozialistische Rassenpolitik ist nicht Begleitumstand, sondern das eigentliche Ziel des Überfalls auf die Sowjetunion.

Im Oktober 1941 kommt der deutsche Angriff zum Stehen – erst im Schlamm, dann im Schnee, denn der Winter bricht härter und früher an als erwartet. Die deutschen Soldaten sind für diese Witterungsbedingungen nicht ausgerüstet, ihre Waffen für derartige Temperaturen nicht tauglich. Die Rote Armee hat sich inzwischen zurückgezogen, die Kriegsproduktion ist – unerreichbar – hinter den Ural verlagert worden. Wie einst Napoleon stehen die Deutschen zwar tief im Landesinneren, aber gewinnen können sie diesen Krieg nicht. Nachdem Adolf Hitler am 16. Dezember 1941 den Befehl zum Halten erteilt hat, wird die Wehrmacht bis zum Ende des Jahres weiter zurückgedrängt. Im Frühjahr 1942 können sich die Deutschen aus der Rückwärtsbewegung befreien und nach blutigen Schlachten bei Charkow, auf der Krim und bei Rostow am Don ihren Vormarsch fortsetzen. Am 21. August 1942 hissen deutsche Soldaten auf dem über 5600 Meter hohen Gipfel des Elbrus-Massivs in der Nähe der georgischen Grenze die Reichskriegsflagge. Im Deutschen Reich tönt es aus den Propaganda-Lautsprechern, dass auch dieser Feldzug bald mit einem »Blitzsieg« enden werde. Es werden Landkarten verteilt, auf denen die Kinder kleine Hakenkreuzfähnchen überall dort platzieren können, wo deutsche Truppen stehen. Obwohl sich seit der deutschen Kriegserklärung an die Vereinigten Staaten von Amerika vom 11. Dezember 1941 eine feste Anti-Hitler-Kriegskoalition gebildet hat, die trotz ideologischer Unterschiede Kontakt mit der sowjetischen Führung aufnimmt, ist die Laune in Deutschland im Sommer 1942 besser, als es die militärpolitische Lage vermuten lässt.

Stalingrad

Anfang August 1942 erteilt Adolf Hitler den Angriffsbefehl auf das südrussische Verkehrs- und Rüstungszentrum Stalingrad, obwohl gleichzeitig starke Truppenverbände durch eine Offensive gegen die Ölfelder im Kaukasus gebunden sind. Am 23. August 1942 beginnt die Bombardierung Stalingrads, am gleichen Tag erreichen deutsche Panzer die Außenbezirke der Millionenstadt an der Wolga. Aber je weiter deutsche Truppen zum Stadtkern vordringen, desto erbitterter wird die Gegenwehr der Roten Armee. Der Kampf Mann gegen Mann in den Straßen Stalingrads gehört zu den brutalsten Schlachten des Zweiten Weltkriegs. Beide Seiten sind sich der symbolischen Bedeutung der Stadt im Klaren, die den Namen

Stalins trägt. Ein deutscher Sieg würde die sowjetische Moral brechen, eine deutsche Niederlage würde den Vormarsch der Wehrmacht stoppen. Zunächst sieht es so aus, als könnten die Deutschen dieses mörderische Ringen für sich entscheiden. Am 8. November 1942 prahlt Adolf Hitler in Berlin schon mit der unmittelbar bevorstehenden Einnahme Stalingrads, aber zehn Tage später beginnt die Gegenoffensive der Roten Armee. Sowjetischen Truppen gelingt es, schnell einen Ring um die Stadt zu ziehen, in dem die Deutschen in der Falle sitzen. Zu dem nun von allen Seiten einsetzenden Dauerbeschuss kommt für die deutschen Soldaten eine grimmige Winterkälte hinzu, die sie an den Rand ihrer physischen Möglichkeiten bringt. Bei Temperaturen von minus 40 Grad drehen viele Soldaten durch, führen mechanisch ihr tödliches Handwerk aus und hoffen auf ein Wunder, das sie aus dieser Hölle herausbringt. Wenige Tage nach Beginn der sowjetischen Offensive sind die Deutschen von ihren Nachschublinien getrennt. Der Befehlshaber der 6. Armee, Generaloberst Friedrich Paulus, will die Belagerung Stalingrads aufgeben und nach Westen ausbrechen. Aber der »größte Feldherr aller Zeiten«, Adolf Hitler, der nach diesem Desaster im Volksmund den Namen »Gröfaz« bekommt, befiehlt die Stellungen zu halten.

In den Reihen der deutschen Soldaten macht sich Panik breit, weil sie die Aussichtslosigkeit ihrer Situation erkennen. Es gibt kaum etwas zu essen, die Munition wird wegen fehlendem Nachschub knapp und die Temperaturen sinken jeden Tag ein Stückchen weiter nach unten. Tagsüber fallen ihre Kameraden zu Tausenden, in den eisigen Nächten werden die erschöpften Soldaten von den grausamen Ereignissen in ihren Albträumen verfolgt. In den letzten Tagen der Schlacht um Stalingrad schreibt ein Soldat an seine Familie:

»Wir waren am Ende so ermattet, dass wir nicht einmal mehr die Kraft hatten, am Maschinengewehr zu stehen. Wir befestigten Bindfäden und Schnürsenkel am Abzug und hängten uns mit aller Kraft daran, wenn mal geschossen werden musste. Aber geschossen wurde dann ohnehin nur noch, wenn es unbedingt sein musste. Wir hatten Angst unsere Stellung zu verraten. Alle waren vollkommen übermüdet, wir waren geistig, nervlich und körperlich völlig am Ende. Da ist mancher direkt in den Beschuss hineingelaufen oder in kauernder Haltung irgendwo eingenickt und im Schlaf erfroren. Der Kältetod war ja eine der schönsten Todesarten, die es gab.«

Generaloberst Friedrich Paulus schätzt die Lage ebenso ausweglos ein wie seine Soldaten, fühlt sich aber an den Befehl Adolf Hitlers gebunden und kann sich nicht dazu durchringen, die Aufgabe und den Ausbruch aus der sowjetischen Umklammerung anzuordnen. Als die Rote Armee am 10. Januar 1943 mit mehr als einer Million Soldaten die inzwischen in zwei Kesseln eingekeilte 6. Armee angreift, beginnt das letzte Kapitel der Tragödie von Stalingrad. Der Kampf dauert drei Wochen. Am 2. Februar 1943 kapituliert Generaloberst Friedrich Paulus. Mit ihm gehen mehr als 90 000 deutsche Soldaten in eine Gefangenschaft, die nur 6000 überleben. Die Ufer der Wolga sind mit dem Blut von 146 000 deutschen und rumänischen Soldaten getränkt, unter den Ruinen der Stadt liegen die Kadaver von 52 000 Wehrmachtspferden. Insgesamt sterben mehr als eine Million Zivilisten und Soldaten: Russen, Deutsche, Österreicher, Ukrainer, Rumänen, Ungarn und Italiener – erschossen, erfroren, verhungert.

Die Nachricht von der Kapitulation der 6. Armee löst bei Adolf Hitler einen Tobsuchtsanfall aus, weil der erst wenige Tage vorher beförderte Friedrich Paulus der erste Generalfeldmarschall ist, der vor dem Feind die Waffen streckt. Am nächsten Morgen titelt der ›Völkische Beobachter‹ zynisch: »Sie starben, damit Deutschland lebe!«, aber die Niederlage von Stalingrad ist der psychologische Wendepunkt des Zweiten Weltkriegs. Zum einen ist der Nimbus der Unbesiegbarkeit der Wehrmacht zerstört und zum andern wird die Überlegenheit der alliierten Gegner durch die massive Unterstützung der USA immer deutlicher. Innerhalb eines halben Jahres ist die Stimmung in ihr Gegenteil umgeschlagen. Für die deutsche Bevölkerung, die durch das alliierte Flächenbombardement der Städte mehr und mehr in Mitleidenschaft gezogen wird, geht es ums nackte Überleben und nicht um den »Endsieg«.

Der »totale Krieg«

Zwei Wochen nach der Katastrophe von Stalingrad findet am 18. Februar 1943 im Berliner Sportpalast eine gespenstische Veranstaltung vor ausgewähltem Publikum – darunter auch Botschafter und Gesandte anderer Staaten – statt. Propagandaminister Joseph Goebbels hat geladen und erklärt zunächst die Anwesenden zu »Repräsentanten der Nation«. Dann fragt er die sorgsam ausgesuchten Parteimitglieder, ob sie in Zukunft »in wilder Entschlossenheit durch dick und dünn und unter Aufnahme auch der schwersten persönlichen Belastungen« bereit seien, dem »Führer in Treue zu folgen«. Angestachelt von einem vieltausendfachen »Ja« schleudert Joseph Goebbels dann die eigentlich entscheidende Frage dem Publikum entgegen:

»Die Engländer behaupten, das deutsche Volk wehrt sich gegen die totalen Kriegsmaßnahmen der Regierung. Es will nicht den totalen Krieg, sondern die Kapitulation. Ich frage euch: wollt ihr den totalen Krieg? Wollt ihr ihn, wenn nötig, totaler und radikaler, als wir uns ihn heute überhaupt vorstellen können?«

Die Anwesenden springen von den Sitzen auf, schmettern begeistert ihre Zustimmung heraus und vermitteln den Eindruck, als gebe es nichts Schöneres als den soeben verkündeten »totalen Krieg«. Bereitwillig proklamieren sie auch ihr Einverständnis, dass jedem »Drückeberger und Schieber« der Kopf abgeschlagen wird, der gegen diesen »totalen Krieg« ist und die »Not des Volkes zu eigensüchtigen Zwecken ausnützen« will. Der Propagandaminister zielt aber nicht so sehr auf dieses tobende Publikum oder das deutsche Volk ab. Adressaten seiner Inszenierung sind die alliierten Westmächte, die im Januar 1943 in Casablanca die »bedingungslose Kapitulation« der Deutschen zu ihrem Kriegsziel erklärt haben. Die alliierten Regierungschefs nehmen das Spektakel im Berliner Sportpalast auch tatsächlich zur Kenntnis, lassen sich aber von ihren Kriegszielen nicht mehr abbringen.

Die Totalität der Kriegführung und die Bedingungslosigkeit der alliierten Antwort darauf legen in den kommenden zwei Jahren zahlreiche deutsche Städte in Schutt und Asche. Die Überlegenheit der Alliierten drückt sich in pausenlosen Luftangriffen aus, neuartige Phosphor- und Brandbomben entzünden in Hamburg, Köln oder Dresden ein Inferno bis dahin ungekannten Ausmaßes. Die Menschen hausen in Luftschutzkellern, aus denen sie traumatisiert nur dann wieder herauskommen, wenn die heruntergestürzten Steinmassen die Ausgänge nicht verschüttet haben. Der den Kriegsgegnern angekündigte »totale Krieg« findet in Deutschland statt.

Holocaust

Der »totale Krieg« findet auch an einer anderen Front statt, an der nicht so viele teilnehmen. Seit 1933 ist die jüdische Bevölkerung in Deutschland ständig ausgeweiteten Drangsalierungen unterworfen. Von den etwa 700000 Juden verlässt deswegen nahezu die Hälfte das Land. Auch wenn ihnen der Verlust der Heimat mehr als schwer gefallen ist, haben sie die richtige Entscheidung getroffen. Denn mit Beginn des Zweiten Weltkrieges werden in den von der Wehrmacht besetzten osteuropäischen Ländern Ghettos eingerichtet, in denen Juden unter unbeschreiblichen Verhältnissen leben müssen. Hunderttausende vegetieren in diesen heruntergekommenen Stadtvierteln, viele von ihnen sterben an Hunger und Seuchen. Die SS-Bewacher zwingen sie zur Kooperation in so genannten »Judenräten«, die erst die Verwaltung des Elends zu übernehmen haben und später dadurch ungewollt zum verlängerten Arm der Täter werden, weil sie die Listen derer zusammenstellen müssen, die deportiert und umgebracht werden. Am 20. Januar 1942 findet eine Konferenz am Berliner Wannsee statt, auf der die endgültige Vernichtung des europäischen Judentums beschlossen wird.

■ Die Wannseekonferenz

Adolf Hitler erklärt den Feldzug gegen die Sowjetunion zum »Weltanschauungskrieg gegen das jüdisch-bolschewistische Untermenschentum« und lässt durch Hermann Göring am 31. Juli 1941 den SS-Gruppenführer und Chef des Reichssicherheitshauptamtes, Reinhard Heydrich, anweisen, eine Planung für die so genannte »Endlösung der

Judenfrage« auszuarbeiten. Am 20. Januar 1942 ruft Reinhard Heydrich Vertreter jener Ministerien und Parteidienststellen, die an der Umsetzung seines Planes beteiligt sind, in einer Villa am Berliner Wannsee zusammen. Der deutsche »Herrschaftsbereich«, teilt Reinhard Heydrich mit, werde fortan planmäßig und systematisch von Juden »gesäubert«. Da die zwangsweise Umsiedlung der jüdischen Bevölkerung Europas nach Madagaskar gescheitert sei, werde die »Endlösung« nun in Osteuropa stattfinden. Ohne das Wort »Ermordung« in den Mund zu nehmen, ordnet Reinhard Heydrich an, dass Juden »in geeigneter Weise« im Osten zum Einsatz kommen sollen, wobei »zweifellos ein Großteil durch natürliche Verminderung ausfallen« werde. Der übrige Teil müsse »entsprechend behandelt werden, da dieser, eine natürliche Auslese darstellend, bei Freilassung als Keimzelle eines neuen jüdischen Aufbaues« anzusehen sei. Den Anwesenden ist klar, was gemeint ist: Die staatlich organisierte, mit allen exekutiven und judikativen Möglichkeiten des Staates durchgeführte Ermordung sämtlicher Menschen jüdischer Abstammung, derer man auf dem europäischen Kontinent habhaft werden kann. In grausam nüchterner Amtssprache wird an diesem Tag die »Ausrottung des europäischen Judentums« zum Ziel staatlichen Handelns ausgerufen, dem sich andere – auch kriegswichtige – Planungen unterzuordnen haben.

Der Massenmord an den europäischen Juden beginnt im Dezember 1941, als im polnischen Städtchen Chelmno die ersten jüdischen Männer, Frauen und Kinder vergast werden. Nach ihrer Ankunft im Lager wird ihnen erzählt, sie würden zu Arbeitsstätten im Osten gebracht, müssten aber vorher noch »duschen«. Die Menschen glauben den Worten der SS-Leute, die Aussicht auf einen »Arbeitsplatz« im Osten scheint ihnen wie eine Erlösung von den bisher erlittenen Qualen. Genau darauf setzen ihre Mörder, denn die rund 150 Bewacher des Lagers wären bei Gegenwehr oder passivem Widerstand nicht in der Lage, den »planmäßigen« Ablauf ihrer Mordaktionen zu garantieren. Die getäuschten Opfer werden zu einem »Duschraum« geführt, der sich aber als umgebauter LKW erweist. Als der Laderaum mit nackten Menschen gefüllt ist, werden die Türen von Angehörigen eines SS-Sonderkommandos fest verschlossen. Dann wird der Motor gestartet und die Auspuffgase in den Innenraum geleitet. In den nächsten Minuten hören die Mörder das Wehklagen der Alten und das Schreien der Kinder. Fäuste trommeln gegen die Innenwand des Todeswagens, sie nehmen es regungslos zur Kenntnis. Wenn von den Opfern kein Ton mehr zu vernehmen ist, fährt der Leichenwagen in einen nahe gelegenen Wald, wo die Ermordeten in Massengräbern verscharrt werden. Dieser Niedertracht fallen in Chelmno zwischen Dezember 1941 und Januar 1945 vermutlich mehr als 300 000 Menschen zum Opfer.

Eine zweite Stätte der Vernichtung entsteht in Belzec, wo von Herbst 1941 bis Juni 1942 mehr als 96 000 vor allem polnische Juden umgebracht werden. Als Heinrich Himmler am 19. Juli 1942 den Befehl erteilt, alle »arbeitsunfähigen Juden des Generalgouvernements« bis zum Jahresende zu töten, werden in Belzec sechs weitere Gaskammern errichtet. Jetzt können 1500 Menschen gleichzeitig der »Sonderbehandlung«, wie die Ermordung in der Sprache der Unmenschen heißt, zugeführt werden. Ein halbes Jahr später ist das grauenvolle Werk vollbracht. Um die Spuren des Massenmords zu vertuschen, werden die Leichen exhumiert und verbrannt. Über der Stadt steht monatelang eine Rauchsäule, die weder den Bewohnern noch der alliierten Luftaufklärung verborgen bleibt. Als im April 1943 die Scheiterhaufen erloschen sind, lässt die SS auf dem Lagergelände einen Bauernhof errichten und Bäume pflanzen. Die jüdischen Arbeiter werden nach getaner Arbeit ins Vernichtungslager Sobibor transportiert und ebenfalls umgebracht. Den 600 000 Opfern von Belzec stehen sieben Überlebende gegenüber.

Wie in Belzec verwenden die Mörder auch in Sobibor Auspuffgase eines Verbrennungsmotors, um den Völkermord ins Werk zu setzen. Sind es zunächst jüdische Kinder, Frauen und Männer aus Polen, die in Sobibor ermordet werden, kommen ab Oktober 1943 die ersten »Transporte« aus Holland, Frankreich, Belgien und der Sowjetunion im Lager an. Die Neuankömmlinge werden an einer »Selektionsrampe« von SS-Schergen »begutachtet«. Etwa ein Viertel von ihnen kommt in Arbeitskommandos und entgeht für einige Monate dem sicheren Tod. Die Übrigen werden in so genannte »Umkleidekammern« geschickt, ihrer Habseligkeiten beraubt und in die Gaskammern getrieben. 250 000 Menschen werden auf diese Weise in Sobibor ermordet.

In Treblinka ist am 11. Juli 1942 ein weiteres Vernichtungslager »einsatzbereit«. Zehn Tage später rollen die ersten Züge aus dem Warschauer Ghetto nach Treblinka. Aber Ende August kommt die Todesmaschinerie zum Erliegen, weil das Lagerpersonal weder die ungeheure Zahl von Vergasungen durchführen, noch die Toten in Massengräbern verschwinden lassen kann. In brütender Sommerhitze liegen tausende Leichen auf dem Lagergelände und entlang der Eisenbahnlinie. Für das Reichssicherheitshauptamt in Berlin ist dieser Zustand untragbar, weil die vorgegebenen »Stückzahlen der Vernichtung« nicht eingehalten werden können. Deshalb werden weitere Gaskammern gebaut, die Transporte »besser« koordiniert und die Anzahl derjenigen, die nicht sofort vernichtet werden, erhöht. Nach einer Woche »funktioniert« das Töten in Treblinka besser als je zuvor. Später wird eine neue Technik der Beseitigung der vielen tausend Leichen, die sich jeden Tag auftürmen, entwickelt. Auf gemauerten Sockeln werden Roste aus Eisenbahnschienen gelegt, auf denen in »einem Durchgang« bis zu 3000 Leichen verbrannt werden können. In Treblinka sind mehr als 900 000 Juden ermordet worden.

Da die systematische Vernichtung mit den bisher verwendeten Mitteln den Organisatoren des Holocaust zu wenig »effizient« erscheint, kommt in den Lagern Majdanek und Auschwitz-Birkenau das Giftgas »Zyklon B« zur Anwendung. In Auschwitz entsteht das größte Vernichtungslager. Auf einem Areal von 40 Quadratkilometern befinden sich drei Haupt- und 39 Nebenlager, in die zwischen 1941 und 1944 mehr als 1,3 Millionen Menschen deportiert werden. 900 000 werden unmittelbar nach der Ankunft »selektiert« und entweder sofort erschossen oder in die Gaskammern getrieben. Anfang September 1941 beginnt in Auschwitz das Morden in vier Gaskammern, in denen bis zu 12 000 Menschen gleichzeitig »sonderbehandelt« werden können. Die Gaskammern bestehen aus unterirdischen »Umkleideräumen« für jeweils 2000 Menschen, dem sich eine als Duschraum getarnte Gaskammer anschließt. Durch eine kleine Dachluke wird das tödliche »Zyklon B« in den Raum geschüttet. Es kann Minuten dauern, bis die Opfer tot sind. Anschließend werden sie in eigens dafür gebauten Krematorien verbrannt. Tag für Tag stehen über Auschwitz-Birkenau kilometerhohe qualmende Schwaden menschlicher Überreste und verbreiten einen beißenden Geruch. Alliierte Aufklärungs-

flugzeuge fotografieren diese sich klagend ihnen entgegenwinden-
den Rauchsäulen ebenso wie die brennenden Leichenberge, die
immer dann entzündet werden, wenn die »Kapazität« der Krematorien nicht ausreicht. Auf die Idee, diesem höchsten Ausdruck
der Unmenschlichkeit durch Bombardierungen ein Ende zu bereiten, kommen sie nicht.

Häftlinge, die die gefürchtete Selektion an der Rampe überste-
hen, müssen in benachbarten Industriebetrieben unter unmensch-
lichen Bedingungen Sklavenarbeit verrichten. Die IG Farben oder
die Krupp AG bauen in unmittelbarer Nachbarschaft Zweigwerke
auf und bedienen sich der »billigen Arbeitskräfte«. Angesichts der
näher rückenden Roten Armee wird das Vernichtungslager Auschwitz-Birkenau im November 1944 gesprengt, die Spuren werden
verwischt. Im Januar 1945 werden mehrere tausend Häftlinge in
Todesmärschen »evakuiert«. Wer krank oder zu schwach ist, wird
am Wegesrand kaltblütig erschossen. Am 27. Januar 1945 erreicht
und befreit die Rote Armee das Vernichtungslager. Sie werden von
7500 Überlebenden des Holocaust erwartet. Mehr als eine Million
Menschen sind in Auschwitz ermordet worden.

Im Reichssicherheitshauptamt organisiert Adolf Eichmann die
planmäßige Durchführung des Holocaust. Er nimmt diese Aufgabe
nicht nur ernst, sondern führt sie in einer solchen Akribie durch,
dass trotz des auf dem Kontinent tobenden Zweiten Weltkriegs
neue Eisenbahnlinien gebaut oder Nachschubtransporte umgelei-
tet werden. Seine Opfer kommen aus ganz Europa, ihre Züge haben Vorfahrt vor kriegswichtigen Transportzügen an die verschiedenen Frontabschnitte. Er handelt mit der Reichsbahn für die
Opfer ermäßigte »einfache Fahrten« und für die Bewacher günstige »Hin- und Rückfahrkarten« aus. Adolf Eichmann kontrolliert
und überwacht den Fortgang des Holocaust persönlich, nimmt
Vergasungsaktionen in Augenschein und erstellt anschließend pe-
nible Berichte, die der Nachwelt das ganze Ausmaß der Grausam-
keiten zeigen. Während über den Vernichtungslagern der Rauch
aufsteigt, tausende von Bahnbeamten Gruppenfahrscheine für die
Transporte ausstellen – Kinder unter 10 Jahren werden unentgelt-
lich in den Tod befördert –, feiert die »deutsche Volksgemeinschaft« mit Trachtentanz und Germanenromantik ihren »Führer«
und das »Dritte Reich«. Auch als Nachbarn und Freunde denunziert und auf immer verschleppt werden, selbst als Soldaten von

Erschießungskommandos erzählen, deren Taten sie auch noch fotografiert haben, regt sich in Deutschland keine Hand für die Opfer des nationalsozialistischen Wahnsinns, der auch in ihrem Namen begangen wird. Massenmord und massenhaftes Verdrängen sind zwei Seiten einer Medaille. Die Deutschen bauen mehr als 10 000 Lager, in denen Menschen festgehalten, gequält und ermordet werden. Auschwitz-Birkenau gilt als Symbol für diesen in der Menschheitsgeschichte einmaligen Vernichtungsfeldzug. Mehr als sechs Millionen Juden, Sinti und Roma, Homosexuelle, Behinderte und andere als lästig oder »lebensunwert« abqualifizierte Menschen fallen dem krankhaften Rassenwahn zum Opfer. Diese unvorstellbar grausame Tat hinterlässt einen immer während Makel in der deutschen Geschichte.

D-Day

Auf Seiten der Alliierten haben die sowjetischen Armeen die Hauptlast des Kriegs zu tragen. Deutsche Truppen stehen immer noch tief im Land und üben großen Druck auf die Rote Armee aus. Josef Stalin drängt deshalb die Verbündeten, im Westen eine weitere Front zu eröffnen, um die Wehrmacht in einen Zweifrontenkrieg zu verwickeln. Bereits im August 1942 versuchen rund 6000 alliierte Soldaten in der Nähe des französischen Atlantikstädtchens Dieppe zu landen, werden von deutschen Truppen zurückgedrängt. Nach diesem Landeunternehmen erteilt Adolf Hitler den Befehl zur Errichtung eines Verteidigungswalls, der von den Pyrenäen bis zur holländischen Küste reicht. Dieser »unüberwindliche Atlantikwall« werde die Invasionspläne der Alliierten durchkreuzen, hoffen die Deutschen, aber sie täuschen sich. Die deutsche Heeresleitung erwartet im Frühsommer 1944 eine Invasion bei Calais. Die Generäle sind so fest von diesen alliierten Absichten überzeugt, dass sie eine gewaltige, in Südengland zusammengestellte Armada übersehen, die in den frühen Morgenstunden des 6. Juni 1944 Kurs auf die Küste der Normandie nimmt. Als die ersten Schiffe am Horizont auftauchen, glaubt das deutsche Oberkommando der Wehrmacht an ein Ablenkungsmanöver und versäumt es, den in den Bunkerstellungen verschanzten Einheiten Verstärkung zu schicken.

Die Invasion der alliierten Landetruppen beginnt mit einem blutigen Kampf am Strand der Normandie. Das deutsche Sperrfeuer kann zwar tausende alliierter Soldaten beim Verlassen ihrer Landeboote erreichen, aber die Landung wird von Bombern aus der Luft und von unentwegt feuernden Schiffsgeschützen unterstützt. Nach stundenlangem Beschuss der deutschen Abwehrstellungen gelingt die Landeoperation der Alliierten. Binnen weniger Tage können sie Brückenköpfe bilden und Luftlandetruppen hinter die deutschen Verteidigungslinien bringen. Ende Juni ist der Kampf zu Ende, die alliierten Armeen haben die deutschen Verteidigungslinien überwunden und marschieren nach Paris, wo sie am 25. August 1944 Einzug halten. Mit der gelungenen Invasion in der Normandie – dem so genannten »D-Day« – beginnt das letzte und schlimmste Kapitel des Krieges.

In den kommenden neun Monaten bis zum Kriegsende sterben fast genauso viele Menschen wie in den vorausgegangenen fünf Kriegsjahren. Es werden mehr Städte und Industrieanlagen zerstört als bis dahin. Der Verschärfung des Kampfes durch die Alliierten, die den Sieg durch eine »bedingungslose Kapitulation« um jeden Preis erringen wollen, steht der erbitterte Widerstand der auf den »totalen Krieg« fixierten Deutschen entgegen. Selbst Alte und Kinder werden eingezogen und in einen sinnlosen Krieg geschickt, wo sie – oft von unerfahrenen Kommandeuren geführt – dem sicheren Tod entgegengehen. Die Kampfhandlungen bewegen sich aus allen Himmelsrichtungen auf das Deutsche Reich zu. Die alliierten Bomberverbände haben schon lange die Lufthoheit errungen und überziehen das Land mit einem nicht endenden Bombardement. Nahezu unbehelligt von der deutschen Flugabwehr legen sie eine Stadt nach der anderen in Trümmer. An manchen Tagen ist der Himmel verdunkelt von Flugzeugen und den Bombenteppichen, die aus ihren Ladeluken herausfallen. Das Dröhnen der Motoren hört nicht auf. Die Flugabwehr feuert Tag und Nacht. Der Krieg ist dorthin gekommen, wo er begonnen worden ist. Brandbomben erzeugen ein flammendes Inferno, in dem sich Brandstürme entwickeln, die ganze Straßenzüge verbrennen. Der letzte furchtbare »Höhepunkt« der Bombardierungen findet am 13. und 14. Februar 1945 in Dresden statt. In drei Wellen entladen alliierte Bomberverbände ihre Last über der Stadt, von der am Ende nicht mehr viel übrig bleibt. Allein bei diesen Angriffen sterben 35 000

Zivilisten, die Dresden deshalb nicht verlassen haben, weil die Stadt keinerlei militärische Bedeutung hat. Als die Überlebenden aus den Luftschutzkellern wieder an die Erdoberfläche kommen, erkennen sie ihre Stadt nicht mehr wieder.

■ Die Konferenz von Jalta

Vom 4. bis 11. Februar 1945 treffen sich die politischen Führer der alliierten Verbündeten in Jalta auf der Halbinsel Krim. Ihre Armeen stehen bereits an den Grenzen des Deutschen Reiches, seit dem 21. Oktober 1944 ist mit Aachen die erste deutsche Stadt von ihren Truppen besetzt, der Sieg ist nur noch eine Frage der Zeit. In Jalta geht es um die geopolitische Nachkriegsordnung für Europa. Josef Stalin beansprucht, entlang der Curzonlinie, dem ungefähren Grenzverlauf des Hitler-Stalin-Paktes vom Sommer 1939, den östlichen Teil Polens. Polen wird auf Kosten Deutschlands nach Westen verschoben. Der genaue Grenzverlauf soll auf einer der nächsten Konferenzen entschieden werden. Zwischen dem amerikanischen Präsidenten Franklin D. Roosevelt, Winston Churchill und Josef Stalin besteht Einigkeit darüber, dass die Alliierten Deutschland besetzen und in vier Besatzungszonen aufteilen werden. Frankreich wird als vierte Besatzungsmacht in den Kreis der Sieger aufgenommen. Deutschland soll entnazifiziert und entmilitarisiert werden. Es ist das letzte Mal, dass die vier Siegermächte ihre Entscheidungen einmütig treffen. Sehr bald nach dem Ende des Zweiten Weltkriegs treten unüberbrückbare Gegensätze zwischen ihnen auf, die eine gemeinsame Deutschlandpolitik erst immer schwieriger und dann unmöglich machen.

Der Zweite Weltkrieg endet mit der bedingungslosen Kapitulation der Wehrmacht am 8. Mai 1945. Fast alle deutschen Großstädte sind zerstört, ihre Industrieanlagen in Trümmer gelegt. Mehr als die Hälfte der Verkehrs- und Industrieanlagen des Landes sind demoliert. Der größte und blutigste Konflikt in der Geschichte der Menschheit ist zu Ende. Er hat 60 Millionen Menschenleben – darunter 20 Millionen Zivilisten – gefordert. Hinzu kommen Millionen obdachlose, heimatvertriebene, verwundete oder verwaiste Menschen, die einer mehr als ungewissen Zukunft entgegensehen. Kurz nach dem Ende der Kampfhandlungen erkennen die Deutschen das Ausmaß der moralischen Verwerfungen, die sich hinter Mauern und Stacheldrähten von Konzentrations- und Vernichtungslagern ereignet haben. Viele empfinden Scham, manche mögen nichts davon gewusst haben, aber die meisten verdrängen die Erkenntnis, dass furchtbare Verbrechen geschehen sind, mit dem Hinweis auf die Bewältigung ihres tatsächlich nicht einfachen Alltags.

Deutsche Frage V

Im Mai 1945 ist die europäische Mitte des Kontinents schwer getroffen. Die Ergebnisse des Krieges stehen den Absichten zu Beginn der Kampfhandlungen diametral gegenüber: Zwischen den Pyrenäen und dem Don sind Städte verwüstet, Landschaften ruiniert und Menschen heimat- und orientierungslos geworden. Im restlichen Europa sieht es nicht viel besser aus: Italien liegt am Boden, der Balkan, die skandinavischen Länder sind größtenteils Kriegsgebiet gewesen. Nirgendwo auf dem europäischen Kontinent gibt es einen Platz, an dem der Zweite Weltkrieg nicht gewütet hat. Das Ergebnis der alliierten Kriegskonferenzen und der Zusammentreffen in Friedenszeiten ist für die Deutschen und Millionen Menschen in Osteuropa niederschmetternd. Die Sowjetunion schiebt ihren Machtbereich bis zur Elbe, in den Böhmerwald, bis Wien und an die Adria vor. Das Ziel des Zweiten Weltkriegs sind deutsche Soldaten am Ural tief in der Sowjetunion gewesen, im Ergebnis aber stehen Angehörige der Roten Armee an der Spree mitten in Berlin, der bald geteilten ehemaligen Hauptstadt des untergegangenen »Großdeutschen Reiches«. Die angestrebte Großmachtrolle Deutschlands ist für immer beendet, nie wieder lassen die europäischen Nachbarn zu, dass in der Mitte des Kontinents ein zu mächtiger deutscher Koloss existiert. Die »deutsche Frage« liegt mehr denn je in der Entscheidungsgewalt der europäischen Nachbarn, das Selbstbestimmungsrecht der Deutschen geht 1945 erst mal verloren. Als der Untergang nicht mehr zu verhindern ist, will Adolf Hitler die Deutschen als schwache Verlierernation vom Erdball tilgen – auch das ist nicht gelungen. Die vollständige Vernichtung der Juden ist ebenfalls gescheitert, denn als Folge und Lehre des Holocaust entsteht der Staat Israel. Das »Reich des Bösen«, gegen das sich der antibolschewistische Nationalsozialismus gewendet hat, geht stärker als je zuvor aus diesem Krieg hervor. Mehr noch: Die Sowjetunion ist keine in Bürgerkriegswirren verstrickte europäisch-asiatische Randmacht mehr wie zu Beginn des 20. Jahrhunderts, sondern neben den Vereinigten Staaten von Amerika eine der beiden noch verbleibenden Supermächte.

Adolf Hitler, der den Deutschen als Erlöser aus dem zusammenbrechenden bürgerlichen System der Weimarer Republik erschienen ist, gibt sich am 30. April 1945 die Kugel und verlässt die Erde als Folterknecht Europas. Mit ihm ist der letzte Versuch gescheitert, Europa durch Anwendung militärischer Gewalt unter die Fuchtel eines Landes zu zwingen. Der von Adolf Hitler angezettelte Kampf gegen die »seelenlosen, asiatischen Bolschewisten« hat Europa nachhaltig zerstört, vom Glanz und vom weltpolitischen Einfluss des »alten« Kontinents bleibt nichts mehr übrig. Die USA und die Sowjetunion treten die Nachfolge Europas auf der Bühne der Weltpolitik an. In Gestalt des amerikanischen und des sowjetischen Machthabers treten auf den Trümmern des Krieges zwei ideologische Prinzipien gegeneinander an, die die Welt nach ihren Vorstellungen verändern wollen. Die Nachkriegszeit beginnt mit Schrecken, der Kontinent wird von Lübeck bis Triest in zwei sich waffenstarrend gegenüberstehenden Einflusszonen aufgeteilt. Zwischen der Welt Josef Stalins und den westlichen Demokratien senkt sich ein »Eiserner Vorhang«, zu dessen beiden Seiten die besiegten Deutschen aufgerufen werden, dem jeweiligen Herrn gegen dessen Bundesgenossen im Zweiten Weltkrieg beizustehen. Noch nie in der Geschichte Europas hat ein Krieg derartig gegenteilige Ergebnisse gezeigt, wie sie zu dessen Beginn intendiert gewesen sind. Als Adolf Hitlers letzte Stunde schlägt und der Zweite Weltkrieg vorbei ist, übernehmen zwei Politiker ...

Niedergang und Aufstieg
1945–2000

Deutsche Teilung und Europas Spaltung

... das Erbe Europas: Der amerikanische Präsident Franklin Roosevelt und der sowjetische Staatschef Josef Stalin. Was sie vorfinden, ist allerdings erschütternd. Europa liegt unter den rauchenden Trümmern eines Krieges, der keinen Fleck des Kontinents verschont hat. Europäische Metropolen, die noch wenige Jahrzehnte zuvor die entscheidenden Politikzentren der Welt gewesen sind, haben ihre Bedeutung verloren. So viel ist im Mai 1945 klar: Ohne die Hilfe Amerikas können die einst so mächtigen und stolzen Staaten Europas nicht wieder auf die Beine kommen. Die Deutschen befürchten ein Strafgericht. Aber die Siegermächte handeln keinen Friedensvertrag aus, sondern beschließen am 5. Juni 1945 in Potsdam die Aufteilung und Besetzung Deutschlands. Die Grundsätze ihres Handelns sind eindeutig: Deutscher Militarismus und Nazismus sollen »ausgerottet« und alle notwendigen Maßnahmen getroffen werden, »damit Deutschland niemals mehr seine Nachbarn oder die Erhaltung des Friedens in der ganzen Welt bedrohen kann«. Dem deutschen Volk werde trotzdem die Chance geboten, »sein Leben auf einer demokratischen und friedlichen Grundlage wieder aufzubauen«. Bevor es aber dazu kommt, zerstören die Alliierten die deutsche Kriegswirtschaft, heben nationalsozialistische Gesetze auf, stellen Kriegsverbrecher vor ein internationales Tribunal und lösen sämtliche bewaffneten Verbände auf. Das Land wird in vier Besatzungszonen aufgeteilt, deren Verwaltung der jeweiligen Besatzungsmacht untersteht. Sie kontrolliert das allmählich wieder entstehende öffentliche Leben, sorgt für Entmilitarisierung und strebt die Entnazifizierung Deutschlands an. Die Besatzungsmächte bestimmen auch über Art und Umfang der Reparationen, die Deutschland zu leisten hat. Die »Ostzone« ist von den Reparationen besonders hart betroffen, denn die sowjetische

Verwaltung demontiert nahezu alles, was durch den Krieg nicht zerstört worden ist.

Folgenschwer ist auch die in Potsdam getroffene Entscheidung, dass die Sowjetunion Gebiete im Osten Polens annektieren darf und Polen dafür auf Kosten Deutschlands im Westen »entschädigt« wird. Josef Stalin setzt durch, dass die Gebiete »polenfrei« an die Sowjetunion übergeben werden, sodass unmittelbar danach die bis dahin größte Migrationswelle der europäischen Geschichte beginnt. Zunächst werden polnische Bevölkerungsteile von der Roten Armee aus den nun zur Sowjetunion gehörenden Gebieten Polens vertrieben. Ihnen werden neue Siedlungsgebiete im Westen Polens zugeteilt, aus denen vorher aber die Deutschen vertrieben werden müssen, die zum Teil seit Jahrhunderten dort wohnen. Beschönigend sprechen die Sieger von einem »geordneten und humanen Transfer deutscher Bevölkerungsteile«, aber diese Vertreibung ist keineswegs »geordnet und human«, sondern ein brutaler Akt, dem vermutlich mehr als zwei Millionen Menschen zum Opfer fallen. Durch den ehemaligen deutschen Osten zieht ein endloser Flüchtlingstreck von mehr als 12 Millionen Menschen. Mütter mit Kindern und Alte dürfen ab und an auf Eselskarren sitzen, der Rest geht zu Fuß. An den Wegesrändern liegen leblose menschliche Körper und verendete Tiere, die den gewaltigen Mühen dieses Marsches nicht gewachsen sind. Neben den Millionen Toten des Krieges, den Opfern des Holocaust, den Verwaisten, Obdachlosen und Verletzten gehören die Flüchtlinge aus Ostdeutschland zu den Verlierern des Zweiten Weltkriegs. Zudem gehen sie einer ungewissen Zukunft entgegen, denn der Westen Deutschlands, wohin sie nun strömen, ist nahezu vollständig zerstört. Neben Wohnungsnot herrscht Lebensmittelknappheit, und ein strenger Winter erschwert 1946 die ohnehin katastrophale Lage. In Westdeutschland werden die Flüchtlinge mit gemischten Gefühlen aufgenommen und bis Ende der 50er Jahre in die westdeutsche Gesellschaft integriert. Dieses Drama führt den Deutschen vor Augen, welchen Preis sie für die Großmachtpolitik und den Rassenkrieg der nationalsozialistischen Diktatur zu zahlen haben. Aber sie legen auch vor der Welt ein Zeugnis erstaunlicher Integrationsfähigkeit ab, denn trotz der Umstände gelingt die Eingliederung der Flüchtlinge relativ reibungslos.

Europas Herrschaft über den Erdball ist zu Ende. Die kulturelle Hegemonie, die der alte Kontinent 30 Jahre vorher noch innehatte, ist verloren. Im Gegenteil: Europa wird Spielball und Experimentierfeld der Supermächte. Im Frühjahr und Herbst 1949 werden in der Mitte des Kontinents zwei deutsche Staaten gegründet. Die Bundesrepublik besteht aus den drei westlichen Besatzungszonen Frankreichs, Englands und der USA. Die östliche DDR umfasst die sowjetische Besatzungszone. Die ehemalige Hauptstadt Berlin wird von den Alliierten gemeinsam verwaltet. Die DDR gehört zu einem Netz von Satellitenstaaten, das unter sowjetischer Zwangsherrschaft im Osten Europas aufgebaut wird. Als die USA mit dem Marshall-Plan den ruinierten Volkswirtschaften Europas wieder auf die Beine helfen wollen, antwortet die Sowjetunion mit der Gründung des »Rats auf gegenseitige Wirtschaftshilfe«, dem die osteuropäischen Staaten angehören. Am 24. August 1949 folgt die Gründung der NATO, deren Mitglieder die Benelux-Staaten, Dänemark, Frankreich, Island, Italien, Kanada, Norwegen, Portugal, Großbritannien sowie die USA sind. Sechs Jahre später ruft die Sowjetunion den Warschauer Vertrag ins Leben. Diesem Militärbündnis gehören Albanien, Bulgarien, die DDR, Polen, Rumänien, die ČSSR, die Sowjetunion und Ungarn an. Die beiden Militärblöcke beginnen einen Rüstungswettlauf, an dessen Ende sich zwei hochgerüstete Bündnisse gegenüberstehen, die beide ein Vielfaches des eigentlich »notwendigen« atomaren Vernichtungspotenzials besitzen.

Europa wird zum Kerngebiet des Ost-West-Konflikts, der nicht nur militärischer Antagonismus, sondern auch ein Kampf der Ideologien ist: das westlich-liberale und demokratische System auf der einen, das sozialistische und staatsbürokratische System auf der anderen Seite. Die am 13. August 1961 errichtete Mauer durch Berlin und tausende Kilometer Stacheldraht durchschneiden den Kontinent von Nord nach Süd. Die vom britischen Premierminister Winston Churchill »Eiserner Vorhang« getaufte innereuropäische Grenze trennt auch die Lebenswelten der Europäer. Die einen werden vom amerikanischen Lebensstil beeinflusst, den ihnen die Besatzungssoldaten nahe bringen, und partizipieren am erstaunlichen Aufschwung ihrer Länder. Die anderen wollen nach den bitteren Erfahrungen der nationalsozialistischen Diktatur eine bessere und gerechtere Welt schaffen. Aber die sozialistische Ideologie, die ihnen den Weg dorthin weisen soll, führt erneut in die Diktatur eines Staatsapparates, der nicht nur die Wirtschaft kontrolliert, sondern auch die Privatsphäre überwacht. Während im Westen dank amerikanischer Hilfe der Wiederaufbau relativ schnell und erfolgreich beginnt, demontiert die Sowjetunion die noch vorhandene Infrastruktur im Osten des Kontinents. Die USA pumpen durch den Marshall-Plan gigantische Geldmengen in jene Länder, die diese Hilfe annehmen wollen. Vor allem England, Frankreich, Italien, die Benelux-Staaten und die Bundesrepublik profitieren von diesem Dollarsegen, im Osten verhindert die Sowjetunion die Annahme des Geldes. Die Vereinigten Staaten legen das Hilfsprogramm nicht ohne Hintersinn auf, denn zum einen kommt das Geld über florierende Wirtschaftsbeziehungen wieder zurück und zum anderen wird der durch US-Dollars aufgepäppelte westliche Teil des Kontinents zum Bollwerk gegen das »Reich des Bösen«, als das die stalinistische Sowjetunion gebrandmarkt wird. Die Folgen sind gravierend, denn der erstaunliche wirtschaftliche Aufschwung in Westeuropa bewirkt große Zustimmung der Menschen zu den politischen und sozialen Gegebenheiten der Nachkriegszeit. Der Osten des Kontinents hingegen hinkt viele Jahrzehnte der wirtschaftlichen Entwicklung des Westens hinterher und kann die Menschen nicht für die sozialistische Gesellschaftsordnung gewinnen.

Deutsche Frage VI

Deutschland ist im Osten des ehemaligen Reichsgebiets nicht nur erheblich verkleinert, sondern es ist auch geteilt worden. Als Ergebnis des Zweiten Weltkriegs ist somit die staatliche Einheit verloren gegangen. In Bonn und Ostberlin stehen sich nun zwei Regierungen gegenüber, die scheinbar unüberbrückbare ideologische Gegensätze trennen. Zwar ist die Teilung Deutschlands nicht das primäre Ziel der alliierten Kriegsgegner des Deutschen Reichs gewesen, sie ist aber Ergebnis und Konsequenz der ideologischen Streitigkeiten zwischen den Siegermächten. Auf beiden Seiten des »Eisernen Vorhangs« geraten die Deutschen in Abhängigkeit ihrer jeweiligen Besatzungsmächte. Im Westen wird Gefolgschaft als Preis für die allmähliche Rückgewinnung der staatlichen Souveränität gefordert. Im Osten werden die Deutschen in das sozialistische Herrschaftsmonopol eingegliedert und von der Führung der »Sozialistischen Einheitspartei Deutschlands« als Vorzeigesozialisten an der Nahtstelle zwischen Kapitalismus und Sozialismus eingeschworen. Die europäischen Nachbarn haben die Deutschen beiderseits der Demarkationslinie derart in ihre Interessen eingebunden, dass von ihnen keine Gefahr mehr ausgehen kann. Mehr noch: Die Alliierten stationieren in beiden »Deutschländern« Soldaten, die jederzeit in der Lage sind, die Kontrolle des öffentlichen Lebens zu übernehmen. Aber Freiheit und Demokratie auf der einen Seite, Überwachungsstaat und Diktatur der sozialistischen Nomenklatura auf der anderen Seite bewirken eine Ausreisewelle ohnegleichen von Ost nach West. Immer mehr Menschen flüchten über die »grüne« Grenze in den angeblich »goldenen Westen«.

Das Wirtschaftssystem der DDR kann diesen Aderlass nicht weiter zulassen, will es im »Wettlauf der Systeme« eine Chance haben. Der Gleichschaltung der Parteien folgt die Sozialisierung von Grund und Boden, was einer Enteignung gleichkommt und innerhalb der DDR für erhebliche Unruhe sorgt. Eine Erhöhung der Arbeitsnormen führt am 17. Juni 1953 zu einem Arbeiteraufstand, der von der Nationalen Volksarmee blutig unterdrückt und in der Bundesrepublik zum Nationalfeiertag erhoben wird. Dem internationalen Ansehen der DDR schadet die Unterwerfung des Arbeiteraufstands, das Land führt ein Dasein im Schatten der großen »Brudermacht« Sowjetunion.

Der Bundesrepublik Deutschland hingegen gelingt es relativ schnell, außenpolitische Anerkennung zu finden. Das liegt auch an den beiden Großvätern, die von den Westdeutschen zu ihren höchsten Repräsentanten gewählt werden. CDU-Bundeskanzler Konrad Adenauer ist den nationalsozialistischen Machthabern ein Dorn im Auge gewesen, hat 1944 mehrere Monate in einem Polizeigefängnis in der Nähe Kölns verbringen müssen. Er gehört ebenso wie Bundespräsident Theodor Heuss von der FDP der Vorkriegsgeneration an. Beide stehen in keinem Zusammenhang mit den Verbrechen des Dritten Reiches und genießen deshalb für die erste Nachkriegsdekade das uneingeschränkte Vertrauen der verunsicherten Westdeutschen. Kurt Schumacher, der schwere gesundheitliche Folgen einer zehnjährigen Haft während der NS-Zeit davonträgt, führt die SPD als Vorsitzender in den ersten

Nachkriegsjahren. Er ist der härteste innenpolitische Gegner Konrad Adenauers, den er in einer erregten Bundestagsdebatte einen »Kanzler der Alliierten« nennt und damit den ersten Skandal der jungen Demokratie auslöst. Hintergrund dieses Angriffs ist das Petersberger Abkommen, das Konrad Adenauer am 22. November 1949 unterschreibt. Darin wird die Aufnahme konsularischer Beziehungen zu anderen Staaten genehmigt, die Bundesregierung muss allerdings der internationalen Kontrolle des Ruhrgebiets zustimmen.

Konrad Adenauer, der seit 1951 in Personalunion auch Außenminister ist, betreibt fortan gegen den heftigen Widerstand der sozialdemokratischen Opposition die Westintegration der Bundesrepublik. Alle Verlockungen gesamtdeutscher Wahlen unter sowjetischen Vorzeichen schlägt er als Propaganda aus, weil er dahinter den Versuch der Sowjetisierung ganz Deutschlands vermutet. Stattdessen steuert Konrad Adenauer zielstrebig auf eine Mitgliedschaft in der Gemeinschaft westeuropäischer Staaten zu, auch wenn dadurch eine Wiedervereinigung der beiden »Deutschländer« in immer weitere Ferne rückt. Nacheinander tritt die Bundesrepublik am 18. April 1951 der Montanunion, am 2. Mai 1951 dem Europarat, am 5. Mai 1955 der NATO und am 25. März 1957 der Europäischen Wirtschaftsgemeinschaft bei. Damit ist die Bundesrepublik untrennbar mit Westeuropa verbunden und – so die Strategie Konrad Adenauers – gegen die Anfeindungen der Sowjetunion gewappnet.

Dem Beitritt der Westdeutschen zur NATO folgt die Integration der Nationalen Volksarmee der DDR in den Warschauer Pakt. Nun stehen sich die Vernichtungspotenziale der beiden Militärblöcke an der innerdeutschen Demarkationslinie gegenüber. Deutschland droht zum Schauplatz eines atomaren Krieges zu werden, den zwischen Frankfurt an der Oder und Aachen niemand überleben würde. Dramatisch wird diese Angst in den Morgenstunden des 13. August 1961, als Panzereinheiten der Nationalen Volksarmee ausrücken, das Brandenburger Tor ansteuern und dort Stellung beziehen. Die Berliner trauen ihren Augen nicht, aber sie unterliegen keiner Sinnestäuschung, sondern werden Zeugen der Errichtung eines Bauwerkes, das für die kommenden Jahrzehnte die deutsche und europäische Politik beherrschen wird. »Wer uns angreift, wird erschossen!«, lesen die Berliner erschrocken auf einem Plakat, das während der Bauarbeiten hochgehalten wird und die

Entschlossenheit der SED-Führung dokumentiert. Am frühen Nachmittag ist die Mauer quer durch Berlin fertig. Sämtliche gen Westen gerichtete Fenster sind zugemauert. In letzter Sekunde retten sich einige Anwohner durch einen Sprung aus dem Fenster in die Rettungstücher der Feuerwehr vor der Einkerkerung durch das eigene Regime. Die Bauarbeiter der DDR vollenden ihr Werk in dem Glauben, so ihr Land gegen eine militärische Intervention des Westens schützen zu können, und wissen nicht, wie sehr sie die Propaganda der DDR belogen hat. Am Ende des Tages ist Berlin durch eine Mauer und das Land durch einen Stacheldrahtzaun geteilt. Wer an diesem Tag zufällig auf der »falschen« Seite der Mauer ist, kann nicht mehr zurück. Eltern werden von ihren Kindern getrennt und Familien auseinander gerissen.

Die Berliner Mauer und der innereuropäische Grenzstreifen werden zum Symbol einer menschenverachtenden Politik der kommunistischen Parteien Osteuropas, die mit großem Aufwand das eigene Volk unterdrücken und den größten Teil ihrer volkswirtschaftlichen Produktivität in eine militärische Aufrüstung bisher ungekannten Ausmaßes investieren. Die Reaktion der westlichen Alliierten ist zurückhaltend, sie fürchten eine militärische Konfrontation mitten in Europa, die zweifellos den Beginn des dritten Weltkriegs bedeutet hätte. Die geteilte Stadt Berlin wird in den kommenden Jahren zum Zankapfel zwischen der Sowjetunion, die sie gerne von der Bundesrepublik abkoppeln will, und den westlichen Alliierten, von denen sich die Vereinigten Staaten von Amerika nach einigem Zögern zu einer Garantieerklärung für Berlin durchringen. Im Jargon der ostdeutschen Führung ist der »antifaschistische Schutzwall« Zeichen des Sieges des sozialistischen Lagers über den westlichen Imperialismus. Westberlin ist fortan Pflichtstation für jeden Staatsgast, der Solidarität mit den Berlinern und Empörung über das Bauwerk zum Ausdruck bringen will. Die Rede des amerikanischen Präsidenten John F. Kennedy markiert dabei einen emotionalen Höhepunkt, als er am 26. Juni 1963 in West-Berlin vor mehreren hunderttausend Menschen verkündet:

»Vor zweitausend Jahren war der stolzeste Satz, den ein Mensch sagen konnte, der: ›Ich bin ein Bürger Roms!‹ Heute ist der stolzeste Satz, den jemand in der freien Welt sagen kann: ›Ich bin ein Berliner!‹«

Der Jubel ist groß, der Satz des amerikanischen Präsidenten ziert am nächsten Morgen die Titelseiten der Weltpresse, an der Teilung der Stadt ändert sich nichts.

■ Deutschlandpolitik

Bis zur neuen Ostpolitik unter SPD-Bundeskanzler Willy Brandt vertritt die westdeutsche Regierung den Anspruch, ganz Deutschland völkerrechtlich alleine zu vertreten. Dennoch gibt es Bemühungen um die Normalisierung des Verhältnisses zwischen den beiden deutschen Staaten. Zunächst sind es Passierscheinabkommen, die befristete Besuche von Westdeutschen bei ihren ostdeutschen Verwandten regeln. Aber das Gesetz über die DDR-Staatsbürgerschaft vom 20. Februar 1967 erstickt die Hoffnungen auf eine baldige Verbesserung der Beziehungen zwischen beiden deutschen Staaten im Keim. Die DDR-Führung beharrt mit der Definition eines »sozialistischen Staates deutscher Nation« auf ihrer staatlichen Eigenständigkeit gegenüber der Bundesrepublik Deutschland. Ein Jahr später wird ein Pass- und Visumzwang für den Reiseverkehr zwischen der Bundesrepublik Deutschland und der DDR sowie ein Zwangsumtausch für westliche Besucher eingeführt. Als DDR-Truppen im Verband des Warschauer Paktes am 21. August 1968 in der Tschechoslowakei einmarschieren und den als »Prager Frühling« bekannt gewordenen Aufstand unter Führung des charismatischen Alexander Dubček niederschlagen, gelangt das deutsch-deutsche Verhältnis an seinen Tiefpunkt. Die ein Jahr später gewählte sozialliberale Koalition unter Bundeskanzler Willy Brandt unternimmt den Versuch, der Westintegration der Bundesrepublik die Aussöhnung mit dem Osten Europas hinzuzufügen. In rascher Folge kommt es trotz innenpolitischer Auseinandersetzungen mit der CDU/CSU erst zu gegenseitigen Besuchen mit Repräsentanten der DDR-Regierung und dann zu Verträgen mit der Sowjetunion und Polen. Höhepunkt der »Ostpolitik« der Regierung Willy Brandts ist der Grundlagenvertrag zwischen der Bundesrepublik und der DDR, der am 21. Dezember 1972 in Kraft tritt. Beide Seiten verpflichten sich zu »gutnachbarlichen Beziehungen«, verzichten auf Gewaltanwendung, garantieren die bestehenden Grenzen und respektieren die Unabhängigkeit und Selbstständigkeit des jeweils anderen Staates. Damit stehen die Beziehungen zwischen den beiden deutschen Staaten auf einer vertraglichen Grundlage, die bis zum Ende der deutschen Teilung in Kraft bleibt.

Das kurze Jahrhundert 1914–1989

Die Deutschlandpolitik der Bundesrepublik kann nur das innerdeutsche Verhältnis regeln, ihr Einfluss auf die Weltpolitik ist begrenzt, zumal sich die ideologischen Gegensätze zwischen Ost und West global vertiefen. Zahlreiche Stellvertreterkriege finden statt, in denen sich die beiden Militärblöcke mittelbar gegenüberstehen und die Erde mehrfach an den Rand einer atomaren Katastrophe bringen. Das Ende des Kalten Krieges beginnt am 1. August 1975 in der finnischen Hauptstadt Helsinki. Zwei Jahre zuvor ist die »Konferenz über Sicherheit und Zusammenarbeit in Europa« (KSZE) eröffnet worden, an der nach dem Rüstungsbegrenzungsvertrag SALT 1 zwischen der Sowjetunion und den USA und den Ostverträgen der Bundesrepublik auch die Regierung der DDR teilnimmt. In Helsinki garantieren sich die 35 Unterzeichnerstaaten die Unverletzlichkeit ihrer Grenzen, ihre territoriale Integrität, die friedliche Beilegung von Konflikten, das Selbstbestimmungsrecht ihrer Völker und die überall geltenden Menschenrechte. Zudem werden vertrauensbildende Maßnahmen und wirtschaftliche Zusammenarbeit beschlossen.

Dennoch dauert es weitere neun Jahre, bis ein Prozess beginnt, der die Ergebnisse der beiden Weltkriege des 20. Jahrhunderts revidiert. Schon lange ist offensichtlich, dass die sowjetische Führung nicht mehr in der Lage ist, die wirtschaftlichen Probleme des Landes zu lösen. Marode ökonomische Strukturen und die immens hohen Lasten des Rüstungswettlaufs mit den USA haben ihre Spuren hinterlassen. Die vergreiste Führungsriege in Moskau ist mit den Modernisierungsaufgaben zunehmend überfordert und verliert sich stattdessen in phrasenhaften sozialistischen Durchhalteparolen. In rascher Folge sterben die Staatschefs Leonid Breschnew, Juri Andropow und schließlich am 10. März 1985 der schwer kranke Konstantin Tschernenko. Aber zur Überraschung der Sowjetbürger wird nicht der nächste alte Mann an die Spitze des Staates berufen, sondern der vergleichsweise jugendliche Michail Gorbatschow.

■ Michail Gorbatschow

Der im März 1931 geborene Michail Gorbatschow beginnt nach seinem Studium eine makellose Parteikarriere in der KPdSU, der er seit 1952 angehört. 1970 wird er zum Ersten Sekretär für Landwirtschaft in Stawropol ernannt, ein Jahr später sitzt er im Zentralkomitee seiner Partei. In den folgenden Jahren leitet er mehrere Delegationen ins westliche Ausland und gelangt 1979 schließlich ins Politbüro, wo er die Unterstützung Juri Andropows erfährt. Anfang der 80er Jahre werden westliche Politiker auf ihn aufmerksam, als er bei Besuchen in Kanada und in Großbritannien den neuen Typ eines »modernen« kommunistischen Funktionärs verkörpert. Nach dem Tod Juri Andropows verhindert eine Intrige im Politbüro seine Nominierung zum Generalsekretär. Statt Michail Gorbatschow, wie der letzte Brief Juri Andropows empfiehlt, wird der schwer kranke Konstantin Tschernenko zum Generalsekretär bestimmt. Einen Tag nach dem Tod Konstantin Tschernenkos überträgt das Politbüro Michail Gorbatschow das Amt des Generalsekretärs der KPdSU. Er ist nicht nur mit Abstand der Jüngste, der diese höchste Position bekleidet hat, sondern auch Vertreter einer neuen Generation, dem die jubelnde sowjetische Bevölkerung zu Füßen liegt. Mit den Schlagworten »Perestroika« (»Umbau«) und »Glasnost« (»Öffentlichkeit«) leitet er die vollkommene Umgestaltung der Sowjetunion ein.

Die »Ära Gorbatschow« beginnt mit viel Elan und Hoffnung bei der Bevölkerung. Nach Jahrzehnten der kommunistischen Bevormundung sollen nun die Menschen mehr Verantwortung übernehmen, sie dürfen in begrenztem Umfang wieder Eigentum an Produktionsmitteln haben und marktwirtschaftliche Elemente sollen die Effizienz der sowjetischen Wirtschaft steigern. Gleichzeitig gibt die KPdSU ihren Führungsanspruch innerhalb des internationalen Kommunismus auf und gestattet dadurch den kommunistischen Bruderländern mehr Freiraum. Diese Politik zielt auf die Reform und Stärkung des Ostblocks ab, bewirkt aber das genaue Gegenteil, denn in allen osteuropäischen Staaten bilden sich Oppositionsgruppen, die sich auf die Thesen Michail Gorbatschows berufen und ihre Regierungen zu tief greifenden Veränderungen aufrufen. Neben dem inneren Umbau betreibt Michail Gorbatschow eine neue Außenpolitik, indem er der amerikanischen Administration weitreichende Abrüstungsvorschläge unterbreitet, um dem internationalen Wettrüsten ein Ende zu bereiten, das die Staatshaushalte belastet und die Gefahr eines atomaren »Overkills« heraufbeschworen hat. Auch die größten Skeptiker sind überzeugt, als der amerikanische Präsident Ronald Reagan und Michail Gorbatschow am 8. Dezember 1987 einen Abrüstungsvertrag unterzeichnen, der nicht nur die Begrenzung bestimmter Waffen, sondern deren komplette Abschaffung festlegt. Zum ersten Mal seit dem Ende des Zweiten Weltkriegs werden in den folgenden Monaten keine neuen Waffen produziert, sondern vorhandene zerstört. Das Ansehen Michail Gorbatschows steigt weltweit, jubelnde Menschen bereiten ihm, wo immer er hinkommt, einen begeisterten Empfang. Binnen weniger Jahre sind aus den Erzfeinden Vertragspartner geworden, die sich nicht mehr gegenseitig umbringen, sondern den Frieden in der Welt wahren wollen. Aber so sehr sein Ansehen in der Welt auch wächst, die Probleme im Ostblock löst die Politik von »Glasnost und Perestroika« nicht. Die über Jahrzehnte eingefahrenen Strukturen sind widerstandsfähiger als angenommen und verzögern den Reformprozess. Konservative Hardliner versuchen mehrfach den Urheber der Umwandlung abzusetzen, nicht wenige trachten ihm nach dem Leben. Gleichzeitig treten die Oppositionsgruppen in den sozialistischen Bruderstaaten immer offensiver auf und setzen das politische System des Ostblocks unter einen Druck, dem es Ende der 80er Jahre schließlich erliegt. Zuerst ist die freie Gewerkschaftsbewegung »Solidarnosc« in Polen nicht mehr zu unterdrücken, dann melden sich Oppositionelle in Ungarn und der Tschechoslowakei zu Wort und fordern Reformen nach sowjetischem Vorbild. Schließlich beginnen auch in der DDR Bürgerrechtler aus dem Umfeld der beiden Kirchen radikale Reformen des politischen Systems nach dem Vorbild Michail Gorbatschows zu fordern. Die Funktionäre des DDR-Regimes reiben sich verwundert die Augen, als bei so genannten »Montagsdemos« immer mehr DDR-Bürger auf die Straße gehen und den Namen des Mannes skandieren, auf den sie ihre Hoffnungen setzen: Michail Gorbatschow. Als im Herbst 1989 die letzten Versuche scheitern, die Demonstranten durch Polizeieinsätze einzuschüchtern und zum Aufgeben zu bewegen, beginnen sich die Ereignisse in der DDR zu überschlagen.

In einer nächtlichen Sitzung des Politbüros wird der Staatsrats-vorsitzende Erich Honecker seiner Ämter enthoben. An seiner Stelle tritt Egon Krenz ein Erbe an, das er aber nur noch wenige Tage verwalten kann. Der Druck auf die neue DDR-Regierung ist groß, weil die eigenen Bürger Wirtschaftsreformen und vor allem Reisefreiheit fordern, die in letzter Konsequenz die Aufgabe der DDR bedeuten. Auf einer Sitzung des Zentralkomitees der SED wird am 9. November 1989 ein neues Reisegesetz diskutiert, das allen DDR-Bürgern die vollständige Reisefreiheit garantiert. Obwohl die Einzelheiten noch unklar sind, tritt der offenbar falsch informierte Regierungssprecher am Abend dieses Tages vor die Weltpresse und erklärt, DDR-Bürger könnten reisen, wohin sie wollen, die SED werde sie künftig nicht mehr daran hindern. Diese zur besten Sendezeit westlicher Nachrichten verkündete Sensation ist der Anfang vom Ende der DDR, denn binnen weniger Minuten stehen die ersten DDR-Bürger an den Berliner Grenzübergangsstellen und wollen in den Westen der Stadt. Noch versuchen verdutzte Grenzsoldaten ihre Landsleute von diesem Vorhaben abzubringen, doch bald haben sie angesichts der Massenansammlung ein Einsehen und öffnen die Schlagbäume gen Westen.

In den kommenden Stunden spielen sich Szenen in Berlin ab, die Tage zuvor niemand für möglich gehalten hat. Menschen klettern auf die Mauer vor dem Brandenburger Tor und schwenken neben zahllosen Sektflaschen Fahnen mit den deutschen Nationalfarben Schwarz, Rot und Gold. Unter ihnen machen sich andere mit Hammer und Meißel daran, die Mauer, die ihnen 28 Jahre den Zugang in den anderen Teil der Stadt verwehrt hat, abzureißen. »Wahnsinn« lautet das Wort dieses Tages, überall liegen sich fremde Menschen – hemmungslos weinend – in den Armen. Heerscharen von Fotografen und Kamerateams lassen Bilder um die Welt gehen, die auch in entfernten Regionen der Erde fassungsloses Staunen hervorrufen. Der »Eiserne Vorhang« ist offen, ohne dass ein einziger Schuss gefallen ist: Berlin wird Welthauptstadt der Freude und erlebt die Invasion qualmender ostdeutscher Autos mit Namen Trabant. Als die Deutschen am nächsten Morgen aufwachen, stellen sie fest, dass sie nicht geträumt haben, sondern einem historischen Ereignis beiwohnen, das es vorher noch nie gegeben hat. In den folgenden 329 Tagen erleben sie einen rasanten Wechsel ihrer Lebensverhältnisse. Getrieben vom Druck der ost-

390 Niedergang und Aufstieg 1945-2000

deutschen Demonstranten, die aus ihrem Slogan »Wir sind das Volk« schnell die Losung »Wir sind ein Volk« machen, beginnt die westdeutsche Regierung auf eine Wiedervereinigung mit der DDR hinzuarbeiten.

Die alliierten Siegermächte des Zweiten Weltkriegs geben ihre Rechte in Deutschland nun vollständig auf und stimmen nach einigen Bedenken der Vereinigung der beiden deutschen Staaten zu. Nach den ersten freien Wahlen in der DDR seit 1945, aus denen ein konservatives Bündnis als Sieger hervorgeht, verabreden beide Regierungen die rasche Wiedervereinigung der durch Mauer und Stacheldraht getrennten deutschen Landesteile. Die Politik der schnellen Schritte findet seine Begründung in der desolaten Lage der Sowjetunion, wo Michail Gorbatschow seinen Kurs mehrfach gegen konservative Reformgegner im Politbüro durchsetzen muss. Auch in Polen, Ungarn, Rumänien und in der Tschechoslowakei setzen sich Oppositionsgruppen durch und verjagen die alten kommunistischen Regierungen. Innerhalb weniger Monate ist die politische Ordnung, die Europa jahrzehntelang beherrscht hat, aufgelöst. Anstelle der waffenstarrenden Konfrontation der Militärbündnisse und der ideologischen Gegensätze eröffnet sich nun zum ersten Mal in der Geschichte des Kontinents die Möglichkeit eines friedlichen Ausgleichs der Interessen aller Bewohner Europas.

Möglich wird diese historische Chance durch die Politik Michail Gorbatschows, die am Anfang nicht auf die schließlich bewirkten Umwälzungen in Europa abzielt, sondern die Reform des Sozialismus vor Augen hat. Aber der sympathische sowjetische Generalsekretär hat die Wirkung seiner Politik in den sozialistischen Bruderländern unterschätzt. Dort werden die Reformvorschläge zum Vehikel, um sich schnellstmöglich der verhassten Nomenklatura der kommunistischen Parteien zu entledigen und das genaue Gegenteil dessen zu etablieren, was durch die Politik Michail Gorbatschows eigentlich beabsichtigt ist. Da aber das Ergebnis mehr zählt als die Intention, kommt dem sowjetischen Generalsekretär das historische Verdienst zu, die Ergebnisse der beiden Katastrophen des 20. Jahrhunderts zum Nutzen des europäischen Kontinents revidiert zu haben. Nach den Ereignissen des Jahres 1989 nähert sich die europäische Landkarte mehr und mehr den Strukturen des Jahres 1914 an. Der letzte europäische Krieg des 20. Jahrhunderts findet genau dort statt, wo der erste seinen Anfang genommen hat: auf dem Balkan – der unruhigsten europäischen Region.

Die Akte Europa

200 Jahre nach der Französischen Revolution scheint Europa wieder dort angekommen zu sein, von wo es einst gestartet ist. Das Kerngebiet der Europäischen Union umfasst mit einer frappierenden Ähnlichkeit das Reich Karls des Großen im Jahr 800. Als sich Frankreich, Deutschland, Italien und die Beneluxstaaten 1957 in den Römischen Verträgen zur »Europäischen Wirtschaftsgemeinschaft« zusammenschließen, stehen zwar ökonomische Aspekte im Vordergrund. Der Erfolg der EWG kommt aber auch dadurch zustande, dass die Unterzeichner-Staaten sich einer zwar manchmal kriegerischen, aber dennoch gemeinsamen Geschichte bewusst sind und verpflichtet fühlen. Anders als das Reich des großen Karls, das an seinen Ausmaßen ebenso wie an seinen inneren Problemen gescheitert ist, basiert die europäische Gemeinschaft nicht auf militärischer Gewalt, sondern auf der Überzeugung, die Probleme der Gegenwart zusammen besser lösen zu können als alleine. Die EWG wird in den kommenden vier Jahrzehnten zur »Europäischen Union« erweitert, der heute nahezu alle Staaten des Kontinents angehören. Sicher ist für den langfristigen Erfolg der EU die Lösung aktueller politischer Probleme von großer Bedeutung. Aber die gemeinsame Geschichte der Völker Europas hält Hinweise bereit, deren Beachtung für den weiteren Weg der Europäer mindestens ebenso wichtig ist.

Die Mitte des Kontinents ist befriedet. Sie ist nicht mehr – wie in vielen Jahrhunderten zuvor – Spielball der europäischen Mächte oder Ausgangspunkt einer aggressiven Expansionspolitik. Die Deutschen haben Frieden mit ihren Nachbarn gemacht und die Nachbarn haben den Deutschen nach dem Ende des Zweiten Weltkriegs die Hand zur Versöhnung gereicht. Die Deutschen fordern keine Sonderrolle mehr, haben die sie umgebenden Grenzen akzeptiert und auf alle territorialen Ansprüche verzichtet. Für den europäischen Frieden ist damit eine wesentliche Voraussetzung erfüllt. Die »deutsche Frage«, die den Kontinent in der Vergangenheit immer wieder beschäftigt hat, ist gelöst. Es ist weder eine »kleindeutsche« noch eine »großdeutsche« Lösung geworden, sondern die Akzeptanz der Ergebnisse zweier verlorener Weltkriege zwischen 1914 und 1945. Auch wenn es vielen schwer gefallen ist, die deutschen Ostgebiete gehören nicht mehr dazu. Aber sie besuchen zu können ist besser, als sie hinter dem »Eisernen Vorhang« zu wissen. Die Fragen, wer zu Deutschland gehört und wo die Grenzen des Landes liegen, sind geklärt. Sollten diese beiden Fragen eines Tages wieder auf der politischen Agenda stehen, sind die Einheit Europas und der Frieden auf dem Kontinent mehr als gefährdet.

Die Anpassung der Deutschen an die Realität der Nachkriegsordnung des 20. Jahrhunderts erklärt zumindest teilweise eine andere Besonderheit. Das Nationalgefühl der Deutschen ist im Gegensatz zu den meisten anderen europäischen Völkern wenig ausgeprägt. Diese Ambivalenz gegenüber der eigenen Geschichte rührt nicht nur aus der unrühmlichen Vergangenheit des Nationalsozialismus. Die Ursachen liegen tiefer. Die Einheit der Deutschen hat seit Karl dem Großen mehrfach auf dem Spiel gestanden. Anders als in Frankreich haben jahrhundertelang nach Macht strebende deutsche Territorialfürsten jeden Versuch unterbunden, dem Kaiser – also der Zentralgewalt – mehr Einfluss auf die Geschicke des Landes zu gewähren. Aus diesem manchmal verbitterten Kampf ist der deutsche Föderalismus entstanden, der bis in die Gegenwart das politische Leben der Deutschen bestimmt. Die Teile des Ganzen sind stärker gewesen als das Ganze selbst, was dazu geführt hat, dass sich die Menschen eben auch jenem Teil mehr verbunden gefühlt haben als »dem Ganzen«. Ihre Loyalität hat eher dem Landesfürsten und weniger dem Kaiser gegolten. Außerdem ist das Land der Deutschen von keiner natürlichen Grenze umgeben. Im Gegensatz zu Frankreich oder Italien definiert kein Meer wenigstens einen Teil der Umrandung des Landes. Die Diskussionen in der Frankfurter Paulskirche 1848/49 über das Ausmaß eines deutschen Nationalstaats zeigen eine Verunsicherung, die sich wie ein roter Faden durch die Geschichte der Deutschen zieht. Als in dieser Gemengelage das Geschrei nach einem »Platz an der Sonne« laut wird, beginnt die labile Mitte Europas zu brodeln. Die vernichtenden Niederlagen Deutschlands in den beiden

Weltkriegen zeigten das Scheitern nicht nur der deutschen, sondern jedweder Großmachtspolitik in Europa an. Während etwa Franzosen, Spanier oder Italiener mit Stolz auf ihre Vergangenheit zurückblicken, selbst wenn sie nicht immer rühmenswert gewesen ist, lässt der mitunter wenig glückliche deutsche Weg in die Gegenwart die heute lebenden Deutschen Distanz bewahren. Anders als in der Vergangenheit haben sich die europäischen Staaten seit 1945 eine gleiche oder zumindest sehr ähnliche Staatsordnung gegeben. Sie teilen gemeinsame Grundwerte und geben den Menschenrechten, dem Parlamentarismus und der Gewaltenteilung Verfassungsrang. Das hat es bisher in der europäischen Geschichte nicht gegeben. Bis zum Revolutionsjahr 1989 haben sich höchst unterschiedliche Regierungs- und Staatssysteme in Europa gegenübergestanden und mehr oder weniger ungerührt die gegenseitige Vernichtung angekündigt. Erzfeindschaften und unüberwindliche Gegensätze haben über Jahrhunderte die Politik des Kontinents bestimmt, nun sind sich die Europäer ohne Ausnahme einig in den Grundwerten der Demokratie, des Pluralismus, des Parlamentarismus und der Menschenrechte. Mehr noch: Demokratie, Parlamentarismus und Menschenrechte sind in Europa erdacht, erkämpft und durchgesetzt worden. Die daraus folgenden Gemeinsamkeiten der Europäer speisen sich aus der Glorious Revolution des Jahres 1689, der Französischen Revolution von 1789, der Aufklärung, der Renaissance und dem Humanismus am Beginn der Moderne und natürlich aus den antiken Wurzeln der griechischen und römischen Vorgeschichte Europas.

Die europäische Geschichte gleicht über lange Zeiträume einer Kriegsgeschichte. Dabei hat sich herausgestellt, dass einer allein niemals stärker ist als alle anderen zusammen. Weder Franzosen noch Deutsche, weder Napoleon I. noch Adolf Hitler haben sich gegen die europäischen Allianzen, die im 20. Jahrhundert noch durch die Vereinigten Staaten von Amerika verstärkt worden sind, durchsetzen können. Neben diesen Kriegen hat es immer wieder Versuche gegeben, ein europäisches Sicherheitssystem zu schaffen, das die Rechte der kleineren Staaten ebenso schützt wie es den Interessen der größeren Staaten Rechnung trägt. Aber weder der Westfälische Frieden von 1648 noch der Wiener Kongress nach dem Ende der Napoleonischen Kriege oder der Vertrag von

Versailles 1919 haben dem Kontinent den Frieden bewahrt. Sie sind gescheitert, weil sie die Ursachen der Konflikte, die den vorhergegangenen Kriegen zu Grunde gelegen haben, nicht beseitigen konnten. Das Ergebnis dieser Verträge spiegelt die jeweiligen Kräfteverhältnisse in Europa wider und berücksichtigt nicht die Interessen aller Konfliktparteien. Die »Konferenz über Sicherheit und Zusammenarbeit in Europa« ist der erste erfolgreiche Versuch, durch ein Vertragssystem die Interessen aller auf dem europäischen Kontinent lebenden Völker nicht nur zu akzeptieren, sondern sie auch noch gegenseitig zu garantieren. Die Unterzeichnerstaaten der »Schlussakte von Helsinki« vom 1. August 1975 haben gleichberechtigt an den Verhandlungen teilgenommen, ihr Stimmengewicht ist nicht an Größe oder Bevölkerungszahl gebunden worden und es hat sich nicht um ein Strafgericht gehandelt, bei dem die einen über die anderen richten. Deshalb ist dieses Dokument ein Meilenstein in der europäischen Geschichte, durch den die Veränderungen in Europa überhaupt erst möglich geworden sind. Heute sind die Europäische Union und die dazugehörigen Institutionen der größte vorstellbare Friedensgarant, weil jeder Versuch eines Mitglieds, gegen ein anderes kriegerische Mittel anzuwenden, nicht nur den Widerstand aller anderen hervorruft, sondern weil dieser Versuch auch massiv gegen die eigenen Interessen verstoßen würde.

Aber die europäische Einheit basiert nicht nur auf der Vermeidung von Krieg oder der Optimierung von wirtschaftlichen Strukturen. Gemeinsam ist den Europäern, dass sie auf einem christlichen Kontinent leben. Nach der Schlacht von Tours und Poitiers im Jahr 732 ist der Vormarsch der »heidnischen« Mauren über Frankreich nach Zentraleuropa unterbunden. Im ostanatolischen Mantzikert versuchen die Christen im Jahr 1071 ihr Einflussgebiet auf das heute wie damals moslemische Gebiet auszuweiten und scheitern. 1492 ist die »Reconquista« – also die Vertreibung der Mauren von der spanischen Halbinsel – abgeschlossen. 1683 misslingt der letzte türkische Versuch, Wien einzunehmen und den eigenen Einfluss auf den europäischen Kontinent auszuweiten. Seither haben sich die Einflusszonen der beiden Religionen kaum verändert. Sowohl der Islam als auch das Christentum haben die von ihnen dominierten Regionen derart stark geprägt, dass man im Falle Europas von einem christlichen Kontinent sprechen kann.

Neben dem Christentum haben die Ideen der Aufklärung und der Renaissance einen erheblichen Einfluss auf Europa ausgeübt. Der Siegeszug der Vorstellung, dass der Mensch das Maß aller Dinge sei und nicht ein Kaiser, ein Staat oder eine Ideologie, findet sich in allen demokratischen Staatsverfassungen des europäischen Kontinents. Die Rechte des Einzelnen sind unantastbar, selbst wenn er gegen geltende Gesetze verstoßen hat. Das Individuum und seine persönliche Lebensgestaltung stehen unter dem Schutz des Staates und nicht umgekehrt. Genau hier ist der Unterschied zwischen den westlichen Demokratien und der kommunistischen Ideologie begründet gewesen. Nach dem Ende des Kalten Krieges bestehen diese Gegensätze nicht mehr und das Verhältnis zwischen den vor nicht allzu langer Zeit verfeindeten Staaten hat sich entspannt. Da die Staaten auf dem europäischen Kontinent nunmehr die gleichen Vorstellungen von der Organisation ihres Staatswesens haben, spricht vieles für eine gemeinsame europäische Union, auch um den Herausforderungen der Globalisierung besser gewachsen zu sein.

Heute erleben die Menschen genau diesen mit vielen Schwierigkeiten und Rückschlägen verbundenen Einigungsprozess. Fast alle europäischen Staaten sind der Europäischen Union beigetreten, weitere werden folgen. Wenn dieser Prozess von Erfolg gekrönt sein soll, dann braucht die entstehende europäische Gesellschaft ein Mindestmaß an innerer Homogenität. Basierend auf der gemeinsamen europäischen Geschichte benötigt diese Gesellschaft einen von allen akzeptierten Wertekanon, der gesellschaftliche Normen festhält, die auch in schwierigen Zeiten nicht in Frage gestellt werden. Was den Deutschen in der Weimarer Republik nach dem Untergang des Kaiserreichs in so dramatischer Weise gefehlt hat, ist ein gemeinsames Dach gewesen, unter dem sich die Gesellschaft hätte versammeln können. Das europäische Dach besteht aus christlichen, aufklärerischen und humanistischen Balken und Ziegeln, unter denen das Individuum im Mittelpunkt steht. Die Individuen und die Völker Europas sind unterschiedlich, sie haben verschiedene Vorlieben und Abneigungen, aber gemeinsam ist ihnen die Erfahrung der Geschichte ihrer Vorfahren. Aus diesem Erbe heraus haben die Europäer entschieden, dass sie in demokratischen Staaten leben wollen. Sie haben das Militär der politischen

Führung ihrer Länder unterstellt und die unantastbaren Menschenrechte für jeden – unabhängig von Hautfarbe, Religionszugehörigkeit und Herkunft – festgeschrieben. Europas Grenzen verlaufen exakt dort, wo dieser minimale Wertekanon nicht im Mittelpunkt staatlichen Handelns steht.

Anhang

Danksagung

Die kritische Durchsicht der verschiedenen Textentwürfe haben Claus-Walter Schröder und meine Frau Kerstin übernommen. Mein Dank gilt ihrem Langmut, mit dem sie dem Text begegnet sind. Für das Lektorat und das große Vertrauen, das sie in das Manuskript gesetzt hat, habe ich mich bei Dr. Andrea Wörle zu bedanken.

Personenverzeichnis

Ausgewählte Literatur

Altrichter, Helmut und Bernecker, Walther: *Geschichte Europas im 20. Jahrhundert*, Stuttgart 2004
Barth, Boris: *Dolchstoßlegende und politische Desintegration*. Düsseldorf 2003
Bautz, Friedrich-Wilhelm: *Biographisch-Bibliographisches Kirchenlexikon*, Bde. 1–22, Nordhausen 2002
Beuys, Barbara: *Familienleben in Deutschland*. Hamburg 1980
Bismarck, Otto von: *Gedanken und Erinnerungen*. München 1982
Bollmann, Peter u. a.: *Kleine Geschichte Europas*. Stuttgart 1980
Bookmann, Hartmut u. a.: *Mitten in Europa – Deutsche Geschichte*. Berlin 1987
Brunn, Gerhard: *Die Europäische Einigung von 1945 bis heute*. Stuttgart 2002
Dirnbeck, Josef: *Die Inquisition – eine Chronik des Schreckens*. München 2001
Duchhardt, Heinz (Hrsg.): *In Europas Mitte. Deutschland und seine Nachbarn*. Bonn 1988
Dunant, Henry: *Erinnerungen an Solferino*. Genf 1863
Frevert, Ute: *Eurovisionen – Ansichten guter Europäer im 19. und 20. Jahrhundert*, Frankfurt 2003
Fuhrmann, Horst: *Die Päpste – Von Petrus zu Johannes Paul II.*, München 1998
Goff, Jacques le: *Die Geburt Europas im Mittelalter*. München 2004
Görtemaker, Manfred: *Deutschland im 19. Jahrhundert*. Opladen 1996
Gruner, Wolf D.: *Die deutsche Frage in Europa 1800–1990*. München 1993
Haffner, Sebastian: *Historische Variationen*. München 2003
Hellfeld, Matthias von: *Die Nation erwacht*. Köln 1994
Hillgruber, Andreas: *Die gescheiterte Großmacht*. Düsseldorf 1984
Holzapfel, Kurt u. a.: *Die große französische Revolution 1789–1795*. Ost-Berlin 1989
James, Harold: *Deutsche Identität 1770–1990*. Frankfurt 1991
Kocka, Jürgen: *Das lange 19. Jahrhundert*. Stuttgart 2001
Lanzinner, Maximilian: *Konfessionelles Zeitalter 1555–1618*. Stuttgart 2001
Mommsen, Wolfgang: *Der Erste Weltkrieg*. Frankfurt 2004
Moynahan, Brian: *Das Jahrhundert Englands*. München 1997
Orthband, Eberhard: *Illustrierte Geschichte Europas*. München 1965
Palmer, Alan: *Metternich – der Staatsmann Europas*. Düsseldorf 1977

Penzler, Johannes: *Die Reden Kaiser Wilhelms II.* Leipzig o. J.
Pollmann, Bernd (Hrsg.): *Lesebuch zur deutschen Geschichte.* Dortmund 1989
Rauschning, Hermann: *Gespräche mit Hitler,* Zürich/New York 1940
Remarque, Erich Maria: *Im Westen nichts Neues.* 1923
Ribbe, Wolfgang u. a.: *Preußen – Chronik eines deutschen Staates.* Berlin 2002
Rovan, Joseph: *Geschichte der Deutschen – Von ihren Ursprüngen bis heute.* München 1998
Rovan, Joseph: *Im Zentrum Europas. Deutschland und Frankreich im 20. und 21. Jahrhundert,* München 2000
Samhaber, Ernst: *Geschichte Europas.* Bonn 1982
Schieder, Theodor: *Friedrich der Große.* Frankfurt 1983
Schneider, Reinhard: *Das Frankenreich.* München 1982
Schormann, Gerhard: *Dreißigjähriger Krieg 1618–1648.* Stuttgart 2001
Schwarz, Gudrun: *Die nationalsozialistischen Lager.* Frankfurt/New York 1990
Seibt, Ferdinand: *Die Begründung Europas – ein tausendjähriges Tagebuch.* Frankfurt 2002
Sieburg, Friedrich: *Napoleon.* Stuttgart 1981
Weis, Eberhard: *Durchbruch des Bürgertums 1776–1847.* Frankfurt 1978
Woller, Hans: *Rom, 28. Oktober 1922 – Die faschistische Herausforderung,* München 1999
Zechlin, Egmont: *Die Reichsgründung.* Frankfurt 1978

Karten

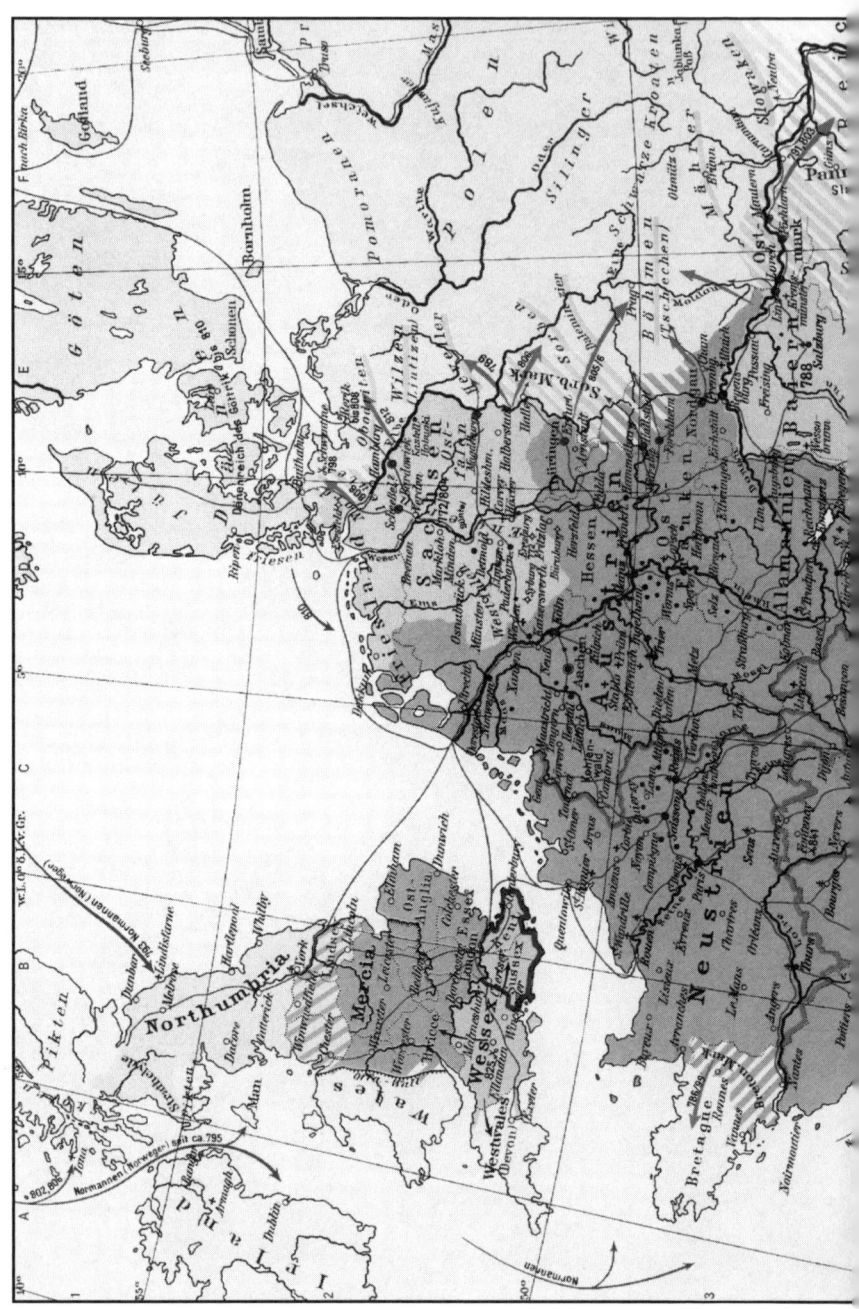

Das Reich Karls des Großen

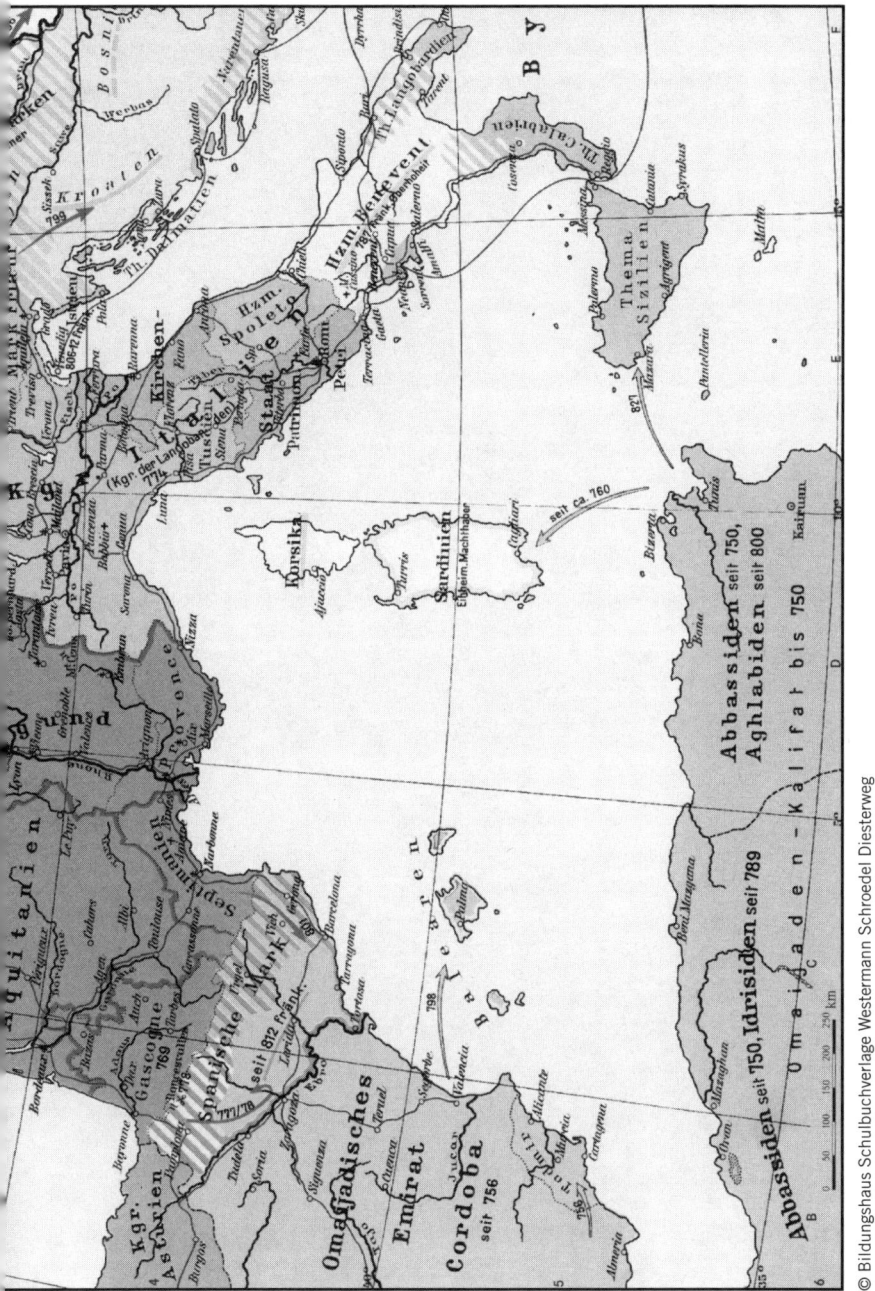

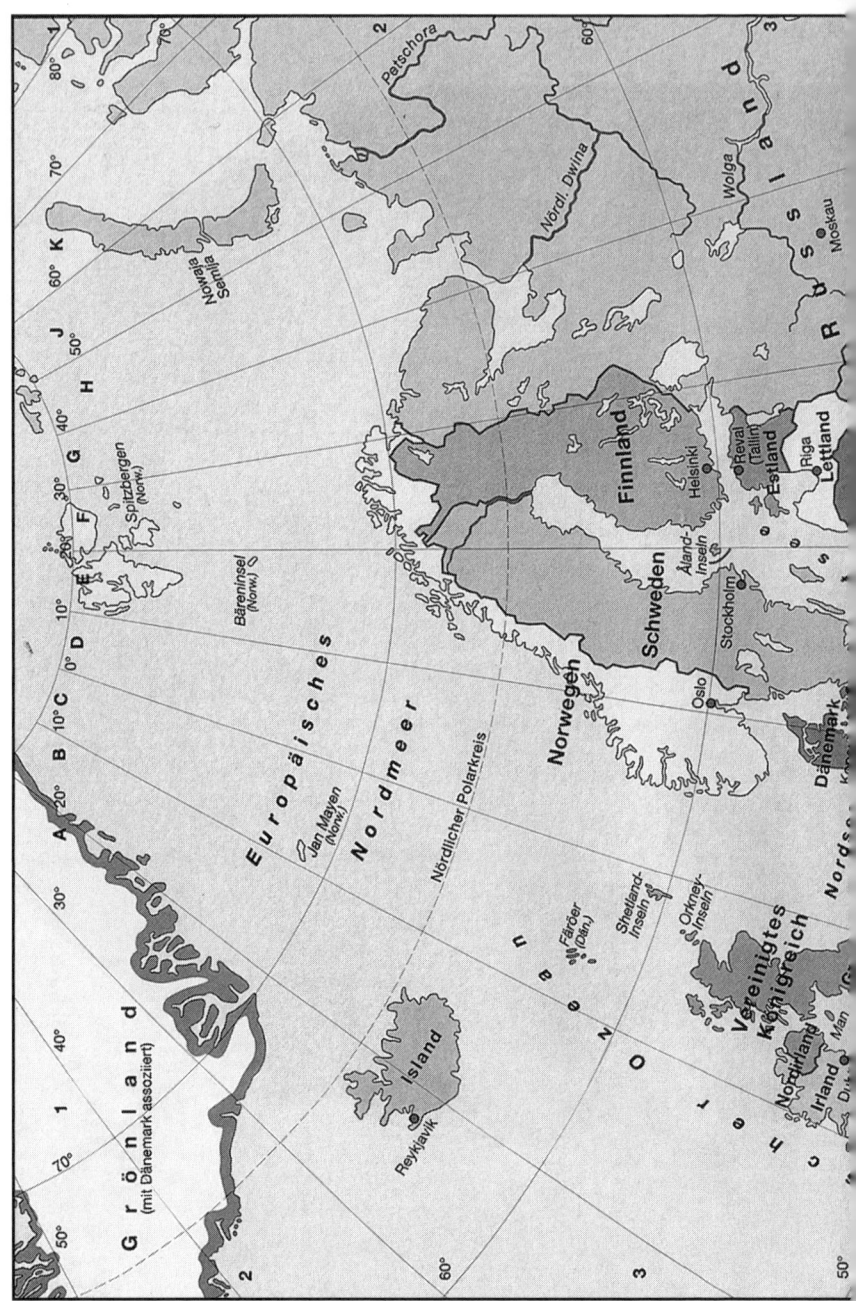

Europa heute

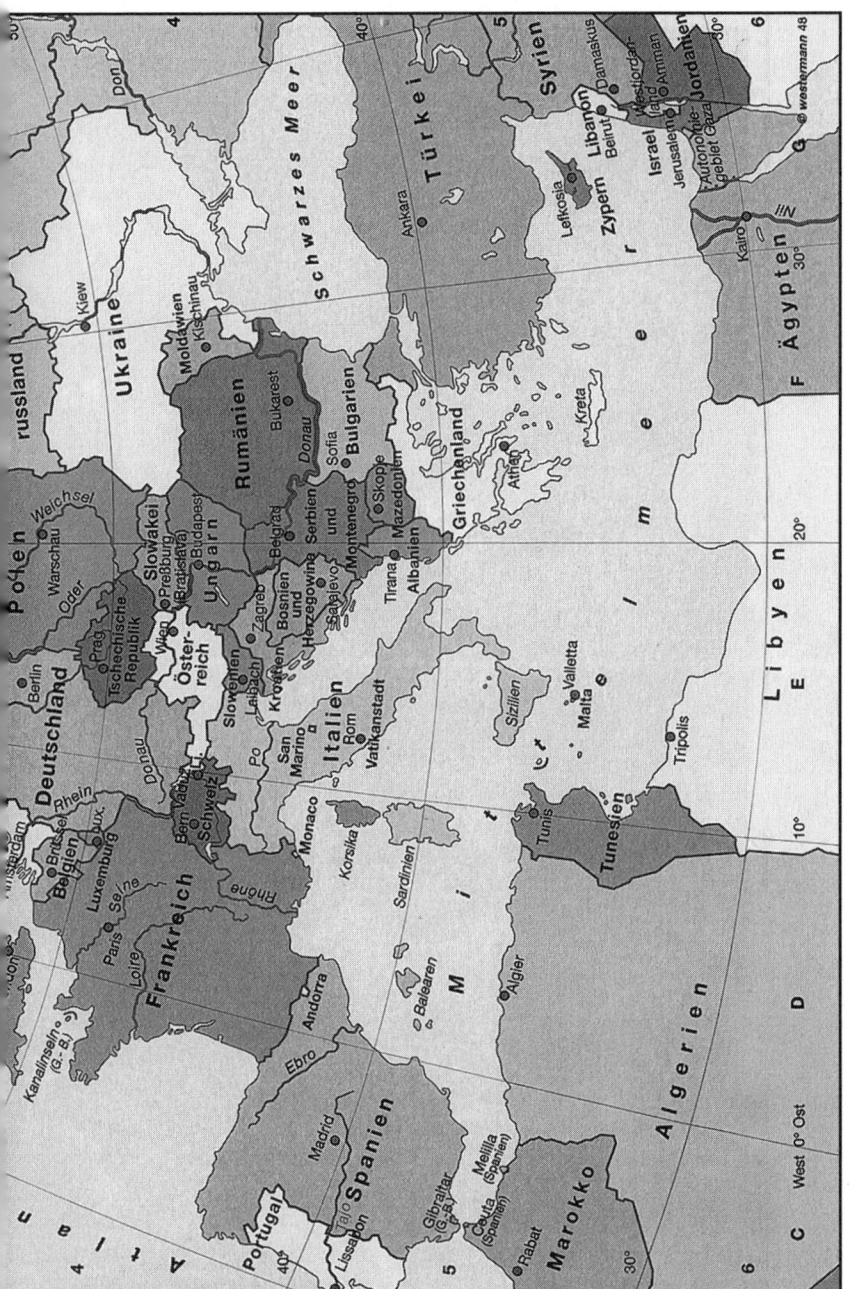